Flexibles Rechnen und Zahlenblickschulung

Empirische Studien zur Didaktik der Mathematik

herausgegeben von

Götz Krummheuer
und Aiso Heinze

Band 19

Editorial

Der Mathematikunterricht steht vor großen Herausforderungen: Neuere empirische Untersuchungen legen (erneut) Defizite und Unzulänglichkeiten offen, deren Analyse und Behebung einer umfassenden empirischen Erforschung bedürfen. Der Erfolg derartiger Bemühungen hängt in umfassender Weise davon ab, inwieweit hierbei auch mathematikdidaktische Theoriebildung stattfindet. In der Reihe „Empirische Studien zur Didaktik der Mathematik" werden dazu empirische Forschungsarbeiten veröffentlicht, die sich durch hohe Standards und internationale Anschlussfähigkeit auszeichnen. Das Spektrum umfasst sowohl grundlagentheoretische Arbeiten, in denen empirisch begründete, theoretische Ansätze zum besseren Verstehen mathematischer Unterrichtsprozesse vorgestellt werden, als auch eher implementative Studien, in denen innovative Ideen zur Gestaltung mathematischer Lehr-Lern-Prozesse erforscht und deren theoretischen Grundlagen dargelegt werden. Alle Manuskripte müssen vor Aufnahme in die Reihe ein Begutachtungsverfahren positiv durchlaufen. Diese konsequente Begutachtung sichert den hohen Qualitätsstandard der Reihe.

Charlotte Rechtsteiner-Merz

Flexibles Rechnen und Zahlenblickschulung

Entwicklung und Förderung von Rechenkompetenzen
bei Erstklässlern, die Schwierigkeiten
beim Rechnenlernen zeigen

Waxmann 2013
Münster / New York / München / Berlin

Bibliografische Informationen der Deutschen Nationalbibliothek
Die Deutsche Nationalbibliothek verzeichnet diese Publikation in
der Deutschen Nationalbibliografie; detaillierte bibliografische
Daten sind im Internet über http://dnb.d-nb.de abrufbar.

Diese Arbeit entstand als Dissertation an der Fakultät II
der Pädagogischen Hochschule Weingarten, 2013.

Gutachterinnen
Prof. Dr. Elisabeth Rathgeb-Schnierer
Prof. Dr. Silvia Wessolowski

Empirische Studien zur Didaktik der Mathematik, Bd. 19

Print-ISBN   978-3-8309-3037-2
E-Book-ISBN 978-3-8309-8037-7

© Waxmann Verlag GmbH, 2013
Postfach 8603, 48046 Münster

www.waxmann.com
info@waxmann.com

Umschlaggestaltung: Christian Averbeck, Münster
Titelbild: Anne Maria sortiert Termkarten in „leicht"
und „schwer"; © Charlotte Rechtsteiner-Merz
Satz: Sven Solterbeck, Münster
Druck: Hubert & Co., Göttingen

Gedruckt auf alterungsbeständigem Papier,
säurefrei gemäß ISO 9706

Printed in Germany

Vorwort

Die Idee für diese Arbeit entstand in der Übergangsphase von der Lehrerin zur Forscherin. Als langjährige Lehrerin konnte ich immer wieder erleben, dass Kinder, die zunächst Schwierigkeiten beim Rechnenlernen hatten, mit zunehmender Auseinandersetzung mit Aktivitäten zur Zahlenblickschulung auch Flexibilität entwickelten – stets auf ihrem eigenen Niveau. Ohne dieses gemeinsame Voranschreiten im Lernprozess – die Kinder auf dem Weg zum (flexiblen) Rechnen und ich auf dem Weg mein didaktisches Wissen auszubauen und meinen diagnostischen Blick zu schärfen – wäre diese Arbeit nie möglich gewesen. Daher gilt mein erster Dank all den Kindern, die meinen Lernprozess begleitet und mich durch ihr Lernen und ihre Freude an der Mathematik mit ihrer Begeisterung angesteckt haben.

Darüber hinaus waren am Gelingen dieser Arbeit zahlreiche Menschen in unterschiedlicher Weise beteiligt, denen ich auf diesem Weg meinen herzlichen Dank ausdrücken möchte.

Zu allererst gilt mein ganz besonderer Dank meinen beiden Gutachterinnen Frau Prof. Dr. Elisabeth Rathgeb-Schnierer und Frau Prof. Dr. Silvia Wessolowski.

Frau Rathgeb-Schnierer hat mich von Anfang an bestärkt, dieses spannende Thema zu verfolgen. Sie hat diese Arbeit durch zahlreiche Gespräche und enormes Engagement intensiv begleitet. Durch ihr Vertrauen in meine Arbeit leistete sie einen wesentlichen Beitrag zu ihrem Gelingen.

Frau Wessolowski möchte ich ganz herzlich danken für die Bereitschaft diese Arbeit mitzubetreuen. Sie half mir durch diverse Impulse und Fragestellungen mein Denken zu überprüfen und zu entwickeln.

Herrn Prof. Dr. Peter Baireuther verdanke ich zahlreiche intensive Diskussionen, in denen er sich auf meine Gedanken und meinen Lernprozess einließ. Dies ermöglichte mir mein Denken zu reflektieren und den Arbeitsprozess voranzutreiben. Damit trug er wesentlich zum Gelingen dieser Arbeit bei.

Auch bei Dr. Hartmut Köhler möchte ich mich besonders bedanken: Er hat durch seine langjährige Begleitung und unsere Zusammenarbeit im Programm SINUS-Transfer-Grundschule wesentlich zu meiner Haltung gegenüber dem Lernen von Mathematik beigetragen. In vielen Gesprächen schärfte er meinen Blick „das Ganze im Auge zu behalten". Für seine Förderung und sein Vertrauen in mich bin ich sehr dankbar.

Wesentliche fachliche Hinweise im Bereich der Argumentationsanalyse erhielt ich von Prof. Dr. Götz Krummheuer. Er war stets bereit sich durch Gespräche oder kritisches Lesen in meine Auseinandersetzung mit den kindlichen Argumentationen einzubringen. Auch Marei Fetzer danke ich für das Gespräch auf der GDM, das mich in meinem weiteren Vorgehen bestärkte.

Wertvolle Unterstützung und kritische Hinweise erhielt ich zu Beginn meiner Arbeit von Herrn Prof. Dr. Heinrich Bauersfeld. Er verschaffte mir durch seine Gedanken eine weitere Perspektive, für die ich sehr dankbar bin.

Prof. Dr. Gerald Wittmann danke ich für sein Interesse an meiner Arbeit und für wesentliche fachliche Hinweise bei der Fertigstellung.

Das hochschulübergreifende Doktorandenkolloquium (der Pädagogischen Hochschulen Freiburg, Ludwigsburg und Weingarten), geleitet von Prof. Dr. E. Rathgeb-Schnierer, Prof. Dr. S. Wessolowski und Prof. Dr. G. Wittmann, bot mir die Möglichkeit, mit anderen Doktorandinnen in einen fachlichen Austausch zu treten. Hier wurde die Arbeit über all die Jahre durch kontinuierliche Treffen begleitet und in zahlreichen Diskussionen weiterentwickelt. Aus diesem Kreis entwickelte sich mit Birgit Gysin und Dr. Stephanie Schuler eine intensive Arbeitsgruppe, in der wir mehrmals jährlich an unseren Daten arbeiteten (unsere „Nullentreffen"). Diese produktiven Gespräche trieben meinen Arbeitsprozess wesentlich voran und motivierten mich dazu „am Ball" zu bleiben.

Ein wichtiger Baustein dieses Projekts war die Arbeit an den Schulen und damit verbunden die große Bereitschaft der Lehrerinnen, den Zahlenblick durch verschiedene Aktivitäten zu schulen, mich an ihrem Unterricht teilhaben zu lassen, diesen durch meine Interviews zu unterbrechen und mir immer wieder mit Rat und Tat zur Seite zu stehen. Hierfür danke ich herzlich Brigitta Brugger-Schmitt, Monika Grupp, Christiane Hartmann, Melanie Haug, Rita Schurr, Silvia Sperling und Anita Steinhart. Ihren besonderen Beitrag am Gelingen dieses Projekts leisteten die Kinder, die in jeweils vier Interviews bereit waren mit mir zu arbeiten und mich an ihrem Denken teilhaben ließen: Admire, Amelie, Andrija, Lars, Lena, Leon, Luisa, Manuela, Maxi, Maxim, Melissa, Moritz, Nida, Noah, Seyda, Sophie, Tim, Tobias, Viktor und Yannik.

Für ihre zuverlässige Unterstützung beim Filmen und bei der Transkription der Interviews bedanke ich mich bei Anna Folke, Kerstin Hager, Verena Hölz, Christina Hölzel und Sandra Rupf. Ihre Mitarbeit an der Datenerhebung und -aufbereitung wäre ohne die Finanzierung des Zentrums für Primar- und Elementarbildung der Pädagogischen Hochschule Weingarten nicht möglich gewesen. Auch dafür vielen Dank! Nina Dillmann danke ich ganz besonders für das Raten der Kategoriensysteme.

Meinen Kolleginnen und Kollegen des Faches Mathematik der Pädagogischen Hochschule Weingarten möchte ich ebenfalls meinen Dank aussprechen. Sie haben mir durch Übernahme von Arbeiten im Fach und durch vielfältige Unterstützung nicht nur einmal den Rücken freigehalten. Ebenso danke ich dem Dekanat unter Herrn Prof. Dr. W. Knapp, Frau Prof. Dr. P. Burmeister und Frau Prof. Dr. C. Löffler für das Vertrauen in meine Arbeit und den Einsatz für meine Belange.

Julie Adam, Christiane Hofmann, Julia Weinsheimer und Roland Neubert bin ich dankbar für das intensive Lesen meiner Arbeit und ihre konstruktiven Rückmeldungen.

Nicht zuletzt danke ich von Herzen meinem Freundeskreis und meiner Familie für die vielfältige und fortwährende Unterstützung während der letzten Jahre. Sie haben meine Arbeit mitgetragen und blieben mir trotz der wenigen Zeit, die ich für sie hatte, eng verbunden.

Inhalt

Der Anhang ist online verfügbar unter www.waxmann.com/buch3037.

Einleitung

> „Nur der Eingeweihte kennt die richtige
> Schublade der Zahlbeziehungen,
> und der Laie überläßt ihm
> bewundernd dies Geheimnis."
> (Menninger 1950, 3)

Inhaltliche Einbettung

Die Bildungsstandards der KMK (2004) formulieren als Ziel des Mathematiklernens in der Grundschule „die Entwicklung eines gesicherten *Verständnisses* mathematischer Inhalte" (ebd., 6; Hervorhebung im Original). Darüber hinaus fordern verschiedene Bildungsstandards und Rahmenlehrpläne der Länder wie beispielsweise in Baden-Württemberg die Entwicklung flexibler Rechenkompetenzen (2004, 55).

> „Oberstes Ziel ist der aufgabenadäquate Einsatz flexibler Rechenstrategien."
> (Bildungsplan BW 2004, 55)

Die Ergebnisse der TIMS-Studien 2007 und 2011 machen allerdings deutlich, dass mindestens ein Fünftel aller Kinder in Deutschland die geforderten Bildungsstandards zum Ende der Grundschulzeit nicht erreicht: Etwa 17% verfügen danach „nur über elementare mathematische Fertigkeiten" (Bos et al. 2008, 11) und weitere 4% erlangen nicht einmal dieses Niveau.

Eine Untersuchung von Moser Opitz (2001a, 2007b) zu mathematischen Schwierigkeiten von Schülern[1] aus der Sekundarstufe zeigt eindrücklich, dass die Defizite aus Mängeln im Grundschulstoff resultieren. Da die Lerninhalte in Mathematik hierarchisch aufgebaut sind, wird der Grundstein für erfolgreiches Rechnenlernen bereits in der ersten Klasse gelegt, und gleichzeitig können hier auch besondere Schwierigkeiten beim Mathematiklernen entstehen (u.a. Gaidoschik 2007, 2009; Gerster 2007; Gerster/Schultz 1998; Kaufmann/Wessolowski 2006; Lorenz 2003; Meyerhöfer 2010, 2011; Schipper 2002, 2009, 2011; Wessolowski 2007, 2012).

In Anbetracht dieser Ergebnisse stellt sich die zentrale Frage, wie Unterricht gestaltet werden kann, um möglichst viele Kinder bei der Ablösung vom zählenden Rechnen und der Entwicklung flexibler Rechenkompetenzen zu unterstützen. Erhärtet wird die Notwendigkeit dieser Fragestellung durch Helmkes Aussage:

> „Wir wissen also immer besser Bescheid über fachliche Schwächen und Stärken von Schülern. Wenn es dagegen darum geht, aus den Ergebnissen der großen Evaluationsstudien unterrichtliche Konsequenzen für die systematische Verbesserung des

---

1 Der sprachlichen Einfachheit halber wird die männliche Form benutzt, sie bezieht sich selbstverständlich auf beide Geschlechter.

Lehrens und Lernens, für den Ausgleich von Kompetenzdefiziten abzuleiten, sieht die Lage schlechter aus." (Helmke 2009, 16)

Hier knüpft die vorliegende Untersuchung an, in der die Förderung flexiblen Rechnens von Erstklässlern, die zunächst Schwierigkeiten beim Rechnenlernen zeigen, fokussiert wird. Damit werden in dieser Forschungsarbeit verschiedene Bereiche tangiert:

- die Ablösung vom zählenden Rechnen als arithmetisches Kernthema der ersten Klasse,
- die Entwicklung flexibler Rechenkompetenzen, die in Klasse 1 grundgelegt werden sowie
- die Prävention der Entstehung besonderer Schwierigkeiten beim Rechnenlernen, da die Ablösung vom Zählen *die* Hürde (u.a. Gerster 2007; Gerster/Schultz 1998; Lorenz 2003; Kaufmann/Wessolowski 2006; Meyerhöfer 2008, 2011; Schipper 2009) auf dem Weg zum Rechnen darstellt.

Im Mittelpunkt der Ablösung vom Zählen und der Entwicklung flexibler Rechenkompetenzen steht die Ausbildung eines umfassenden Zahlbegriffs und verschiedener strategischer Werkzeuge. Beides erfordert Einblicke in Zahl-, Term- und Aufgabenbeziehungen, die im Rahmen der Konzeption zur Schulung des Zahlenblicks explizit gefördert werden (Rathgeb-Schnierer 2006a, 2010d, 2011; Rechtsteiner-Merz 2011a; Schütte 2002a, 2002b, 2004, 2008).

Daraus lassen sich zwei weiterführende Überlegungen ableiten:

Zunächst stellt sich die Frage, wie Unterricht das Rechnenlernen von Kindern unterstützen kann, die anfangs Schwierigkeiten zeigen. Aus fachdidaktischer Perspektive herrscht weitgehend Einigkeit darüber, dass sowohl die Inhalte als auch die Vorgehensweise für alle Kinder die gleichen sind:

„Die Tatsache, dass Kinder mit Rechenstörungen „anders" sind als andere Kinder, bedeutet nicht, dass auch die auf sie bezogenen mathematikdidaktischen Überlegungen „anders" sein müssen. Wir brauchen für sie keine „besondere" Mathematikdidaktik, sondern eine Mathematikdidaktik, die sich besonders intensiv auf mathematische Lösungs- und Lernprozesse konzentriert." (Schipper 2009, 329)

Damit wird der Fokus im zweiten Schritt auf die Frage gerichtet, wie mathematische Lösungs- und Lernprozesse unterstützt werden können.

Führt man diese verschiedenen Überlegungen zusammen, lässt sich daraus eine zentrale Forschungsfrage formulieren:

Können Kinder, die Schwierigkeiten beim Rechnenlernen zeigen, mithilfe kontinuierlicher Aktivitäten zur Schulung des Zahlenblicks flexible Rechenkompetenzen entwickeln?

Somit möchte diese Untersuchung einen Beitrag zur Unterrichtsentwicklung in Mathematik und damit zur Qualitätsverbesserung leisten.

Forschungsmethodische Einbettung

Die Studie ist der interpretativen Unterrichtsforschung und damit der qualitativen empirischen Sozialforschung zuzuordnen. Sie lässt sich in zwei Stränge gliedern: den *Unterrichts-* und den *Forschungsstrang* (Kapitel II 1).

Im *Unterrichtsstrang* lag der Fokus auf der Schulung des Zahlenblicks (Rechtsteiner-Merz 2008a, 2011a; Schütte 2002a, 2002b, 2004a, 2008). Um die Entwicklungsprozesse auf dem Weg vom Zählen zum (flexiblen) Rechnen anzuregen und beobachten zu können, wurden in fünf von acht Klassen während eines gesamten Schuljahres wöchentlich in mindestens einer Stunde Aktivitäten zur Zahlenblickschulung durchgeführt.

Der *Forschungsstrang* war darauf ausgerichtet, die Rechenentwicklung von Erstklässlern in zwei unterschiedlichen Unterrichtssettings zu untersuchen. Dabei waren verschiedene Aspekte zu berücksichtigen. Wie in jeder Forschungsarbeit beeinflussten die jeweiligen Theorien methodologische und methodische Entscheidungen. Für die vorliegende Studie waren zwei Theorien grundlegend: die Ansätze zu einer Theorie zum Rechnenlernen, die in der vorliegenden Arbeit in Kapitel I 3.4.2 und I 4 entwickelt werden, sowie die Theorie zum flexiblen Rechnen (Kapitel I 5). In beiden Theorien spielt neben den Lösungswerkzeugen der Rückgriff[2] auf Beziehungen beim Rechnen eine grundlegende Rolle. Vor diesem Hintergrund wurden zur Datenerhebung Leitfadeninterviews durchgeführt, um dem Denken der Kinder auf die Spur zu kommen. Die Lösungswegbegründungen und -beschreibungen der Kinder zeigten einerseits die genutzten Lösungswerkzeuge auf, andererseits machten ihre Ausführungen deutlich, inwieweit sie sich dabei auf ein Verfahren oder auf Beziehungen stützten. Um diesen Aspekt aufgreifen zu können, wurden die Argumentationen der Kinder in die Auswertung einbezogen. Diese Vorgehensweise machte eine mehrperspektivische Auswertung notwendig, in der verschiedene methodische Aspekte zum Zuge kamen:

- die Entwicklung zweier Kategoriensysteme (zur Analyse der Lösungswerkzeuge und der Argumentationen) auf der Basis der qualitativen Inhaltsanalyse nach Mayring (2008a, 2008b),
- die Analyse der Argumentationen mithilfe eines Teilbereichs des argumentationstheorietischen Ansatzes (u.a. Fetzer 2007, 2010; Knipping 2003; Kopperschmidt 2000; Krummheuer/Brandt 2001; Krummheuer/Fetzer 2005; Krummheuer/Naujok 1999; Toulmin 1996),

---

2 Der Begriff „Rückgriff" ist nicht als aktives Vorgehen oder Auswahl zu verstehen. Vielmehr ist damit gemeint, dass sich der Lösende automatisch auf den Referenzrahmen stützt, welcher verfahrens- oder beziehungsbasiert sein kann.

- die Interpretation der Argumentationen auf der Basis der Argumentationsanalyse und vor dem Hintergrund der Theorien zum Rechnenlernen (Baireuther 2011; Baireuther/Rechtsteiner-Merz 2012), zum flexiblen Rechnenlernen (Rathgeb-Schnierer 2006a, 2010d, 2011, 2013; Threlfall 2002, 2009) und zum Beweisen (Almeida 2001; Balacheff 1992; Harel/Sowder 2007; Sowder/Harel 2007),
- die Typenbildung nach Kluge (1999) und Kelle/Kluge (2010).

Gliederung der Arbeit

Die Arbeit ist in drei[3] Teile gegliedert.
- Teil I: Flexibles Rechnen und Zahlenblickschulung betrachten
- Teil II: Die Entwicklung des flexiblen Rechnens untersuchen
- Teil III: Flexibles Rechnen und Zahlenblickschulung verstehen

Der erste Teil *Flexibles Rechnen und Zahlenblickschulung betrachten* beschäftigt sich mit verschiedenen Bezugspunkten, die für diese Arbeit eine Rolle spielen. Dabei werden literaturbasierte Ausführungen mit den wichtigsten Aspekten zum jeweiligen aktuellen Forschungsstand zusammengeführt.

Zunächst stehen die verschiedenen Lösungswerkzeuge für das Rechnen und die Entwicklung vom Zählen zum Rechnen im Fokus. Anschließend werden Ansätze zu einer Theorie zum Rechnenlernen entwickelt sowie verschiedene Theorien zur Entwicklung flexibler Rechenkompetenzen beleuchtet. In der Auseinandersetzung mit verschiedenen Förderansätzen zum flexiblen Rechnen wird die Konzeption der Zahlenblickschulung ausführlich beschrieben und weiterentwickelt. Neben der Ablösung vom Zählen und der Entwicklung flexibler Rechenkompetenzen spielt in der Untersuchung die Prävention von besonderen Schwierigkeiten beim Mathematiklernen eine wichtige Rolle. Diesbezügliche Überlegungen sind anschließend beschrieben. Den Abschluss dieses Kapitels bildet die Standortbestimmung, in der ausgehend von den Erörterungen der beschriebenen Theorien und Forschungsergebnisse sowohl die inhaltlichen als auch die daraus resultierenden methodischen Fragestellungen formuliert werden.

Der zweite Teil *Die Entwicklung des flexiblen Rechnens untersuchen* widmet sich der Forschungsarbeit. Damit wird der Forderung nach „*intersubjektive(r) Nachvollziehbarkeit*" (Steinke 2007, 324) Rechnung getragen, die besonders im Kontext qualitativer Sozialforschung formuliert wird (ebd., 324 f.). Das Forschungsdesign sowie die methodologischen und methodischen Überlegungen und Entscheidungen werden erläutert und begründet. In diesem Teil wird auch der aktuelle Stand zur Interpretation der Argumentationen dargestellt. Diese dienen als *eine* der Grundlagen für die Typenbildung.

---

3 Terminologie: In der gesamten Arbeit werden Zahlen bis zwölf in der Regel als Zahlwort geschrieben. Hingegen werden für Zahlen in Kinderaussagen, Termen, Zahlensätzen (Rechnungen), in Verbindung mit Größenangaben und in Tabellen Zahlzeichen verwendet.

Das Unterrichtssetting und damit verbunden die Einführung der Lehrkräfte werden ebenfalls in diesem Kapitel beschrieben.

Im dritten Teil *Flexibles Rechnen und Zahlenblickschulung fördern – Forschungsergebnisse* werden die empirischen Ergebnisse vorgestellt und diskutiert sowie Schlussfolgerungen skizziert. Hier erfolgt die Charakterisierung der Typen (Kapitel III 1.1) sowie die Beschreibung der Entwicklungsverläufe der Kinder (Kapitel III 2). Auffälligkeiten, die sich mithilfe bisheriger theoretischer Ansätze nicht ausreichend erklären lassen, werden schließlich als Deutungshypothesen (Kapitel III 3) formuliert.

Der letzte Abschnitt fasst die Diskussion der verschiedenen Ergebnisse zusammen und formuliert Schlussfolgerungen im Hinblick auf Forschung, Lehrerbildung und Unterrichtspraxis.

Teil I Flexibles Rechnen und Zahlenblickschulung betrachten

> „Mathematiklernen heißt, Zahlbeziehungen
> und mathematische Operationen
> zu verstehen, denn Einsichten sind
> auch für rechenschwache Schüler
> wichtiger als Automatismen."
> (Lorenz 2003, 95)

Im ersten Teil der vorliegenden Arbeit wird in einem theoriebasierten Überblick die Verortung der Untersuchung aufgezeigt.

Das Kapitel *Rechnen beschreiben* befasst sich mit begrifflichen Klärungen und bietet einen ersten Überblick zur Entwicklung des Rechnens. Dabei spielen die verschiedenen Lösungswege und deren Bedeutung eine wesentliche Rolle.

Das Kapitel *Rechnen grundlegen und ausbauen* widmet sich der Grundlegung und dem Ausbau des Rechnens. Da die Entwicklung des Zahlbegriffs und des Rechnens im Anfangsunterricht unmittelbar miteinander verbunden sind, werden zunächst wesentliche Aspekte zur Entwicklung eines umfassenden Zahlbegriffs (Kapitel I 3) ausgeführt. Daraus lassen sich direkte Folgerungen für die Entwicklung des Rechnens im Zahlenraum bis zwanzig (Kapitel I 4) ableiten. Ein Hauptziel im Arithmetikunterricht der Grundschule ist die Entwicklung verstehenden und damit flexiblen Rechnens bei möglichst allen Kindern. Für den Begriff flexibler Rechenkompetenzen existieren verschiedene Definitionen und entsprechend auch unterschiedliche Förderansätze (Kapitel I 5). Vorgestellter Untersuchung liegt der Ansatz zur Zahlenblickschulung zugrunde, der in Kapitel I 6 beschrieben wird.

Im Prozess des Rechnenlernens können *„besondere Schwierigkeiten"* entstehen, die aus verschiedenen Perspektiven zu betrachten sind: aus kognitions- und entwicklungspsychologischer sowie aus fachdidaktischer Perspektive (Kapitel I 7). Schwierigkeiten beim Rechnen äußern sich durch verschiedene Symptome, die in Kapitel I 8 beschrieben sind. Wie dieser Entwicklung präventiv begegnet werden kann und welche Möglichkeiten der Förderung bestehen, ist in Kapitel I 9 skizziert.

Aus den ausgeführten theoretischen Überlegungen und Forschungsergebnissen werden schließlich Begründungslinien und Forschungsdesiderate (Kapitel I 10) aufgezeigt, woraus sich die Forschungsfragen ableiten lassen (Kapitel I 11).

Rechnen beschreiben

Das folgende Kapitel beleuchtet verschiedene Aspekte zum Thema Rechnen: mögliche Lösungswerkzeuge (Kapitel I 1) sowie erstrebenswerte Werkzeuge und Wege vom Zählen zum Rechnen (Kapitel I 2).

Da keine Einheitlichkeit bezüglich genutzter Begriffe existiert, ist zunächst eine Klärung angezeigt. Auf dieser Basis können anschließend die verschiedenen Lösungswerkzeuge beschrieben werden (Kapitel I 1).

Auf dem Weg zum Rechnen zeigen sich zählende Vorgehensweisen langfristig als hinderlich, wohin gehend die Entwicklung strategischer Werkzeuge förderlich ist. In Kapitel I 2 werden die Gründe dafür erläutert und die Stadien auf dem Weg zum Rechnen sowie die Funktionen von strategischen Werkzeugen beschrieben.

1   Verschiedene Lösungswerkzeuge

In der Literatur finden sich unterschiedliche Bezeichnungen für die verschiedenen Lösungswege, die beim Rechnen genutzt werden können: „Rechenstrategien" (Radatz et al. 1996, 82), „Basisstrategien" (Carpenter/Moser 1984, 181), „Lösungswerkzeuge" (Rathgeb-Schnierer 2011, 17). Der Strategiebegriff wird allerdings gleichzeitig mit heuristischen Strategien oder Formen des Rechnens – wie Kopfrechnen oder halbschriftliches Rechnen – gleichgesetzt (Rathgeb-Schnierer 2011, 16 ff.). Darüber hinaus spricht man von Strategie auch in Bezug auf kognitive Kompetenzen wie „Flexibilität, Zielorientiertheit und Effizienz" (Stern 1992, 102)[4]. Zur Klärung der verschiedenen „Ebenen des Lösungsprozesses" (Rathgeb-Schnierer 2011, 16; vgl. Kapitel I 5.1) benutzt Rathgeb-Schnierer für die Ebene des Lösungsweges die Bezeichnung „Lösungswerkzeuge", die auch im Folgenden Verwendung findet.

Als Lösungswerkzeuge stehen drei grundsätzlich verschiedene Vorgehensweisen und deren Kombinationen zur Verfügung (Gray 1991, 554; Radatz et al. 1996, 82 f.):
- das Zählen (vgl. Kapitel I 1.1),
- das Lösen mithilfe heuristischer beziehungsweise operativer Strategien (im englischsprachigen Raum auch „number fact strategies" (Carpenter/Moser 1984, 181) genannt (Kapitel I 1.2) und
- das Abrufen von Fakten (Kapitel I 1.3).

Strategien oder strategische Werkzeuge

Unter heuristischen oder operativen Strategien werden im Zusammenhang mit Lösungswerkzeugen ableitende Strategien wie beispielsweise Nachbaraufgaben, Fastverdoppeln oder gegensinniges Verändern verstanden. Allerdings treten innerhalb eines Lösungsweges häufig auch unterschiedliche „Teilstrategien" im Sinne von

---

4   Eine ausführliche Diskussion hierzu findet sich bei Rathgeb-Schnierer 2006a, 53 ff.

kleinsten Werkzeugen auf, die miteinander verknüpft werden. Beispielsweise kann ein Kind bei der Aufgabe 8 + 7 auf einen Blick bis zur Zehn ergänzen, muss dann aber die restlichen Fünf dazu zählen (Thompson 2008, 101). Oder Kinder lösen 18 + 7 indem sie 8 + 7 auswendig wissen und damit gleichzeitig zum Faktenabruf das strategische Werkzeug der Analogie als Hilfsaufgabe nutzen. In beiden Beispielen verknüpfen die Kinder ein weiteres Lösungswerkzeug (einmal das Zählen und einmal das Abrufen) mit einem kleinsten strategischen Werkzeug. Daher wird im Folgenden der differenziertere und damit umfassendere Begriff der „strategischen Werkzeuge" (Rathgeb-Schnierer 2006a, 55) herangezogen.

> „Charakteristisch für diese strategischen Werkzeuge ist ihre Aufgabenunabhängigkeit sowie die Kombinierbarkeit mehrerer strategischer Werkzeuge beim Lösen einer Aufgabe." (Rathgeb-Schnierer 2006a, 56)

Als strategische Werkzeuge beschreibt Rathgeb-Schnierer folgende Tätigkeiten:
- „Zerlegen und Zusammensetzen von Zahlen,
- Analogien nutzen,
- Aufgaben verändern: Vereinfachen von Aufgaben durch das Umstellen von Summanden oder das gegen- beziehungsweise gleichsinnige Verändern,
- Hilfsaufgaben nutzen: Verdopplungs- und Halbierungsaufgaben; Aufgaben mit Zahlen, die leichter zu überschauen sind,
- Beziehungen nutzen: Beziehungen von Rechenoperationen, Zahlbeziehungen." (ebd., 2006a, 55)

Im Folgenden werden die drei grundsätzlich verschiedenen Lösungswerkzeuge – das Zählen, das Nutzen von strategischen Werkzeugen und das Abrufen von Fakten – genauer beschrieben.

1.1 Zählen

Die natürliche Entwicklung des Zählens im frühkindlichen Alter führt dazu, dass Zählstrategien als Lösungswerkzeuge für einfache Aufgaben ausgebildet werden. Die verschiedenen Zählstrategien lassen sich zunächst in „counting-all"-Strategien, künftig „Alleszählen" genannt, und „counting-on"-Strategien, künftig „Weiterzählen" genannt (Fuson 1982, 67), aufteilen. Darüber hinaus kann zwischen dem Zählen mit Gegenständen (direct modeling strategy) und mentalen Zählstrategien (counting strategies) (Carpenter/Moser 1984, 181) unterschieden werden.

Beim Alleszählen wird die Summe ermittelt, indem beide Summanden vollständig gezählt werden (Abb. 1.1). Bei der Aufgabe 3 + 6 zum Beispiel wird zunächst die Menge „drei" zählend erfasst und im Anschluss daran sechs Schritte weiter gezählt. Es wird deutlich, dass Alleszählen nur mithilfe von abzählbaren Materialien wie beispielsweise den Fingern oder Plättchen möglich ist. Diese Vorgehensweise des Alleszählens mit Material – *Counting All With Models*" (Carpenter/Moser 1982, 14; Hervorhebung im Original) – ist die primitivste Form Aufgaben zu lösen.

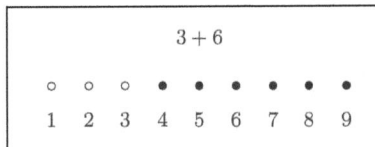

Abb. 1.1: Alleszählen an Material (Padberg/Benz 2011, 89)

Das Alleszählen ohne Material – „*Counting All Without Models*" (Carpenter/Moser 1982, 14/15; Hervorhebung im Original) – auch als SUM-Strategie bezeichnet, entspricht dem oberen Lösungsweg, allerdings ohne Material und Finger. Bei dieser Vorgehensweise taucht das Problem auf, dass der Überblick über die bereits gezählten mentalen Objekte schnell verloren geht. In einer Untersuchung von Carpenter und Moser (1982, 14 ff.) berichten einige Kinder, dass sie sowohl den ersten als auch den zweiten Summanden doppelt zählen; bei anderen entsteht der Eindruck, dass sie sich über rhythmische Bewegungen behelfen; wiederum andere können ihre Vorgehensweise gar nicht beschreiben. Ziehen die Kinder ihre Finger hinzu, so nicht unbedingt, um den zweiten Summanden zu repräsentieren, sondern vielmehr, um den Zählprozess zu begleiten (ebd., 14 ff.).

> „Concrete materials can be used to support (or rather, avoid) the double counting that is so frequently a feature of children's difficulties." (Gray 2008, 88)

Beim Weiterzählen wird von einem Summanden aus weitergezählt. Bei der Aufgabe 3 + 5 werden ausgehend von Drei fünf Schritte dazu gezählt. Tauschen der beiden Summanden, was bei diesem Beispiel effizienter ist, wird auch als „counting-on from the larger addend" (Fuson 1992a, 256) oder als „min' strategy" (Siegler/Jenkins 1989, 28 f.; Wilson/Dehaene 2007, 220; Hervorhebung im Original) bezeichnet.

Die Strategie des Weiterzählens setzt verschiedene Vorstellungen bezüglich der Summanden voraus:[5]
- Beide Zählstrategien benötigen die Vorstellung einer Zahl als Einheit mit der Möglichkeit der Untergliederung in kleinere Einheiten. Aus Sicht der Zählentwicklung betrachtet befinden sich die Kinder also mindestens auf der Ebene des unbreakable chain levels (Fuson/Hall, 1983), der unzerbrechlichen Kette.[6]
- Voraussetzung für das Alleszählen ist die Fähigkeit, das zuletzt genannte Wort beim Zählen als Anzahl der Menge zu interpretieren. Beim Weiterzählen verhält sich dies zunächst umgekehrt. Das Kind muss den ersten Summanden von der Anzahl in eine Zählzahl uminterpretieren, um dann weiterzählen zu können.

> „This bidirectionality of the dual meaning of the first counting-on word can be seen more clearly as follows: The count-to-cardinal direction (cardinal principle) summarizes an action that has been completed. The cardinal-to-count direction predicts an action that may be carried out." (Fuson 1982, 68/69)

---

5   Die Ausführungen beziehen sich, soweit nicht anders gekennzeichnet, auf Fuson 1982, 68 ff.
6   Deutsche Begriffe nach Weißhaupt/Peuker (2009, 60 ff.)

- Der erste Summand wird als Einheit betrachtet, die nicht mehr gezählt werden muss und von der aus weiterzuzählen ist.

  „This substitution is what leads to the counting-on procedure: the production of the first addend word as the abbreviation of the first addend enumeration and the continuation of the enumeration of the entities in the second addend." (Fuson 1982, 69)

- Den Summanden kommt eine Doppelbedeutung zu: Sie sind sowohl Summanden als auch Teile der Summe. Das bedeutet, dass die Fünf sowohl als aus Einheiten bestehendes Element der Zahlwortreihe betrachtet werden kann als auch als Einheit selbst, die die Gesamtmenge repräsentiert.
- Die beiden Summanden müssen richtig gezählt und zusammengezählt werden können. Ein häufiger Fehler ist beispielsweise, dass das Zahlwort des ersten Summanden und die erste Einheit des zweiten Summanden gleichgesetzt werden: 5 + 3 wird dann als „fünf, sechs, sieben" gezählt.

Die Vorgehensweise der Kinder scheint sowohl vom Alter und damit von ihren Fähigkeiten als auch von der Darstellung der Addition abzuhängen. Erhalten Kinder über die symbolische Darstellung hinaus Bilder mit Objekten, so neigen sie eher zum Alleszählen, anders als bei der rein symbolischen Präsentation der Aufgabe (Fuson 1982, 71 f.). Auch Kinder, die in der Regel weiterzählen, fallen durch die Hinzunahme von Bildern teilweise auf die Ebene des Alleszählens zurück.

Grundsätzlich lassen sich verschiedene Zählstrategien bei Kindern beobachten (Abb. 1.2):
- Kinder, die keine Objekte gezeigt bekommen, zeichnen auf dem Tisch oder einer Karte mit dem Finger virtuelle figurierte Objekte („a *figural representation*" (Fuson 1982, 71; Hervorhebungen im Original)), um diese dann abzuzählen.
- Vor dem Weiterzählen wird der erste Summand sehr gedehnt und langsam gesprochen oder aber auf der Karte angetippt.
- Ist der zweite Summand größer als vier, so finden sich verschiedene Zählsysteme, mithilfe derer Kinder in der Lage sind, korrekt dazuzuzählen (Abb. 1.2). Dabei ist das Abzählen von Objekten (z.B. Plättchen oder Finger) deutlich einfacher als das mentale Abzählen oder das Gegenzählen der bereits dazu gezählten Einheiten (Fuson 1982, 72 ff.).

Baroody (1987b) untersuchte bei 17 Kindergartenkindern während neun Monaten bis zum Schuleintritt die Entwicklung der Zählstrategien. Die meisten der Kinder lösen in dieser Phase die Aufgaben an Material zählend. Nur einige wenige Kinder zeigen bereits mentale Zählstrategien. Baroody leitet daraus die Wichtigkeit zahlreicher konkreter Handlungen zu Schulbeginn ab (ebd., 154).

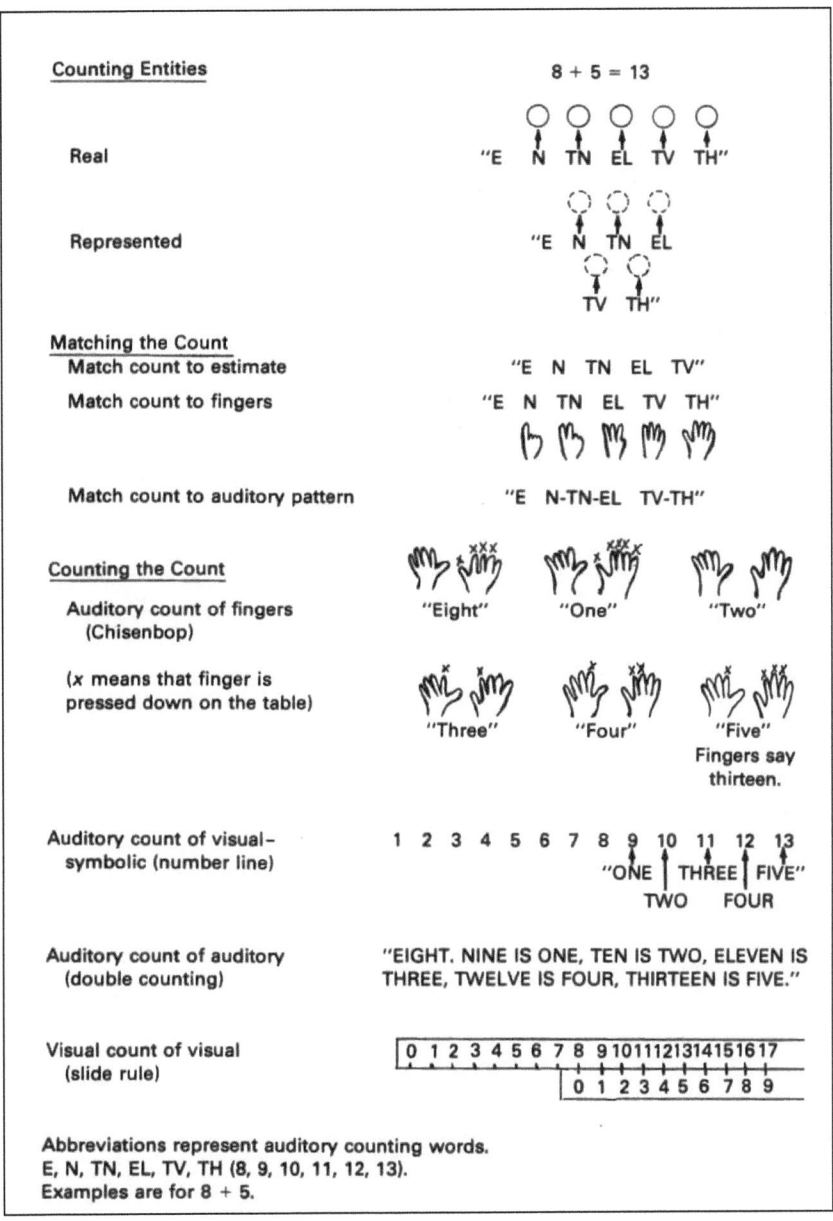

Abb. 1.2: Zählsysteme von Kindern (Fuson 1982, 74)

Carpenter und Moser (1982) beobachteten die Lösungswerkzeuge und das Operationsverständnis von Kindern beim Addieren und Subtrahieren während des ersten Schuljahres – vor der Behandlung im Unterricht und danach. Beim Addieren zeigen die Kinder vor der Behandlung im Unterricht verschiedene zählende Lösungsstrategien: Es war den Kindern in den Interviews erlaubt, auf Material zurückzugreifen. Dabei war das Alleszählen mit Material der dominierende Lösungsweg. Einige Kinder zeigten auch Alleszählen ohne Material. Darüber hinaus konnten auch Strate-

23

gien zum Weiterzählen vom ersten Summanden sowie vom größeren Summanden – „*Counting-On-From-First*" und „*Counting-On-From-Larger*" (Carpenter/Moser 1982, 15; Hervorhebungen im Original) – beobachtet werden (sogenannte MIN-Strategie).

Siegler und Jenkins (1989, 28 f.) zeigen, dass Kinder häufiger auf die MIN-Strategie als auf das Alleszählen zurückgreifen, wenn ein Summand sehr groß und der andere sehr klein ist, wie beispielsweise bei 2 + 9.

> „This pattern makes sense. The greater the difference between the two addends, the greater the savings in number of counts that the min strategy provides over the sum strategy. The smaller the size of the smaller addend, the easier it is to execute the min strategy correctly." (Siegler/Jenkins 1989, 29)

Nach der Behandlung im Unterricht lösen die Kinder die Aufgaben zunehmend durch Weiterzählen, aber auch durch das Zurückgreifen auf Faktenwissen oder mithilfe strategischer Werkzeuge (Carpenter/Moser 1982).

Thompson (2008, 102 f.) beobachtete bei Kindern mit zunehmender Dauer des Schulbesuchs auch zählendes Lösen in größeren Schritten. Er bezeichnet diese Form des Zählens als „step-counting" (ebd., 102). Das Führen und Auszählen von Strichlisten beispielsweise in Fünferpäckchen wird als „systematisches Zählen" (Baireuther 2011, 41) bezeichnet.

1.2 Nutzen von strategischen Werkzeugen

Für die „nicht zählenden" Lösungswerkzeuge finden sich unterschiedliche Aufteilungen und Bezeichnungen (vgl. Gerster/Schultz 1998, 364; Krauthausen 1995, 87 ff.; Radatz et al. 1996, 83 f.; Wittmann/Müller 1990, 43 ff.): Radatz et al. (1996, 83) beschreiben „Verdoppeln/Halbieren, Zerlegen und Zusammensetzen, gleich- und gegensinniges Verändern". Bei Gerster/Schultz (1998, 364) findet sich eine Aufteilung in Grundaufgaben und Ableitungsstrategien. Unter Grundaufgaben werden Addieren und Subtrahieren der Null, Eins und Zwei, Verdoppeln/Halbieren, Zehnersummen, zehn als Summand [...], „Kraft der Fünf" gefasst. Unter Ableitungsstrategien fügen Gerster und Schultz „Tauschaufgaben, Nachbaraufgaben [...], gegensinniges Verändern" (ebd., 364) an.

In den angeführten Beschreibungen werden diese Lösungswege vorwiegend beziehungsweise ausschließlich als fertige Strategien im Sinne einer durchgängigen Lösungsmethode verstanden. Im Gegensatz dazu geht die vorliegende Studie davon aus, dass Lösungswerkzeuge abhängig vom Kontext einer Aufgabe unterschiedlich zusammengesetzt werden (Rathgeb-Schnierer 2006a, 277) und auch während des Lösungsprozesses gewechselt werden können (Rathgeb-Schnierer 2006a, 55). In diesem Sinne handelt es sich also um strategische Werkzeuge (siehe oben).

Diese können entsprechend den zugrunde liegenden mathematischen Tätigkeiten geordnet werden (vgl. auch Kapitel II 7.1):

- Das Zerlegen und Zusammenfassen der Summanden entspricht dem Umformen von Termen oder dem „Umweg" über Ankerzahlen[7] auf einer Geraden.
- Das Zurückgreifen auf Hilfsaufgaben: Hier liegt der Fokus auf den Nachbarschaftsbeziehungen zwischen Aufgaben, verbunden mit der Möglichkeit auf eine einfachere Aufgabe zurückzugreifen und mit deren Hilfe die vorliegende Aufgabe zu lösen. Dabei ist zu unterscheiden, ob die Hilfsaufgabe aktiv aus dem Wissen des Kindes abgerufen oder aus dem Lösungskontext entnommen wird. Erinnert sich das Kind beispielsweise bei der Aufgabe 6 + 7 an die nahe liegende Verdopplung 6 + 6 = 12, so greift das Kind auf eigenes aktives Wissen zurück. Löst das Kind die gleiche Aufgabe als Nachbaraufgabe von 6 + 6, die es zuvor vielleicht auch zählend oder über ein Anschauungsmittel gelöst hat, so erkennt das Kind diese Aufgabenbeziehung, ohne dabei aber zwingend die Hilfsaufgabe selbst abrufen zu müssen.

Daraus ergibt sich folgende Struktur der strategischen Werkzeuge (vgl. a. Kapitel II 7.1):

Zerlegen – zusammensetzen:
- Bündeln zum ganzen Zehner durch:
  - Ausnützen der „Kraft der Fünf"
  - Ergänzen zur Zehn
- Bilden anderer Bündelungen

Rückgriff auf eine Hilfsaufgabe:
- Nutzen von Nachbaraufgaben (auch Verdopplung)
- Verändern der Aufgabe (durch Tauschen, durch gegen- oder gleichsinniges Verändern)
- Analogiebildung

Zu unterscheiden ist, ob auf eine Hilfsaufgabe aus dem Lösungskontext oder auf eine bereits automatisierte Aufgabe zurückgegriffen wird.

1.3 Abrufen von Fakten

Aufgaben werden dann als automatisiert bezeichnet, wenn der Lösende für die Ergebnisfindung maximal zwei bis drei Sekunden benötigt (Gerster/Schultz 1998, 373).

> „*Ziel* der Erarbeitung des Kleinen Einspluseins im ersten Schuljahr ist es, die Zahlensätze des Kleinen Einspluseins am Ende des Schuljahres entweder schon auswendig zu kennen oder durch Rechenstrategien (und möglichst nicht mehr durch Zählstrategien) rasch zu finden." (Padberg/Benz 2011, 101; Hervorhebung im Original)

---

7   Mit „Ankerzahlen" werden die Zahlen bezeichnet, die für die Gliederung des Zahlenraums zentral sind und damit eine bessere Orientierung ermöglichen (vornehmlich die Zehnerzahlen und im kleinen Zahlenraum auch die Fünf).

Wenngleich die Betonung auf der Erarbeitung operativer Zusammenhänge liegt (Gaidoschik 2006, 81; Hess 2012; Kaufmann/Wessolowski 2006, 107; Krauthausen/Scherer 2006, 22 ff.; Padberg/Benz 2011, 101 ff.; Schütte 2008, 116 f.; Wittmann/Müller 1990), so ist das erklärte Ziel der ersten Klasse dennoch die Automatisierung des kleinen Einspluseins (dazu auch Gaidoschik 2012, 11; Gerster 1994, 46; Gerster/Schultz 1998, 373; Krauthausen 2009, 104 f.; Wittmann/Müller 1990, 46).

> „In the third and last stage of the learning process, all single-digit addition and subtraction combinations are gradually memorised." (Verschaffel/De Corte 1996, 118)

Auch Verschaffel und De Corte (1996, 117 f.) machen deutlich, dass am Ende des Lernprozesses im Zahlenraum bis zwanzig die Automatisierung des kleinen Einspluseins steht. Die Entwicklung heuristischer beziehungsweise operativ-strategischer Werkzeuge geht der Automatisierung voraus (Kapitel I 2.3.1).

> „Das in der Vergangenheit nicht selten verpönte Auswendiglernen des kleinen Einspluseins und Einsminuseins hat auch in einem modernen Anfangsunterricht seine Berechtigung. Dass dies nicht in Form eines sturen Drills erfolgt, sondern mit Hilfe vielfältiger, auch operativer Übungen zur Förderung eines flexiblen Rechnens, versteht sich von selbst." (Radatz et al. 1996, 84)

Die Ausbildung strategischer Werkzeuge bildet gleichzeitig auch eine Grundlage für die Entwicklung flexibler Rechenkompetenzen (Kapitel I 2.3.2). Da das Ableiten von Hilfsaufgaben aber nur auf der Grundlage sinnhafter Vorstellungen und deren Verständnis gebildet werden kann (Gray 2008, 87; Krauthausen 1995, 87 ff.), muss der Arbeit mit strategischen Werkzeugen beziehungsweise der Zahlenblickschulung (Kapitel I 6) zur Wahrnehmung von Zahl-, Term- und Aufgabenbeziehungen viel Raum gegeben werden (Schütte 2008, 105).

Vielfach wird beschrieben, dass Kinder mit Schwierigkeiten beim Rechnenlernen auch größere Probleme mit der Automatisierung des kleinen Einspluseins zeigen.

> „Earlier research by the author indicated that many below average attainers do not remember number facts and use alternative stategies to obtain solutions to basic arithmetical problems." (Gray 1991, 551)

2 Vom Zählen zum Rechnen

Der zentrale und entscheidende Schritt in die Mathematik der ersten Klasse ist die Entwicklung strategischer Werkzeuge und die Automatisierung von Fakten. Damit einher geht die Ablösung vom Zählen.

2.1 Gründe für die Ablösung vom Zählen

Die Ablösung vom Zählen zum Abrufen von Fakten und Nutzen strategischer Werkzeuge stellt die Hauptaufgabe des Mathematikunterrichts im ersten Schuljahr dar (Gerster/Schultz 1998, 363 ff.).

> „*Zählmethoden* als alleinige oder vorwiegend praktizierte Lösungsstrategie bei Kindern *über das erste Schuljahr hinaus* zu tolerieren ist *unterlassende Hilfeleistung* und bewirkt, dass sich Unterschiede zwischen schwachen und befähigten Schülern ständig vergrößern." (Gerster 1994, 46; Hervorhebungen im Original)

Für die Ablösung vom Zählen werden zahlreiche Gründe genannt:
- Zählendes Rechnen ist stark fehleranfällig, da die Kinder sich häufig um eins verzählen. Grundsätzlich kann festgehalten werden, dass Rechnen zu weit größerer Lösungsrichtigkeit führt als Zählen (Benz 2005, 175 ff.).
- Sogenannte „Zählkinder" (Gerster 1994, 45) zählen auch Aufgaben, die sie bereits automatisiert haben oder für die sie ein strategisches Werkzeug kennen. Zählen ist hier ein unreflektierter Automatismus. Durch das Perfektionieren von Zählstrategien erscheint das Zurückgreifen auf automatisiertes Wissen unnötig (Gaidoschik 2010, 518 ff.).

> „Some children – often with a limited array of known facts – may become so efficient in counting, that they use it as a universal method that does not involve them in a risk of attempting to use a limited number of known facts." (Gray 2008, 89)

- Auch wenn die Techniken des Zählens anstrengend sind, bereiten sie Kindern in kleinen Zahlräumen in der Regel zunächst keine Probleme. Daher sehen diese zunächst auch keinen Grund, von ihrem gewohnten und natürlichen Zugang abzuweichen und so automatisiertes Wissen zu entwickeln. Darin aber liegt die Gefahr des verhärteten Zählens (Gerster 1994, 45).

> „[…]counting does not enable the child to encapsulate the knowledge, indeed the indications are that it in fact does not reverse." (Gray 1991, 571)

- Für Zählkinder stellt jede Aufgabe erneut einen Auftrag zum Zählen dar (Gaidoschik 2010, 519 ff.; Gray 2008, 85 ff.). Sie erkennen daher auch keine Aufgabenbeziehungen und rechnen bzw. zählen jede Aufgabe erneut (Gerster 1994, 45).

> „In one sense *they make things more difficult for themselves* and as a consequence *become less able*." (Gray 1991, 570; Hervorhebungen im Original)

- Der Zeitraum zwischen dem Anschauen einer Aufgabe und dem Finden des Ergebnisses ist zu groß, als dass eine Verbindung hergestellt werden könnte. Außerdem ist die gesamte Aufmerksamkeit auf das Zählen gerichtet, so dass eine Automatisierung unwahrscheinlich wird und auch keine strategischen Werkzeuge entwickelt werden (Gray 1991, 570; Scherer/Moser Opitz 2010; Schipper 2005a, 2005b).

- Durch das langwierige, zählende Lösen von Aufgaben entstehen „*Einzelfakten*" (Gerster 1994, 45; Hervorhebung im Original), die nicht mit anderen Aufgaben vernetzt werden können und daher schneller wieder verloren gehen (Scherer/ Moser Opitz 2010).
- Beim Rechnen in höheren Zahlenräumen, bei anwendungsorientierten Aufgaben, beim Problemlösen oder in der Geometrie beansprucht das zählende Lösen so viel Kapazität, dass die eigentliche Aufgabe in den Hintergrund rückt (Gerster 1994, 45).

> „These procedures (counting procedures) may be successful for simple combinations but they may become extremely difficult for larger numbers." (Gray 2008, 87; Erläuterung in Klammer durch die Autorin)

2.2 Die Entwicklung vom Zählen zum Rechnen

Der Übergang vom Zählen zum Rechnen wird nicht in einem Schritt vollzogen, vielmehr können verschiedene Phasen beschrieben werden. Carpenter und Moser (1984, 196 ff.) nennen fünf Entwicklungsebenen für das Erlernen der Addition:
- Ebene 0: Die Kinder sind nicht in der Lage, Additionsaufgaben zu lösen.
- Ebene 1: Beim Zählen wird auf Objekte zurückgegriffen.
- Ebene 2: Dabei handelt es sich um ein Zwischenstadium. Es wird sowohl an Objekten als auch mental gezählt.
- Ebene 3: Es werden überwiegend mentale Zählstrategien genutzt.
- Ebene 4: Aufgaben werden über das Abrufen von Fakten oder durch Ableitungen von Fakten gelöst.

Fuson (1992a, 250 ff.) unterscheidet ausgehend von Rechengeschichten drei Entwicklungsstufen auf dem Weg zum Rechnen. Dabei nimmt sie die Deutung der Summanden beim Lösenden in den Blick und kommt zu folgenden Unterscheidungen:
- Perceptual unit items: Auf dieser Stufe nehmen die Kinder jeden Summanden als aus einzelnen Objekten bestehende Anzahl wahr und addieren entsprechend durch Alleszählen.
- Sequence unit items: Hier nehmen die Kinder beide Summanden als Teilmengen der Gesamtmenge war. Die Summanden können nun als quasi-simultane Einheiten wahrgenommen oder in Teileinheiten zum geschickten Zählen gegliedert werden. Daher kann die Summe nun über Weiterzählen (auch in größeren Schritten) ermittelt werden.
- Ideal chunkable unit items: In dieser Phase zerlegen die Kinder die Summanden in Teilsummen, die sie durch Faktenabruf bereits berechnen können. Dabei sind sowohl Nachbaraufgaben als auch das Ergänzen zur Zehn möglich.

Diese Entwicklung wird auch von Sarama und Clements (2009, 126 ff.) unterstrichen. Sie beschreiben, dass mit der Entwicklung eines numerischen Teile-Ganzes-Konzeptes im Alter von etwa sechs Jahren das Nutzen von Ableitungen im Lösungsprozess möglich wird, was bei Fuson der Phase des „ideal chunkable unit item[s]" entspricht.

Auch Verschaffel und De Corte (1996, 117 f.) können drei Phasen identifizieren, die allerdings im Wesentlichen den oben (Kapitel I 1) beschriebenen Typen von Lösungswerkzeugen entsprechen:
1. zählende Lösungsstrategien,
2. das Entwickeln von Lösungen über das Ableiten und das Nutzen von Rechengesetzen und
3. die Automatisierung des kleinen Einspluseins.

Mulligan (2011, 19 ff.) referiert verschiedene australische Studien mit Kindergartenkindern und Schulanfängern, in denen die Kompetenzen zum Erkennen und Darstellen geometrischer Muster und strukturierter Punktemengen sowie zum Zählen in verschiedenen Schritten mit und ohne Förderprogrammen untersucht werden. Sie formuliert die Hypothese, dass schwache Kinder von sich aus den Blick nicht auf Strukturen in Mustern richten und sie damit auch Schwierigkeiten beim Darstellen von Mustern in Punktmengen o. ä. entwickeln (ebd., 35). Abschließend kommt sie zu der Schlussfolgerung, dass Kinder ohne ein Musterverständnis bei Punktedarstellungen im basalen Zählen in Einerschritten verbleiben und dabei keine geschickten Strategien entwickeln.

Carpenter und Moser (1984, 189 ff.) heben hervor, dass Kinder in der Übergangsphase vom Zählen zum Rechnen zu einem Erhebungszeitpunkt nicht durchgängig den gleichen Lösungsweg nutzen, sondern die Lösungswerkzeuge aufgabenabhängig einsetzen. Je nach Aufgabe können sowohl Zählstrategien mithilfe von Materialien, Strategien des Weiterzählens oder auch das Abrufen von Fakten genutzt werden. Da einzelne Aufgaben schneller automatisiert werden als andere, können Kinder gleichzeitig Aufgaben über Faktenwissen und Ableitungen lösen (Carpenter/Moser 1984, 181).

Gray (1991, 554 ff.) beschreibt in seinem Modell eine Hierarchie von Lösungswegen („preferential hierarchy with route of regression"; ebd., 555): Der schnellste und damit auch bevorzugte Lösungsweg ist das Abrufen von Fakten. Ist dies bei einer Aufgabe nicht möglich, so sucht der Lösende einen anderen Weg, der jedoch einen Rückschritt in der Hierarchie bedeutet. Dies kann sowohl das Nutzen strategischer Werkzeuge durch Rückgriff auf Basisfakten sein als auch das Nutzen von Zählstrategien.

In seiner Studie konnte Gray zeigen, dass überdurchschnittlich und durchschnittlich begabte Kinder tendenziell eher auf strategische Werkzeuge zurückgreifen. Schwache Kinder neigen dagegen fast ausschließlich zu Zählstrategien (ebd., 569). Im Einzelnen zeigten sich folgende Ergebnisse:

- Schwächere Kinder im Alter von sieben bis acht Jahren hatten nur etwa 25% der gestellten Aufgaben bis zwanzig automatisiert (ebd., 556).
- 60% aller Kinder nutzten im Zahlenraum bis zehn und von zehn bis zwanzig zählende Lösungsstrategien (ebd., 563).
- Gleichzeitig nutzten jedoch deutlich mehr Kinder im Zahlenraum von zehn bis zwanzig strategische Werkzeuge, als dies im Zahlenraum bis zehn der Fall war (ebd., 563).
- Allerdings zeigte sich bei nahezu allen schwächeren Kindern, dass sie bei Nicht-automatisierung einer Aufgabe in der Regel auf zählende Strategien zurückgreifen und selten strategische Werkzeuge nutzen (ebd., 564 ff.).

    „If the younger below average child does not know a solution the evidence is that (s)he will use counting. Such a strategy remains a dominant alternative for each group of below average children." (ebd., 567/568)

- In diesem Zusammenhang war interessant, dass das Nutzen von Zählstrategien nicht zu einem Ausbau von Faktenwissen führt, da die Kinder keinen Zusammenhang zwischen der Aufgabe und der Lösung herstellen können (siehe oben).

    „The counting methods used by the below average children do not appear to reinforce their knowledge of number facts. The children did not appear to be making the links between the problem, the procedure and the solution." (ebd., 569)

Auch die Ergebnisse von De Corte und Verschaffel (1987) zeigen, dass viele Kinder Probleme bei der Ablösung vom zählenden Rechnen haben. Sie untersuchten anhand von Rechengeschichten die Rechenentwicklung bei 30 Erstklässlern. Es stellte sich heraus, dass zwar über die Hälfte aller Kinder zum Ende des Schuljahres die Aufgaben des kleinen Einspluseins durch Ableiten oder durch Abrufen von Fakten lösten, jedoch auch ein Drittel der Kinder zählend und dabei überwiegend materialgebunden vorging (ebd., 370).

Diese Ergebnisse bestätigen sich auch bei Gaidoschik (2010). Er untersuchte bei 139 österreichischen Kindern die Ablösung vom Zählen während des ersten Schuljahres. Die Kinder wurden dreimal während des Schuljahres interviewt. Im Mittelpunkt standen dabei die Lösungswege zu Additions- und Subtraktionsaufgaben, vorwiegend im Zahlenraum bis zehn. Gaidoschik (2010, 476 ff.) konnte am Ende des ersten Schuljahres sechs Typen identifizieren:

1. Typus „Faktenabruf und fortgesetztes Ableiten" (ebd., 476)
   Diese Kinder lösen Aufgaben im Zahlenraum bis zehn überwiegend durch Faktenabruf. Können sie einzelne Aufgaben nicht spontan abrufen, so werden diese durch Ableitungsstrategien gelöst. Beim Lösen von Aufgaben mit Zehnerübergang bestehen bei diesem Typus jedoch große Unterschiede zwischen den Kindern: einige lösen durch Ableiten, andere zählend (ebd., 476 ff.).

Ein Drittel aller interviewten Kinder konnten am Ende des ersten Schuljahres diesem Typ zugeordnet werden (ebd., 479).

2. Typus „Hohe Merkleistung ohne Ableiten" (ebd., 482)
   Kinder dieses Typs lösen Aufgaben ausschließlich durch Faktenabruf oder zählend, wobei das Abrufen auch fehlerhaft sein kann (ebd., 482 f.).
   Diesem Typ konnten drei Kinder der Gesamtstichprobe (139) zugeordnet werden (ebd., 483).

3. Typus „Vorwiegend zählendes Rechnen ohne Ableiten" (490)
   Diese Kinder lösen die Aufgaben überwiegend zählend, auch an Fingern durch Alleszählen. Sie können einige wenige Aufgaben wie Verdopplungen oder Aufgaben mit plus eins auswendig. Diese nutzen sie allerdings nicht zum Ableiten (ebd., 490 ff.).
   In der Studie können circa ein Viertel aller interviewten Kinder diesem Typ zugeordnet werden (ebd., 492).

4. Typus „Ableiten und persistierendes zählendes Rechnen" (ebd., 497)
   Kinder dieses Typs nutzen im Zahlenraum bis zehn sowohl das Abrufen von Fakten als auch Ableitungsstrategien sowie zählende und nichtzählende Fingerstrategien. Aufgaben mit Zehnerübergang werden von Kindern dieses Typs überwiegend zählend gelöst (ebd., 497 ff.).
   Circa ein Fünftel aller interviewten Kinder konnten diesem Typ zugeordnet werden (ebd., 499).

5. Typus „Vorwiegend zählendes Rechnen mit Ableiten" (ebd., 505)
   Kinder, die diesem Typ zugeordnet werden konnten, lösen Aufgaben im Zahlenraum bis zehn überwiegend zählend, wobei einzelne Aufgaben auch durch Ableiten gelöst wurden (ebd., 505 f.).
   Vier der 139 interviewten Kinder wurden diesem Typ zugeordnet (ebd., 506).

6. Typus „Strategie-Mix mit hohem Anteil von Zählstrategien ohne Ableiten" (ebd., 508)
   Diese Kinder nutzen „*durchgehend keine* Ableitungsstrategien" (ebd., 508; Hervorhebung im Original). Im Zahlenraum bis zehn werden die Aufgaben entweder durch Zählstrategien, Faktenabruf oder nichtzählende Strategien an Fingern gelöst. Aufgaben mit Zehnerübergang werden mit wenigen Ausnahmen überwiegend zählend gelöst (ebd., 508 ff.).
   Etwa 17% aller Kinder konnten diesem Typ zugeordnet werden.

Diese Ergebnisse machen unter anderem deutlich, dass der Weg vom Zählen zum Rechnen nicht einheitlich verläuft und das Ziel der Automatisierung von Basisfakten am Ende der ersten Klasse nicht selbstverständlich erreichbar ist. Vielmehr stellt die Ablösung vom Zählen eine große Herausforderung dar. Gaidoschik (2010, 524 f.) formuliert die Hypothese, dass innerhalb eines Unterrichts, der vermehrt auf die Entwicklung von Strategien achtet, sich deutlich mehr Kinder vom zählenden Rechnen lösen könnten, als dies in der von ihm durchgeführten Studie möglich war (vgl. Kapitel III 3).

2.3 Bedeutung der strategischen Werkzeuge

Das Nutzen strategischer Werkzeuge wird sowohl als *Weg zur Automatisierung* des kleinen Einspluseins als auch als *Grundlage für flexibles Rechnen* gesehen.

Auf dem Weg zur Automatisierung gelingt der Übergang vom Zählen zum Abrufen von Fakten durch die Entwicklung strategischer Werkzeuge (Verschaffel/De Corte 1996; vgl. Kapitel I 2.2), während sich das Zählen selbst als Sackgasse erweist (u.a. Gaidoschik 2006, 2010; Gray 1991).

> „Students who learn to use derived-combination strategies in concert with memorization are more likely to develop mathematical proficiency than those who have memorized the combinations without supplementary strategies." (Sarama/Clements 2009, 137)

Am Ende des ersten Schuljahres sollten die Zerlegungen der Zahlen bis zehn und damit alle Aufgaben im Zahlenraum bis zehn automatisiert sein, da diese die Grundlage für das weitere Rechnen im Zahlenraum bis hundert bilden. Zusätzlich gilt als Ziel die Automatisierung der Verdopplungen bis zwanzig, um Nachbaraufgaben abrufen zu können (Gaidoschik 2008, 401; Schipper 2005, 7).

Gleichzeitig ist der verstehende, flexible Umgang mit strategischen Werkzeugen eine wesentliche Grundlage für die Entwicklung flexibler Rechenkompetenzen (Kapitel I 5).

2.3.1 Strategische Werkzeuge und der Weg zur Automatisierung

Auf dem Weg zur Automatisierung spielt die Entwicklung verstandener strategischer Werkzeuge eine wesentliche Rolle. Hierfür sprechen verschiedene Aspekte: Bei strategischen Werkzeugen wird häufig auf automatisierte Basisaufgaben und Zahlzerlegungen zurückgegriffen. Dadurch ist die Motivation, sich diese Fakten zu merken, deutlich höher als beim Zählen (Gerster 1994, 46; Gaidoschik 2010, 516 f.). Das Ableiten eines Terms oder die Zerlegung der Summanden stehen in unmittelbarem Zusammenhang mit der Aufgabe, wodurch auch Aufgabe und Lösung einen direkten Bezug zueinander haben, und infolge kann die Automatisierung leichter gelingen. Kinder, die viele Aufgaben automatisiert haben, zeigen dementsprechend auch eine größere Lösungshäufigkeit im Vergleich zu denjenigen, die über zählende Strategien zur Lösung kommen (Benz 2010a, 102 f.).

Auch internationale Studien bestätigen, dass das Nutzen strategischer Werkzeuge in Kombination mit dem Abrufen einfacher Fakten einen wesentlichen Schritt auf dem Weg zur Automatisierung des Einspluseins darstellt (Fuson 2003; Siegler 2003; Steinberg 1985).

In der Studie von Steinberg (1985, 346 ff.) wurden die Ableitungsstrategien in einem gezielten Programm über mehrere Wochen unterrichtet. Zwischen der Einführung einer Strategie und der nächsten lagen immer einige Tage (ebd., 348), sodass die Kinder Zeit hatten, diese zu üben. Steinberg stellte fest, dass mit zunehmendem Zurückgreifen auf Ableitungsstrategien eine Abnahme der Zählstrategien einherging. Allerdings wurde in dieser Studie auch deutlich, dass einzelne Kinder Probleme beim Erlernen der Strategien hatten und weiterhin zählten. Zusätzlich zeigte sich, dass einige Kinder die Ableitungsstrategien sowohl beim Fastverdoppeln als auch beim gegensinnigen Verändern als unverstandene Regeln entwickelten; die Wiedererkennung und damit einhergehend die Anwendung in veränderten Kontexten konnte also nicht vollzogen werden (ebd., 348 f.). Bei den Kindern, bei denen die Anzahl der Ableitungsstrategien zunahm, erhöhte sich gleichzeitig auch die Anzahl der automatisierten Aufgaben.

„Using many DFSs might help children structure the facts, make connections among different facts, and thus generate associations with them. These associations will be built not on a repeated exposure to random facts but rather on an understanding of the semantic relationships among the facts." (Steinberg 1985, 352)

2.3.2 Strategische Werkzeuge als Basis für flexibles Rechnen

Steht nicht die Entwicklung mechanischer, sondern flexibler Rechenkompetenzen im Zentrum, so spielt der verstehende Umgang mit strategischen Werkzeugen bereits in der ersten Klasse eine wesentliche Rolle (Scherer 2006, 128). Damit geht auch die Fähigkeit zur Übertragung in höhere Zahlenräume einher.

In der mathematikdidaktischen Diskussion herrscht noch Uneinigkeit, ab wann flexibles Rechnen angebahnt werden soll. Während beispielsweise Geary (2003a, 456 f.) dafür plädiert, zunächst die Basisfakten zu automatisieren, wird aus fachdidaktischer Perspektive von einer Mehrheit dafür argumentiert, von Beginn an flexible Kompetenzen anzubahnen und diese kontinuierlich weiterzuentwickeln (u.a. Baroody 2003; Rathgeb-Schnierer 2006a, 2010d, 2011; Schütte 2002a, 2002b, 2004a, 2008; Wittmann/Müller 1990; Verschaffel et al. 2007, 2009).

„Lehr-Lernprozesse, die mathematisches Denken und insbesondere flexibles aufgabenadäquates Rechnen zum Ziel haben, müssen langfristig angelegt sein. Deshalb wird hier ein Programm für einen kumulativen Aufbau dieser Kompetenzen vorgestellt, das sich über drei Schuljahre (von Klasse 1 – 3) erstreckt." (Schütte 2008, 103)

„… it seems very risky to design teaching/learning environments wherein one strives (only) for routine expertise first and postpones engendering flexibility/adaptivity until the moment routine expertise has been established." (Verschaffel et al. 2007, 22)

Trotz des weitläufigen Konsenses bezüglich der Entwicklung flexibler Rechenkompetenzen finden sich im Hinblick auf das Rechnen im Zahlenraum bis hundert erstaunlicherweise noch immer Überlegungen, die Kinder auf die Vorherrschaft des Ergänzens zur Zehn hinzuweisen und diese Vorgehensweise entsprechend intensiv zu üben (Treffers 2008b, 51).

Wird also die Entwicklung flexibler Rechenkompetenzen von Beginn an angestrebt, so stellt die kontinuierliche Auseinandersetzung mit strategischen Werkzeugen das Hilfsmittel und damit den Weg zur Automatisierung des kleinen Einspluseins dar, gleichzeitig aber auch die Grundlage eines wesentlichen Merkmals flexiblen Rechnens.

Rechnen grundlegen und ausbauen

Dieses Kapitel widmet sich der Frage, wie aus mathematikdidaktischer Perspektive Rechnen grundlegelegt und ausgebaut werden kann.

Die Zahlbegriffsentwicklung und das Rechnenlernen gehören im Anfangsunterricht unmittelbar zusammen. Wie die Betrachtung der Zahlaspekte zeigt, lassen sich aus einem umfassenden Zahlbegriff (Kapitel I 3), der auf Beziehungen fokussiert, auch beziehungshaltige Rechenkompetenzen (Kapitel I 4 und I 5) entwickeln.

In der Literatur finden sich verschiedene Beschreibungen für das Konstrukt „flexibles Rechnen" und damit verbunden unterschiedliche Förderkonzepte, denen in Kapitel I 5 nachgegangen wird. Ein solches kumulatives Konzept ist die Schulung des Zahlenblicks (Schütte 2008), das für diese Studie spezifiziert und weiterentwickelt wurde (Kapitel 6).

3   Den Zahlbegriff entwickeln

In kognitions- und entwicklungspsychologischen Untersuchungen wird deutlich, dass die Zahlbegriffsentwicklung bereits mit der Geburt beginnt (u.a. Antell/Keating 1983; Feigenson/Carey/Hauser 2002; Starkey/Copper 1980; Starkey/Spelke/Gelman 1983; Wynn 1992; Xu/Arriaga 2007; Xu/Spelke/Goddard 2005) und im frühen Kindesalter mit der Entwicklung der Zahlwortreihe (Fuson 1988; Fuson/Hall 1983) und der Entwicklung der Abzählprinzipien (Gallistel/Gelman 1992; Gelman/Gallistel 1978) fortgeführt wird. Durch die Verknüpfung dieser zahlbezogenen Fähigkeiten mit Vorstellungen zum Teile-Ganzes-Konzept (Krajewski 2008; Resnick 1983; Stern 1998) entwickeln sich erste Zahlvorstellungen, die durch gezielte vorschulische und schulische Aktivitäten ausdifferenziert werden.[8]

Im Folgenden wird die mathematikdidaktische Sicht auf die Entwicklung eines umfassenden Zahlbegriffs in den Mittelpunkt gerückt. Dabei finden auch kognitions- und entwicklungspsychologische Erkenntnisse als integrative Bausteine der mathematischen Betrachtungsweise Verwendung.

Bei der Entwicklung eines umfassenden Zahlbegriffs kommen zwei Perspektiven zum Tragen.

> „Mathematisch gehaltvolle Situationen können unter zwei verschiedenen Perspektiven betrachtet werden: mit Blick auf die mathematischen Inhaltsbereiche und mit Blick auf mathematische Denk- und Handlungsweisen." (Rathgeb-Schnierer 2012, 52)

---

8   Da diese kognitions- entwicklungspsychologischen Zusammenhänge bereits in zahlreichen Kontexten (u.a. von Aster 2005; Gasteiger 2010; Moser Opitz 2001b; Weißhaupt/Peucker 2009) ausführlich rezipiert sind und der Fokus der vorgestellten Untersuchung auf schulischem Lernen liegt, wurde an dieser Stelle auf eine detaillierte Ausführung verzichtet.

Traditionell ist die Zahlbegriffs- und Rechenentwicklung zunächst im inhaltlichen Bereich der Arithmetik angesiedelt, in dem die Entwicklung von Strategien zum Rechnen (des Wertes) von Termen sowie Regeln zur Umformung und für den Vergleich von Termen im Vordergrund stehen (Kapitel I 3 und I 4).

Parallel dazu spielen aber auch die mathematischen Denk- und Handlungsweisen wie Klassifizieren, Seriieren und Strukturieren (Rathgeb-Schnierer 2012, 52 ff.) unter anderem auch bei Aktivitäten zur Zahlenblickschulung (Kapitel I 6.2) eine zentrale Rolle. Eine kontinuierliche Förderung dieser (auch mentalen) Tätigkeiten von der frühkindlichen Bildung bis in die Schulzeit bildet eine wesentliche Grundlage für mathematisches Lernen (Lorenz 2008; Rathgeb-Schnierer 2012; Steinweg 2008).

Die Kapitel drei und vier widmen sich dem Aufbau und der Umsetzung der arithmetischen Inhalte zur Zahlbegriffsentwicklung sowie zum Rechnenlernen. Die Denk- und Handlungsweisen werden in Kapitel I 6.2 *Die Schulung des Zahlenblicks* thematisiert.

3.1 Konzepte und Tätigkeiten zur Zahlbegriffsentwicklung

In der Literatur werden verschiedene Konzepte und Tätigkeiten mit der Entwicklung eines umfassenden Zahlbegriffs verbunden, über die weitgehend Konsens besteht:

- Zählen, Auszählen und Abzählen (Gerster/Schultz 1998, Padberg/Benz 2011, Threlfall 2008),
- Anzahlen quasi-simultan erfassen (Gerster/Schultz 1998, Wittmann/Müller 1990),
- Anzahlen darstellen (Radatz et al. 1996),
- Mengen vergleichen (Padberg/Benz 2011),
- Zahlen ordnen (Padberg/Benz 2011),
- Zahlen verorten (Klaudt 2005, Lorenz 2007),
- Entwicklung eines Teile-Ganzes-Konzepts (Gerster/Schultz 1998, Padberg/Benz 2011, Radatz et al. 1996, Schütte 2008, 106),
- Entwicklung eines Stellenwertkonzepts (Gerster/Schultz 1998, Padberg/Benz 2011) sowie
- das Kennenlernen der Zahlaspekte (Baireuther 2011, Freudenthal 1973, Grassmann et al. 2010, Kilpatrick et al. 2001, Padberg/Benz 2011).

Bezogen auf die Zahlbegriffsentwicklung hängen die beschriebenen Konzepte und Tätigkeiten auf zwei unterschiedliche Weisen zusammen: einmal als nebeneinanderstehende Bausteine, einmal als aufeinander aufbauende Bereiche. So geht das Zählen beispielsweise der Entwicklung eines Teile-Ganzes-Konzepts voraus, wird aber auch weiterhin parallel geübt (vgl. Padberg/Benz 2010, 32 ff.; Radatz/Schipper 1996, 54 ff.; Schütte 2008, 106 ff.).

Nachfolgend werden zunächst die oben genannten Konzepte und Tätigkeiten erläutert. Das Kennenlernen der Zahlaspekte nimmt eine Sonderrolle ein, da im Rahmen der genannten Konzepte und Tätigkeiten implizit ein oder mehrere Zahlaspekte genutzt werden. Somit kann das Kennenlernen der Zahlaspekte als übergreifendes Konzept betrachtet werden (vgl. Kapitel 3.2), welches nicht gesondert unterrichtet wird, sondern vielmehr das fachdidaktische Hintergrundwissen der Lehrperson darstellt (Krauthausen/Scherer 2006, 9).

„Sie [die Zahlaspekte] müssen im Mathematikunterricht zwar vollständig und angemessen repräsentiert sein, um Einseitigkeiten vorzubeugen und der Vielfalt der potenziellen Zahlverwendungssituationen gerecht werden zu können. Das bedeutet jedoch nicht, dass sie als solche auch begrifflich thematisiert würden [...]" (Krauthausen/ Scherer 2006, 9; Erläuterungen in Klammer durch die Autorin)

Zählen, Auszählen und Abzählen

Threlfall (2008, 61 ff.) unterscheidet zwischen dem Aufzählen der Zahlwortreihe (oral counting), dem Auszählen von Menschen oder Gegenständen (enumeration) und dem Abzählen von Mengen (counting for cardinality). Während das Aufzählen eine rein sprachliche Aktivität ist, schaffen das Auszählen und das Abzählen die Verbindungen zum Ordnungszahlaspekt beziehungsweise zum Kardinalzahlaspekt. Threlfall bezeichnet diese Verbindung mit den Begriffen „enumeration" und „counting for cardinality".

Beim reinen Zählen wird der Schwerpunkt in der ersten Klasse auf das Vorwärts- und Rückwärtszählen in Einer- und Zweierschritten gelegt (Baireuther 2011, 40; Gerster/Schultz 1998, 329; Keller/Müller 2008, 43 ff.; Padberg/Benz 2011, 33; Radatz u.a. 1996, 55; Threlfall 2008, 69; Wittmann/Müller 2009,50). Verschiedene Studien zeigen, dass das Zählen als wichtige Voraussetzung für die spätere Ablösung vom zählenden Rechnen einzustufen ist (Dornheim 2008, 514; Kaufmann 2003, 203; Klaudt 2005, 256; Krajewski 2003, 177 ff.).

Unter Auszählen versteht man eine Eins-zu-Eins-Verbindung zwischen Zahlwort und Objekt, ohne die Anzahl der Gesamtmenge zu ermitteln. Das Auf- und Auszählen spielt in den Curricula in der Regel eine untergeordnete Rolle. Allerdings machen viele Kinder auf der Ebene der Zahl-Objekt-Zuordnung Fehler. Daher sollte diesem Aspekt ebenfalls Rechnung getragen werden (Baireuther 2011, 25; Radatz u.a. 1996, 59 f.; Threlfall 2008, 69 f.).

Im Gegensatz zum Auf- oder Auszählen steht beim Abzählen die Bestimmung der Anzahl im Vordergrund (vgl. Gallistel/Gelman 1992; Gelman/Gallistel 1978; Threlfall 2008, 63 f.). Obwohl Kinder kleine Mengen simultan erfassen können, unterscheiden sie nicht zwischen größeren und kleineren Anzahlen und beginnen spontan zu zählen (Bruce 2004). Ein wichtiger Aspekt ist daher, bei den Kindern ein Bewusstsein zu schaffen für die Unterscheidung zwischen zu erfassenden und zu zählenden Anzahlen (Threlfall 2008, 70).

Anzahlen quasi-simultan erfassen

Anzahlen von drei bis vier Objekten können von Kindern und Erwachsenen simultan – auf einen Blick – erfasst werden (Dehaene 1999, 83 ff.; Gerster/Schultz 1998, 334). Über diese Anzahl hinaus müssen die Objekte bei zufälliger Anordnung entweder einzeln gezählt oder geschickt in kleinere Mengen aufgeteilt werden, um aus diesen Teilmengen die Gesamtmenge zu bestimmen. Dieses Vorgehen wird als quasi-simultanes Erfassen bezeichnet (vgl. Gerster/Schultz 1998, 337 ff.).

Bei der Entwicklung der quasi-simultanen Anzahlerfassung spielen verschiedene Zugänge eine Rolle: Zum einen das Gruppieren, Umgruppieren und Bündeln der zu zählenden Objekte (Benz 2010a, 30 ff.; Gerster/Schultz 1998, 334 ff.; Grassmann et al. 2010 f.; Moser Opitz 2007a, 259 f.; Radatz u.a. 1996, 55; Rechtsteiner-Merz 2008b, 19 ff.; Royar/Streit 2010, 31 ff.; Scherer 2006, 141 f.; Schütte 2008, 106 f.; Wittmann/ Müller 2009, 60 f.), zum anderen die Entwicklung von Zahlbildern wie Finger- und Punktebilder (u.a. Benz 2010b, 78 ff.; Eckstein 2011; Freudenthal 1973, 181; Gaidoschik 2007, 40 ff., 54 ff.; Gerster 1998, 337 ff.; Hess 2012, 140 ff.; Krauthausen 1995, 94; Radatz u.a. 1996, 70 ff.; Röder 1941, 40 ff.; Schütte 2008, 107 f.; Wittmann/Müller 1990, 26 ff.; 2009, 23 ff., 93). Der Aufbau von Vorstellungen zu Punktebildern gilt als wesentliche Voraussetzung für die Entwicklung des Rechnens (Krauthausen 1995, 87; Lüken 2012; Schütte 2008, 107 f.).

Anzahlen darstellen und erfassen

Anzahlen können durch verschiedene „*Darstellungsformen*" (Padberg/Benz 2010, 35; Hervorhebung durch die Autorin) beschrieben werden: konkrete Objekte, bildhafte Darstellungen oder Zahlzeichen und Zahlwörter (Radatz et al. 1996, 62 f.). Auch innerhalb dieser Darstellungsformen existieren verschiedene Abstraktionsebenen. So werden unter bildhaften Darstellungen sowohl Bilder konkreter Objekte wie beispielsweise Äpfel als auch Strichbilder verstanden. Auf der handelnden Ebene ist die Darstellung von Punktebildern an Anschauungsmitteln wie dem Rechenrahmen oder dem Abaco von großer Bedeutung (Padberg/Benz 2010, 39).

Mengen vergleichen

Sowohl in der frühen mathematischen Bildung als auch zu Beginn des Mathematikunterrichts der ersten Klasse spielen Anzahlvergleiche im Zahlenraum bis zwanzig eine wesentliche Rolle (Baireuther 2011, 12 f.; Hoenisch/Niggemeyer 2007, 75 ff.; Kaufmann 2010a, 156 f.; Krauthausen 1995, 95 ff.; Padberg/Benz 2011, 46 f.; Radatz u.a. 1996, 74 f.; Schuler 2009, 400; Wittmann/Müller 2009, 86).

Beim Vergleichen von Mengen liegt das Augenmerk auf der Beziehung zwischen den Anzahlen zweier oder mehrerer Mengen. Dabei können Größer- und Kleinerrelationen sowie Halb- und Doppelzusammenhänge im Fokus stehen (Padberg/

Benz 2011, 44). Die zunächst noch konkrete Veranschaulichung der Mengen kann zunehmend durch die rein mentale Vorstellung bei der Betrachtung der symbolischen Repräsentation der Zahl abgelöst werden (ebd., 45).

Zahlen ordnen

Während beim Vergleich von Mengen die Anzahl im Vordergrund steht, rückt beim Ordnen von Zahlen der Platz der Zahl innerhalb der Zahlwortreihe in den Mittelpunkt. Dabei spielen zwei Aspekte eine Rolle:
- die Beziehungen zwischen aufeinanderfolgenden Zahlen, die sogenannte „Vorgänger- und Nachfolger-Relation" (Padberg/Benz 2011, 46) sowie
- die Orientierung innerhalb geordneter Zahldarstellungen (Baireuther 2011, 25).

Geordnete Zahldarstellungen können sowohl linear als auch flächig sein. Während bei linearen Anordnungen eher die Zahlwortreihe im Mittelpunkt steht (Scherer, 132 ff.; Wittmann/Müller 1990, 17 f.), werden in flächigen Anordnungen vielfältige weitere Beziehungen sichtbar (Baireuther 1999, 30 f.; 2011, 31; Schütte/Haller 2004, 7; Wittmann/Müller 1990, 21).

Zahlen verorten

Bei der Zahlverortung am leeren Zahlenstrahl (auch Rechenstrich oder Zahlenstrich genannt) (vgl. Lorenz 2007a, 63) kommt zum zählenden Ordnen von Zahlen das „Konzept der Proportionalität" (Klaudt 2005, 257) hinzu. Hierfür müssen „Längenrelationen" (ebd., 257) zwischen den Zahlen aufgebaut werden. In einem ersten Schritt geschieht dies durch das Abmessen von linearen Mengendarstellungen (Lorenz 2007a, 63; Menne 2001, 100 ff.). Grundlage hierfür ist die „Vorstellung, dass eine bestimmte Zahl von Schritten gleicher Länge die Gesamtstrecke von Null bis zur gesuchten Zahl ergibt und dass umgekehrt die Schrittlänge sich aus der Anzahl der Schritte und der Gesamtstrecke ergibt" (Klaudt 2005, 257). Werden Zahlen innerhalb eines Intervalls markiert, so muss neben dem Startpunkt auch das Gesamtintervall berücksichtigt werden (Klaudt 2007, 72 ff.).

Ausgehend von ihren „intuitiven Zahlenraumvorstellungen" (Nührenbörger/ Pust 2006, 67) können die Kinder zunehmend strukturelle Zusammenhänge erkennen und Vorstellungen von Relationen entwickeln (Klaudt 2005, 259 ff.; Klein/ Beishuizen/Treffers 1998, 445 ff.; Lorenz 1997a, 206 ff.; 1997b, 95; Nührenbörger/Pust 2006, 67).

Entwicklung eines Teile-Ganzes-Konzepts

„Das Teile-Ganzes-Schema befasst sich mit Beziehungen zwischen dem Ganzen und seinen Teilen". (Gerster/Schultz 1998, 339)

Die Entwicklung der Fähigkeit „Zahlen als Zusammensetzung aus anderen Zahlen zu sehen" (Gerster/Schultz 1998, 339) gilt als wesentlicher Aspekt der Zahlbegriffsentwicklung (Gerster/Schultz 1998, ff., Resnick 1983, 114 f.). Zu diesem Verständnis gehört auch die Vorstellung, „dass ein Ganzes, das in mehrere Teile zerlegt wurde, nicht mehr oder weniger geworden ist" (Kaufmann/Wessolowski 2006, 72). Diese Vorstellung ist sowohl beim quasi-simultanen Erfassen von Anzahlen (für die Entwicklung von Vorstellungsbildern) als auch für das Nutzen strategischer Werkzeuge grundlegend (Gerster/Schultz 1998, 339 f.; Moser Opitz 2007a, 260). Damit kann die Entwicklung eines Teile-Ganzes-Konzepts als wichtige Voraussetzung für die Ablösung vom zählenden Rechnen genannt werden (ebd., 339; vgl. Gray 2008).

Aktivitäten zu Teile-Ganzes-Beziehungen und deren Notation sind ein zentrales Element des mathematischen Anfangsunterrichts (Gerster/Schultz 1998, 342 ff.; Hasemann 2007, 85 f.; Moser Opitz 2007a, 260 f.; Padberg/Benz 2011, 41 ff.; Radatz u.a. 1996, 71; Schütte 2008, 106 ff.). Diese Aktivitäten markieren die Schwelle von der Zahlbegriffsentwicklung zum Rechnen: Die handelnde oder ikonische Darstellung hat häufig zunächst noch wenig mit Rechnen zu tun und ist „eher auf *vorzahlige* Konzepte" (Gerster/Schultz 1998, 339) zurückzuführen. Erst später werden diese erworbenen Vorstellungen beim Rechnen genutzt. Durch Notation und zunehmend systematisches Sortieren der Zerlegungen tritt dann das Rechnen in den Vordergrund. Dabei steht von Beginn an die „Wissensstruktur, in der die Beziehungen zwischen Zahlen in flexibler Weise repräsentiert" (Stern 1998, 76) sind, im Mittelpunkt.

Es wird deutlich, dass an dieser Stelle zwischen der Zahlbegriffsentwicklung und der Entwicklung des Rechnens (Kapitel I 4) nicht trennscharf unterschieden werden kann und der Übergang fließend ist.

Entwicklung eines Stellenwertkonzepts

Wenngleich das Stellenwertkonzept erst im Zahlenraum bis hundert deutlich zum Tragen kommt, wird bereits im kleineren Zahlenraum bis zwanzig auf die „Vorbereitung des Stellenwertverständnisses" (Padberg/Benz 2010, 53) hingewiesen. Dabei sind Aspekte auf sprachlicher Ebene, zur Notation, zum Bündeln mit Objekten sowie Beziehungen zur Zehn als Ankerzahl zu berücksichtigen (vgl. Gerster/Schultz 1998, 344 ff.; Krauthausen/Scherer 2006, 15 f.; Padberg/Benz 2010, 53):

- Eine Schwierigkeit bei zweistelligen Zahlen ist die in manchen Sprachen, so auch im Deutschen, gebräuchliche „gegenläufige" Sprechweise, was Inversionsfehler begünstigt. Fuson et al. (2002, 155 ff.) versuchen in ihrer Studie mit spanisch und englisch sprechenden Kindern dieser Schwierigkeit unter anderem damit zu begegnen, dass die Kinder ähnlich wie im Chinesischen die Wörter auf der Grundlage der Stellenwerte bilden: z.B. für 53 „five tens and three ones" bzw. „cinco dieces y tres unos" (ebd., 159) (fünf Zehner und drei Einer).
- Bei der schriftlichen Notation kann dem Problem der Inversionsfehler durch die Notation des Zehners mit den Einzelnen in der „Null" begegnet werden (Abb. 3.1).

Abb. 3.1:   mögliche Schreibweise der Zehner und Einer

Vorstellungen zum Stellenwertkonzept können durch Erfahrungen in zwei Bereichen entwickelt werden: einmal durch Bündelung und einmal als Gliederung des Zahlenraumes.

* Erfahrungen zum Bündeln sind grundlegend für die Strukturierung größerer Anzahlen. Die Anschaulichkeit dieses Prozesses wird unterstützt durch reale und greifbare Beispiele wie das Bündeln von Kastaniensäckchen, Eierschachteln, Geldmünzen usw. Dabei wird die zugrunde liegende Vorstellung von Bündelungsstufen unterstützt.

In Klasse 1 stehen Bündelungen im Zahlenraum bis zwanzig im Mittelpunkt, gegen Ende des Schuljahres wird auf hundert erweitert. Parallel dazu werden die Bündelungen in der Stellenwerttabelle oder Additionsschreibweise notiert (Gerster 1994, 68; Radatz u.a. 1996, 97 f.).

Materialien wie Mehrsystemblöcke (Fuson 1992a; Fuson et al. 1997; Fuson/Smith/Lo Cicero 2002) sowie das Goldene-Perlenmaterial von Montessori bündeln Einer in Zehnerstangen, Zehnerstangen in Hunderterplatten und diese wiederum in Tausenderwürfel.

* Der Idee, Zahlenräume entsprechend dem (dekadischen) Zahlsystem zu gliedern, entspricht der Gedanke, Zahlen an der Fünf und an der Zehn zu verankern wie dies beispielsweise bei der Verortung am (leeren) Zahlenstrahl zum Tragen kommt. Die Ankerpunkte unterstützen Erfahrungen zur dekadischen Struktur.

3.2   Anschauungsmittel zur Zahlbegriffsentwicklung

Zur Entwicklung der oben genannten Konzepte und für die Durchführung der Tätigkeiten werden verschiedenartige Anschauungsmittel genutzt. So bieten sich für das Abzählen, die quasi-simultane Anzahlerfassung, das Darstellen und Erfassen von Anzahlen sowie für das Vergleichen von Mengen unterschiedlich stark strukturierte Materialien mit kardinalem Charakter an. Zur Veranschaulichung des Teile-Ganzes-Konzepts werden sowohl kardinale Materialien als auch sogenannte „sinnfällige Vorstellungsbilder" (Schütte 2008, 126) genutzt. an. Beim Ordnen von Zahlen hingegen sind verschiedene Formen der Nummerierung wichtig und für das Verorten von Zahlen der leere Zahlenstrahl. Diese grundsätzlich unterschiedlichen Anschauungsmittel werden im Folgenden ausführlicher beschrieben.

3.2.1 Kardinale Materialien unterschiedlicher Strukturierung

Unstrukturiertes Zählmaterial

Materialien wie beispielsweise Wendeplättchen und Würfel bieten sich für Strukturierungsübungen an, bei denen Mengen geschickt erfasst werden sollen (u.a. Krauthausen 1998, 128 ff., Radatz et al. 1996, 68 f.; Schütte 2008, 106 f., Wittmann/Müller 1990, 23 ff.).

Fingerbilder

Eine den Kindern sehr naheliegende Darstellung sind die Fingerbilder (Eckstein 2011, 15 f.; 104 ff.; Gaidoschik 2007, 44 ff.; Röder 1941).

> *„Die Finger des Lehrers und der Schüler sind die beste Rechenmaschine,* die sich denken läßt." (Röder 1941, 29; Hervorhebungen im Original)

Auch wenn Röder (1941) das Rechnen mit Fingern favorisiert, waren die Finger in der mathematikdidaktischen Geschichte als Anschauungsmittel nicht immer ganz unumstritten, da sie zum zählenden Rechnen verleiten können (Eckstein 2011, 30 f.). Heute besteht weitgehend Einigkeit darüber, dass Fingerbilder eine gute Möglichkeit zur Entwicklung der kardinalen Zahlvorstellung sind: Strukturierungen zu fünf und zehn sowie kardinale Vorgänger und Nachfolger sind gut und anschaulich ersichtlich (Gaidoschik 2007, 40). Voraussetzung ist allerdings, dass die Mengenerfassung quasi-simultan erfolgt – also ganz ohne Zählvorgang.

> „Fingerbilder können helfen, Zahlvorstellungen zu entwickeln, Zahlwörter und Numerositäten zu verbinden und flexibel und sicher zu zählen." (Eckstein 2011, 86)

Unterstützung erhält diese Sichtweise aus der Neuropsychologie. Verschiedene Untersuchungen weisen darauf hin, dass „fingerbasierte[n] Repräsentationen" (Moeller/Nuerk 2012a, 48) – bedingt durch die körperliche Wahrnehmung der Fingerbilder – für die Entwicklung abstrakter Repräsentation eine besondere Bedeutung zukommt (ebd., 44 ff.).

> „Demnach sind Finger eben nicht nur irgendein zählbares Material wie jedes andere, sondern zeichnen sich durch die multimodale (v.a. sensomotorische und perzeptuelle) Erfahrung aus, die sie beim Fingerzählen/Fingerrechnen ermöglichen." (Moeller/Nuerk 2012b, 64)

In der fachdidaktischen Diskussion werden verschiedene Fingerbilder diskutiert. Claus und Peter (2005, 21, 28 ff.) sowie Eckstein (2011, 109 ff.) plädieren für eine immer gleich bleibende Darstellung der Zahlen, da diese für Kinder einprägsamer sind. Lorenz (2007c, 11) und Gaidoschik (2007, 44 ff.) regen an, verschiedene Darstellungsmöglichkeiten einer Zahl mit Kindern zu diskutieren. Dadurch können Zahlbeziehungen wie gerade/ungerade und Teile-Ganzes-Beziehungen ersichtlich werden (Abb. 3.2).

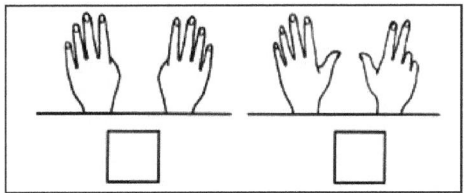

Abb. 3.2:   Fingerbilder (Lorenz 2007c, 11.1)

Strukturierte Punktebilder

Die Würfelbilder bis sechs sind den Kindern meist gut vertraut. Zur Repräsentation der Zahlen bis zehn und später bis zwanzig wurden verschiedene didaktische Zahlbilder entwickelt. Bereits Kühnel (1922, 29 ff.) wies auf die Wichtigkeit von Zahlbildern hin, entwickelte die Zahlbilder nach Born (Abb. 3.3) weiter und nutzte diese für den Mathematikunterricht. Die Grundanforderungen für Zahlbilder in der Schule beschrieb er folgendermaßen:

> „Welche Zahlbilder benutzen wir nun? Allgemein bekannt sind die Zahlbilder auf Würfeln und Dominosteinen. Diese zeigen jedoch die psychologische Schwäche, daß die 5 nicht unmittelbar in der 6 wiedererkannt werden kann, und ebenso die 9 nicht in der 10 usw. Zahlbilder, die für den Unterricht verwendbar sein sollten, wünschte man daher nach dem Grundsatz aufgebaut, dass j e d e s Zahlbild im folgenden enthalten sein sollte." (Kühnel 1922, 29; Hervorhebung im Original)

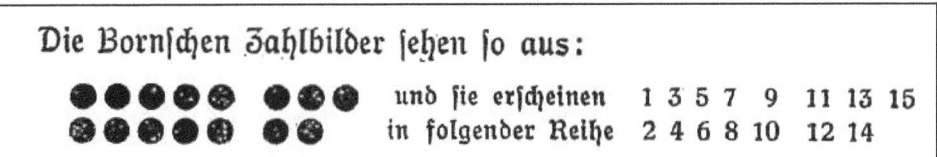

Abb. 3.3:   Zahlbilder (Kühnel nach Born 1922 , 29)

In der aktuellen didaktischen Diskussion stehen verschiedene Formen von Punktebildern im Fokus. Einige davon werden im Folgenden vorgestellt, wobei für die vorliegende Studie zwei dieser Darstellungen zentral sind: die Reihen- und die Blockdarstellung.

Wittmann und Müller (1990, 9) favorisieren die lineare Darstellung mit Fünfergliederung. Im Gegensatz zu anderen Punktebildern wird hier keine zusätzliche Strukturierung des gesamten Zehnerfeldes vorgenommen (Abb. 3.4).

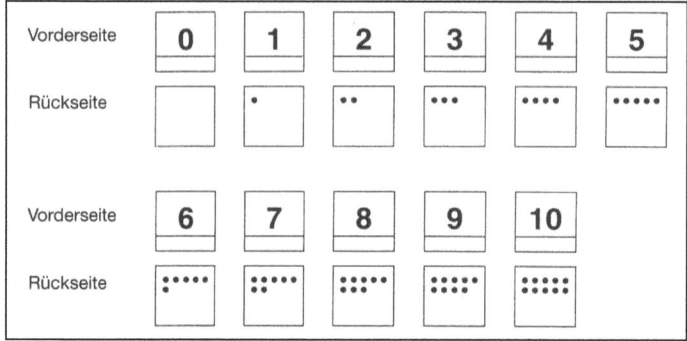

Abb. 3.4: Punktebilder im Zahlenraum bis 10 (Wittmann/Müller 1990, 31)

Kaufmann und Wessolowski (2006, 34) schlagen zwei verschiedene Darstellungen vor: die Reihen- und Blockdarstellung im Zwanzigerfeld (Abb. 3.5).

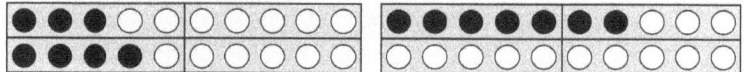

Abb. 3.5: Punktebilder im Zwanzigerfeld (Kaufmann/Wessolowski 2006, 34)

Schütte (2008,108; vgl. 2004d, 5 ff.) favorisiert die Blockdarstellung im Zehnerfeld (Abb. 3.7), die in ihrer Anordnung derjenigen nach Born in Kühnel (1922) entspricht – mit dem Unterschied, dass Schütte im Zehnerfeld arbeitet und ein Raster als Strukturierungshilfe zugrunde legt (Abb. 3.6).

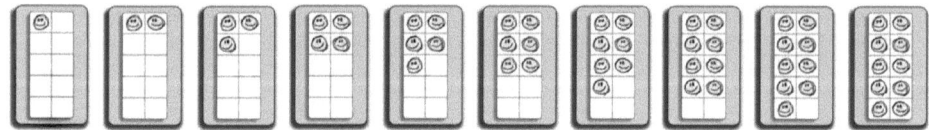

Abb. 3.6: Punktebilder im Zehnerfeld (Schütte 2008, 108)

Schütte nennt als Vorteile der Blockdarstellung folgende Punkte (2008, 108):[9]
- Die Untergliederung in zwei mal fünf Felder ist überschaubar.
- Die kompakte Anordnung ist gut zu überblicken.
- Verschiedene Teile-Ganzes-Beziehungen sind sichtbar (z.B. 5 als 3 + 2 und 4 + 1)
- Gerade und ungerade Zahlen sind auf einen Blick erkennbar.
- Ergänzung zum vollen Zehner wird immer mitgesehen.

Ebenso findet man in der Literatur die Kombination aus Reihen- und Blockdarstellung (Kaufmann und Wessolowksi 2006, 34). Dadurch wird beim Rechnen im Zahlenraum bis zwanzig die Entwicklung verschiedener strategischer Werkzeuge[10]

---

9   Wörtlich zitiert aus der angegebenen Quelle.
10 Der Begriff „strategische Werkzeuge" wird in Kapitel I 1 ausführlich diskutiert.

unterstützt (Rechtsteiner-Merz 2011b, 45 f.). Am Beispiel der Aufgabe 7 + 8 lassen sich mithilfe dieser Darstellungen folgende strategische Werkzeuge zeigen (Abb. 3.7):

- Ergänzen zur Zehn, Zerlegen des zweiten Summanden und Neu-Zusammensetzen
- Kraft der Fünf – Zerlegen in Fünfer und Neu-Zusammensetzen
- Nutzen der Verdopplung als Hilfsaufgabe

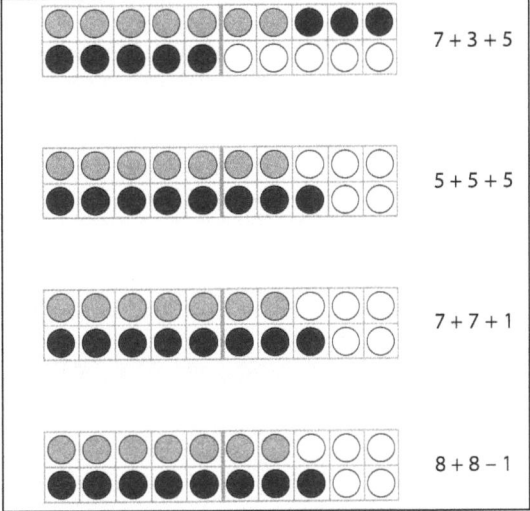

Abb. 3.7:   Lösungswege für die Aufgabe 7 + 8 (Rechtsteiner-Merz 2011b, 45)

3.2.2 Sinnfällige Vorstellungsbilder

Für die Darstellung von Beziehungen zwischen Termen auf symbolischer Ebene wird häufig das Zahlenhaus (Abb. 3.8) genutzt. Die Gleichwertigkeit von Termen und damit auch das gegensinnige Verändern lassen sich hier ideal darstellen (Moser Optiz 2007, 261; Rechtsteiner-Merz/Rathgeb-Schnierer 2009, 13 ff.; Schütte 2008, 127 f.).

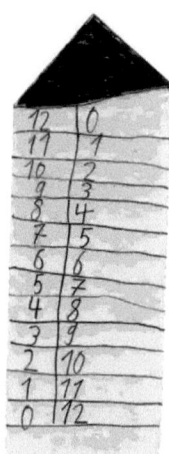

Abb. 3.8:   Zahlenhaus

Schütte spricht in diesem Zusammenhang auch von „sinnfälligen Vorstellungsbildern" (Schütte, 2008, 126), da das Anschauungsmittel die Vorstellung – in diesem Fall des gegensinnigen Veränderns – unterstützt.

3.2.3 Anschauungsmittel für das Ordnen von Zahlen

Durch die Fünferstrukturierung der Zahlenreihe bis zwanzig (Abb. 3.9) entsteht eine eindeutige Ordnung, in der Zahlbeziehungen wie die Nähe zur Fünf oder zur Zehn sowie direkte Vorgänger oder Nachfolger schnell ersichtlich werden (Wittmann/Müller 1990, 20).

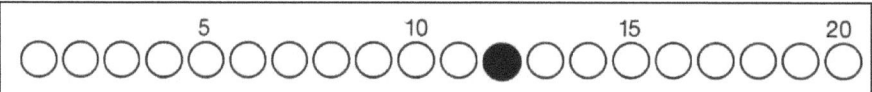

Abb. 3.9:   strukturierte Zwanzigerreihe (Wittmann/Müller 1990, 20)

Auch Zahlenschlangen und Vorlagen für Hüpfspiele dienen als Veranschaulichung des Ordinalzahlaspekts.

Als flächige Darstellungen von Zahlenmengen, teilweise auch für Hüpfspiele in verschiedenen Anordnungen, bieten sich Dreiecks- oder Rechtecksdarstellungen an (Abb. 3.10 und Abb. 3.11).

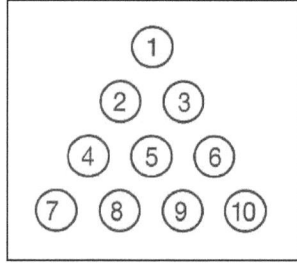

1	2	3	4	5	6	7
8	9	10	11	12	13	14
15	16	17	18	19	20	21
22	23	24	25	26	27	28
29	30	31	32	33	34	35

Abb. 3.10:   Flächige Anordnung (Wittmann/   Abb. 3.11:   Flächige Anordnung (Schütte/
Müller 1990, 21)   Haller 2004, 7)

Am bekanntesten ist die Hundertertafel mit ihrer dekadischen Systematik.

3.2.4 Anschauungsmittel für das Verorten von Zahlen

Durch das Abtragen von Einheitslängen entsteht ein Repräsentationsmodell auf einer „Halbgeraden" (Baireuther 2011, 19). Der große Vorteil dieses Modells ist die mögliche Erweiterung auf nahezu alle Zahlbereiche. Dabei gibt es verschiedene Darstellungsformen: den Zahlenstrahl und das Maßband (Abb. 3.12).

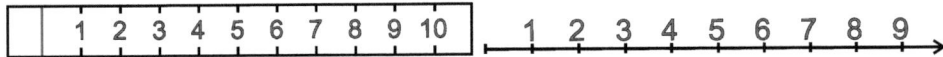

Abb. 3.12:   Zahlenstrahl und Maßband (Baireuther 2011, 19)

Da der Zahlenstrahl durch die Markierungen auch zum Abzählen verleiten kann und damit die Ausbildung mentaler Vorstellungen von Zahlbeziehungen erschwert wird, werden Aktivitäten am leeren Zahlenstrahl (Abb. 3.13) empfohlen (Beishuizen/Anghileri 1998, 525 ff.; Grassmann et al. 2010, 62 ff.; Klaudt 2007, 75; Lorenz 1997b, 96 ff.; 2006 a, 116 ff.; 2006b, 7 ff.; 2007b, 11 f.).

„Während bei einem markierten Zahlenstrahl die Schüler durchaus abzählend die Aufgaben lösen können, sind sie hierbei angehalten, eigene Konstruktionen vorzunehmen. Und diese müssen vorab im Kopf ausgeführt werden." (Lorenz 1997b, 96)

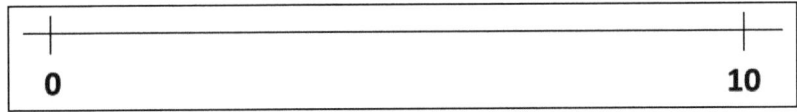

Abb. 3.13:   Leerer Zahlenstrahl 0–10

3.3   Die Zahlaspekte

Seven. What is seven? Seven children; seven ideas; seven times in a row; seventh grade; a lucky roll in dice; seven yards of cotton; seven stories high; seven miles from here; seven acres of land; seven degrees of incline; seven degrees below zero; seven grams of gold; seven pounds per square inch; seven years old; finishing seventh; seven thousand dollars of debt; seven percent alcohol; Engine No. 7; The Magnificent Seven. How can an idea with one name be used in so many different ways, denoting such various senses of quantity? … Although normally taken for granted, it is remarkable that seven, or any other number, can be used in so many ways. That versatility helps explain why number is so fundamental in describing the word." (Kilpatrick et al 2001, 71)

Zahlen sind offenbar in vielen unterschiedlichen Situationen der Alltagswelt vorzufinden (vgl. Baireuther 2011, Treffers 2008b); entsprechend nehmen sie unterschiedliche Funktionen und Bedeutungen ein. Allerdings finden sich in der Literatur keine einheitlichen Bezeichnungen, Zuordnungen und Beschreibungen.

Bei Freudenthal (1973, 159 ff.) sind Zählzahl, Anzahl, Maßzahl und Rechenzahl ausgeführt. Radatz und Schipper (1983, 49) beschreiben Kardinalzahlaspekt, Ordinalzahlaspekt (unterteilt in Zählzahl und Ordnungszahl), Maßzahlaspekt, Operatoraspekt, Rechenzahlaspekt (unterteilt in algebraischen und algorithmischen Aspekt) und Kodierungsaspekt. Grassmann et al. (2010, 50 f.) fügen ergänzend den Relationszahlaspekt an.

Maier (1990) ordnet den Maßzahlaspekt dem Operatoraspekt unter. Der Zählzahlaspekt hingegen taucht als eigenständiger Aspekt auf und wird als konstruktiver Zahlaspekt bezeichnet. Der algorithmische Zahlaspekt ist bei Maier nicht zu finden.

Baireuther (2011) beschreibt den Zählzahl-, Kardinalzahl-, Rechenzahl-, Ordnungszahl- und Maßzahlaspekt. Er ergänzt die Zahlaspekte noch um den Systemzahlaspekt. Im Vergleich zu Radatz/Schipper (1983, 49) fasst Baireuther den Zählzahl- und Ordnungszahlaspekt nicht zum Ordinalzahlaspekt zusammen, sondern führt diese als zwei getrennt zu betrachtende Aspekte auf.

Weder bei Freudenthal (1973) oder Maier (1990) noch bei Baireuther (2011) findet sich der Kodierungsaspekt. Vielleicht auch deshalb, weil es sich „bei den zur Codierung benutzten Ziffernfolgen [...] *nicht* um „Zahlen" – erst recht nicht um „natürliche Zahlen" – [handelt], da ihnen wesentliche Zahleigenschaften (Rechnen, Ordnen) *nicht* zukommen" (Padberg/Benz 2011, 15; Hervorhebungen im Original).

Da bei Baireuther alle für das Rechnen tragfähigen Aspekte beschrieben sind, wird in vorliegender Arbeit im Wesentlichen auf diese Beschreibung zurückgegriffen.

3.3.1 Der Zählzahlaspekt

Zählen kann als „elementarer Algorithmus" (Baireuther 2011, 5) bezeichnet werden, indem die auswendig gelernte Zahlwortreihe den *„zeitlichen Rhythmus* als Maßsystem" (ebd., 5; Hervorhebungen im Original) nutzt.

> „Die Zahlenreihe ist die Grundlage der Mathematik – historisch, genetisch und systematisch. Ohne die Zahlenreihe gibt es keine Mathematik ..." (Freudenthal 1973, 160)

Baireuther (2011) beschreibt Zählen als *„die* elementare arithmetische Tätigkeit" (39; Hervorhebungen im Original). Der rhythmische Aspekt des Zählens kann als grundlegende Erfahrung betrachtet werden, die sich auch in den Prozessen des täglichen Lebens wiederfindet. Sowohl quantitative Erfassungen als auch ordinales Nummerieren erfolgen zunächst über das Zählen (vgl. Threlfall 2008, 61 ff.). Damit ermöglicht das Zählen die „Ausgangserfahrung für alle mathematischen Begriffsbildungen" (ebd., 39). Die Axiomatik der natürlichen Zahlen von Peano (1989, 1 f.) entspricht im Wesentlichen der Idee der Nachfolgebildung aller natürlichen Zahlen aus dem Zählen als nicht endenden Prozess. Konsequenz ist „eine kontinuierliche Erweiterung des Zahlenraumes" (Baireuther/Rechtsteiner-Merz 2012, 1).

3.3.2 Der Kardinalzahlaspekt

Kardinalzahlen sind Klassen von gleichmächtigen Mengen. Bei unendlichen Mengen sind Mächtigkeit und Anzahl synonyme Begriffe. Anzahlen von endlichen Mengen werden durch Abzählen der Elemente ermittelt. Zentral für den Kardinalzahlaspekt ist deshalb die Invarianz des Abzählergebnisses: Sowohl bei der Veränderung der Lage als auch beim Austausch der Objekte muss die Invarianz der Anzahl der Menge erkannt werden (vgl. Piaget 1964, 55 ff.; Piaget/Szeminska 1975, 18 ff., 43 ff.). Voraussetzung hierfür ist die umkehrbare Zuordnung (Eins-zu-Eins-Zuordnung) der Elemente beider Mengen. Gleichwohl „konstituiert [das Kind] nicht die einzelne Zahl – auch nicht unbewußt – als Klasse der untereinander äquivalenten Mengen" (Freudenthal 1973, 178). Vielmehr ist die Anzahl einer Menge schließlich das gemeinsame Ergebnis aller Abzählprozesse.

3.3.3 Der Ordnungszahlaspekt

Beim Ordnungszahlaspekt werden jedem Element einer Menge eine Nummer und damit ein bestimmter Platz in der Zahlwortreihe zugeordnet. Dadurch erhält jede Zahl Vorgänger und Nachfolger, die auch weiter entfernt liegen können. Wie beim Zählzahlaspekt entsprechen Ordnungszahlen „der numerischen Beschreibung des *zeitlichen Rhythmus*" (Baireuther 2011, 5; Hervorhebungen im Original). Im Unterschied zum Zählzahlaspekt stehen hier die Nummerierung der Elemente und damit die Anordnung in einer bestimmten Reihenfolge im Vordergrund. Dennoch werden Überschneidungen deutlich, die in der sprachlichen Stützung durch den Zählzahlaspekt in Erscheinung treten (Baireuther 1999, 30; Threfall 2008, 69 f.).

   Die Zahlenreihe ist dabei nur eine mögliche Anordnung. Auch das Hunderterhaus oder die Siebenerreihen auf dem Kalender stellen mögliche Ordnungen dar. Jede dieser Anordnungen ist durch eine bestimmte Beziehung zwischen den Zahlen gekennzeichnet. Beim Ordnungszahlaspekt stehen also nicht einzelne Zahlen im Mittelpunkt, sondern es werden stets Relationen zwischen ihnen betrachtet. Werden solche mathematischen Relationen untersucht, ist auch der Rechenzahlaspekt involviert (Baireuther 2011, 24).

3.3.4 Der Rechenzahlaspekt

Radatz/Schipper (1983, 49) unterscheiden beim Rechenzahlaspekt den algebraischen und algorithmischen Aspekt. Da letzterer in der ersten Klasse keine Rolle spielt, beschränken sich die folgenden Ausführungen auf den algebraischen Aspekt des Rechenzahlaspekts.

   „Der algebraische Zahlaspekt faßt die einzelne Zahl, bildhaft gesprochen, als Knoten im Netz der übrigen Zahlen auf, mit denen sie über Rechenoperationen verbunden ist." (Maier 1990, 43)

Terme sind Namen von Zahlen; durch regelhaftes Verknüpfen von Termen entstehen wiederum Namen von Zahlen.

   „Die Buchstaben der Arithmetik sind die Ziffern. Wie durch Kombination von Buchstaben Wörter entstehen, entstehen durch Kombination von Ziffern Zahlwörter" (Baireuther 2011, 27)

(Rechen-)Zahlen können als Klassen gleichwertiger Terme bezeichnet werden; unter allen Termen einer Klasse gilt derjenige, der ausschließlich aus einer Ziffernfolge besteht, als Standardname der Zahl.

> „Der *Standardname* (in Stellenwertschreibweise) ist damit *nicht der Name einer Zahl*, sondern nur ein besonders einfacher und damit praktisch verwendbarer." (Baireuther 2011, 28; Hervorhebungen im Original)

Wesentlich für den Rechenzahlaspekt sind also
*   der Vergleich von Termen und
*   die Bestimmung des Standardnamens.

In Bezug auf den Anfangsunterricht kommen fast ausschließlich Additions- und Subtraktionsterme in Betracht; ihnen entspricht das Kombinieren beziehungsweise Zerlegen von Zahlbildern.

Da der Kardinalzahlaspekt nur in kleineren Zahlenräumen tragfähig ist, müssen die damit erworbenen Vorstellungen in den Rechenzahlaspekt transformiert werden. Rechnen bedeutet damit, dass Terme interpretiert und auf der Grundlage von Regeln und Rechengesetzen so umgeformt werden, dass sie rasch überblickt oder gedeutet werden können (Baireuther 2011, 28 f.). Für die Interpretation kann auf Materialien anderer Zahlaspekte zurückgegriffen werden wie zum Beispiel auf Punktefeldkarten, Geld etc. Damit können Gleichungen überprüft und gegebenenfalls aus Ungleichungen durch Veränderung wiederum Gleichungen gebildet werden.

3.3.5 Der Maßzahlaspekt

> „Unter allen Größen ist die mathematischste die Länge; sie ist ja auch einer der Grundbegriffe der Geometrie." (Freudenthal 1973, 194)

Im arithmetischen Anfangsunterricht werden Zahlen in erster Linie in Bezug zu verschiedenen Ankerzahlen am Zahlenstrahl abgetragen. Das heißt, im Bereich des Maßzahlaspekts spielt vor allem der Größenbereich Länge eine zentrale Rolle und wird deshalb an dieser Stelle betont (vgl. Klaudt 2005, 39).

Die einfachste Möglichkeit eine Größe zu messen, ist das direkte Abtragen der Einheit.

> „Der Grundgedanke einer Messung ist der Vergleich mit einer [...] Einheit" (Baireuther 2011, 18)

Der Maßzahlaspekt ist eine wichtige Grundlage für die Erweiterung von Zahlbereichen (Baireuther 2011, 18 f.) durch
*   Fortsetzen des Messprozesses,
*   Festsetzen größerer Maßeinheiten durch „Bündeln" (vergröbert Einheiten),
*   Festsetzen kleinerer Einheiten durch Unterteilen (verfeinert Einheiten).

Die Aneinanderreihung von Einheiten ergibt einen *induktiven Größenbereich* (Baireuther 2011, 19; Hervorhebung im Original) und damit ein Modell der natürlichen Zahlen. Wie beim Ordnungszahlaspekt sind die Elemente linear angeordnet, hinzu kommen aber die Äquidistanz und die Vergleichbarkeit von Zahlbeziehungen durch einen Messprozess.

Im Gegensatz zur Zähl- und Ordnungszahl bekommt beim Maßzahlaspekt erstmals auch die Null eine Existenzberechtigung: Während Zählen und Nummerieren zwingend mit Eins beginnen müssen, muss beim Messprozess die Null berücksichtigt werden, da der erste Messschritt bis zur Eins führt – und somit die Null als Startpunkt braucht.

Für den Maßzahlaspekt typisch ist das Vergleichen und Einordnen. Werden die Zahlen in Beziehung zu weiteren Zahlen gesetzt, zum Beispiel zu den Ankerzahlen Fünf oder Zehn, sprechen Lorenz (2005a, 172) und Stern (1998, 76 f.) von einer „Relationszahl" (Abb. 3.14).

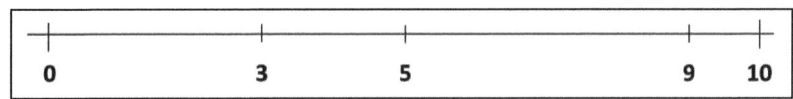

Abb. 3.14: Darstellung der Äquivalenzdistanzen und Vergleichbarkeit von Messprozessen

3.3.6 Der Systemzahlaspekt[11]

> „Unsere Zahlschrift ist eine geniale Komprimierung des Bündelungsgedankens." (Schütte 2008, 110)

Zur übersichtlicheren Strukturierung größerer Mengen werden diese in gleich große Bündel zusammengefasst. Diese können erneut und mehrfach gebündelt werden. Damit entsteht ein zusammenhängendes Bündelungssystem mit zunehmend höheren Stufen. Zur Notation dieser Stufen wird jeder Stufe ein „Platz in einer Liste (der *Stellenwerttabelle*) zugewiesen" (Baireuther 2011, 34; Hervorhebung im Original), in deren Spalten die Anzahl der jeweiligen Bündel festgehalten wird.

Das dekadische Stellenwertsystem beruht auf regelmäßigen Zehnerbündelungen: Die Anzahl der Bündel pro Stufe wird durch die Ziffern null bis neun bezeichnet. Wird die Zahldarstellung auf die Folge der Ziffern verkürzt, tritt für nicht besetzte Stufen noch die Ziffer Null dazu.

Eine besondere Bedeutung kommt den Zehnerzahlen als Ankerpunkten für die Orientierung im Zahlenraum zu. Auch die mit den Bündelungsstufen verbundenen Analogien ermöglichen eine schnelle Orientierung innerhalb der Zahlenräume. Der Systemzahlaspekt legt also eine festgelegte Struktur auf die Zahlen und schafft so sprachliche Ausdrucksformen für die Benennung und Verknüpfung von Zahlen sowie für die Orientierung im Zahlenraum.

---

11 Sofern nicht anders gekennzeichnet sind nachfolgende Ausführungen zum Systemzahlaspekt aus Baireuther (2011) entnommen.

Da die Bündelungszahl Zehn zu groß für simultanes Erfassen ist, kommt der halb so großen Fünf eine wichtige Rolle als Ankerzahl zu („Kraft der Fünf").

3.4 Strukturierung der Zahlaspekte

3.4.1 Die Strukturierung der Zahlaspekte in der Literatur

Radatz/Schipper (1983, 49) stellen in einer tabellarischen Auflistung alle Zahlaspekte jeweils mit Beispielen und Beschreibungen der Addition und Subtraktion dar. Die Zahlaspekte selbst werden jedoch weder zueinander in Beziehung gesetzt (Klaudt 2005, 24) noch wird deren „unterschiedliche Qualität" (ebd., 24) diskutiert. Bei Fuson (1992b), Jansen (2005, 2010) und Klaudt (2005) findet sich jeweils neben einer Beschreibung der Zahlaspekte auch ein Ansatz wie sie zueinander in Beziehung zu setzen sind.

Ausgehend von der Frage wie sich das Zahlverständnis von Kindern im Alter von zwei bis acht entwickelt, beschreibt Fuson das Zusammenspiel der verschiedenen Zahlaspekte (Abb. 3.15). Dabei unterscheidet sie den kardinalen, ordinalen und Maßzahlaspekt sowie das sequentielle Zählen, die Darstellungsform der zu zählenden Objekte, die Kenntnis der Symbole und des dezimalen Zahlsystems (ebd., 127 ff.).

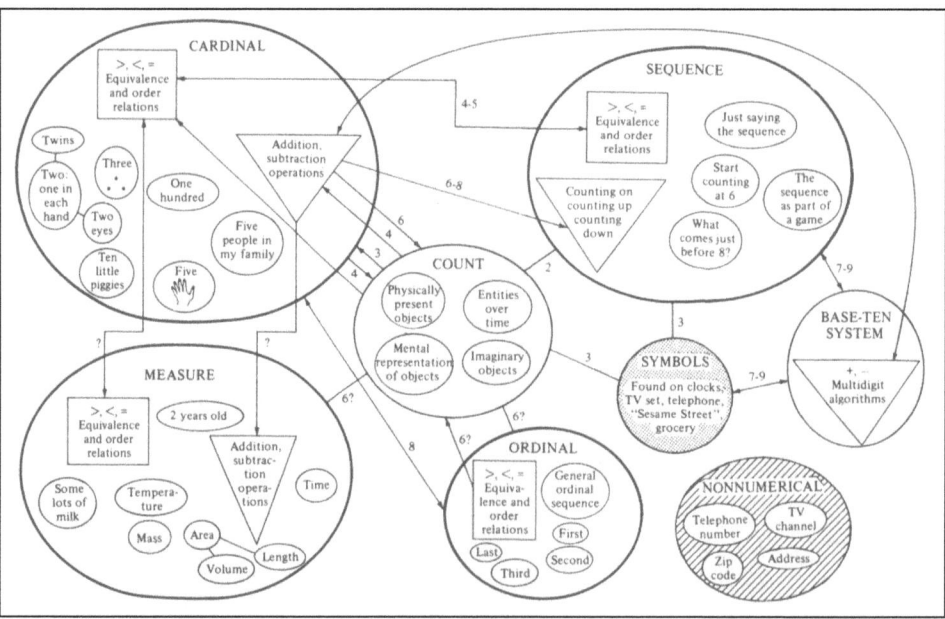

Abb. 3.15:   Beziehungen zwischen den Zahlaspekten nach Fuson (1992b, 128)

Jansen beschreibt „drei Säulen der mathematischen Verständnisgrundlagen" (2005, 185; 2010, 16 ff.): die ordinale, die kardinale und die relationale Säule. Mit der relationalen Säule verbindet er die flexible Nutzung von Zahlbeziehungen auf einer abstrakteren Ebene, die unabhängig von konkreten Darstellungen ist (2005, 188 f.). Jansen stellt die drei Säulen nebeneinander. Innerhalb der jeweiligen Säule beschreibt er die Entwicklungen ausgehend von der Zahlstruktur über das operative Verständnis hin zu den Fachbegriffen, von der räumlichen und zeitlichen Orientierung bis zu den Größen und dem Sachrechnen (ebd., 185).

	Zahlaspekte	Beschreibung	Beispiele	Zusammenhänge
Grundlegende Zahlaspekte	Kardinal-zahlaspekt	Zahlen beschreiben die Mächtigkeit von Mengen, die *Anzahl* von Elementen einer Menge	3 Äpfel, 5 Gongschläge, 9 Zahlen, 10^{13} Möglichkeiten	Bestimmen der Mächtigkeit durch Subitizing oder Zählen; Verwendung strukturierter Mengen (5er/10er Struktur);
	Ordinalzahl-aspekt	*Zählzahl*: Folge der nat. Zahlen, die beim Zählen durchlaufen werden.	'eins, zwei, drei, vier, ...' 'zehn, neun, acht, ...'	Herstellung der Zahlenreihe durch Zählprinzipien auf unterschiedlichen Niveaus; Anwendung der Zahlenreihe z.B. auf Mengen usw.
		Ordnungszahl: Rangplatz in einer geordneten Reihe	'Ich bin der Fünfte im Wartezimmer'	Vorhandene, geordnete Objekte werden bezeichnet
	Maßzahl-aspekt	Maßzahlen für Größen	10 Minuten 2 Meter 5 Euro	Als Maßzahlen von Längen; Problem der Skalierung (der Einheit); Problem der Punkte oder Strecken am Zahlenstrahl
	Relationen	Mengen Längen Zähl-/Ordnungsz.	...hat mehr Elem... ...ist länger... ...ist Nachfolger...	Anwendung:Äquivalenzrelation, dann Ordnungsrelation; Vergleiche durch Zählen
Weiterführende Zahlaspekte	Operator-aspekt	Bezeichnung der Vielfachheit einer Handlung oder eines Vorgangs	Noch fünfmal schlafen bis zu den Ferien	Erweiterung der grundlegenden Zahlaspekte; Zahlen als Relationalzahlen; Erzeugung neuer nat. Zahlen durch Operationen; Beziehungen zwischen den Operationen (Gesetze); Grenzen der Operationen;
	Rechenzahlaspekt	*Algebraischer Aspekt*: $(N,+),(N,*)$ sind algebraische Strukturen (mit bestimmten Eigenschaften)	36+(17+4)= (36+4)+17 Kommutativität / Assoziativität 23*27=625-4 $(a-b)*(a+b)=a^2-b^2$	
		Algorithmischer Aspekt: Rechnen als 'Ziffernmanipulation' nach festgelegten Regeln	629 +563 1191	Rechnen mit Ziffern (schriftliche Rechenverfahren) statt Rechnen mit Zahlen (halbschriftliche Strategien)
	Kodierungs-aspekt	Bezeichnung von Objekten	33501 Bielefeld, Tel. 428383704, PPC 4600	(macht keinen Sinn)

Abb. 3.16: Neugliederung der Zahlaspekte (Klaudt 2005, 29)

Auch Klaudt (2005, 28 ff.) weist den Zahlaspekten unterschiedliche Qualitäten zu (Abb. 3.16). Dabei unterscheidet er zwischen „grundlegende[n]" und „weiterführende[n]" (ebd., 24) Zahlaspekten. Unter den grundlegenden Zahlaspekten versteht er diejenigen, bei denen „Beziehungen zwischen einzelnen Zahlen und der Wirklichkeit" (ebd., 24) im Mittelpunkt stehen. Hierzu zählt er den Kardinal-, Ordinal- und Maßzahlaspekt.

> „Bei allen drei Aspekten geht es zunächst einmal darum, eine einzelne Zahl, die als Abstraktion für eine bestimmte Situation dient, zu bestimmen." (Klaudt 2005, 25)

Die Relationen zwischen den Zahlen beschreibt Klaudt dabei gesondert als „verbindendes Element zwischen den grundlegenden" (ebd., 27) und als „Übergang zu den weiterführenden Aspekten" (ebd., 27). Zu den weiterführenden Zahlaspekten gehören der Operatoraspekt und der Rechenzahlaspekt, da diese auf Regeln im Umgang mit Zahlen fokussieren. Dabei stellt Klaudt heraus, dass die weiterführenden Zahlaspekte auf die grundlegenden zurückgreifen und die jeweiligen Vorstellungen für die Durchführung der Operationen nutzen (ebd., 28).

Dem Kodierungsaspekt weist Klaudt, ebenso wie Padberg/Benz, eine gesonderte Rolle zu.

3.4.2 Zahlaspekte und Zahlbegriffsentwicklung in vorliegender Studie

Wie bei Klaudt (2005, 24 ff.) wird auch hier von unterschiedlichen Qualitäten der Zahlaspekte ausgegangen. Klaudt (ebd., 24 ff.) begründet die Zuordnung zu den grundlegenden Zahlaspekten über die Tatsache, dass innerhalb des Kardinal-, Ordinal- und Maßzahlaspekts einzelne Zahlen betrachtet werden, während der Rechenzahl- und Operatorzahlaspekt Verknüpfungen von Zahlen betrachten.

Aus mathematischer Sicht lässt sich jedoch auch eine andere Einteilung vornehmen, sobald der Blick auf den Zahlenraum und die Wahrnehmung der Begrenzung beim Agieren innerhalb des jeweiligen Zahlaspekts gerichtet wird. Der Zählzahlaspekt kann dabei als Grundlage der anderen Zahlaspekte verstanden werden.

> „Vorstehende Zahlaspekte darf man nicht isoliert sehen, [...]. Sie hängen eng miteinander zusammen. Das Zählen stellt eine Verbindung zwischen den verschiedenen Aspekten her." (Padberg/Benz 2011, 15)

Werden Anzahlen bestimmt oder Zahlen geordnet und nummeriert, so handelt es sich stets um natürliche Zahlen. Bei der Betrachtung der anderen Zahlaspekte wie dem Maßzahl-, Systemzahl- und Rechenzahlaspekt fällt auf, dass hier die Beschränkung auf natürliche Zahlen als künstliche Setzung erscheint:
- Der Maßzahlaspekt weist von Anfang an über den Bereich der natürlichen Zahlen hinaus: Die Punkte der Intervalle auf einer Maßzahlskala entsprechen messbaren Größen (zu denen dann rationale oder reelle Maßzahlen gehören).

- In der Stellenwertschreibweise entspricht die systematische (dezimale) Verfeinerung von Maßeinheiten der Erweiterung der natürlichen Zahlen zu Dezimalbrüchen (Systemzahl).
- Auch der Rechenzahlaspekt schafft über „unlösbare Aufgaben" wie 2–5 oder 2:5 Anlässe zur Erweiterung des Zahlenraums.

Auf der Grundlage dieser Überlegungen sind die Zahlaspekte in vorliegender Arbeit folgendermaßen gegliedert: Als grundlegend werden die Zählzahl-, Kardinal- und Ordnungszahlaspekt eingeordnet und die Rechenzahl-, Maßzahl- und Systemzahl als weiterführend. Gleichzeitig kann in gewisser Weise die Ablösung vom zählenden Rechnen als Übergang von den grundlegenden zu den weiterführenden Aspekten charakterisiert werden.

Eine weitere Perspektive ergibt sich aus mathematikdidaktischer Sicht, wenn berücksichtigt wird, dass sich in den Zahlaspekten auch unterschiedliche Sichtweisen auf Zahlen[12] zeigen:

- Der Kardinal- und Rechenzahlaspekt implizieren eine eher statische Sicht, in der die Analyse von Beziehungen zwischen Termen und Gleichungen sowie deren Nutzung zur Vereinfachung von Aufgaben im Vordergrund steht. Damit werden *algebraische*[13] *Vorstellungen* von Zahlen gefördert.
- Der Ordnungs- und Maßzahlaspekt betonen eher eine dynamische Sicht auf Zahlen, ihre Beziehungen zueinander und das Rechnen durch die Analyse entsprechender Bewegungen im Zahlenraum (Sprünge auf der Zahlengeraden). Auf diese Weise werden vorwiegend *Größen-Vorstellungen* von Zahlen entwickelt.
- Zählzahl und Systemzahl sind schließlich vorwiegend als *sprachliche Ausdrucksformen* der Benennung von Zahlen anzusehen, ohne die die konkret-anschaulichen Erfahrungen im Bereich von algebraischen und Größen-Vorstellungen nicht formuliert werden können.

Auf dieser Grundlage lässt sich eine neue Gliederung der Zahlaspekte unter Berücksichtigung der Zahlbegriffsentwicklung in drei Stränge vornehmen (Abb. 3.17):

- der algebraische Strang (mit Kardinal- *und* Rechenzahlaspekt),
- der Strang der Größen-Vorstellungen (mit Ordnungs- *und* Maßzahlaspekt) und
- der Strang der sprachlichen Ausdrucksformen (mit Zählzahl- *und* Systemzahlaspekt).

Jeder Strang enthält einen grundlegenden Zahlaspekt und einen darauf aufbauenden weiterführenden Zahlaspekt. Durch die Gliederung innerhalb eines Strangs, die einem unterschiedlichen Strukturierungsgrad entspricht, kann die Entwicklung des Zahlbegriffs erkannt und beschrieben werden.

---

12 Soweit nicht anders gekennzeichnet sind diese dargestellte Gliederung der Zahlaspekte sowie die entsprechenden Benennungen aus Baireuther/Rechtsteiner-Merz 2012.

13 Algebra wird verstanden als Theorie der Zahlverknüpfungen und Strukturen (vgl. Behnke et al. 1964, 11 ff.; Hilbert 1987, 74 f.).

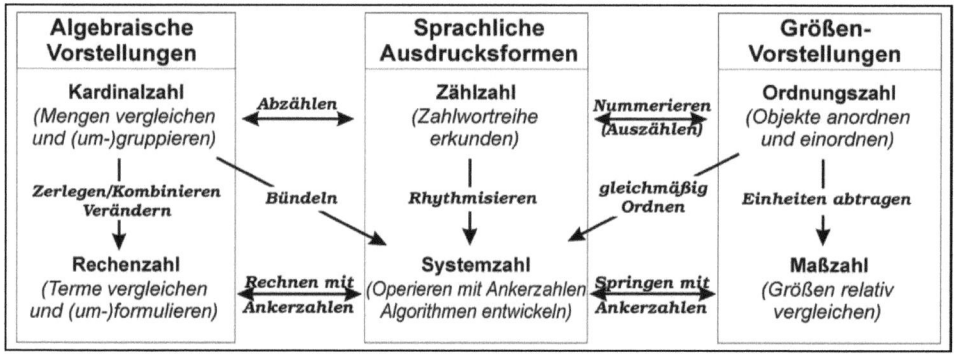

Abb. 3.17:   Der Zahlbegriff als Verbindung aller Stränge (Baireuther/Rechtsteiner-Merz 2012, 2)

In den beiden Vorstellungsbereichen, der algebraischen Vorstellung und der Größenvorstellung, werden einerseits die Analyse einzelner Zahlen und andererseits
ihre Einordnung in den Zahlenraum konkret fassbar. Mithilfe der sprachlichen
Ausdrucksformen können diese Vorstellungen beschrieben werden. Gleichzeitig
konkretisiert sich in ihnen die Zähl- und Systemzahl. Damit handelt es sich einerseits um die (formale) arithmetische Sprache, die aber andererseits in gleicher
Weise eine spezifische (sprachliche) Form von Zahlerfahrung möglich macht. Für
eine umfassende Zahlbegriffsentwicklung sind Erfahrungen in allen drei Entwick-
lungssträngen notwendig, ebenso wie intensive Erfahrungen mit Aktivitäten, die die
Übergänge innerhalb eines Strangs und zwischen den Strängen betonen.

Im Anfangsunterricht beschreibt der Übergang von der Kardinalzahl zur Rechenzahl, von der Zählzahl zur Systemzahl und von der Ordnungszahl zur Maßzahl die
Ablösung vom Zählen (Kapitel I 2). Diese Entwicklung geschieht in den beiden äu-
ßeren Strängen durch Zerlegen, Kombinieren, Verändern sowie dem Abtragen von
Einheiten. Innerhalb der sprachlichen Ausdrucksformen entwickelt sich die Systemzahl durch zunehmendes Rhythmisieren des Zählprozesses, was kardinal durch
Bündeln und ordinal durch gleichmäßiges Ordnen unterstützt wird. Damit kommt
allen drei Strängen bei der umfassenden Zahlbegriffsentwicklung gleichermaßen
eine tragende Rolle zu.

Das Wissen um Relationen, also um Zahlbeziehungen und Beziehungen zwischen Termen und Aufgaben spielt beim Rechnenlernen eine wesentliche Rolle.
Jansen (2005, 185) weist den Relationen in seinem Modell eine gesonderte Säule zu
(siehe oben) und Klaudt (2005, 29 f.) beschreibt diese als Verbindung innerhalb der
grundlegenden und zwischen den grundlegenden und weiterführenden Aspekten.
In vorliegendem Modell wird hingegen davon ausgegangen, dass Zahlbeziehungen
sowohl in der algebraischen Vorstellung als auch in der Größenvorstellung von Bedeutung sind und insofern eine Verbindung zwischen beiden Vorstellungssträngen
auf höherer Ebene schaffen (Abb. 3.18).

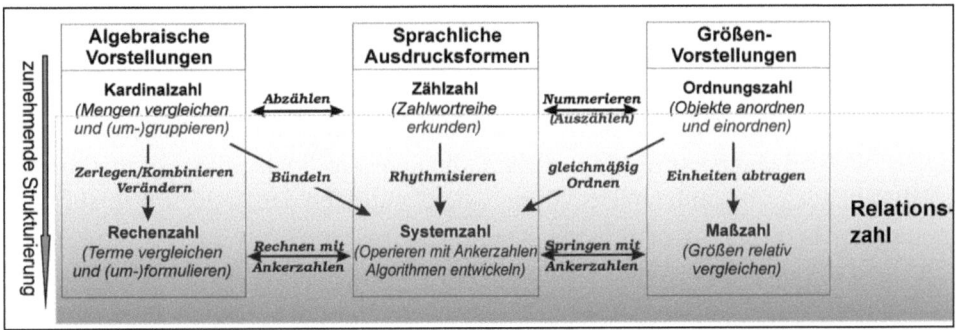

Abb. 3.18:   Die Relationszahl als Verbindung aller Stränge (modifiziert nach Baireuther/
Rechtsteiner-Merz 2012, 2)

Die in Kapitel I 3.1 beschriebenen Konzepte und Tätigkeiten zur Zahlbegriffsentwicklung lassen sich auf zwei verschiedene Weisen ordnen:

- einmal im Hinblick auf die unterschiedlichen Sichtweisen auf Zahlen und deren
  Beziehungen sowie
- im Hinblick auf ein unterschiedliches Maß an Strukturierung.

Im Folgenden werden die genannten Konzepte und Tätigkeiten einzeln ausgeführt
und jeweils dem Zahlaspekt im oben beschriebenen „Strängemodell" zugeordnet, in
dem sie hauptsächlich zum Tragen kommen.

Zählen, Auszählen und Abzählen: Bei diesen Tätigkeiten wird bereits in der
Formulierung deutlich, dass das Verb „zählen" sowohl intransitiv als auch transitiv
genutzt werden kann. Im ersten Fall handelt es sich um eine ausschließlich sprach-
liche, objektunabhängige Tätigkeit durch Aufsagen der Zahlwortreihe. Im zweiten
Fall steht die Tätigkeit in Verbindung mit einem Substantiv: dem Auszählen von
Objekten und dem Abzählen von Objekten. Entsprechend wird das Auszählen dem
Ordnungszahlaspekt und das Abzählen dem Kardinalzahlaspekt zugewiesen (Pad-
berg/Benz 2011, 15).

Anzahlen quasi-simultan erfassen: Bereits das Wort der Anzahlerfassung weist
auf den Kardinalzahlaspekt hin. Im Vergleich zum Abzählen wird die Anzahl der
Menge durch (bewusste) Strukturierung bestimmt.

Anzahlen darstellen: Auch bei der Darstellung und der Erfassung von Anzahlen
geht es darum, sich mit realen oder ikonisch dargestellten Mengen von Objekten
und deren Anzahl zu befassen.

Mengen vergleichen: Wie bei den oben beschriebenen Tätigkeiten steht auch
beim Vergleichen von Mengen das Anzahlkonzept im Vordergrund. Damit steht die
Betrachtung der Relationen kardinaler Mengen im Mittelpunkt.

Zahlen ordnen: Bei diesen Tätigkeiten steht die „Ordnung der Zahlen" (Padberg/
Benz 2011, 46) im Vordergrund und damit Beziehungen wie Vorgänger – Nachfolger. Damit ist der Ordnungszahlaspekt angesprochen (Padberg/Benz 2011, 46 f.).

Zahlen verorten: Bei der Arbeit am leeren Zahlenstrahl muss neben dem richtigen
Platz auch der Abstand zwischen den Zahlen berücksichtigt werden (Grassmann et

al. 2010, 63 f.; Lorenz 2003, 38 f.; 2007c, 15.3). Orientierungen an einem Zahlenband können dem Maßzahlaspekt zugeordnet werden (vgl. Kapitel I 3.3).

Entwicklung eines Teile-Ganzes-Konzepts: Bei der Entwicklung eines Teile-Ganzes-Konzepts wird sowohl mit Materialien als auch auf symbolischer Ebene agiert. So wird einerseits mit Materialien, die dem Kardinalzahlaspekt zuzuordnen sind, gehandelt und andererseits können die Notationen der Zerlegungen auf symbolischer Ebene bereits dem Rechenzahlaspekt zugewiesen werden. Damit ist die Entwicklung eines Teile-Ganzes-Konzepts am Übergang von der Kardinalzahl- zur Rechenzahl angesiedelt.

Entwicklung eines Stellenwertkonzepts: Auf der Basis zahlreicher Handlungen zum Bündeln und gleichmäßigen Ordnen der Zahlen wird die Stellenschreibweise entwickelt.

> „Bei der Behandlung von Stellenwertsystemen werden die Zeichen und die Art der Zahldarstellung thematisiert. Es geht also nicht in erster Linie um die Zahlen, sondern um ihre Schreibfiguren." (Krauthausen/Scherer 2006, 15)

Damit liefert die Stellenschreibweise im dekadischen System die Sprache, mit der sowohl Bündelungsvorgänge wie auch die Orientierung im Zahlenraum durch dekadische Ankerzahlen beschrieben werden können. Auch wenn wie oben beschrieben Verbindungen zu den anderen Zahlaspekten deutlich und gewünscht sind, so ist die Stellenschreibweise doch wesentlich dem Systemzahlaspekt zuzuordnen.

Aus diesen Ausführungen lässt sich folgende Zuordnung ableiten (Abb. 3.19):

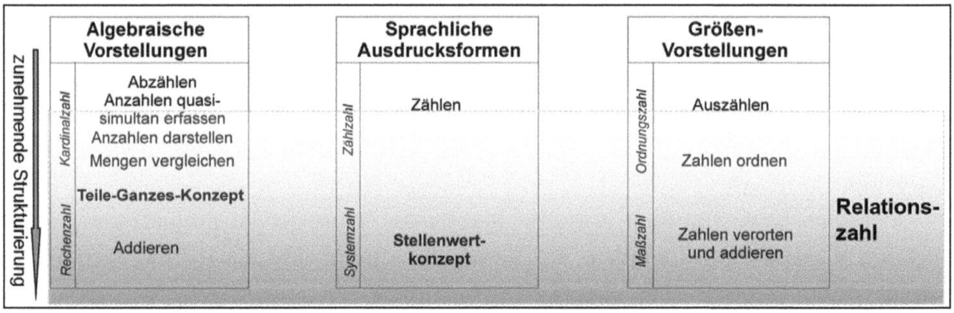

Abb. 3.19: Verbindung der Konzepte und Tätigkeiten mit den Zahlaspekten

Zusammenfassung

Bei beiden algebraisch orientierten Zahlaspekten ist der Blick auf Beziehungen zwischen Zahlen und Termen gerichtet. Der Kardinalzahlaspekt entwickelt sich auf der Basis von konkreten Materialien bereits recht früh (Gelman/Gallistel, 1978). Mit zunehmender Auseinandersetzung damit werden Mengen strukturiert und dadurch quasi-simultan erfassbar. Bereits bei der Strukturierung der Mengen stehen die Beziehungen der Terme im Mittelpunkt, auch wenn sie noch nicht als solche wahrgenommen werden. Sobald Zahlzerlegungen und damit Teile-Ganzes-Beziehungen erarbeitet werden, beginnt der Übergang von der Kardinalzahl zur Rechenzahl; zunächst durch Notation der Rechenzahl und schließlich zunehmend durch Ablösung von konkreten Mengen durch Terme auf symbolischer Ebene. Aktivitäten zu Teile-Ganzes-Beziehungen auf kardinaler Ebene können also bereits der übergeordneten Idee des „**Relationszahlverständnis**[ses]" (Stern 1998, 76; Hervorhebung im Original) zugeschrieben werden.

Ausgehend vom Zählen und von der Erfahrung, dass jede Zahl ihren Platz innerhalb einer Anordnung hat, entwickelt sich der Ordnungszahlaspekt. Messerfahrungen rücken dann die lineare Zahlanordnung und die gleichen Abstände der Einheiten in den Vordergrund. Innerhalb dieser Größen-Vorstellungen steht die Einordnung von Zahlen innerhalb von Zahlenräumen und damit die Größenbeziehung zu anderen Zahlen, meist Ankerzahlen wie fünf oder zehn, im Mittelpunkt. Die Zerlegung in Terme und Vergleiche zwischen Termen spielen eine untergeordnete Rolle.

Die Rhythmisierung des Zählens fördert den Übergang vom elementaren Zählen zum systematischen Zählen und damit zum Systemzahlaspekt. Während beim Zählzahlaspekt die fortlaufende Rhythmisierung im Mittelpunkt steht, ermöglicht der Systemzahlaspekt eine rhythmisierte Systematik auch größerer Zahlen. Dabei fungieren diese beiden Zahlaspekte als sprachliche „Zulieferer" für die Zahlaspekte der algebraischen Vorstellungen und der Größen-Vorstellungen und schaffen so eine Verbindung zwischen diesen beiden Vorstellungssträngen, was zu einem umfassenden Zahlbegriff führt.

Dieses theoretische Modell erlaubt eine Strukturierung der Konzepte und Tätigkeiten sowohl vom mathematischen Inhalt als auch von der Entwicklung des Zahlbegriffs her gedacht:

- Für den Aufbau eines umfassenden Zahlbegriffs sind zahlreiche Aktivitäten in allen drei Bereichen grundlegend.
- Mit der zunehmenden Ausbildung des Zahlbegriffs geht eine zunehmende Strukturierung auf relationaler Ebene einher, wodurch auch die Beziehungen zwischen den Zahlaspekten erfahrbar werden (Padberg/Benz 2011, 15).

4 Rechnen entwickeln

Die Entwicklung des Zahlbegriffs ist eine wesentliche Grundlage des Rechnenlernens. In Kapitel I 3.4 wurde deutlich, dass der Übergang vom Zahlbegriff zum Rechnen nahezu fließend ist. Im Folgenden wird zunächst beschrieben, welche Aspekte ein fundiertes Operationsverständnis beinhaltet, anschließend wie die drei beschriebenen Entwicklungsstränge für den Zahlbegriff das Operationsverständnis und die Entwicklung des Rechnens prägen.

4.1 Operationsverständnis aufbauen

Ein vollständig ausgeprägtes Operationsverständnis (Abb. 4.1) wird definiert als die

> „Fähigkeit, Verbindungen herstellen zu können zwischen
> - (meist verbal beschriebenen) konkreten Sachsituationen,
> - modell- oder bildhaften Vorstellungen von Quantitäten,
> - symbolischen Schreibweisen (meist in Form von Gleichungen) für die zugrunde-liegenden Quantitäten und Rechenoperationen." (Gerster/Schultz 1998, 351)

Auch bei Bönig finden sich die verschiedenen Aspekte zum Operationsverständnis. Sie unterscheidet aber explizit zwischen der enaktiven (modellhaften) und der ikonischen (bildhaften) Ebene

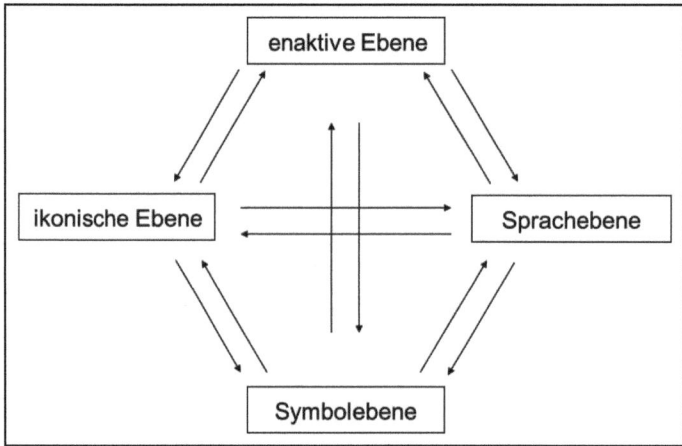

Abb. 4.1:   Operationsverständnis (Bönig 1993, 28)

Die Übersetzung zwischen den Ebenen wird als „intermodaler Transfer" (Bönig 1993, 28; 1995 60) bezeichnet. Wie komplex die Übersetzungsleistungen für Kinder sind, verdeutlicht Lorenz:

> „Und schließlich stellt die Transformation zwischen den Medien, der Darstellung einer Situation bzw. eines mathematischen Sachverhaltes in bildlicher, sprachlicher, symbolischer und handlungsmäßiger Form ein eigenes Lernziel dar." (Lorenz 1993, 144)
> „Überspitzt formuliert lässt sich sagen, dass ein Veranschaulichungsmittel eine Sprache darstellt, mit Hilfe derer arithmetische Beziehungen im Unterricht repräsentiert werden, sie sind ein Kommunikationsmedium. In diesem Sinne muss jedes Veranschaulichungsmittel neu gelernt werden, und Handlungen von einem auf andere Materialien zu übertragen sind Übersetzungsprozesse, und diese sind bekanntlich äußerst schwierig." (Lorenz 2011, 40)

Das Schaffen sinnhafter Verbindungen zwischen diesen Ebenen und damit der erfolgreiche Repräsentationswechsel sind ein zentrales Ziel auf dem Weg zum Rechnen (Lorenz 2009, 2011) und somit eine große Herausforderung für den Mathematikunterricht.

> „…instructional enviroments wherein learners are confronted with multiple representations of a given mathematical concept, principle or situation, and wherein they learn to switch fluently and flexibly between these various representations, are considered as more effective in enabling learners to understand and apprehend mathematical notions and to develop a genuine mathematical disposition than enviroments that do not emphasize multiple representations." (Heinze et al. 2009, 536)

Wie in Abbildung 4.1 deutlich wird, kann jede Operation auf vier verschiedenen Ebenen dargestellt werden:

- auf der Symbolebene,
- auf der Sprachebene (in konkreten Sachsituationen),
- auf der enaktiven Ebene (als Modell) und
- auf der ikonischen Ebene (im Bild).

Die Symbolebene
Damit sind Terme und Gleichungen gemeint.

Die Sprachebene
Als Sprachebene werden alle sprachlichen Handlungen bezeichnet. Dabei kann es um Erläuterungen zu Zahlensätzen, Bildern oder Handlungen gehen, aber auch um Formen, in denen konkrete Sachsituationen ausgedrückt werden. Dies können reale oder fiktive Rechengeschichten in Form von Sprache, Bildern, Rollenspielen oder ähnlichem sein.

Die ikonische oder enaktive Ebene
Mit dieser Ebene werden Modelle oder Bilder verbunden. Die Begriffe „Modell" oder „Bild" werden in der vorliegenden Arbeit als „Anschauungsmittel und graphische Visualisierungen" (Söbbeke 2005, 21) mit erheblicher *„Symbolfunktion"* (ebd., 21; Hervorhebung im Original) bezeichnet.[14]

> „… Veranschaulichungen nicht als Bilder, sondern als Symbole zu sehen. Das Verstehen und Anwenden von Veranschaulichungen beinhaltet immer einen symbolischen Aspekt." (Jahnke 1984, 35)

Anschauungsmittel können zunächst als ikonisch bezeichnet werden. Erst durch Handlung mit ihnen entsteht die enaktive Ebene. Die Verbindung beider Ebenen – auch durch mentales Operieren – schafft einen verstehenden Umgang.

---

14 Im Weiteren werden unter dem Begriff Anschauungsmittel sowohl graphische Visualisierungen als auch sonstige Anschauungsmittel verstanden.

Anschauungsmittel und graphische Visualisierungen haben eine weitreichendere Bedeutung als etwa alltägliche Bilder oder Materialien. Durch sie werden mathematische Beziehungen, Strukturen und Begriffe dargestellt, die jedoch aktiv vom Einzelnen interpretiert werden müssen (Jahnke 1984, 35 ff.; Söbbeke 2005, 21). Das bedeutet, dass auch Anschauungsmittel zu erlernende Inhalte darstellen und die Beziehungen und Strukturen nicht zwingend intuitiv ersichtlich sind.

> „… children who do not yet have those conceptual understandings do not ‚see' the diagrams and models in the same way as the knowing adults. In other words, we see what we understand and not the other way around." (Yackel 2001, 29)

Zur Entwicklung innerer Bilder wird nicht immer zwingend das reale Modell, das zum Handeln anregt, als das Bessere erachtet. Im Mittelpunkt steht vielmehr die Entwicklung von Einsicht in den Inhalt und die Struktur des Modells, damit mathematische Beziehungen entdeckt werden können.

> „To understand the cube – either actual or pictured – as representing a numeral value of 1000, students need to create an image of a cube that entails its relations to its potential parts (…). If their image of a cube is simply as a big block named *thousand*, then no substantive difference accrues to students between a picture of a cube or an actual cube …" (Thompson 2003, 247)

Wittmann (1992, 179 f.) unterscheidet verschiedene Übungstypen unter anderem im Hinblick auf die Art des genutzten Anschauungsmittels in „gestützt" und „formal" (ebd., 179). Diese Einteilung wird im Folgenden auf den Abstraktionsgrad des genutzten Anschauungsmittels übertragen (vgl. auch Kapitel I 6.2.3). Dementsprechend wird unterschieden zwischen Anschauungsmitteln,

* bei denen es sich um Materialien handelt, die durch (auch mentale) Handlungen *stützen*. Diese Anschauungsmittel dienen der Darstellung, Entwicklung, Überprüfung und damit dem Verstehen von Rechenwegen (zum Beispiel strukturierte Punktebilder),
* die auf überwiegend symbolischer Ebene und damit formal die Darstellung von Beziehungen ermöglichen (beispielsweise die Einspluseins-Tafel).

Diese Unterteilung schließt Überschneidungen nicht aus; im Gegenteil, diese sind sogar impliziert. Allerdings liegt der Fokus im ersten Fall eher auf den Rechenwegen und im zweiten Fall eher auf den Beziehungen zwischen Zahlen, Termen und Gleichungen.

Auch innerhalb der beschriebenen Ebenen sind Übersetzungsleistungen erforderlich, zum Beispiel wenn Darstellungen oder Materialien gewechselt werden oder aus einer Textaufgabe ein Rollenspiel gestaltet wird. Diese werden als „intramodaler Transfer" (Bönig 1993, 28; 1995, 60) bezeichnet, welcher für die Kinder meist eine noch größere Herausforderung darstellt als der intermodale Transfer.

„Die Übersetzung innerhalb einer Darstellungsebene, etwa die intramodale Transformation zwischen zwei Bildern, ist von Schülern i. a. noch weniger zu leisten." (Lorenz 1993, 144)

Erst die Übersetzung innerhalb (intramodal) und zwischen (intermodal) den Ebenen ermöglicht ein voll entwickeltes Operationsverständnis.

Wie Rechnen durch Weiterentwicklung des Zahlbegriffs – beziehungsweise durch Akzentverschiebung der Zahlaspekte – entwickelt werden kann, wird im Folgenden beschrieben. Dabei nehmen die Ausführungen Bezug auf die drei Stränge, innerhalb derer sich die Zahlbegriffsentwicklung vollzieht, und gehen bei jedem Strang auf die Anschauungsmittel und Fördermöglichkeiten ein.

4.2 Die Entwicklung der sprachlichen Ausdrucksformen

Der sprachliche Strang umfasst die sprachlichen Ausdrucksweisen, die sich durch den Zählzahl- und Systemzahlaspekt ergeben (Kapitel I 3.4.2). Innerhalb des Zählzahlaspekts bilden die beiden Zählstrategien Alleszählen und Weiterzählen natürliche Zugänge zum Rechnen und werden teilweise auch bereits von Kindergartenkindern und Schulanfängern (u.a. Baroody 1987a; Carpenter/Moser 1984, 196 ff.; Deutscher 2012, 275 ff.) genutzt (Kapitel I 2.2). Unbestritten ist, dass das Zählen und das Nutzen verschiedener Zählstrategien trotz aller Kritik eine wesentliche Entwicklungsphase ist.

„Zählen und Rechnen mit den Fingern ist eine wichtige, wahrscheinlich sogar eine unverzichtbare Stufe in der Entwicklung der mathematischen Fähigkeiten." (Eckstein 2011, 14)

Durch zunehmende Rhythmisierung ergibt sich innerhalb der Systemzahl die Möglichkeit, größere Anzahlen zu benennen. Um die Strukturen der Fünf und der Zehn mit ihren dekadischen Wiederholungen zu begreifen, plädiert Baireuther (2011, 41) für gezielte Zählübungen mit Hilfe der Finger.

„Mathematik darf die Kinder deshalb *nicht vom Zählen mit den Fingern wegführen; sie muss den Gebrauch der Finger systematisieren!*" (ebd., 41; Hervorhebung im Original)

Verschiedene Aktivitäten, zum Beispiel mit Strichlisten und Plättchen, können zum strukturierten Zählen anregen (Radatz et al. 1996, 52 f.; Rechtsteiner-Merz 2008b, 13 ff.).

Typische Darstellungen zum systematischen Zählen sind

- Strichlisten mit Fünfergliederung (Baireuther 2011, 41; Schütte/Haller 2004, 8; Keller/Müller 2008b, 6 f.; Radatz et al. 1996, 52),
- das Legen strukturierter Anzahlen von Plättchen, Streichhölzern, oder Ähnlichem, die dann systematisch gezählt werden können (Schütte/Haller 2004, 8).

Dies entspricht dem Vorgang des Weiterzählens auf strukturierter Ebene.

Im höheren Zahlenraum bis hundert und darüber hinaus ist das zentrale Anschauungsmittel im Systemzahlaspekt die Stellenwerttabelle. Durch sie werden die Bedeutungen der einzelnen Stellen ersichtlich.

Innerhalb des in der Studie vorwiegend betrachteten Zahlbereichs bis zwanzig tritt die Systemzahl überwiegend bei Analogieaufgaben in den Vordergrund und überlagert dabei die anderen beiden Stränge. Die eigentliche Stellenwertidee spielt im betrachteten Zahlbereich jedoch eine untergeordnete Rolle, da die schulische Zahlbegriffsentwicklung bis zum Ende der Datenerhebung noch nicht stattgefunden hatte oder erst am Beginn war. Allerdings bildet ein fundiertes Arbeiten im Zahlenraum bis zwanzig die Grundlage für die Zahlerweiterung bis hundert.

„There is empirical evidence that a good conceptual understanding of the decimal number system allows children to find solutions for single-digit or multi-digit addition and subtraction problems without an explicit teaching of computation strategies." (Heinze et al. 2009, 594)

4.3 Algebraische Vorstellung als Grundlage der Addition

Kardinal- und Rechenzahlaspekt überlappen sich stark und gehen ineinander über. Zur Veranschaulichung von Rechenwegen oder operativen Zusammenhängen wird beim Rechnen auf kardinale Anschauungen wie Finger- oder Punktebilder zurückgegriffen (Kapitel I 3.2.1). Die Addition auf kardinaler Ebene entspricht der Vereinigung von Mengen unter der Voraussetzung, dass die Mengen keine Überschneidungen aufweisen, also disjunkt sind (Baireuther 2011, 13 f.). Daher kann beim Addieren in der algebraisch orientierten Struktur von einer tendenziell stärkeren Verwurzelung der Grundvorstellung des Zusammenfügens zweier Mengen gesprochen werden.

In der algebraischen Vorstellung zeigen sich verschiedene Beziehungen:
- das Suchen weiterer Ausdrücke für einen Term (Termbeziehungen): durch Zerlegungen (Teile-Ganzes-Beziehungen) oder Verändern wie Tauschen und gegensinnig Verändern,
- das geschickte Neu-Zusammenfügen von Zahlen (Zahlbeziehungen): wie beispielsweise beim Nutzen der Kraft der Fünf,
- sowie die Auseinandersetzung mit Gleichungen im jeweiligen Umfeld (Aufgabenbeziehungen).

Mithilfe von Punktebildern können diese Beziehungen entwickelt und veranschaulicht werden:

Beziehungen zwischen Termen:
- Teile-Ganzes-Beziehung

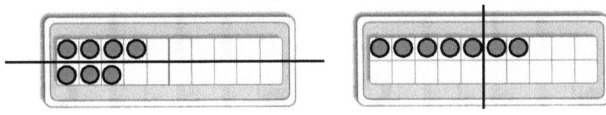

$$7 = 4 + 3 = 5 + 2$$

- Verändern durch Tauschen

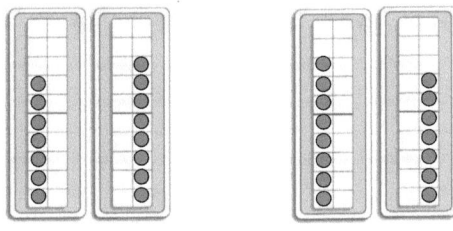

$$7 + 8 = 8 + 7$$

- Gegensinniges Verändern

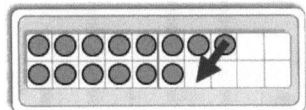

$$8 + 6 = 7 + 7$$

Beziehungen zwischen Zahlen, als geschicktes Neu-Zusammensetzen von Zahlen:

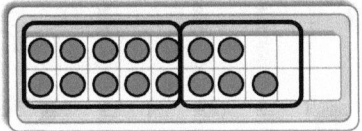

$7 + 8$ wird zerlegt in $5 + 2 + 5 + 3$, umgedeutet in $5 + 5 + 2 + 3$ und als $10 + 5$ neu zusammengesetzt.

Beziehungen zwischen Aufgaben:

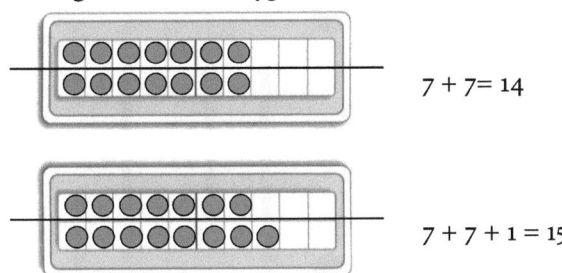

$$7 + 7 = 14$$

$$7 + 7 + 1 = 15$$

Anschauungsmittel der algebraischen Vorstellung

Anschauungsmittel finden sich folglich auch auf zwei Ebenen:
- in der kardinalen Anschauung von Lösungswegen und
- in der Visualisierung von Beziehungen zwischen Termen und Aufgaben.

Wie oben gezeigt dienen Punktebilder der kardinalen Anschauung und damit der arithmetischen Darstellung von Lösungswegen (vgl. auch Kapitel I 3.2.1). Sie stützen die Vorstellungen materialgebunden.

Zur Visualisierung von Beziehungen innerhalb des algebraischen Strangs eignen sich Darstellungen, die diese auf formaler Ebene verdeutlichen, wie beispielsweise das Zahlenhaus (Kapitel I 3.2.2), die Zahlenwaage (Abb. 4.2) oder die Einspluseins-Tafel (Abb. 4.3 und Abb. 4.4).

Die Darstellung an der Zahlenwaage (bei Möller/Floer 1992, 54 ff. als „Rechenwaage" bezeichnet; Floer 2000, 199) unterstützt die Idee der Gleichung und damit die der Termbeziehungen, die beispielsweise durch gegensinniges Verändern erzeugt werden können.

> „Bis jetzt wurden Zahlaussagen i. w. aus einer Ungleichgewichtslage heraus entwickelt. Man kann jedoch auch, ausgehend von einem Gleichgewicht, weitere Gleichgewichtslagen erzeugen." (Möller/Floer 1992, 57)

Schulte (2008, 126) bezeichnet Zahlenwaagen als „sinnfällige Vorstellungsbilder", da die „bildliche […] Assoziation[en]" (ebd., 126) die Vorstellung der Gleichung unterstützt.

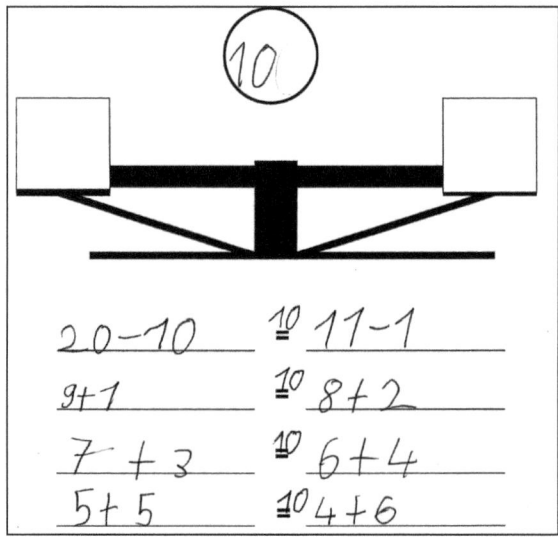

Abb. 4.2: Zahlenwaage

Die „Einspluseins-Tafel" (Wittmann/Müller 1990, 43) oder „Plus-Rechentafel" (Schütte 2008, 117) ermöglicht einen Überblick über das gesamte Einspluseins. Die Einspluseins-Tafel (Abb. 4.3) zeigt die Terme ohne Standardterm, wodurch auch die Termbeziehungen in den Blick rücken. Die Plus-Rechentafel hingegen (Abb. 4.4) zeigt jeweils den Standardnamen, wodurch gleiche oder aufsteigende Ergebnisse in den Mittelpunkt treten.

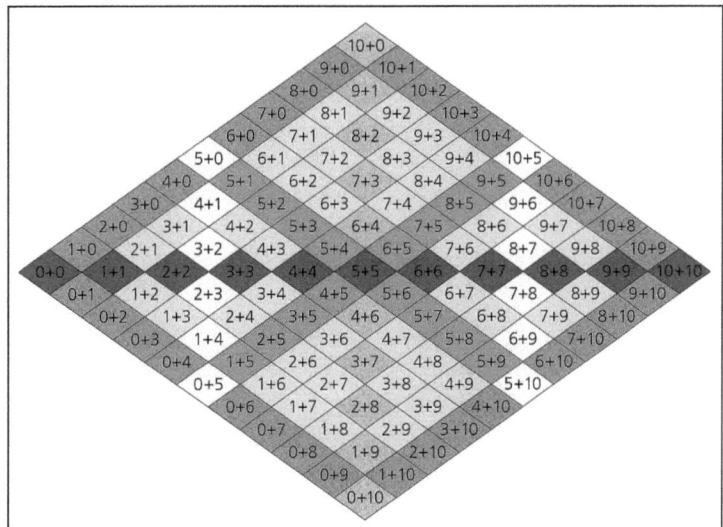

Abb. 4.3:   Einspluseins-Tafel (Wittmann/Müller 2004a, 76)

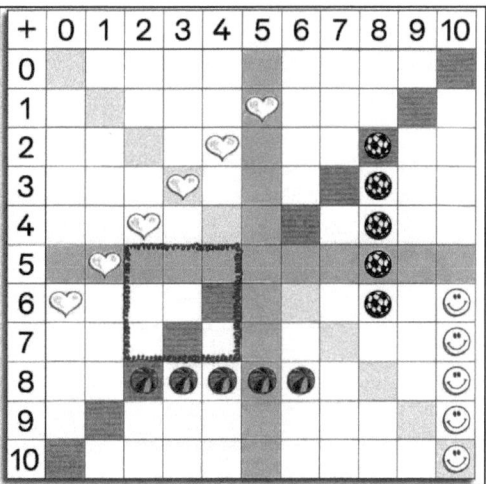

Abb. 4.4:   Plus-Rechentafel (Schütte 2004b, 92)

Erfahrungen zum Rechnen in der algebraischen Vorstellung

Rechnen in algebraischen Strukturen kann auf zwei Ebenen unterstützt werden:
- durch die Förderung im Umgang mit Punktebildern zum Aufbau mentaler Vorstellungen und deren Verknüpfung auf kardinaler Ebene sowie
- durch die Förderung zum Sehen und Nutzen von Beziehungen auf der Ebene der Rechenzahl.

Zum Rechnen mit Punktebildern werden zahlreiche Aktivitäten zum Legen, Zusammensehen und Umstrukturieren beschrieben (Gerster 1994, 60 ff.; Gerster/Schultz 1998, 365 ff.; 2005, 210 ff.; 2009, 263, ff.; Radatz et al. 1996, 100 ff.; Rathgeb-Schnierer 2007, 108 ff.; 2010c, 39 ff.; Rechtsteiner-Merz 2011b, 45 f.; Scherer 2006, 166 ff.; Schütte 2008, 114; Wittmann/Müller 1990, 32 ff.).

Als wichtige Unterstützung zur Entwicklung von Beziehungen zwischen Termen und Aufgaben werden verschiedene operative Übungen angesehen, bei denen Terme und Gleichungen systematisch verändert werden: durch Tauschen, regelmäßiges Wegnehmen oder Hinzufügen sowie durch gegensinniges oder gleichsinniges Verändern. Beispiele hierfür sind:
- „Operative Aufgabenserien" (Wittmann/Müller 1990, 45; Scherer 2006, 173 f.) auch als sogenannte „Päckchen mit Pfiff" (Wittmann/Müller 1990, 45), „Entdeckerpäckchen" (Rathgeb-Schnierer 2004, 13; 2010a, 24 ff.) oder „Schöne Päckchen" (Hess 2012, 154 ff.; Wittmann/Müller 2004a, 50) bezeichnet,
- Aktivitäten an „sinnfälligen Vorstellungsbilder(n)" (Schütte 2008, 126) wie Zahlenhäuser oder Zahlenwaagen,
- Aktivitäten mit Ziffernkarten, bei denen durch Veränderungen der Terme die Idee der Gleichung deutlich wird, wie das beispielsweise bei „Kombi" (Baireuther/Kucharz 2007, 28 f.; Rechtsteiner-Merz 2011a, 11) der Fall ist.

Während bei diesen Aktivitäten stets Ausschnitte von Beziehungen betrachtet werden, stellt die systematische Betrachtung aller Aufgaben des Einspluseins und ihrer Beziehungen eine Erweiterung dar. Dies kann sich durch Eigenstrukturierung der Terme seitens der Kinder (Schütte 2008, 116) oder durch Untersuchung einer bereits ausgefüllten Einspluseins-Tafel (Wittmann/Müller 1990, 43; Scherer 2006, 168 ff.) ergeben.

4.4 Größen-Vorstellungen als Grundlage der Addition

Innerhalb des an Größen-Vorstellungen orientierten Strangs geht der Ordnungszahlaspekt in den Maßzahlaspekt über.

In Verbindung mit Größen-Vorstellungen ist eine typische Aktivität beim Rechnen das lineare Hüpfen in geschickten Sprüngen wie beispielsweise zur Zehn und weiter oder plus zehn, minus eins (Beishuizen/Anghileri 1998, 525 ff.). Dabei wird ausgehend vom elementaren Zählen zunehmend strukturiert vorgegangen.

Diese Sprünge entsprechen der Grundvorstellung des Hinzufügens und sind damit eher mit der Größen-Vorstellung verbunden. Auch Blöte, Klein und Beishuizen (2000), Klein, Beishuizen und Treffers (1998, 445 ff.) sowie Lorenz (1997a, 209 f.) stellen im Zahlenraum bis hundert dar, dass beim Addieren am leeren Zahlenstrich der erste Summand nicht zerlegt und der zweite hinzugefügt wird.

> „On the number line, be it empty or traditional, a 1010-strategy does not make sense. It distorts the pre-given structure. The material lends itself rather to the N10-, N10C- or A10-strategy". (Lorenz 1997a, 210)
> „It promotes sequential procedures like jumping by tens from the first number (and as a consequence N10, N10C and A10; and not 1010) …" (Blöte et al. 2000, 224)

Das Rechnen am leeren Zahlenstrahl, das die Größen-Vorstellung unterstützt, entwickelte sich vor allem aus dem Gedanken heraus, Kinder anzuregen, eigene Wege zu entwickeln. Ausgehend vom Zählen sollten sie ihre informellen Lösungsstrategien darstellen und damit verbunden konzeptuelles Verständnis aufzubauen (Beishuizen 1997, 133 f.; Blöte/Klein/Beishuizen 2000, 224; Freudenthal 1973, 232 f.; Klein/Beishuizen1998, 445 f.). Dabei dient der leere Zahlenstrahl sowohl als Hilfsmittel zum Lösen der Aufgabe als auch zur Dokumentation des eigenen Vorgehens und damit zur Präsentation im Austausch mit anderen (Blöte/Klein/Beishuizen 2000, 224; Lorenz 2005b, 157). Im Hinblick auf die Subtraktion verdeutlichen Selter et al. (2012, 390), dass am leeren Zahlenstrahl beide Operationsvorstellungen, das Abziehen und das Ergänzen, sowie die Umkehrung zur Addition besonders gut dargestellt und entwickelt werden können.

Typische Beziehungen beim Addieren, die Größen-Vorstellungen unterstützen, beziehen sich auf zwei Aspekte: zum einen auf das Zurückgreifen auf Nachbaraufgaben zur Addition mit zehn als Hilfsaufgabe (zum Beispiel bei $7 + 9 = 7 + 10 - 1$), zum anderen auf die Beziehung zur Zehn beim Ergänzen ($7 + 6 = 7 + 3 + 3$).

Nachbarschaftsbeziehungen innerhalb des Lösungskontextes können – beispielsweise durch Weiterhüpfen um eins – entdeckt werden. Beziehungen wie das Verdoppeln können hingegen nur schwer erkannt werden; entsprechend auch die Nachbarschaftsbeziehungen zum Fast-Verdoppeln, solange der Rückgriff auf Basisfakten nicht möglich ist.

Der Zusammenhang beim Verändern von Termen durch Tauschen ist am leeren Zahlenstrahl ebenfalls kaum zu erkennen.

Um den Sprung am leeren Zahlenstrahl zur Zehn ohne Zählen durchführen zu können, muss das Kind über zwei algebraisch orientierte Strukturaspekte verfügen:
1. die Automatisierung der Zerlegungen im Zahlenraum bis zehn.
2. das Verstehen der Beziehungen zwischen Termen

- als „viele Namen für eine Zahl" (auch mithilfe des gegensinnigen Veränderns) sowie
- als Teile-Ganzes-Beziehung in Bezug zum Standardterm und
- als das Verändern von Termen durch Tauschen.

Die ungefähre Relation einer Zahl zur Zehn ist zwar gut ersichtlich, jedoch nicht die genaue Differenz. Sind die Teile-Ganzes-Beziehungen des zweiten Summanden und die Ergänzung des ersten Summanden zur Zehn beim Rechnen nicht abrufbar, so muss entweder auf das Zählen den Ordnungszahlaspekt als Vorläufer oder auf die kardinale Darstellung des algebraisch orientierten Strangs zurückgegriffen werden (vgl. auch Gerster 2005, 203 ff.).

Anschauungsmittel der Größen-Vorstellung

Beim Arbeiten und Darstellen von Rechenwegen am leeren Zahlenstrahl arbeiten die Kinder bereits mit Zahlbeziehungen. Das heißt, sie müssen in der Lage sein, ihr Wissen über Beziehungen zu nutzen.

> „Students using the empty number line are cognitively involved in their actions."
> (Klein et al. 2002, 42)

Sowohl für die Betrachtung von Rechenwegen als auch von Strukturen stellt der leere Zahlenstrahl innerhalb des Strangs zur Größen-Vorstellung das zentrale Anschauungsmittel dar (Kapitel I 3.3.2). Bis jedoch die Zerlegungen und damit das Ergänzen zur Zehn abrufbar sind, wird parallel dazu das Nutzen kardinaler Darstellungen (Abb. 4.5) vorgeschlagen, die quasi-simultan erfasst werden können. So kann das Zurückgreifen auf Zählen mit und ohne Objekte vermieden werden.

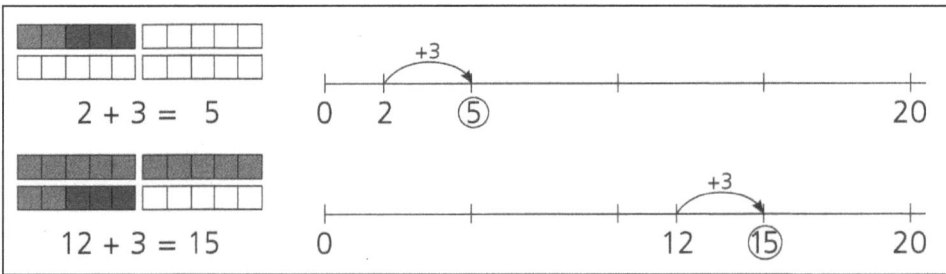

Abb. 4.5: Parallele Darstellung von kardinaler Veranschaulichung und leerem Zahlenstrahl (Lorenz 2007b, 44)

Der große Vorteil des Arbeitens am leeren Zahlenstrahl wird in der mentalen Eigenkonstruktion von Rechenwegen durch den Lösenden gesehen (u.a. Lorenz 1997b, 96).

Erfahrungen zum Addieren in Größen-Vorstellungen

Da das Entwickeln und Erfassen von Beziehungen durch den leeren Zahlenstrahl nur indirekt durch das Erkennen und Werten der Abstände zwischen den Zahlen unterstützt wird, liegen Aktivitäten zum Addieren am leeren Zahlstrahl in der ersten Klasse stattdessen entweder darin, direkte Beziehungen zu kardinalen Darstellungen herzustellen (Kapitel I 3.3), oder den Strahl zur Beschreibung und Dokumentation des Rechenweges zu nutzen.

4.5 Fazit

Beim Rechnen werden Zahl-, Term- und Aufgabenbeziehungen genutzt (Abb. 4.6). Diese Relationen lassen sich aus einem umfassenden Zahlbegriff und zahlreichen Aktivitäten innerhalb der algebraischen und der Größen-Vorstellung entwickeln (Kapitel I 3.4.2 und I 4). Darauf kann später beim Operieren auf relationaler Ebene zurückgegriffen werden. Das heißt, die Vorstellungen zahlreicher Beziehungen, die bei der Zahlbegriffsentwicklung gefördert werden, bilden die Grundlage für das Rechnenlernen.

In den 90er Jahren kristallisierten sich zwei Hauptströmungen zur Entwicklung des Rechnens heraus (Beishuizen/Anghileri 1998, 522 f.):
- Den Kindern wurden vorgegebene Lösungsstrategien vermittelt. Diese beruhten auf geschickten Zahlzerlegungen und damit eher algebraischen Vorstellungen. Hierfür wurden häufig Cuisenairestäbe oder später auch Mehrsystemblöcke genutzt, die die Zehnerstrukturierung verdeutlichten.
- Alternativ hierzu entstand die Idee, Kinder anzuregen, eigene informelle Lösungswege durch geschicktes Zählen zu entwickeln. Zur Anschauung dieser linearen Strukturierung wurde der leere Zahlenstrahl entwickelt (Freudenthal 1973, 194 ff.; Klein et al. 2002, 41 ff.).

Es werden zwei Aspekte deutlich, die zur Entstehung dieser Strömungen beitrugen: zum einen der Blick auf die Entwicklung von Rechenwegen im Unterricht und zum anderen die Frage des Zahlaspekts, der sich beim Rechnenlernen als hilfreich erweist.

Solche und ähnliche Diskussionen finden sich auch heute noch, wenn es um die Entwicklung von Rechenwegen im Zahlenraum bis zwanzig und vor allem bis hundert geht. Insbesondere die Frage nach dem ,richtigen' Anschauungsmittel kennzeichnet die Diskussion: ist das der leere Zahlenstrahl, sind es die Mehrsystemblöcke oder andere Materialien (u.a. Beishuizen 2001; Fuson/Smith/Lo Cicero 2002; Fuson 2003; Klein/Beishuizen/Treffers 2002; Lorenz 1997a, 1997b, 2011; Schipper 2011)?

Wie sich beim Blick auf die Zahlaspekte und deren Strukturierung zeigt, ist zur Entwicklung umfassender Vorstellungen sowohl der Zahlbegriffsentwicklung als auch beim Rechnen eine Verknüpfung beider Stränge (des algebraischen und strukturorientierten Strangs) naheliegend und sinnvoll (Abb. 4.6).

Soll beim Rechnenlernen der Blick für Beziehungen umfassend geschult werden, sind Aktivitäten im Bereich der Rechen- **und** Maßzahl nötig. Eine wichtige Rolle spielt dabei der Systemzahlaspekt. Die übergeordnete Verbindung zwischen den Strängen kann als Relationszahlaspekt bezeichnet werden (vgl. Kapitel I 3.4.2). Zur Entwicklung des Zahlbegriffs und zum Verständnis des Rechnens sind in der ersten Klasse zunächst eine Vielzahl von Aktivitäten im kardinalen und ordinalen Bereich nötig. Diese bilden die Grundlagen für ein beziehungshaltiges Vorgehen im Rechenzahl- und Maßzahlaspekt. Sind allerdings die Basisfakten nicht automatisiert und können dadurch strategische Werkzeuge noch nicht in Bezug zu entsprechenden Vorstellungen entwickelt werden, ist beziehungshaltiges Rechnen noch nicht möglich. Zum Lösen der Aufgaben muss in diesem Fall immer, sowohl beim Rechenzahl- als auch beim Maßzahlaspekt, auf kardinale Vorstellungen, auf das Zählen oder auf ein ordinales Anschauungsmittel zurückgegriffen werden.

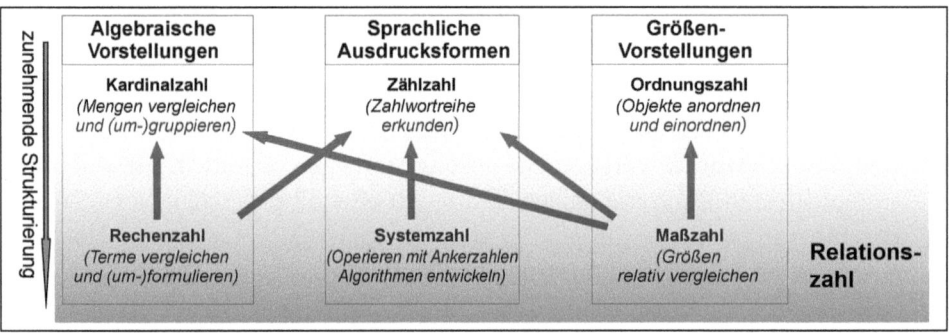

Abb. 4.6:   Rechnen als beziehungshaltiges Vorgehen oder Rückgriff auf eine einfachere Ebene

Rechnen basiert auf Relationen, das heißt auf Zahl-, Term- und Aufgabenbeziehungen. Wird es möglich, diese Verbindung zu schaffen und damit auf der Ebene der Relationen zu agieren und diese zu nutzen, so wird ein verstehender, flexibler Zugang möglich. Hingegen verleitet Unterricht, der Lösungsrichtigkeit und Lösungsgeschwindigkeit in den Vordergrund stellt, Kinder zum zunehmenden Zählen (Gaidoschik 2010, 519). Kapitel I 5 widmet sich nun der Frage, welche Vorstellungen mit flexiblem Rechnen verbunden sein können und wie die jeweiligen Schwerpunkte der Förderansätze aussehen.

5   Flexibles Rechnen entwickeln

Die Bedeutung der Förderung flexibler Rechenkompetenzen ist heute unumstritten (u.a. Lorenz 1997a, 2006b; Rathgeb-Schnierer 2006a, 2010d, 2011; Schütte 2004a,

2008; Selter 2000, 2009; Threlfall 2002, 2009; Torbeyns et al. 2009a) und findet sich daher auch in den Bildungsstandards wieder (KMK 2005, NCTM 2000). Es herrscht jedoch bei weitem kein Konsens darüber, was unter flexiblem Rechnen verstanden wird (Rathgeb-Schnierer 2011, 15). Soll Theorie als „Mittler zwischen verschiedenen Bereichen der Mathematikdidaktik" (Prediger 2010, 172) dienen, muss das Konstrukt „flexibles Rechnen" zunächst geklärt werden. Je nachdem, welche Definition als Grundlage herangezogen wird, hat es Einfluss auf den Förderansatz (Kapitel I 5.3) und damit verbunden auf die Förderkonzeption (Kapitel I 6). Schließlich wirkt sich diese auch auf die Forschungsmethode aus, sowohl in der Datenerhebung als auch in der Auswertung (Kapitel II 5 und Kapitel II 7–9).

5.1   Begriffsklärung

Das Konstrukt „flexibles Rechnen" wird sowohl mit Blick auf unterschiedliche Ebenen genutzt als auch mit unterschiedlichem Verständnis dessen, was als flexibel zu bezeichnen ist (Rathgeb-Schnierer 2011, 18). Im Folgenden werden verschiedene Ansätze beschrieben. Dabei werden Überschneidungen aufgezeigt und die jeweiligen Ansätze voneinander abgegrenzt.

Der Frage nach Flexibilität beim Rechnen von Kindern wird in der Literatur auf zwei Ebenen nachgegangen:
- auf der Ebene der „Formen"[15] (Rathgeb-Schnierer 2011, 16). Unter Formen wird die „Rechenmethode" (Selter 2000, 229) wie Kopfrechnen, halbschriftliches Rechnen oder schriftliches Rechenverfahren verstanden (ebd., 228 f.; Selter 1999).
- auf der Ebene der Lösungswerkzeuge, die innerhalb der Formen Kopf- und halbschriftliches Rechnen genutzt werden (Klein/Beishuizen 1998; Rathgeb-Schnierer 2006a, 2010d, 2011; Selter 2000; Threlfall 2002, 2009; Torbeyns et al. 2009a, 2009b; Verschaffel et al. 2009).

Da in der ersten Klasse ausschließlich die Form des Kopfrechnens eine Rolle spielt, beziehen sich alle Ausführungen im Folgenden auf die dieser Ebene zugehörigen Lösungswerkzeuge und deren Referenzen (vgl. Rathgeb-Schnierer 2011, 16).

In der englischsprachigen Literatur[16] (u.a. Heinze/Star/Verschaffel 2009a; Verschaffel et al. 2009; Torbeyns et al. 2009a, 2009b) finden sich im Zusammenhang mit flexiblem Rechnen die Bezeichnungen „flexibility" und „adaptivity" (Verschaffel et al. 2009, 337), die sowohl unterschiedlich als auch synonym verwendet werden (Heinze/Marschik/Lipowsky 2009b, 592; Verschaffel et al. 2007, 16). Sowohl in der deutschen Übersetzung als auch in Umschreibungen in englischen Wörterbüchern

---

15   Selter (2000) benutzt den Begriff der Rechenmethode.

16   Insgesamt muss festgehalten werden, dass sich die Definitionen zum flexiblen Rechnen alle auf den Zahlenraum ab hundert beziehen.

werden beide Begriffe häufig synonym genutzt.[17] Verschaffel et al. (2009) unterscheiden inhaltlich jedoch folgendermaßen:

> „Surveying the literature, it seems that the term ‚flexibility‘ is primarily used to refer to *switching (smoothly) between different strategies*, whereas the term ‚adaptivity‘ puts more emphasis on *selecting the most appropriate strategy*.“ (Verschaffel et al. 2009, 337; Hervorhebungen im Original)
>
> „…the dual term ‚flexibility/adaptivity‘ as the overall term, ‚flexibility‘ for the use of multiple strategies, and ‚adaptivity‘ for making appropriate strategy choice.“ (Verschaffel et al. 2009, 337/338)

Im Mittelpunkt der Definitionen von Verschaffel zum flexiblen Rechnen steht eine bewusste oder unbewusste Auswahl einer Lösungsstrategie, der Wechsel zwischen den Strategien und eine entsprechende Adäquatheit: „flexible and adaptive" (Heinze/Marschik/Lipowsky 2009b, 536).

Allgemein ist man sich darüber einig, dass das flexible Wechseln zwischen den Strategien oder strategischen Werkzeugen nur einen Aspekt von Flexibilität darstellt. Auch Rathgeb-Schnierer (2006a, 59) beschreibt flexibles Rechnen als „aufgabenadäquates Handeln". Damit richtet sie den Blick ebenfalls nicht ausschließlich auf den Wechsel zwischen den Strategien, sondern eher auf den zweiten, oben genannten Aspekt der Adäquatheit eines Lösungsvergehens.

Beim Vergleich der verschiedenen Definitionen zum flexiblen Rechnen wird deutlich, dass die Unterschiede in der Identifikation dessen liegen, was unter aufgabenadäquatem Handeln zu verstehen ist. Es gibt Ansätze, die davon ausgehen, dass sich aufgabenadäquates Handeln an der Adäquatheit

- von Lösungsweg und Aufgabencharakteristik,
- von Lösungsrichtigkeit und Lösungsgeschwindigkeit oder
- des Referenzrahmens zeigt.

Im Folgenden werden diese drei Herangehensweisen genauer beschrieben und damit voneinander abgegrenzt.

5.1.1 Die Adäquatheit von Lösungsweg und Aufgabencharakteristik

Definitionen, die aufgabenadäquates Handeln im Zusammenhang mit der Aufgabencharakteristik beschreiben, gehen davon aus, dass die Art der Aufgabe exakt einen bestimmten Rechenweg näher legt als andere (Blöte/Klein/Beishuizen 2000, 2001; Klein/Beishuizen 1999; Schipper 2005b; Steinberg 1985).

> „Ziel des Mathematikunterrichts in der Grundschule ist es, die Kinder zu befähigen, aus dem in der Tabelle dargestellten Repertoire (Darstellung aller Rechenstrategien)

---

17 Macmillan Dictionary Thesaurus, Langenscheidt Online-Wörterbücher.

an Verfahren flexibel das jeweils optimale – abhängig von den zu verrechnenden Zahlen – auszuwählen." (Schipper 2005b, 34; Erläuterung in Klammer durch die Autorin)
„The student who has a flexible attitude will use 1010, N10, or any other procedure, depending on the characteristics of the problem." (Blöte et al. 2000, 223)
„By „flexible use of arithmetic strategies and computation procedures" we mean choice of the most appropriate and efficient strategy of procedure given the (number) characteristics of the problem at hand. Because the (number) characteristics vary across problems, students have to adjust their strategy use according to the features of the problem. For this reason the students must be able to employ a range of arithmetic strategies and computation procedures among which they can choose flexibly." (Klein und Beishuizen 1998, 449)

Wird die Adäquatheit von Lösungsweg und Aufgabencharakteristik als aufgabenadäquates Handeln angesehen, steht die Frage nach der Eignung der Lösungsstrategie zu den jeweiligen Aufgabenmerkmalen im Mittelpunkt (Blöte/van der Burg/Klein 2001, 628).

„Hierzu müssen sie allerdings, und dies ist ganz entscheidend, vorher Entscheidungen über die bei der betreffenden Aufgabe sinnvolle Rechenstrategie treffen." (Lorenz 1997b, 96)
„… were able to decide which DFS (Derived Facts Strategie) best fit certain number combinations and to use the strategies to solve problems." (Steinberg 1985, 351; Erklärung in Klammer durch die Autorin)

Genau auf diesen Aspekt bezieht sich auch die Kritik von Threlfall (2002, 37 ff.). Geht man davon aus, dass zu jeder Aufgabe die geeignetste Strategie existiert, so müsste es hierfür einen (objektiven) Kriterienkatalog geben, aus dem hervorgeht, unter welchen Voraussetzungen welche Strategie zu wählen ist. Mit dieser Darstellung arbeitet Threlfall die zentrale Problematik heraus. Auch nach Verschaffel et al. (2009, 339) darf die Adäquatheit der Aufgabencharakteristik nicht das alleinige Kriterium sein, vielmehr müssen seines Erachtens vor allem andere Aspekte wie die Lösungsgeschwindigkeit betrachtet werden.

5.1.2 Die Adäquatheit von Lösungsrichtigkeit und Lösungsgeschwindigkeit

Verschaffel et al. (2009) sprechen von „Adaptivity to subject variables" (ebd., 340), worunter die Adäquatheit der Strategiewahl zu den individuellen Fähigkeiten des Lösenden verstanden wird. Dabei stützen sie sich auf das Modell von Siegler und Jenkins (1989) (Abb. 5.1) und auf das von Shrager und Siegler (1998), das gute Strategienutzung an den subjektiven Variablen der Lösungsrichtigkeit und Lösungsgeschwindigkeit (ebd., 42 ff.) festmacht. Dementsprechend wird eine Strategie dann als aufgabenadäquat eingeschätzt, wenn sich diese als die schnellste erweist und zur richtigen Lösung führt (Verschaffel et al. 2009, 340).

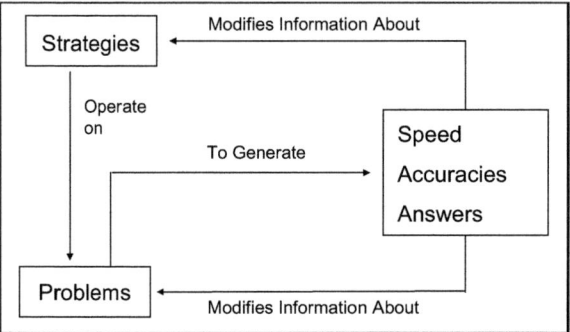

Abb. 5.1: Das Strategiewahlmodell (Siegler/Jenkins 1989, 42)

Kommen neue Strategien hinzu, so werden diese über sog. *„novelty points"* (ebd., 43;
Hervorhebung im Original) gesteuert und durch wiederholtes Anwenden entsprechend in die künftige Strategieauswahl einbezogen. Das Schaubild zeigt deutlich,
dass die wichtigsten Einflussgrößen für die (bewusste und unbewusste) Wahl der
Strategie die Lösungsrichtigkeit und Lösungsgeschwindigkeit sind.

In der ersten Klasse zeigt sich jedoch, dass die Lösungsgeschwindigkeit ein schwie-
riges Kriterium für die Einschätzung von Flexibilität sein kann, da zählende Kinder
im Zahlenraum bis zwanzig noch häufig zu den schnelleren Rechnern gehören.

> „Manchmal sind zählende Rechner bei solchen Aufgaben (Beispiel: 7 + 5 =) schneller
> als solche Kinder, die den Zehnerübergang mit Hilfe des schrittweisen Rechnens („bis
> 10 und dann weiter") noch etwas mühsam bewältigen, weil sie die Zerlegungen der
> Zahlen bis 10 noch nicht alle auswendig wissen." (Schipper 2005, 7; Erläuterungen in
> der ersten Klammer durch die Autorin)

5.1.3 Die Adäquatheit des Referenzrahmens

Bei diesem Ansatz steht die Frage im Vordergrund, ob beim Lösen auf Aufgabenmerkmale wie Zahl-, Term- und Aufgabenbeziehungen zurückgegriffen wird
(Rathgeb-Schnierer 2011; Rechtsteiner-Merz 2011c; Threlfall 2009).

Auf der Ebene der Lösungswerkzeuge (Abb. 5.2) kann beobachtet werden, ob ein
Kind zählt, Fakten abruft oder strategische Werkzeuge nutzt (Kapitel I 1).

Die Referenz eines Lösungsprozesses lässt sich jedoch nicht durch Beobachtung
erschließen; sowohl das Zählen als auch das Nutzen strategischer Werkzeuge kann
verfahrensorientiert oder beziehungsorientiert erfolgen.

Nutzt der Lösende ein erlerntes Verfahren, so wird dieses Vorgehen nach vorliegender Definition nicht als flexibel bezeichnet (Rathgeb-Schnierer 2011, 17; Threlfall
2009, 542). Im Zahlenraum bis zwanzig kann beispielsweise dann von einem Verfahren gesprochen werden, wenn der Lösende unabhängig von der Aufgabe zur Zehn
ergänzt oder gelernt hat, dass bei der Addition von Nachbarzahlen der kleinere Summand stets verdoppelt und dann noch eins addiert wird (Verschaffel et al. 2007, 17 f.).

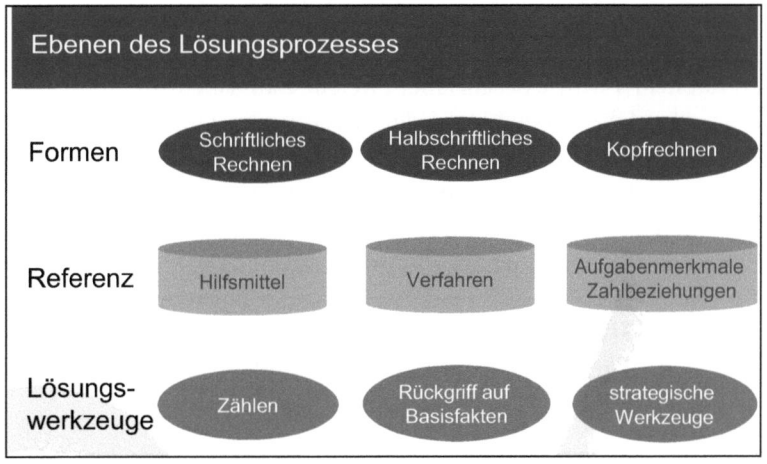

Abb. 5.2:   Ebenen des Lösungsprozesses (1) (Rathgeb-Schnierer 2011, 16)

„It is feasible to teach them („mental methods') as procedures." (Threlfall 2002, 40;
Erläuterung in Klammer durch die Autorin)
„…a number-transformation-strategy that arises from an approach-strategy based on
exploiting known number relations will be referred to as a „calculation-strategy'. A
calculation-strategy in mental calculation is when a problem is answered by exploiting
known number relations having adopted an approach to do so." (Threlfall 2009, 542)

Stützt sich der Lösende hingegen auf Beziehungen, die im Lösungskontext wahrgenommen werden, so wird von flexiblem Vorgehen gesprochen (Threlfall 2009, 542).

Verbindet man die hier beschriebene Vorstellung zum flexiblem Rechnen, so kann
aus Schaubild 5.3 nur eine Verbindung als aufgabenadäquates Lösen verstanden
werden: In der ersten Klasse spielt ausschließlich die Form des Kopfrechnens eine
Rolle. Stützt sich der Lösende dabei auf (Zahl-, Term- oder Aufgaben-) Beziehungen, kann davon ausgegangen werden, dass er aufgrund umfassender mathematischer Erfahrungen agiert (Abb. 5.3).

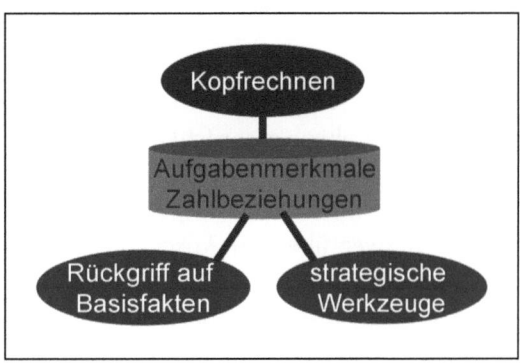

Abb. 5.3:   Flexibles Rechnen beruht auf Aufgabenmerkmalen und Zahlbeziehungen
(Rathgeb-Schnierer 2011, 17)

5.1.4 Begriffsbildung „flexibles Rechnen" in vorliegender Studie

In Kapitel I 4 wurde beschrieben, welche Zahlaspekte beim Rechnen eine Rolle spielen und welche Vorstellungen damit verbunden sind. Dabei wurde herausgearbeitet, dass beim Rechnen in der Regel Zahl-, Term- und Aufgabenbeziehungen heranzuziehen sind; andernfalls wird auf Verfahrensebene mit Hilfe von Musterlösungen vorgegangen. Für die vorliegende Untersuchung wurde das Modell von Rathgeb-Schnierer (2011, 16) angepasst (Abb. 5.4):

- In der ersten Klasse ist auf der Ebene der Formen nur das Kopfrechnen relevant.
- Auf ein Hilfsmittel kann nicht singulär zurückgegriffen werden, da in jedem Fall der Rückgriff auf ein Verfahren oder auf Beziehungen vollzogen wird – formal oder durch ein Anschauungsmittel gestützt.

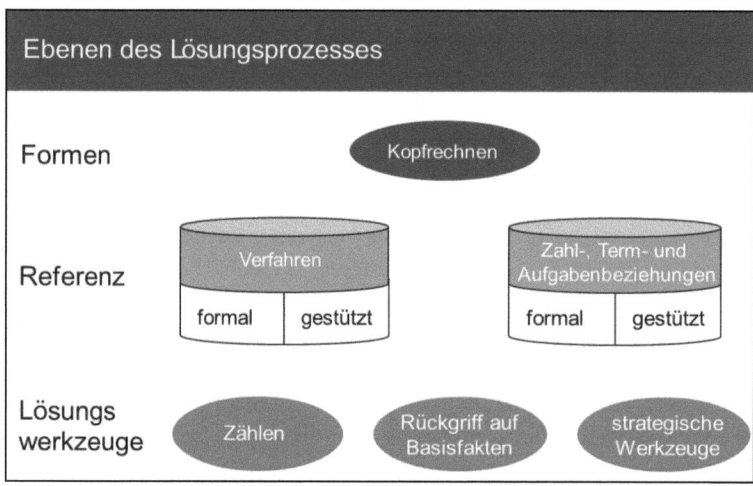

Abb. 5.4:   Ebenen des Lösungsprozesses (2)

Für die Lösung der Aufgabe 7 + 8 ergeben sich daraus folgende Möglichkeiten:

- Der Lösende greift auf ein erlerntes Verfahren wie beispielsweise 7 + 3 + 5 zurück und nutzt zur Veranschaulichung die Finger oder ein anderes Anschauungsmittel. In diesem Fall wäre die Referenz, auf die sich der Lösende stützt, ein Verfahren, das durch Veranschaulichung gestützt wird. Nützt der Lösende bei diesem Vorgehen kein Anschauungsmittel, wird von formalem Lösen auf Verfahrensebene gesprochen.
- Sieht und nutzt der Lösende beispielsweise die Nachbarbeziehung von sieben und acht und löst die Aufgabe über die Verdopplung 7 + 7, so kann auch dieser Lösungsweg über ein Anschauungsmittel gestützt oder aber auf symbolischer Ebene formal gelöst werden. In beiden Fällen handelt es sich, sofern der Lösende entsprechend argumentiert, um die Referenz des Nutzens von Beziehungen.

Vergleicht man die verschiedenen Vorstellungen zum aufgabenadäquaten Handeln, dann fällt auf, dass sie sich auf unterschiedliche Ebenen des Lösungsprozesses beziehen (Abb. 5.5).

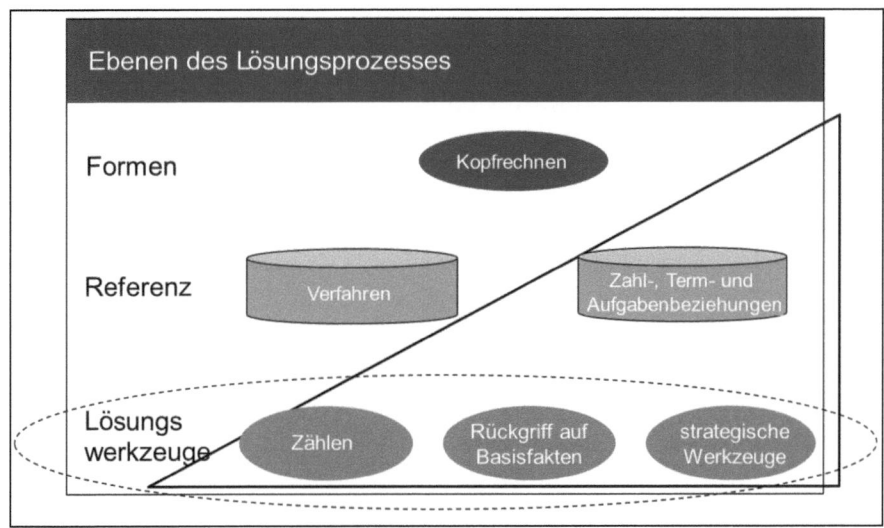

Abb. 5.5: Vorstellung aufgabenadäquaten Handelns

Wird unter aufgabenadäquatem Handeln die Adäquatheit einer Vorgehensweise zu den Aufgabenmerkmalen verstanden (Kapitel I 5.1.1), so wird flexibles Rechnen auf die Ebene der Lösungswerkzeuge bezogen (vgl. gestrichelte Ellipse in Abb. 5.5). Auch in der Verbindung von aufgabenadäquatem Handeln mit der Lösungsrichtigkeit und Lösungsgeschwindigkeit (Kapitel I 5.1.2) wird ausschließlich diese Ebene in den Blick genommen (vgl. gestrichelte Ellipse in Abb. 5.5). Bei der Berücksichtigung des Referenzrahmens (Kapitel I 5.1.3) wird aufgabenadäquates Handeln als Rechnen mit Rückgriff auf Zahl-, Term- und Aufgabenbeziehungen definiert (Rathgeb-Schnierer 2011; Rathgeb-Schnierer/Green 2013; Threlfall 2009) (vgl. Dreieck in Abb. 5.5).

> „… a number-transformation-strategy that arises from an approach-strategy based on exploiting known number relations will be referred to as ‚calculation-strategy'." (Threlfall 2009, 542; Hervorhebung im Original)

Rathgeb-Schnierer und Green (2013) unterscheiden bei den Vorstellungen zum aufgabenadäquaten Handeln zwischen denen mit „Produktblick" und denen mit „Prozessblick": Wird ausschließlich die Ebene der Lösungswerkzeuge betrachtet, sprechen sie von Produktblick. Ein Prozessblick liegt vor, wenn die Ebene der Lösungswerkzeuge mit dem Referenzrahmen verknüpft in den Blick genommen wird.

In dieser Untersuchung wird flexibles Rechnen als aufgabenadäquates Lösen verstanden, wobei unter aufgabenadäquat der Rückgriff auf Beziehungen verstanden wird (Rathgeb-Schnierer 2011, 18 f.). Diese Beziehungen können durch ein Anschauungsmittel gestützt werden.

Damit weisen zwei Begründungslinien auf die Wichtigkeit des Erkennens und Nutzens von Zahl- und Aufgabenmerkmalen hin:

- eine theoretische (u.a. Baireuther 2011; Baireuther/Rechtsteiner-Merz 2012; Threllfall 2002, 2009) und
- eine empirische (Heirdsfield/Cooper 2002; Rathgeb-Schnierer 2006a; Schütte 2004).

Die theoretische Begründungslinie wurde auf der Basis der Zahlaspekte und deren Vernetzung erläutert. In der empirischen Argumentation wird deutlich, dass Kinder individuelle Zahl- und Aufgabenwahrnehmungen haben und entsprechend agieren. Daraus ergeben sich folgende Annahmen:

- Flexibles Rechnen basiert auf dem Kennen und flexiblen Nutzen strategischer Werkzeuge auf der Grundlage eines breiten Zahlenwissens, das der Ebene von Beziehungen zwischen Zahlen, Termen und Aufgaben entspricht (Kapitel I 3.4.2 und I 4) (Rathgeb-Schnierer 2011; Threlfall 2009).
- Durch ein umfassendes Verständnis von Zahlen, Aufgaben und deren Beziehungen verfügen flexible Rechner auch über deklarative, prozedurale und metakognitive Kompetenzen und können ihre Lösungswege beschreiben und begründen (Heirdsfield/Cooper 2002; Rathgeb-Schnierer 2006a, 2010d; Rathgeb-Schnierer/ Green 2013; Rechtsteiner-Merz 2011c; Threlfall 2009).
- Flexibles Rechnen entwickelt sich über längere Zeiträume. Daher finden sich verschiedene Grade von Flexibilität (Rathgeb-Schnierer 2006a, 2010d; Rathgeb-Schnierer/Green 2013).
- Bereits bei der Zahlbegriffsentwicklung in der ersten Klasse wird der Grundstein für die Entwicklung flexibler Rechenkompetenzen gelegt (Kapitel I.3).

5.2   Indikatoren für flexibles Rechnen

In der Literatur werden verschiedene Merkmale beschrieben, durch die sich flexible Rechner auszeichnen.

Bei Heirdsfield/Cooper (2002, 66[18]) finden sich sowohl inhaltliche als auch affektive und metakognitive Kompetenzen. Zu den inhaltlichen („cognitive", ebd. 62, 65) zählen folgende Fähigkeiten (deutsche Begriffe nach Rathgeb-Schnierer 2006a, 80):

- „Number facts" – Zahlwissen,
- „Estimation" – Schätzkompetenz und Zahlgefühl,
- „Numeration" – Zahlverständnis,
- „Number and operation" – Wissen um den Umgang mit Zahlen bei Rechenoperationen.

---

18 Alle Zitate aus Heirdsfield/Cooper (2002) sind dem Schaubild auf Seite 66 entnommen.

Zum Zahlwissen gehören das schnelle, abrufbare und korrekte Lösen von Aufgaben sowie die Kenntnis der Strategien. Heirdsfield und Cooper (2002, 66) verdeutlichen, dass aufgrund des Lösungswegs auf verschiedene Formen des Zahlwissens geschlossen werden kann. Sie unterscheiden zwischen

- „Canoncial understanding" – zeigt sich in herkömmlichen Zerlegungen in Einer und Zehner,
- „Noncanonical understanding" – zeigt sich in untypischen Zerlegungen wie beispielsweise in Zehner und Zehner/Einer,
- „Multiplicative aspect" – entspricht dem Verständnis des dezimalen Stellenwertsystems, dass zehn Zehner einen Hunderter ergeben,
- „Proximity of numbers" – ordnet Zahlen näherungsweise.

Als affektive und metakognitive Kompetenzen beschreiben Heirdsfield/Cooper (2002, 66) folgende Fähigkeiten:

- „Metacognition beliefs" – Metakognition im Hinblick auf Lösungsmethoden,
- „Metacognition strategies" – Metakognition im Hinblick auf die individuellen Einstellungen,
- „Attribution" – Zuschreibung und Erklärung eigener Fähigkeiten,
- „Beliefs" – Haltungen und Einstellungen gegenüber der Mathematik, dem Lernen und dem Selbst,
- „Achievement goal" – Vorstellung über das Ziel des Rechnens.

Bei der Betrachtung dieser Kompetenzen wird deutlich, dass flexibles Rechnen nicht nur mit arithmetischen Fertigkeiten und Fähigkeiten zu tun hat. Das eigene Bild sowie die Haltung zur Mathematik spielen ebenso eine wichtige Rolle wie die Einsicht in ihren Nutzen (Heirdsfield/Cooper 2002, 58 f.). Kinder, die mit Mathematik Sinn verbinden und die Wichtigkeit sehen, Lösungswege zu verstehen, zu erklären und nachzuvollziehen („mastery oriented" ebd., 59), entwickeln eher flexible Rechenkompetenzen als solche, die mit guten mathematischen Leistungen die schnelle Produktion von Lösungen („performance oriented" ebd., 59) assoziieren.

Auch Rathgeb-Schnierer (2006a, 217) beschreibt Merkmale, durch die sich flexible Rechner auszeichnen. Diese beziehen sich sowohl auf mathematisch-inhaltliche Aspekte als auch auf metakognitive Fähigkeiten. Folgende Kompetenzen zeichnen flexible Rechner aus:

- „die Abweichung von bevorzugten Rechenwegen bei prägnanten Aufgaben,
- das Erkennen von Aufgabenunterschieden,
- das Erkennen von Zahleigenschaften und Zahlbeziehungen,
- das Nutzen von Zahl- und Aufgabeneigenschaften sowie Zahlbeziehungen beim Lösen von Aufgaben,
- das Kennen und Verstehen von strategischen Werkzeugen,
- der bewegliche Umgang mit strategischen Werkzeugen,
- das Kennen von alternativen Rechenwegen,
- das Begründen von Rechenwegen,

- die Einschätzung der Passung eines Lösungsweges und
- das Verfügen über metakognitive Kompetenzen."
(Rathgeb-Schnierer 2006a, 270 f.; 2010, 270 f.)

Bei der Untersuchung der Rechenentwicklung von Grundschulkindern konnte Rathgeb-Schnierer zeigen, dass „flexibles Rechnen kein ‚Alles-oder-Nichts-Phänomen"‘ (ebd., 271; Hervorhebung im Original; 2010, 271) ist. Vielmehr lassen sich verschiedene Ausprägungen flexiblen Rechnens beobachten. Je zahlreicher die oben genannten Merkmale zutreffen, desto eher kann von flexiblen Rechenkompetenzen gesprochen werden. Rathgeb-Schnierer beschreibt dies in einem Modell, in dem verschiedene Varianten im Lösungsverhalten zum flexiblen Rechnen in Beziehung gesetzt werden (Abb. 5.6). Mit zunehmendem Verstehen werden Aufgaben- und Zahlunterschiede wahrgenommen und damit einher gehen erste Abweichungen von einem bekannten Lösungsweg. Dies kann als Übergang von unflexiblem zu flexiblem Handeln bezeichnet werden (ebd., 268 f.).

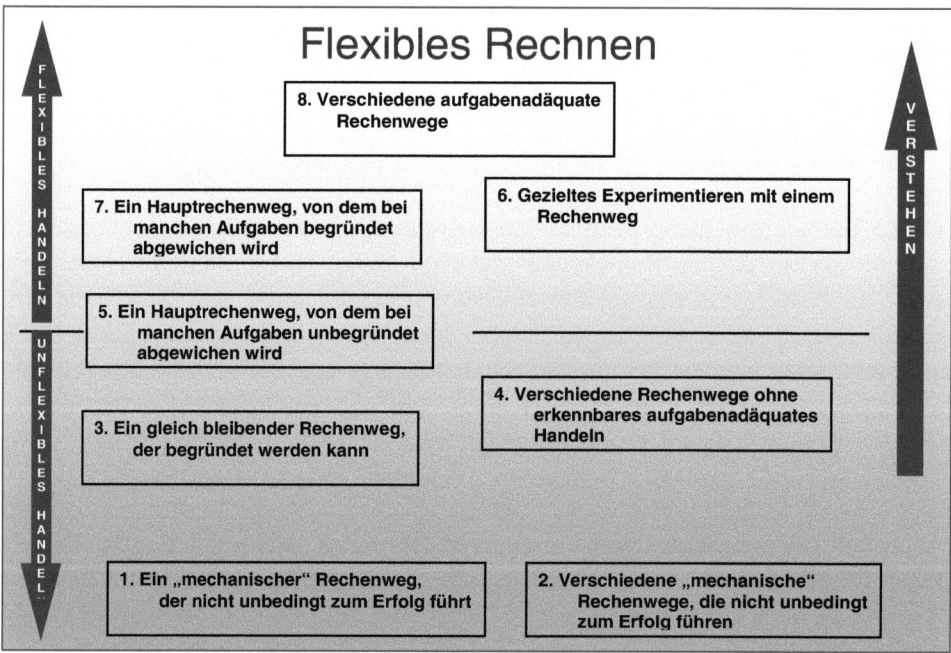

Abb. 5.6: Varianten im Lösungsverhalten und flexibles Rechnen (Rathgeb-Schnierer 2006a, 271)

5.3 Flexibles Rechnen fördern

Bei der Durchsicht der Literatur zur Förderung flexibler Rechenkompetenzen wird deutlich, dass bei deren Beschreibug häufig zwischen verschiedenen Ebenen gesprungen wird und diese teilweise auch vermischt werden:

- die Vorstellung, wie Mathematiklernen gelingen kann (Kapitel I 5.3.1),
- die Vorstellung, wodurch flexibles Rechnen gekennzeichnet ist (Kapitel I 5.1),
- und damit verbunden die Vorstellung der Förderung flexiblen Rechnens (Kapitel I 5.3.3).

Im Folgenden werden zunächst grundsätzlich unterschiedliche Vorstellungen zum Mathematiklernen und die damit verbundenen Unterrichtskonzepte skizziert sowie der Stellenwert des sozialen Austauschs ausführlicher beschrieben. Daran schließen sich curriculare Umsetzungen an, die sich aus dem jeweiligen Verständnis zum flexiblen Rechnen ergeben.

5.3.1 Ansätze zum Mathematiklernen

In der Literatur existieren zwei zunächst gegensätzliche Vorstellungen zum Ziel des Mathematikunterrichts: einerseits die Ausbildung von Rechenfertigkeiten, andererseits die Entwicklung mathematischen Verstehens und Denkens (Cowan 2003, 35 ff.). Aus heutiger fachdidaktischer Perspektive werden beide Aspekte gleichermaßen verfolgt und miteinander verbunden: die Ausbildung von Rechenfertigkeiten auf der Basis mathematischer Einsicht (Baroody 2003, 8 f.) – wenngleich noch immer kein Konsens über die Reihenfolge und den Weg besteht (ebd., 10 ff.). Aus dieser Debatte gehen vier verschiedene Unterrichtsansätze für das Mathematiklernen hervor (Baroody 2003, 17 ff.)[19]:
- Skills Approach – Fertigkeitsansatz,
- Conceptual Approach – Konzeptueller Ansatz,
- Problem-solving Approach – Problemlöseansatz,
- Investigate Approach – Forschender Ansatz.

Skills Approach – Fertigkeitsansatz

Bei diesem Ansatz steht die Automatisierung von Basisfakten im Vordergrund. Es wird davon ausgegangen, dass mathematisches Wissen eine Ansammlung von Fakten, Regeln, Formeln etc. ist (Baroody 2003, 17). Das Hauptmerkmal dieses Ansatzes richtet sich auf die direkte Vermittlung der Lösungswege, die Anwendung vorgegebener Regeln und Formeln. Mathematik wird als Fertigprodukt angesehen. Das Kind wird als hilfloses Wesen betrachtet, dem Wissen vermittelt werden muss.

In einem Unterricht, der auf die Automatisierung von Basisfakten und rezeptives Lösen von Aufgaben fokussiert, entwickeln Kinder vorwiegend prozedurales Wissen, das von Zusammenhängen losgelöst ist. Mathematik wird zum Regelwerk, was die Haltung der Kinder zum Mathematiklernen als Fertigprodukt beeinflusst (Hatano 2003, xi f.).

---

19 Die Beschreibungen der folgenden Unterrichtsansätze sind, soweit nicht anders gekennzeichnet, aus Baroody 2003, 17 ff. zitiert.

Conceptual Approach – konzeptueller Ansatz

Dieser Ansatz verfolgt die Grundidee des verstehenden Erwerbs der Basisfakten. Ihre Vermittlung basiert auf dem Grundsatz der Nachahmung eines Hauptlösungsweges, der durch das Schulbuch oder die Lehrkraft vorgegeben wird. Im Vergleich zum Fertigkeitsansatz wird Kindern hier zugetraut, dass sie Mathematik verstehen können.

Dieser Zugang entspricht in etwa dem traditionellen Unterricht im deutschsprachigen Raum.

Gaidoschik (2010, 351) beschreibt in seiner Untersuchung, dass im überwiegenden Anteil der von ihm untersuchten ersten Klassen ein solcher Unterricht vorherrschte. Die Ergebnisse zeigen, dass nur ein Drittel aller Kinder das Rechnen durch vielfältiges Lösen und das Abrufen von Basisfakten erlernt haben.

In der Studie von Klein et al. (1998) wurden zwei Curricula miteinander verglichen: eines zum traditionellen Lernen (Gradual Program Design – GPD) und eines zum Lernen in Sachkontexten (Realistic Program Design – RPD). Während beim RPD verschiedene Rechenwege eingeführt wurden, stand beim GPD ein eingeführter Hauptlösungsweg im Vordergrund. Dabei wurde deutlich, dass die Kinder überwiegend diesen zuerst eingeführten Weg nutzen, auch wenn später weitere Rechenwege besprochen werden (ebd., 460 f.).

Torbeyns et al. (2009) untersuchten, ob traditionell unterrichtete Kinder spontan oder nach Aufforderung selbstentwickelte Strategien nutzen. Die Ergebnisse zeigen, dass Kinder in hohem Maße die im Unterricht gelehrten Strategien nutzen und auch nach Aufforderung kaum davon abweichen (8 ff.).

Diese Untersuchungen machen deutlich, dass das Erlernen eines Hauptlösungsweges trotz vorheriger oder anschließender Diskussion von Alternativen nicht zur Nutzung verschiedener Rechenwege führt, sondern in der ersten Klasse zum verfestigten Zählen beiträgt.

Problem-solving Approach – Problemlöseansatz

Bei diesem Ansatz liegt das Hauptaugenmerk auf der Entwicklung mathematischen Denkens. Mathematik gilt hierbei als eine Denkform, als Suche nach Mustern, um Lösungen zu finden. Der Lernende wird als denkender Mensch gesehen, der sich seine Umwelt selbst und im Austausch mit anderen konstruiert. Dabei nimmt die Lehrperson eine ähnliche Rolle wie die Mitschüler ein. Als Kommunikationspartnerin steht sie während des Unterrichts auf gleicher Ebene mit den Schülern. Sie begleitet die Kinder, schreitet aber nicht ein. Die ausgewählten Lernangebote sind so angelegt, dass die Kinder ihre mathematischen Kompetenzen durch problemlösende Auseinandersetzungen mit Inhalten und im Austausch mit anderen weiterentwickeln können (Baroody 2003, 21 f.; vgl. Cobb/Yackel/Wood 1992).

Investigate Approach – forschender Ansatz

Der forschende Ansatz entspricht einer Mischung aus den beiden oben beschriebenen Ansätzen: dem konzeptuellen und dem problemlösenden. Mathematik wird sowohl als Netzwerk von Basisfakten und Konzepten als auch als forschender Prozess betrachtet. Im Gegensatz zum konzeptuellen Ansatz werden Kinder hier als aktive Lernende gesehen, die ihr Verständnis von Mathematik selbst konstruieren. Im Vergleich zum problemlösenden Ansatz stellt die Lehrperson nicht nur offene Lernangebote in den Mittelpunkt des Unterrichts, die zum Forschen und zum Austausch anregen, sondern sie aktiviert die Schüler auch durch entsprechende Fragestellungen und Impulse kognitiv. Neben dem forschenden Lernen spielt auch die Entwicklung von Basisfakten und Regeln eine Rolle. Allerdings gilt als zentrales Prinzip, dass das Verstehen der Automatisierung vorausgeht und das Ergebnis eines entdeckenden Lernprozesses ist.

Auch internationale Studien zeigen, dass Kinder auf der Basis eines Unterrichts, der auf verstehendem Lernen, Problemlösen und sozialem Austausch basiert, konzeptuelles Wissen entwickeln (Fuson et al. 1997; Heirdsfiel/Cooper 2002, 59 ff.).

Sowohl für das zählende Rechnen als auch für das Lösen über strategische Werkzeuge benötigen Kinder verschiedene Grundkenntnisse: zum Beispiel ist beim Zählen die Kenntnis der Zahlenreihe oder für die Nutzung strategischer Werkzeuge die Vorstellung zu Teile-Ganzes-Beziehungen erforderlich (Stern 1992, 119 f.; Thompson 2008, 107 f.).

> „Entscheidend für die Strategieentdeckung ist, daß das zugrundeliegende Wissen verfügbar ist." (Stern 1992, 119)

Werden Strategien ohne diese verstandenen Basiskonzepte gelernt, so entwickeln sich sogenannte „Oberflächenstrategien" (Stern 1992, 120), die unverstanden bleiben. Wie Askew (2001) zeigt, können Rechenstrategien beziehungsweise strategische Werkzeuge zwar gelehrt werden; ob die Kinder sie allerdings nutzen, hängt im Wesentlichen von ihren Vorkenntnissen ab. Deshalb sollten in einem guten Unterricht folgende Aspekte Berücksichtigung finden (Rathgeb-Schnierer 2006a, 272 ff.; Thompson 2008, 108):

* die Gestaltung von Lernangeboten, die zum Austausch anregen,
* die Ausbildung eines breiten auf Vorstellungen beruhenden Zahlbegriffs sowie
* die aufmerksame und fördernde Begleitung durch die Lehrkraft, da Kinder mit dem Begriff des Rechnens sowohl zählende Vorgehensweisen als auch das Lösen über strategische Werkzeuge verbinden.

> „Teachers must ensure that all children work in a classroom environment that will provide them with a wide variety of mathematical activities and teaching approaches that will afford them the opportunity to make their own connections; to commit some simple number facts to memory; and to develop the confidence necessary to use these

facts to figure out other number facts that they have not yet learned." (Thompson 2008, 108)

Vergleiche zwischen den Unterrichtsansätzen

Boaler (2002, 135 ff.) begleitete in ihrer Untersuchung über drei Jahre hinweg Kinder in unterschiedlichen Unterrichtskontexten. Auch wenn es sich dabei um ältere Kinder (13–16 Jahre) handelte, sind die Ergebnisse im Grundsatz sicher auch auf die Schuleingangsphase übertragbar. Dabei zeigen sich deutliche Unterschiede zwischen dem Mathematiklernen in offenen und traditionellen Kontexten: Kinder, die in offenen Situationen lernen, haben große Vorteile in Bezug auf das Verstehen mathematischer Sachverhalte und dessen Übertragung auf neue und alltägliche Probleme gegenüber den Kindern, die in traditionellen Kontexten unterrichtet werden. Diese Ergebnisse werden auch von Torbeyns et al. (2009a, 1 f.) bestätigt.

Heinze, Marschik und Lipowsky (2009b) untersuchten flexibles Rechnen bei Drittklässlern in drei verschiedenen Unterrichtskontexten: im traditionellem Unterricht („routine approach" (Heinze/Marschik/Lipowsky 2009b, 594) oder conceptual approach siehe oben), im forschenden Unterricht („investigate approach" (ebd., 594)) und im problemlösenden Unterricht („problem-solving approach" (ebd., 595)). Im traditionellen Unterricht wurde zunächst eine Strategie gelehrt und geübt bis sie fließend angewendet werden konnte. Anschließend wurden weitere Strategien eingeführt und diskutiert. Im forschenden Unterricht lag der Schwerpunkt von Beginn an auf den Rechenwegen, die von den Kindern zu erfinden und zu diskutieren waren. Schließlich wurde eine von der Lehrkraft ausgewählte Hauptstrategie verfolgt. Als Vertreter dieses Ansatzes wurden Klassen ausgewählt, in denen mit dem „Zahlenbuch" gearbeitet wird. Im dritten Unterrichtsansatz, der in dieser Studie problemlösend genannt wird, arbeiteten die Kinder mit dem Unterrichtswerk „Die Matheprofis". Heinze, Marschik und Lipowsky beschreiben, dass dabei Aktivitäten im Mittelpunkt standen, die kontinuierliches Entwickeln von Lösungswegen und den Austausch darüber erfordern.[20]

Unter Flexibilität werden in dieser Studie das Nutzen verschiedener Strategien und deren Effizienz verstanden. Dabei wird Effizienz an der Anzahl der Lösungsschritte sowie der mentalen Anforderungen gemessen (ebd., 592). Die Ergebnisse der Studie können folgendermaßen zusammengefasst werden:[21]

Wird der Blick auf alle Lösungen aller Kinder gerichtet, so zeigt sich, dass
- Kinder mit dem forschenden Ansatz bessere Möglichkeiten entwickeln, Additions- und Subtraktionsaufgaben mit einer (im Hinblick auf die der Studie

---

20 Die in Kapitel II 6 beschriebene Schulung des Zahlenblicks liegt dem oben genannten Lehrwerk zugrunde. Dabei steht die Entwicklung von Zahl- und Aufgabenbeziehungen im Vordergrund.

21 Die im Folgenden dargestellten Ergebnisse wurden aus Heinze/Marschik/Lipowsky 2009b, 599 ff. entnommen.

zugrunde liegende Definition von Flexibilität) geeigneten Strategie zu lösen. Insgesamt werden mehr Aufgaben gelöst;

- Kinder, die mit dem in dieser Studie genannten Problemlöseansatz unterrichtet wurden, eher spezifische Lösungswege wie gegensinniges Verändern oder das Nutzen einer Hilfsaufgabe zeigen.

Wird der Blick auf die individuellen Kompetenzen bezüglich Lösungsrichtigkeit und Effizienz gerichtet (Anzahl der Lösungsschritte sowie mentale Anforderungen), so zeigt sich, dass

- die Unterschiede zwischen dem forschenden Ansatz und dem Problemlöseansatz nicht signifikant sind, aber Unterschiede zum traditionellen Ansatz auftauchen:
  - Die Lösungsrichtigkeit der Gruppe mit dem traditionellen Ansatz ist signifikant schwächer als die der forschenden Gruppe.
  - Bezogen auf die Flexibilität ist die Gruppe mit dem traditionellen Ansatz signifikant schwächer als die beiden anderen Gruppen.
  - Im Vergleich der Gruppen ‚forschend‘ und ‚problemlösend‘ fällt auf, dass Kinder mit dem problemlösenden Ansatz ein signifikant besseres Ergebnis zeigen, während sich diese beiden Gruppen bezüglich anderer Kriterien nicht signifikant unterscheiden.

    „It seems that the problem-solving approach gives good opportunities for students to learn a flexible strategy use […]" (Heinze/Marschik/Lipowsky 2009b, 602)

  - Wird jedoch das Verhältnis der Lösungsrichtigkeit und die Wahl eines passenden Lösungswegs (im Hinblick auf Lösungsschritte und mentale Anforderung) betrachtet, so sprechen die Ergebnisse signifikant für den forschenden Ansatz im Vergleich zu den beiden anderen Gruppen.
- beim forschenden Ansatz Kinder in der Regel wenigstens einen Lösungsweg richtig erlernen und diesen auch zuverlässig anwenden können. Dies hat jedoch auch zur Folge, dass sie im Hinblick auf flexibles Rechnen geringere Kompetenzen zeigen als Kinder des problemlösenden Ansatzes.
- schwache Schüler aus der forschenden Gruppe signifikant bessere aufgabenadäquate Lösungsstrategien zeigen als schwache Kinder aus der problemlösenden Gruppe oder aus der Gruppe mit dem traditionellen Ansatz.

  „…that such a kind of open constructivist approaches are not appropriate for all students." (Heize/Marschik/Lipowsky 2009b, 603)

- bei den leistungsstarken Kindern keine Unterschiede zwischen den beiden Zugängen zu finden sind.

Fazit

Sowohl der Problemlöseansatz als auch der forschende Ansatz beruhen auf konstruktivistischen Überlegungen zum Lernen. Der wesentliche Unterschied zwischen diesen beiden Ansätzen besteht darin, dass beim Problemlöseansatz davon ausgegangen wird, das Lernen der Kinder ausschließlich durch die Lernumgebung und den sozialen Austausch unter „Gleichen" anzuregen; dabei wird der Lehrkraft keine besondere Rolle zu Teil. Mit dem Ansatz des forschenden Lernens hingegen wird die Vorstellung verbunden, dass das Denken der Kinder und damit die Konstruktion von Wissen neben einer anregenden Lernsituation und dem Austausch untereinander auch durch Fragestellungen und Impulse der Lehrkraft angeregt und entwickelt wird (Baroody 2003, 22 f., Geary 2003, 453 f.).

Wie beschrieben wurde, ist die Wahrnehmung von Zahl-, Term- und Aufgabenbeziehungen wesentlich für das Rechnenlernen (Kapitel I 4). Um sie zu schulen und zu entwickeln, sind sowohl gezielte Lernangebote als auch Impulse und Fragestellungen der Lehrkraft zentrale Voraussetzungen (Kapitel I 5.3.2 und I 5.3.3). Daneben spielt auch der Erwerb von Basisfakten eine wichtige Rolle für das Rechnen in höheren Zahlenräumen (Kapitel I 2.3.1). Welche Bedeutung dabei dem sozialen Austausch zukommt wird im Folgenden aufgegriffen und geklärt.

5.3.2 Flexibles Rechnen im sozialen Austausch entwickeln

Vom Ansatz des forschenden Lernens ausgehend kann festgehalten werden, dass das Lernen im sozialen Austausch sowohl mit den Mitschülern als auch mit der Lehrperson eine zentrale Rolle spielt. Für das Mathematiklernen sind zwei Leitideen zentral (Rathgeb-Schnierer 2010b, 4): das Lernen auf eigenen Wegen einerseits und das von- und miteinander Lernen andererseits. Nachhaltiges Lernen kann dann gelingen, wenn beide Aspekte miteinander verbunden und in Balance gebracht werden (Abb. 5.7).

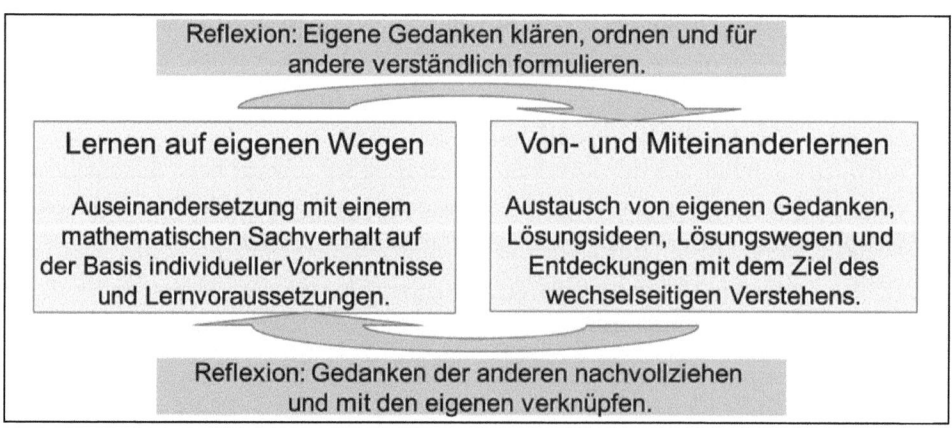

Abb. 5.7:   Lernprozess als Balance zwischen Eigenkonstruktion und sozialem Austausch (Rathgeb-Schnierer 2010b, 4)

Zunächst setzen sich die Kinder eigenständig mit dem Lerninhalt auseinander und entwickeln eigene Ideen. Diese sind so zu präzisieren und zu klären, dass sie den Mitlernenden verständlich mitgeteilt werden können. Im Austausch können die eigenen Ideen mit denen der Mitschüler verglichen, Impulse der Lehrperson aufgegriffen und neue Ideen zum Weiterdenken entwickelt werden.

Bezogen auf die Entwicklung flexiblen Rechnens besteht weitgehend Einigkeit im Hinblick auf die Bedeutung des Austauschs von Lösungswegen (u.a. Cobb/Yackel/Wood 1992, 117; Gaidoschik 2010; Hess 2012, 198 ff.; Lorenz 2003, 94 f.; Schütte 2008, 168 ff.; Winter 1987, 20 f.).

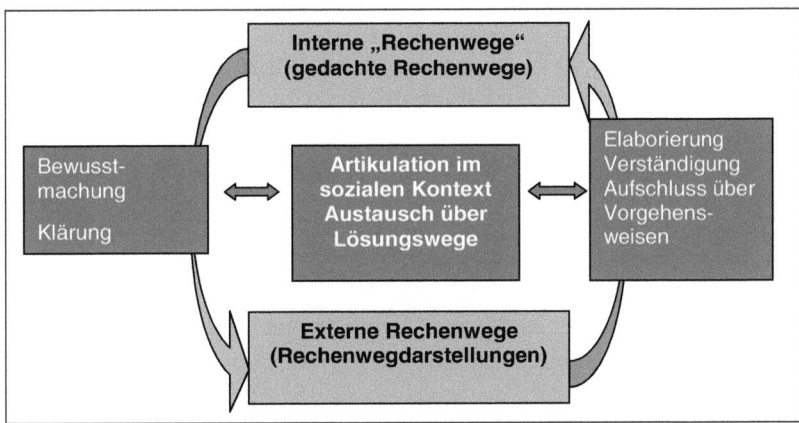

Abb. 5.8:   Modell der Rechenwegsentwicklung (Rathgeb-Schnierer 2006a, 88)

Rathgeb-Schnierer (2006a, 88 ff.) entwickelte ausgehend von der Grundannahme, dass „kindereigene Rechenwege eine bedeutende Rolle im Prozess der Rechenwegsentwicklung einnehmen" (ebd., 89) ein Modell (Abb. 5.8), das drei zentrale Aspekte beinhaltet: „Rechenwege als Erkenntnisbedingungen und als Erkenntnismittel, Artikulation der Rechenwege im sozialen Kontext und eine Lernumgebung, die diesen Entwicklungsprozess fördert" (ebd., 89).

Rathgeb-Schnierer unterscheidet zwischen „interne(n) ‚Rechenwege(n)' als Erkenntnisbedingungen" und „externe(n) (artikulierten) Rechenwege(n) als Erkenntnismittel" (2006a, 89; Hervorhebungen im Original). Bei den internen Rechenwegen handelt es sich um die vom Kind konstruierten Wege, die die Voraussetzung für die eigene Weiterentwicklung bilden und gleichzeitig auch im Austausch mit anderen verfeinert werden. Durch Artikulation werden die internen Wege zu Externen. Erst auf der Basis der externen Rechenwege kann ein Austausch stattfinden. Damit entsteht ein „Kreislauf von eigenständiger Konstruktion, Reflexion und Austausch von Rechenwegen" (ebd., 89), in dem der Lösende seine Rechenwege weiterentwickelt. Die Balance aus Eigenkonstruktion und sozialem Austausch wird zum zentralen Element, wenn die eigenständig entwickelten Rechenwege der Kinder Ausgangspunkt beim Rechnenlernen sein sollen.

Die Notwendigkeit des sozialen Austauschs wird auch durch die Untersuchung von Gaidoschik (2010) gestützt. Er folgert aus seinen Beobachtungen im traditionellen Unterricht, dass die *Vernachlässigung der Kommunikation über Rechenwege*

[...] die Verallgemeinerung operativer Einsichten" (ebd., 517; Hervorhebungen im Original) erschwert.

Die Art der Lernangebote bildet die zentrale Grundlage für eine zielführende, produktive Kommunikation, in der Zusammenhänge und Beziehungen deutlich werden können. Es bedarf einer Lernumgebung, die durch entsprechende Aufgaben und Gestaltung gekennzeichnet ist (Rathgeb-Schnierer 2006a, 94; Schütte 2004a, 142 ff.).

> „Wenn auf dem Weg von individuellen Lösungen zu elaborierten, flexiblen Rechenkompetenzen das wechselseitige Vorstellen und Verständigen ein zentraler Schritt sein soll, so ist dieser Austausch an Voraussetzungen gebunden, die unter Umständen erst durch bestimmte Lernangebote geschaffen werden müssen." (Schütte 2004a, 142)

5.3.3 Flexibles Rechnen fördern

Wie bei der Begriffsklärung zum flexiblen Rechnen (Kapitel I 5.1) deutlich wurde, werden bei den einzelnen Definitionen jeweils unterschiedliche Ebenen betrachtet: zum einen nur die Lösungswerkzeuge und zum anderen sowohl die Lösungswerkzeuge als auch der Referenzrahmen. Entsprechend zeichnen sich zwei verschiede Förderansätze ab: *Flexibles Rechnen fördern mit Blick auf die Lösungswerkzeuge* und *Flexibles Rechnen fördern mit Blick auf den Referenzrahmen.* Gemeinsam sind beiden Ansätzen die Betrachtung von Zahl- und Aufgabenmerkmalen, das Kennen und Nutzen von Strategien oder strategischen Werkzeugen sowie der Austausch über Lösungswege. Auch liegt beiden Ansätzen die Vorstellung zugrunde, dass sich flexibles Rechnen über längere Zeit hinweg entwickelt und nicht kurzfristig gelehrt werden kann (u.a. Rathgeb-Schnierer 2006a; Schütte 2004a, 2008; Verschaffel et al. 2009).

> „... the more one will agree that there is no easy and direct shortcut to becoming adaptive, and that adaptive expertise is not something that can be trained or taught but rather something that has to be promoted or cultivated." (Verschaffel et al. 2009, 348)

Der wesentliche Unterschied zwischen den Förderansätzen liegt in der Frage der Schwerpunktsetzung und damit der Reihung:[22] Werden zunächst die Strategien erlernt oder bildet das Kennen und Nutzen von Zahl- und Aufgabenmerkmalen die Voraussetzung zum flexiblen Rechen?

Die zentrale Frage heißt also: Entwickelt sich das Zahlgefühl über den Umgang mit Lösungsstrategien oder entwickeln sich strategische Werkzeuge durch das Entdecken von Zahl-, Term- und Aufgabenbeziehungen?

---

22 Hierzu auch Threlfall 2009, 552 ff.

„But does an adult reflect upon the various procedures at hand and, after an intelligent decision-making process comes up with the most appropriate way to solve the task? No, we just do it. It seems more like having a look from above down at the ‚number map' which includes certain (individual) signposts like ‚tens', ‚hundreds', favorite or magic numbers etc. and seeing our right way in the familiar, intimidate number surrounding. We have developed number sense!" (Lorenz 1997a, 211)

„A good understanding of numbers would be a prerequisite of flexibility if ‚zeroing-in' is accurate in its depiction of how calculation-strategies occur." (Threlfall 2009, 549)

Je nach zugrunde liegender Sichtweise setzen auch die Förderansätze unterschiedlich an.

Flexibles Rechnen fördern mit Blick auf die Lösungswerkzeuge

Mit aufgabenadäquatem Handeln kann die Adäquatheit zu den Aufgabencharakteristika (Kapitel I 5.1.1) oder die Lösungsgeschwindigkeit und Richtigkeit verbunden sein (Kapitel I 5.1.2). Werden diese beiden Aspekte als Indikatoren für aufgabenadäquates Handeln betrachtet, stehen die Lösungswerkzeuge im Mittelpunkt. Die Förderung flexibler Rechenkompetenzen bezieht sich dementsprechend auf die Lösungswerkzeuge, also auf deren gute Beherrschung und die schnelle beziehungsweise auch passende Auswahl.

> „Zuerst muss es [das Kind] Stärken und Schwächen eines Verfahrens kennen lernen, bevor es die gleichen oder ähnlichen Aufgaben mit anderen Verfahren untersucht. Erst dann ist eine begründete Auswahl und ein flexibles Einsetzen möglich, und dies bereits in der ersten Grundschulklasse." (Lorenz 2006b, 6; Erläuterung in Klammer Ch. R-M)

> „Zumindest manche Kinder benötigen dafür (das Nutzen nicht-zählender Lösungsstrategien) ein gezieltes Training – zunächst in der Anwendung einzelner Strategien, dann gerade in der Auswahl der jeweils für eine bestimmte Aufgabe hilfreichen Strategie;" (Gaidoschik 2008, 404)

Je nachdem, ob dabei die Beachtung der Aufgabencharakteristika oder die Lösungsrichtigkeit und -geschwindigkeit als maßgebend angesehen werden, finden sich zwei verschiedene Schwerpunktsetzungen:
- Wird flexibles Rechnen als Rechnen mit der zur Aufgabe passenden Strategie verstanden, werden explizit Aufgabenmerkmale besprochen, denen eine Lösungsstrategie näher liegt als eine andere (Verschaffel et al. 2009, 347).
- Wird unter aufgabenadäquatem Handeln eher die Lösungsrichtigkeit und Lösungsgeschwindigkeit verstanden, lernen die Kinder in der Regel zunächst alle Strategien kennen und üben diese häufig auch getrennt voneinander (Lorenz 2007a, 192; Verschaffel et al. 2009, 347). Um über die verschiedenen Strategien besser sprechen zu können, wird empfohlen, gemeinsam mit den Kindern Na-

men für verschiedene Strategien zu überlegen. Anschließend werden sie angeregt, sich vor dem Lösen der Aufgabe für eine der Strategien zu entscheiden und diese im Hinblick auf ihren Nutzen einzuschätzen (Lorenz 1997a, 206 ff.; 2006b, 7 f.).

Bei beiden Ansätzen wird das Lernen verschiedener Strategien durch die Automatisierung von Basisfakten ergänzt. Wie Untersuchungen zum anwendungsorientierten Rechnen in Holland (u.a. Treffer 1991) zeigen, ist „nur" tägliches Üben verschiedener Lösungswege des Kopfrechnens nicht ausreichend, da hierfür auch das Verfügen über Faktenwissen notwendig ist. Daher wird eine Balance zwischen Automatisierung und dem Üben von Kopfrechenstrategien vorgeschlagen (Beishuizen/Anghileri 1998, 521).

Die Förderung flexiblen Rechnens durch intensive Übung der Rechenstrategien wurde in zahlreichen Arbeiten näher erforscht:

Blöte, Klein und Beishuizen (2000) untersuchten sechzig Zweitklässler, die an einem „Realistic Program" (ebd., 224) (Programm zum Rechnenlernen anhand von Sachaufgaben) teilgenommen haben. Dieses Programm geht auf die Grundannahme zurück, dass schulisches Lernen nicht von der Realität isoliert sein und außerdem das alltägliche Wissen der Kinder einbeziehen sollte. Die damit verbundene Idee ist, dass die Kinder ausgehend von ihren informellen Lösungsstrategien eigene Wege entwickeln sollen (vgl. Kapitel I 4.3). Als Anschauungsmittel wurde der leere Zahlenstrahl genutzt. Da der Lösungsweg Zehner-Einer durch den leeren Zahlenstrahl nicht unterstützt wird, wurde dieser Weg im zweiten Schulhalbjahr mit Geld eingeführt und als möglicher Weg zur Addition dargestellt. Während des gesamten Untersuchungszeitraums wurden die Kinder angeregt, verschiedene Lösungswege für eine Aufgabe zu entwickeln und sich darüber auszutauschen.

Blöte, Klein und Beishuizen (2000) zeigten, dass die Wahl des Rechenwegs durchaus von Zahlmerkmalen abhängig war, zum Beispiel von der Nähe von Minuend und Subtrahend oder auch von der Nähe von der Neun zur Zehn (ebd., 240). Dennoch wurde die Zerlegung des zweiten Summanden oder des Subtrahenden (N10) als Hauptstrategie eingesetzt (ebd., 241). Vermutet wird, dass dies mit der „Sicherheit" dieser Strategie zusammenhängt (ebd., 242).

> „It is an effective method for all kinds of problems and therefore could have become the ‚default' procedure, even if students were aware of different procedures that were better fitted to the number characteristics of the problems." (Blöte et al. 2000, 242)

Nach der Einführung des „base-ten" –Verfahrens (ebd., 241) (Zehner – Einer extra) wählten die Kinder überwiegend nur noch diese Strategie.

Macintyre und Forrester (2003) folgern aus den Ergebnissen ihrer Untersuchung, dass die Vermittlung von Strategien alleine nicht ausreicht, da die Aufgaben und damit auch die Lösungswege zu vielseitig sind und deshalb die Kinder nicht auf jede

Situation vorbereitet sein können. In ihrer Studie wird deutlich, dass alle Lösungswege, die auf Ableitungen beruhen, zwar ähnliche Grundzüge aufweisen, die Kinder aber dennoch einfallsreich und kreativ vorgehen mussten. Daher betonen Macintyre und Forrester, dass sowohl die Kenntnis der Strategien als auch die Fähigkeit der Anpassung an das vorliegende Problem zentral seien. Es finden sich jedoch keine Angaben, wie Kinder diese Kompetenz erlernen sollen.

> „Flexibility appears to be the key for success in mental calculation – not just being able to use a particular strategy, but being able to choose appropriately from a number of different strategies or to adapt thinking to suit the particular problem." (Macintyre/ Forrester 2003, 54)

Gaidoschik (2010, 524 f.) kommt in seiner Studie zu dem Schluss, dass im Hinblick auf die Ablösung vom Zählen in der ersten Klasse ein „strategie-zentrierter Erstunterricht" (2010, 524) Voraussetzung ist. Darunter versteht er die intensive Behandlung der Ableitungsstrategien verbunden mit einer Diskussion über die Vorgehensweise.

Flexibles Rechnen fördern mit Blick auf den Referenzrahmen

Rathgeb-Schnierer (2006a, 273 ff.) kam in ihrer Untersuchung zu der Deutungshypothese, dass Rechenwege von verschiedenen Einflussfaktoren abhängen (Abb. 5.9).

> „Eigenständige Rechenwege werden nicht nur vom Wissen über strategische Werkzeuge, Zahlen und Rechenoperationen beeinflusst, sondern hängen insbesondere mit der momentanen Zahlwahrnehmung im Lösungskontext zusammen." (Rathgeb-Schnierer 2006a, 277)

Die Zahlwahrnehmung wird sowohl vom „Wissen über Zahlen- und Rechenoperationen" als auch von den „individuellen Präferenzen" (ebd., 277) des Lösenden beeinflusst (Abb. 5.9).

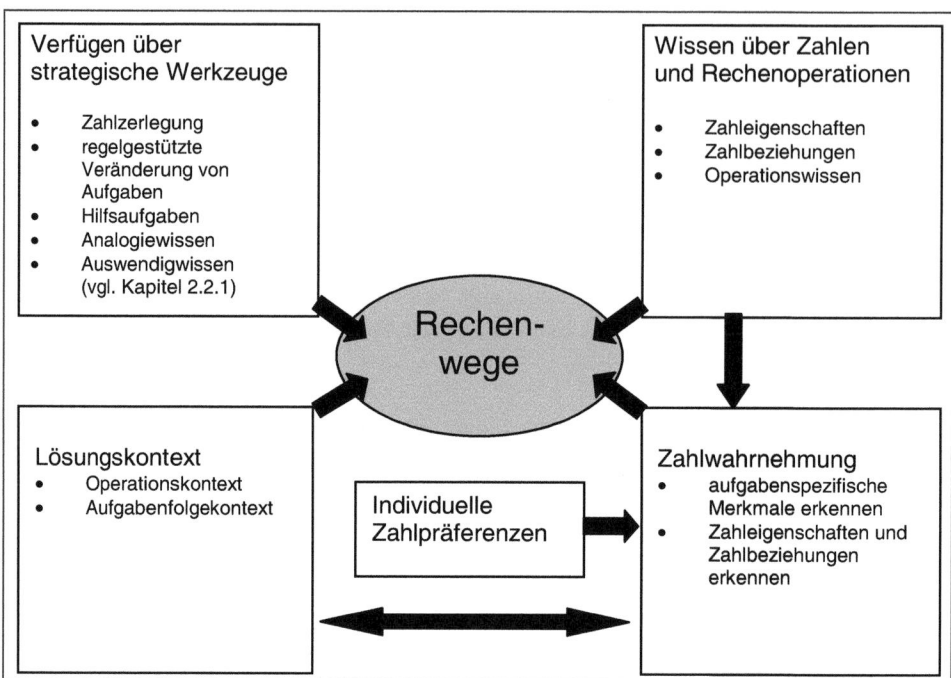

Abb. 5.9:   Einflussfaktoren von Rechenwegen (Rathgeb-Schnierer 2006a, 277)

Beruht flexibles Rechnen auf dem Nutzen von strategischen Werkzeugen in Abhängigkeit von Zahl- und Aufgabenwahrnehmung (und damit auf Zahl-, Term- und Aufgabenbeziehungen), steht die Entwicklung der letztgenannten im Vordergrund. Für das Lernen ergeben sich daraus zwei Schwerpunkte:
• die Entwicklung eines umfassenden Zahlbegriffs (Kapitel I 3), auf dessen Basis Zahl- und Termbeziehungen beim Rechnen genutzt werden können sowie
• die Entwicklung des Sehens und Nutzens von Aufgabenbeziehungen, die wiederum auf Termbeziehungen basieren.

> „... the features of noticing qualities of the numbers, manipulation of the numbers, how they can be partitioned, approximated, combined, amended, and so on mean that, in this account, calculation-strategy-flexibility is reliant on the extent of number knowledge." (Threlfall 2009, 548)

Zur Förderung der Wahrnehmung von Zahl- und Aufgabenmerkmalen entwickelte Schütte eine Konzeption zur Schulung des Zahlenblicks (2002a, 2002b, 2004a, 2008). Diese wird in Kapitel I 6 dargestellt und für vorliegende Studie präzisiert und erweitert.

5.4 Fazit

Die vorausgegangenen Ausführungen machen deutlich, dass die Förderung flexibler Rechenkompetenzen von verschiedenen Faktoren beeinflusst wird. Dazu gehören:

- die Grundhaltung bezüglich mathematischer Lernprozesse (Kapitel I 5.3.1),
- die Berücksichtigung beider Vorstellungen – der algebraischen und der Größenvorstellung – bei der Entwicklung des Zahlbegriffs und des Rechnens (Kapitel I 4.4) sowie
- das Verständnis von flexiblem Rechnen (Kapitel I 5.1).

Vorliegende Studie basiert auf der Grundannahme, dass sich mathematisches Lernen in der Balance von Eigenkonstruktion und sozialem Austausch vollzieht (Kapitel I 5.3.2). Dabei spielen sowohl anregende, offene Lernangebote, die explorative, problemlösende Zugänge ermöglichen, eine wesentliche Rolle als auch Impulse und Denkanregungen durch Mitschüler oder auch die Lehrperson, was dem Ansatz des forschenden Lernens entspricht (Kapitel I 5.3.1). In Bezug auf das Rechnenlernen ergeben sich folglich diese beiden Aspekte:

- Aus stoffdidaktischer Perspektive nimmt die Entwicklung umfassender Vorstellungen zum Zahlbegriff und zum Rechnen einen großen Stellenwert ein, um Zahl-, Term- und Aufgabenbeziehungen – einen Relationszahlaspekt – zu entwickeln (Kapitel I 3.4 und I 4.4).
- Um dagegen die Entwicklung interner und externer Rechenwege zu ermöglichen, gewinnen der Austausch zwischen Mitschülern und die ergänzende, kognitive Aktivierung durch die Lehrperson an Bedeutung.

Wird der Blick auf die Entwicklung flexiblen Rechnens gerichtet und mit aufgabenadäquatem Handeln die Adäquatheit des Referenzrahmens verbunden, so spielt die Förderung von Zahlwahrnehmung und von individuellen Zahlpräferenzen eine wesentliche Rolle. Dabei werden verschiedene strategische Werkzeuge entwickelt. Rathgeb-Schnierer (2006a, 2010d, 2011) konnte in ihrer Studie zeigen, dass Rechenwege „abhängig von der Zahlwahrnehmung im Lösungskontext" (2006a, 296) sind. Dabei versteht sie unter Zahlwahrnehmung „das Erkennen von aufgabenspezifischen Zahleigenschaften und Zahlbeziehungen" (ebd., 296). Entsprechend grundlegend sieht sie die Schulung des Zahlenblicks.

Wie diese Forderungen auf dem Weg zum flexiblen Rechnen umgesetzt werden können, wird im folgenden Kapitel beschrieben.

6 Zahlenblick und Zahlenblickschulung

Bildet der umfassende Zahlbegriff beim flexiblen Rechnen die Grundlage und ist damit die Entwicklung von Zahl-, Term- und Aufgabenbeziehung verbunden, so sollte die Aufmerksamkeit der Schüler gezielt darauf gelenkt werden. Es ist wichtig dieser Forderung von Beginn an nachzukommen, um eine Übertragung dieser Kompetenzen auch in höhere Zahlenräume zu gewährleisten.

> „Hier ist zu fragen, ob der Unterricht nicht stärker den Blick für Eigenschaften von Zahlen und das aufgabenbezogene Entscheidungsverhalten der Schüler(innen) schulen sollte." (Selter 2000, 249)

Nachfolgend wird zunächst der Begriff des Zahlenblicks geklärt, anschließend dessen Schulung beschrieben und an Beispielen illustriert.

6.1 Begriffsklärung Zahlenblick

Das Konstrukt „Zahlenblick" wird sowohl in Verbindung mit oder auch in Abgrenzung zu den Begriffen „number sense" beziehungsweise „Zahlensinn" (Kapitel I 6.1.1) sowie „structure sense" beziehungsweise „Struktursinn" (Kapitel I 6.1.2) betrachtet. Daher werden zunächst unterschiedliche Deutungen von „Zahlensinn" und „Struktursinn" beschrieben. Im Anschluss werden diese mit dem Konstrukt „Zahlenblick" (Kapitel I 6.1.3) verglichen.

6.1.1 „Number sense" oder „Zahlensinn"

Der Begriff „number sense" ist etabliert im kognitionspsychologischen, im entwicklungspsychologischen und im fachdidaktischen Sprachgebrauch. Je nach Fachgebiet werden unterschiedliche Aspekte damit verbunden. Entsprechend verschieden sind auch die Definitionen (Berch 2005, 333).

> „… that number sense reputedly constitutes an awareness, intuition, recognition, knowledge, skill, ability, desire, feel, expectation, process, conceptual structure, on mental number line. Possessing number sense ostensibly permits one to achieve everything from understanding the meaning of numbers to developing strategies for solving complex math problems; from making simple magnitude comparisons to inventing procedures for conducting numerical operations; and from recognizing gross numerical errors to using quantitative methods for communicating, processing, and interpreting information. With respect to its origins, some consider number sense to be part of our genetic endowment, whereas others regard it as an acquired skill set that develops with experience." (Berch 2005, 333 f.)

Ein grundlegender Unterschied zwischen diesen Domänen liegt in der Annahme des Ursprungs beziehungsweise der Entwicklung von Zahlensinn. Auch die aus der jeweiligen Interpretation resultierende Bewertung des Begriffs unterscheidet sich teilweise stark: Ist Zahlensinn angeboren, entwickelt er sich auf natürliche Weise oder wird er durch den Unterricht angeregt?

Dehaene (1999) beschreibt Zahlensinn als angeborene Fähigkeit der Unterscheidung von Mengen, die sich im Distanzeffekt niederschlägt (van Eimeren/Ansari 2009, 27) (vgl. Kapitel I 7.1). In der kognitiven Entwicklungspsychologie wird der angeborene Zahlensinn mit der Entwicklung mathematischer Fähigkeiten in Verbindung gebracht und stellt ein Modul in Dehaenes Triple-Code-Modell (1992) dar (vgl. Kapitel I 7.1). Entsprechend wird auch über den Distanzeffekt untersucht, ob Kinder über einen Zahlensinn verfügen oder andernfalls zu einer Dyskalkulie neigen (vgl. Kapitel I 7.1).

Andererseits wird Zahlensinn als Fähigkeit gesehen, die sich zwar durch äußere Einflüsse, aber gleichzeitig auf natürliche Weise entwickelt (Gersten/Chard 1999).

> „Number sense is an emerging construct that refers to a child's fluidity and flexiblity with numbers, the sense of what numbers mean, and an ability to perform mental mathematics and to look at the world and make comparisons." (Gersten/Chard 1999, 19 f.)

Dabei handelt es sich um eine auf Verstehen beruhende Kompetenz im Umgang mit Zahlen, Mengen und Relationen. Die Ausbildung des Zahlensinns beginnt in der Regel bereits während der frühkindlichen Entwicklung (Gersten/Chard 1999, 19 ff.).

> „Most children acquire this conceptual structure informally through interactions with parents and siblings before they enter kindergarten." (Gersten/Chard 1999, 20)

Vergleicht man die gängigen Interpretationen so wird deutlich, dass der Zahlensinn einerseits als komplexe Fähigkeit des Umgangs mit Zahlen und deren Wahrnehmung verstanden wird, die sich andererseits aber auch durch den Sozialisationsprozess entwickeln kann. Wird Zahlensinn also nicht als intuitive, angeborene Fähigkeit verstanden, sondern als erlernbar, so kann er auch bei Kindern, die zunächst wenig Sinn für Beziehungen entwickeln, noch geschult werden (Gersten/Chard 1999, 24 ff.).

Bereits in den NCTM Standards von 1989 wird der Zahlensinn einerseits als intuitiv, andererseits aber auch als erlernbar beschrieben.

> „Number sense is an intuition about numbers that is drawn from all the varied meanings of numbers. It hast five components:
> 1. *Developing number meanings.* [...]
> 2. *Exploring number relationships with manipulatives.* [...]
> 3. *Understanding the relative magnitude of numbers.* [...]
> 4. *Developing intuitions about the relative effect of operating on numbers.* [...]
> 5. *Developing referents for measures of common objects and situations in their enviroment*".
> (NCTM 1989, 39 f.; Hervorhebung im Original)

Insofern sollte der Zahlensinn im Unterricht für alle Kinder angeregt werden, da er sich aus dieser Sicht nicht automatisch ausbildet (Markovits/Hershkowitz/Burckheimer 2002, 89). Dabei ist die Entwicklung von Zahlensinn nicht an ein bestimmtes Thema gebunden, sondern wird vielmehr durch die Art des Unterrichts angeregt (Lorenz 1997b, 95). Eine wesentliche Rolle spielt dabei der Umgang mit problemorientierten Aufgaben im sozialen Austausch mit anderen Kindern (Lorenz 1997a, 203 ff.; Sowder/Schappelle 2002, 82 ff.; Verschaffel/De Corte 1996, 109 ff.).

> „As such, number sense is not so much a specific topic to be taught, as an aspect that permeates the entire approach to teaching" (Verschaffel/De Corte 1996, 109)

Greeno (1991, 170) bezieht Zahlensinn im Wesentlichen auf drei Aspekte: flexibles Rechnen, Überschlagen von Ergebnissen und Abschätzen von Anzahlen. Er verknüpft Zahlensinn mit einem umfassenden Zahlbegriff, der durch Unterricht entwickelt werden kann (ebd., 173). Um zu verdeutlichen, wie er das Vorhandensein von Zahlensinn sieht, zieht er eine Metapher heran.

> „People with number sense know where they are in the environment, which things are nearby, which things are easy to reach from where they are, and how routes can be combined flexibly to reach other places efficiently. They also know how to transform the things in the environment to form other things by combinations, separations, and other operations." (Greeno 1991, 185)

Die Unterschiede im Verständnis und der Interpretation von Zahlensinn sind immens: Einerseits wird darunter die angeborene Fähigkeit basaler mathematischer Vorstellungen, andererseits jedoch auch die spätere erlernte Fähigkeit eines flexiblen Umgangs mit Zahlen verstanden.

6.1.2 „Structure sense" oder Struktursinn

Lüken (2012) untersuchte in ihrer Studie, inwieweit das Erkennen von Mustern und Strukturen für die Entwicklung mathematischer Fähigkeiten grundlegend ist. Dabei befasste sie sich im Wesentlichen mit geometrischen und kardinalen Mustern wie beispielsweise Zahlbildern. In ihrer Untersuchung kommt sie zu dem Schluss: *„Es gibt einen Struktursinn."* (ebd., 220; Hervorhebung im Original). In Anlehnung an das Konstrukt des Zahlensinns – im Sinne einer guten Intuition von Zahlen und ihren Beziehungen nach Howden (1989) – beschreibt Lüken Struktursinn als einen Teil des Zahlensinns (Lüken 2012, 221). Das Konstrukt des „early structure sense" (Lüken 2010, 576) kann als Sammlung verschiedener Fähigkeiten beschrieben werden, die für die frühe mathematische Entwicklung wichtig sind:

- „die Wiedererkennung einer Anordnung als bereits bekanntes Muster oder Struktur (z.B. Würfelbilder, Fingermuster, …), insbesondere das Wiedererkennen eines bekannten Musters in seiner einfachsten Form und als Teil einer komplexen Anordnung;

- das Aufteilen eines Musters in Teile (Struktureinheiten);
- das Erkennen wechselseitiger Verbindungen, Beziehungen und Zusammenhänge zwischen den Struktureinheiten (z.B. Finden von Regelmäßigkeiten, Entdecken von Ähnlichkeiten/Unterschieden …);
- das Integrieren der Struktureinheiten und Betrachten des Musters als Ganzes (z.B. um seine Mächtigkeit zu bestimmen, es fortzusetzen, …)." (Lüken 2010, 576)

Während bei Lüken der Eindruck entstehen könnte, dass der Struktursinn als „early structure sense" angeboren sei, existiert auch die Meinung, dass es sich um eine erlernte Kompetenz handle: In der Sekundarstufe wird „structure sense" (u.a. Linchevski and Livneh 1999) in Verbindung mit dem Lernen von Algebra genutzt. Dabei werden die Schwierigkeiten des Übergangs von der arithmetischen Betrachtung einer Aufgabe zur algebraischen Sicht auf Zusammenhänge in den Blick genommen. Die Studie macht deutlich, dass Struktursinn für algebraische Vorgehensweisen unumgänglich ist und in der Schule kontinuierlich entwickelt werden sollte.

> „Undoubtedly, students must be exposed to the structure of algebraic expressions. However, it must be done in a way that enables them to develop *structure sense*. This means that they will be able to use equivalent structures of an expression flexibly and creatively." (Linchevski/Livneh 1999, 191; Hervorhebung im Original)

Demnach sollte im Unterricht verstärkt die Entwicklung verschiedener Ausdrücke eines Terms angeregt werden, was durch Zerlegen und Neuzusammensetzen geschieht (ebd., 191). Bereits in früheren Schuljahren können – ausgehend von arithmetischen Inhalten – Strukturen mithilfe algebraischer Mittel erfasst werden (Berlin 2010, 21 ff.; Berlin et al. 2009, 273). Die Aufgaben sind so konzipiert, dass sie eine metakognitive Auseinandersetzung anregen, was „zu einem verständigen Erkennen der algebraischen Formelsprache und Entwicklung des algebraischen Denkens führen kann" (Berlin 2007, 25).

6.1.3 Zahlenblick

Wird Zahlensinn mit einem tiefen Verständnis von Zahlen gleichgesetzt und damit mit der Fähigkeit, beim Rechnen flexibel vorzugehen (wie bei Greeno 1991; Lorenz 1997a), so entspricht dies weitestgehend der Definition von Zahlenblick nach Schütte (2004a, 2008) und Rathgeb-Schnierer (2008).

> „Ganz im Sinne des Wortes selbst liegt es nahe, den „Zahlenblick" als besonderen Blick für Zahlen zu verstehen". (Rathgeb-Schnierer 2008, 10)

Schütte (2004a) versteht unter Zahlenblick die Fähigkeit „Beziehungen augenblicklich" (ebd., 143) zu erkennen, zu nutzen sowie damit verbunden Zahlen geschickt zu zerlegen und neu zusammenzusetzen. In Anlehnung an Threlfall (2002) beschreibt sie eine „situationsbezogene, aufgabenspezifische Herangehensweise" (ebd., 143), in der das Erkennen von Zahleigenschaften und Zahlbeziehungen sowie von Aufgabeneigenschaften und Aufgabenbeziehungen genutzt wird (vgl. Schütte 2002a, 2002b).

> „Der Zahlenblick soll helfen, verallgemeinerbare Aspekte in Situationen zu erkennen, Strukturähnlichkeiten zwischen bereits gelösten und neuen Aufgaben zu entdecken und strategische Vorgehensweisen zu übertragen." (Schütte 2008, 103)

Hier wird auch die Verbindung zum oben beschriebenen Struktursinn deutlich: Beim Rechnen müssen Beziehungen zwischen Zahlen erkannt und genutzt werden, um entweder andere algebraische Ausdrücke zu entwickeln ($7 + 6 = 7 + 3 + 3 = 6 + 6 + 1$) oder durch Ableiten innerhalb eines Lösungskontextes ein bereits vorgegebenes Muster fortzusetzen (beispielsweise in einem schönen Päckchen (Wittmann/ Müller u.a. 2012b, 65)). Dies zeigt, dass bereits vor der „eigentlichen" Buchstabenalgebra algebraisches Denken entwickelt wird, wenn es nicht nur um das Finden eines Ergebnisses geht.

Rechner, die über den Zahlenblick verfügen, nehmen solche Beziehungen während des Lösens wahr und können sie zum Rechnen nutzen.

Es wird deutlich, dass mit Aspekten des Zahlensinns, mit dem Struktursinn und genauso mit dem Zahlenblick die Idee verbunden ist, während des Rechnens Beziehungen wahrzunehmen und zu nutzen.

Sowohl Schütte (2004a, 143 f.; 2008, 103 f.) als auch Rathgeb-Schnierer (2006a, 296; 2010d, 2011) fordern die gezielte Schulung des Zahlenblicks zur Entwicklung flexibler Rechenkompetenzen. Wie dies aussehen kann wird im Folgenden ausgeführt.

6.2   Die Schulung des Zahlenblicks

6.2.1   Die Schulung des Zahlenblicks in der Literatur

In der Literatur finden sich verschiedene Hinweise, die in Beziehung zur Schulung des Zahlenblicks gestellt werden können. Zum einen handelt es sich um Forderungen den Rechendrang der Kinder zunächst zurückzuhalten, zum anderen um die Verwendung des Begriffs selbst.

Stern (1992, 121 f.) beschreibt, dass neue Strategien zunächst eher ungern genutzt werden, da sie aufwändiger und langwieriger sind. Daher rät sie, andere Anreize zu schaffen, um sie zu üben, führt aber nicht näher aus wie solche Anreize aussehen könnten.

Bereits 1940 forderte Menninger die Schüler dazu auf, nicht sofort loszurechnen, sondern sich die Aufgaben erst anzuschauen.

„Diese Faustregel lehrt dich, die Zahlen vor dem Rechnen a n z u s c h a u e n, und das ist das Wichtigste, wenn du ein guter Rechner werden willst! Aber wie wenige tun das! Sie gehen blindlings auf die Zahlen los, fahren ihre Kanonen genau so gut gegen Zahlenelefanten auf wie gegen Zahlenmäuschen, die sie, wenn sie nur s e h e n wollten, im Nu erledigten. Nur der lernt vorteilhaft rechnen, der diesen **Zahlenblick** entwickelt." (Menninger 1940, 10 f.; Hervorhebungen im Original)

Auch Höhtker und Selter (1999) beschreiben wie sich das Zurückhalten des Rechendrangs durch die Aufforderung zum Sortieren von Aufgaben in der dritten Klasse auf das Löseverhalten der Kinder auswirkt.

„Die Schüler wurden gebeten, sich bei jeder Aufgabe zu überlegen, ob sie diese im Kopf, halbschriftlich oder schriftlich rechnen wollten. Diese Aufforderung allein führte dazu, dass etwa ein Drittel aller Aufgaben im Kopf bzw. halbschriftlich bearbeitet wurde – deutlich mehr als sonst im Unterricht." (ebd., 20)

Hess (2012) beschreibt, dass manche Kinder „ihre Zählverfahren [aber] nicht einfach so [verlassen], sie brauchen gezielte Herausforderungen, bis sie sich auf ein Vergleichen und Interpretieren von Operationen einlassen" (ebd., 160). Hierfür beschreibt er verschiedene Aktivitäten zu Aufgabenserien, die den Blick der Kinder auf Zusammenhänge lenken.

Während Menninger die Kinder darauf hinwies und daran erinnerte, sich die Aufgaben zuerst anzuschauen und damit erst einmal den Rechendrang der Schüler zu bremsen versuchte, gestalten Höhtker und Selter sowie Hess die Aktivität so, dass nicht das Lösen, sondern das Sortieren oder Fortsetzen im Mittelpunkt der Aufgabe steht. Damit kann der Rechendrang zurückgehalten und der Blick zunächst auf Strukturen und Zusammenhänge gelenkt werden. Dieses Anliegen verfolgte Schütte (2002a, 2002b, 2004a, 2008) bei der Entwicklung einer Gesamtkonzeption zur Zahlenblickschulung, die sich konsequent durch das gesamte arithmetische Lernen in der Grundschule zieht. Alle Aktivitäten sind so aufgebaut, dass sie den Rechendrang zurückhalten und einen anderen Blick auf die Aufgaben erfordern.

„… die Aufgaben sollen nicht sofort gerechnet, sondern auf ihre Struktur bzw. auf Beziehungen zu den anderen Aufgaben hin betrachtet und verändert werden. Der „Zahlenblick" kann mit Hilfe geeigneter Lernangebote gezielt gefördert werden." (Schütte 2002a, 5; Hervorhebung im Original)
„Mit der Schulung des Zahlenblicks wird […] zum einen der Beziehungshaltigkeit von Zahlen („beziehungshaltiges Zahlwissen"), zum anderen dem Ausbau metakognitiver Fähigkeiten großes Gewicht beigemessen. (Schütte 2008, 103)

Diese arithmetischen Aktivitäten finden sich innerhalb des Gesamtcurriculum in allen Bereichen wieder. Dabei unterscheidet Schütte (2008, 104 ff.) zwischen der Zahlenblickschulung im weiteren und im engeren Sinne:

- „Aufbau eines fundierten Zahlverständnisses
- Operationsverständnis
- Erste Rechenstrategien entwickeln
- Rechensicherheit bei den Basisfakten
- Experimentieren und Erforschen
- Muster und Strukturen erkennen und fortsetzen
- Schulung des Zahlenblicks (im engeren Sinne)
  - Aufgabeneigenschaften und Aufgabentypen erkennen
  - Zahl- und Aufgabenbeziehungen erkennen
  - Lösungen „sehen" oder Wege der Vereinfachung finden
- Eigene Lösungswege entwickeln und andere nachvollziehen
  - Strategische Werkzeuge entwickeln
- Flexibles Rechnen: Beziehungshaltiges Zahlwissen, Zahl- und Aufgabenbeziehungen und strategische Werkzeuge zur Lösung nutzen" (Schütte 2008, 204 f.)

Bei der Schulung des Zahlenblicks im engeren Sinne liegt der Schwerpunkt darauf, Aufgaben zunächst „anzuschauen und einzuschätzen, bevor man rechnet" (Schütte 2008, 124). Durch Sortieren von Aufgaben und Nutzen „sinnfälliger Vorstellungsbilder (ebd., 126) können Aufgabentypen sowie Zahl- und Aufgabenbeziehungen erkannt werden (Schütte 2004a, 144 f.; 2008, 124 ff.).

Es wird deutlich, dass die oben beschriebenen Bereiche inhaltlich dem Schulstoff der ersten zweieinhalb Schuljahre bis zur Einführung der schriftlichen Rechenverfahren zugeordnet werden können. Die Aktivitäten insgesamt sind kumulativ aufgebaut, so dass sie sich gegenseitig unterstützen. Sie sollten deshalb kontinuierlich und wiederholt im Unterricht eingesetzt werden, in der ersten Klasse beginnend (Schütte 2002b, 3; 2008, 103 ff.).

6.2.2 Die Schulung des Zahlenblicks in vorliegender Studie

Für die vorliegende Untersuchung wurde ein Modell zur Schulung des Zahlenblicks (Abb. 6.1) erarbeitet, das für alle drei Schuljahre Gültigkeit hat: Die Inhalte der Zahlenblickschulung beziehen sich jeweils auf eine umfassende Entwicklung des Zahlbegriffs und des Rechnens (Kapitel I 3 und I 4). Im Vergleich zu Schütte wird hier nicht zwischen der Schulung im engeren und weiteren Sinne unterschieden. Vielmehr stehen bei allen Aktivitäten immer Tätigkeiten des *Sehens*, *Sortierens* oder *Strukturierens* im Vordergrund. Dabei werden die Kinder durch Impulse und Fragestellungen kognitiv aktiviert und zum Nachdenken über den mathematischen Inhalt, über ihr eigenes Denken oder ihre Denkentwicklung angeregt. Dadurch kann die Entwicklung metakognitiver Kompetenzen erreicht werden.

Arbeit an den Zahlvorstellungen	
Tätigkeiten zum ❖ Sehen ❖ Sortieren ❖ Strukturieren von Anzahlen, Termen, Aufgaben und deren Beziehungen.	❖ Impulse ❖ Fragestellungen
Aufbau metakognitiver Kompetenzen	

Abb. 6.1:   Modell zur Zahlenblickschulung

Im Folgenden werden die einzelnen Aspekte des Modells beleuchtet.

Gestaltung der Aktivitäten

Schon in der Elementarbildung spielt die Entwicklung mathematischer „Denk- und Handlungsweisen" (Rathgeb-Schnierer 2012, 52 ff.; vgl. auch Piaget 1964[23]) – verbunden mit den mathematisch-inhaltlichen Aspekten – eine wesentliche Rolle. Diese Denk- und Handlungsweisen werden bei den Aktivitäten zur Schulung des Zahlenblicks unter einer veränderten Schwerpunktbildung gezielt eingesetzt, um den Rechendrang aufzuhalten und auf Beziehungen zu fokussieren. Bei den Tätigkeiten zum *Sehen*, *Sortieren* und *Strukturieren* von Anzahlen, Zahlen, Termen, Zahlensätzen und Aufgaben stehen deren Beziehungen im Mittelpunkt der Arbeit und der Diskussion.

Bei der Zahlenblickschulung treten an die Stelle von Klassifizieren, Seriieren und Strukturieren die Begriffe *Sehen*, *Sortieren* und *Strukturieren* (Abb. 6.2): aus Klassifizieren wird *Sortieren*, aus Seriieren kann sowohl *Sortieren* als auch *Strukturieren* werden, während Aktivitäten des Strukturierens auch bei der Zahlenblickschulung so erhalten bleiben. *Sortieren* und *Strukturieren* verlangen eine ausdauernde Auseinandersetzung mit dem Inhalt. Daneben gibt es auch Tätigkeiten, die sich auf kurzzeitige Wahrnehmung richten und als *Sehen* bezeichnet werden: Sie können klassifizierende, seriierende oder auch strukturierende Elemente enthalten (Abb. 6.2). Der Unterschied zum *Strukturieren* und *Sortieren* liegt darin, dass beim *Sehen*, im Vergleich zu den soeben genannten Tätigkeiten, ein einzelner Aspekt herausgegriffen und unmittelbar auf den Reiz reagiert werden soll.

---

23 Piaget (1964, 55 ff.) spricht von logisch-formalen Operationen wie Klassifizieren, Ordnen und Seriieren.

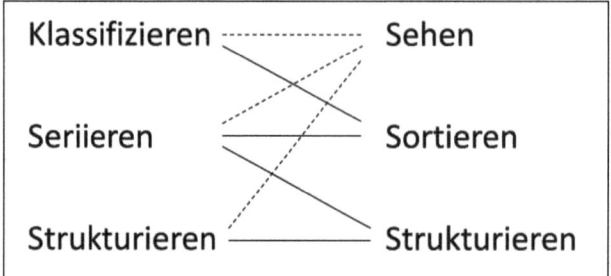

Abb. 6.2: Verbindung der Denk- und Handlungsweisen mit den Tätigkeiten der Zahlenblickschulung

Diese drei Formen von Aktivitäten bei der Zahlenblickschulung werden nachfolgend genauer betrachtet:

Sehen

Sehen meint Wahrnehmen von Anzahlen und Zahlbeziehungen. Dazu passende
Aktivitäten stellen Aufgaben zum Üben des geschickten Sehens von Anzahlen, Zahlen und deren Beziehungen dar.

Sortieren

Beim Sortieren werden Aufgaben nach vorgeschriebenen Kriterien geordnet. Diese
können sowohl subjektiv, wie beispielsweise „leicht" oder „schwer", als auch objek-
tiv, wie „mit Zehnerübergang" und „ohne Zehnerübergang", sein (Rathgeb-Schnierer 2006a, 11). Bei den Aktivitäten zum Sortieren steht das Betrachten der Aufgaben
im Mittelpunkt. Mit dem Sortieren zu objektiven Kriterien ist die Betrachtung der
Zahlen oder Aufgaben im Hinblick auf vorgegebene objektive Kategorien verbunden. Beim Sortieren zu subjektiven Kriterien handelt es um die Einschätzung der
Aufgaben im Hinblick auf die eigenen Fähigkeiten und gegebenenfalls eines geeigneten Lösungsweges. In beiden Fällen wird beim Sortieren der Blick auf Zahl- und
Aufgabenbeziehungen gelenkt.

Strukturieren

Das Strukturieren entspricht dem Ordnen von Mengen (Zahlen), Termen und Aufgaben. Dazu passen Aktivitäten, bei denen das Wahrnehmen und Bilden von Zahl-,
Term- und Aufgabenbeziehungen im Vordergrund stehen. Dabei werden Aufgaben
systematisch angeordnet, zueinander in Beziehung gesetzt oder Aufgabengruppen
gebildet.

Rolle der Anschauungsmittel

Jedem Zahlaspekt können entsprechende Anschauungsmittel zugeordnet werden
(Kapitel I 3.2 und I 4). Dabei lassen sich zwei didaktische Funktionen unterscheiden:
im einen Fall wird das Anschauungsmittel zur Darstellung des Lösungsweges im

arithmetischen Sinne genutzt und im anderen Fall zur Darstellung von Beziehungen zwischen Zahlen, Termen oder Gleichungen (Kapitel I 4.1).

Söbbeke (2009, 115) zeigt auf, dass verschiedene Deutungsweisen bei der Nutzung von Anschauungsmitteln möglich sind:[24]

1. Gebrauchsweise: „Addition von Mengen"
2. Gebrauchsweise: „Operative Veränderungen vornehmen und nutzen"
3. Gebrauchsweise: „Gesetzmäßigkeiten erkennen und erklären"

Im Weiteren werden die von Söbbeke dargestellten Gebrauchsweisen der Anschauungsmittel im Hinblick auf die Schulung des Zahlenblicks beleuchtet.

Anschauungsmittel als Hilfsmittel zur Rechenwegsentwicklung
Der Einsatz und die Art des Umgangs mit dem jeweiligen Anschauungsmittel haben eine wesentliche Auswirkung auf das Lernen von Zusammenhängen; im Mittelpunkt steht ein verständiger und reflektierter Umgang (vgl. u.a. Lorenz 1992, 2011; Schipper 2011; Thompson 2003; Wittmann 1995).

> **„Für den Lernprozeß sind nicht die Anschauungsmittel an sich, sondern die strukturierenden Operationen der Lernenden an den Anschauungsmitteln entscheidend."** (Wittmann 1995, 25; Hervorhebungen im Original)
> „Es bedarf [daher] didaktisch einer *Aufmerksamkeitsfokussierung*, die die Perspektive des Schülers auf die für den Unterricht relevanten arithmetischen Aspekte lenkt, also insbesondere auf die in der Handlung sich ergebenden *numerischen Veränderungen* und deren Beziehungen untereinander." (Lorenz 1992, 184; Hervorhebungen im Original)

Diesen Forderungen wird bei der Zahlenblickschulung durch Tätigkeiten des Sehens und Sortierens nachgegeben, wodurch sich der Blick auch beim arithmetischen Rechnen von Aufgaben auf Zusammenhänge und Beziehungen richtet. Dies bewirkt einen Wechsel vom Hilfsmittel als Lösungsfindungsinstrument hin zum Anschauungsmittel für algebraische Zusammenhänge (Rechtsteiner-Merz 2011b, 45 ff.). Damit stehen auch bei der Entwicklung von Rechenwegen operative Veränderungen im Mittelpunkt, was der zweiten Gebrauchsweise von Söbbeke entspricht (Söbbeke 2009, 115).

Anschauungsmittel zum Erkennen von Strukturen
Außer zum Ausrechnen von Aufgaben können Anschauungsmittel auch dazu dienen, Strukturen auf unterschiedliche Arten zu deuten und darin operative Veränderungen vorzunehmen, wodurch Gesetzmäßigkeiten sichtbar werden. Nutzt man Anschauungsmittel in dieser Weise, können sie als *„epistemologische Werkzeuge"* (Söbbeke/Steenpaß 2010, 216; Hervorhebung im Original) bezeichnet werden, die zum Erkennen von Beziehungen anregen (Wittmann 1998, 158 f.).

---

24 Folgende Aufzählung ist wörtlich aus Söbbeke 2009, 115 f. zitiert.

„Die verschiedenen Deutungen und Sichtweisen ein- und desselben Materials sind fundamental für den Aufbau eines nachhaltig stabilen mathematischen Wissens. (Söbbeke 2009, 116)

Ausbildung metakognitiver Kompetenzen

Sjuts (2001) beschreibt Metakognition als „das Wissen und Denken über das eigene kognitive System sowie die Fähigkeit, dieses System zu steuern und zu kontrollieren" (ebd., 61, vgl. Sjuts 1999, 45 f., 2003, 18). Dabei unterscheidet er (2003, 18 f.) drei Aspekte der Metakognition: den deklarativen, den prozeduralen und den motivationalen Aspekt.

Unter dem deklarativen Aspekt versteht er das Wissen über das eigene Wissen und Denken. Dies bedeutet im Bereich der Mathematik beispielsweise, eigene Vorgehensweisen bei Lösungsfindungen zu reflektieren oder die Schwierigkeit der Aufgabe in Bezug zu den eigenen Fähigkeiten einzuschätzen (ebd., 18 f.).

Der prozedurale Aspekt umfasst die Betrachtung der eigenen Vorgehensweisen und Planungsschritte während der Bearbeitung eines Problems oder einer Aufgabe. Auch die Reflexion der eigenen Denk- und Lernentwicklung, welche sich über mehrere Wochen oder Monate erstreckt, kann damit gemeint sein (ebd., 18 f.).

Den Willen zur Auseinandersetzung mit dem eigenen Denken beschreibt Sjuts als motivationale Metakognition (ebd., 18 f.).

Er hebt hervor, dass metakognitive Kompetenzen nicht isoliert ausgebildet werden, sondern im Zusammenspiel mit förderlichen Aktivitäten während des Mathematiklernens stehen:

„Metakognition kann es nicht geben für sich allein, sondern nur in Parallelität zur Kognition, nicht nachgeordnet, nicht übergeordnet, sondern nebengeordnet als erforderliche Begleitung und Ergänzung." (Sjuts 2001, 67)

Dies macht deutlich, dass der Mathematikunterricht Aktivitäten benötigt, die den Blick auf Strukturen und Zusammenhänge lenken und Anlass zum Nachdenken und Austausch bieten:

Für die je unterschiedlichen Vorhaben wie Begriffs-, Konzept- oder Theoriebildung sind passende Mikrowelten zu entwickeln, je nach Unterrichtgegebenheiten auszugestalten, anzubieten und schließlich auch so zu verwirklichen, daß die Lernenden mentale Modellvorstellungen aufbauen, die sich durch große Tragfähigkeit und stete Benutzbarkeit auszeichnen. (Sjuts 1999, 45)

Sjuts beschreibt Metakognition als „*Hilfe zur Selbsthilfe*" (2001, 68; Hervorhebung im Original), da das Wissen und die „Regulierung der Lern- und Denkprozesse" (ebd., 68) das Lernen in hohem Maße unterstützen.

Sjuts' Ausführungen basieren im Wesentlichen auf Untersuchungen mit älteren Schülern. Dass sich aber diese Ausführungen und damit verbunden die Entwicklung metakognitiver Kompetenzen auch auf jüngere Kinder übertragen lassen, zeigt die Studie von Whitebread und Coltman (2010). Ihre Untersuchung war im Bereich frühkindlichen mathematischen Lernens angesiedelt. Es wurde deutlich, dass entgegen der Ergebnisse aus früheren Studien, in denen Selbstauskünfte der Kinder im Zentrum standen, Kinder durch Handlungen verbunden mit Sprache durchaus metakognitive Kompetenzen zeigen (ebd., 176). Auch Kinder, die Schwierigkeiten beim Lernen mathematischer Inhalte zeigen, profitieren wesentlich von einem Unterricht, in dem metakognitive Kompetenzen durch gezieltes Nachfragen oder Sprechen über Vorgehensweisen, Transfermöglichkeiten oder Verallgemeinerungen gefördert werden (Kramarski et al. 2010, 187 ff.). Während gute Kinder vor allem vom Transfer auf andere Aufgaben profitieren, konnten schwächere Kinder diese metakognitiven Aktivitäten besonders auf Routineaufgaben, aber auch auf komplexere Fragestellungen anwenden (ebd., 189 f.).

Fazit

Die Schulung des Zahlenblicks ist eine Kombination von vielfältigen Aktivitäten zum Sehen, Sortieren und Strukturieren. Ziel ist hierbei, die Zahlvorstellungen und deren Beziehungen im Bereich aller Zahlaspekte konsequent zu fördern und durch den intensiven Austausch von unterschiedlichen Sicht-, Denk- und Vorgehensweisen die Entwicklung metakognitiver Kompetenzen anzuregen.

6.2.3 Aktivitäten zur Zahlenblickschulung

Im Folgenden werden exemplarisch je zwei Beispiele zu jedem Tätigkeitsbereich beschrieben und didaktisch reflektiert. Grundsätzlich wird dabei zwischen gestützten und formalen (vgl. Wittmann 1992, 178 ff.; Kapitel I 4.1) Aktivitäten zur Zahlenblickschulung unterschieden.

Aktivität zum Sehen mit Stützung

Leerer Zahlenstrahl

Aufgabenstellung: Die Kinder suchen einzelne Zahlen am leeren Zahlenstrahl (Abb. 6.3), markieren diese und begründen, warum die Zahl an der markierten Stelle ihren Platz haben muss. Es werden nicht alle fehlenden Zahlen eingetragen. Vielmehr wird der Blick auf einzelne Zahlen gerichtet, um diese in Relation zu anderen zu sehen (Lorenz 2003, 38 f.).

Abb. 6.3:   Leerer Zahlenstrahl

In der Umkehrung können Zahlen auch bereits markierten Stellen zugeordnet werden (vgl. Abb. 6.4). Die Überlegung, wie herausgefunden werden kann, um welche Zahl es sich handeln muss, steht im Vordergrund.

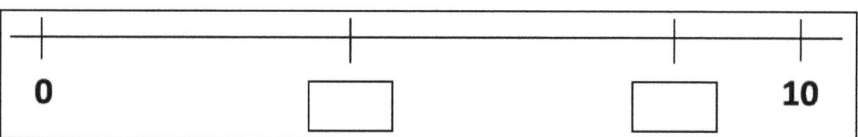

Abb. 6.4:   Leerer Zahlenstrahl mit Markierungen

Didaktische Reflexion: Diese Aktivitäten können dem Strang der Größenvorstellung und dabei dem Maßzahlaspekt zugeordnet werden. Durch das Eintragen einzelner Zahlen in Relation zu den Intervallen stehen Größenbeziehungen im Zentrum. Es kann sich in einem Zahlenintervall um unmittelbare Nachbarn handeln, wie beim Eintragen der Neun, ebenso aber auch um Halbierungen, wie beim Eintragen der Fünf. Die Veranschaulichung am leeren Zahlenstrahl dient als Stütze.

Mithilfe folgender Impulse kann die Reflexion über das eigene Handeln und Denken sowie der Austausch mit anderen angeregt und vertieft werden:

- An welcher Stelle hat die Fünf ihren Platz?
- Woher weißt du, dass die Fünf hier sein muss?
- Ist die Fünf näher bei der Null oder bei der Zehn?
- Wie kannst du das erklären oder zeigen?
- An welche Stelle gehört die Sieben oder die Neun?

Indem sich die Kinder über ihre Vorgehensweisen, Überlegungen und Argumente bewusst werden, können deklarative metakognitive Kompetenzen ausgebildet werden (vgl. Rechtsteiner-Merz 2012, 94 f.).

Aktivität zum Sehen auf formaler Ebene

Immer zehn

Aufgabenstellung: Ziel ist es, Zahlenpaare (der Zahlen Null bis Zehn) zu identifizieren, aus denen durch Addition die Zehn gebildet werden kann (Schütte 2004b, 71). Es kann zu zweit oder dritt gespielt werden. Zwei Karten liegen offen, die anderen auf einem Stapel. Kann aus diesen beiden Karten noch keine Zehn gebildet werden, so wird von den Schülern reihum je eine Karte aufgedeckt und auf eine der beiden offen liegenden Zahlen gelegt. Derjenige, der so eine Zehn bilden kann, erhält alle bereits abgelegten Karten.

Variation: immer zwölf

Bei dieser Variante wird mit den Karten Null bis Sechs gespielt. Jeder Spieler erhält zu Beginn drei Karten. Diese werden reihum auf dem Spielplan (vier Felder) abgelegt. Für jede abgelegte Karte wird sofort eine neue aus dem Stapel nachgezogen.

Ziel ist es, die Karten so auszuwählen und zu legen, dass alle vier zusammen die Zwölf ergeben. Wer dies erreicht, erhält alle bereits abgelegten Karten. Das Spiel ist zu Ende, wenn die Spieler keine Karten mehr auf der Hand haben. Sieger ist, wer die meisten Karten hat.

Didaktische Reflexionen: In diesen Spielen stehen die Zerlegungen der Zahlen zehn beziehungsweise zwölf im Mittelpunkt. Durch das Finden passender Zerlegungen soll spielerisch der Blick auf die Zahlbeziehungen gelenkt werden.

Durch Fragen wie „warum ist welche Karte passend oder unpassend?" werden die Kinder angeregt, über die Zerlegungen der Zehn beziehungsweise der Zwölf nachzudenken. Auch das „Übersehen" möglicher Karten regt zum Denken an.

Diese Aktivitäten implizieren inhaltliche Aspekte des algebraischen Strangs, im Besonderen des Rechenzahlaspekts.

Aktivität zum Sortieren mit Stützung

Unter zehn, genau zehn oder über zehn?

Aufgabenstellung: Zwei Kinder spielen gemeinsam. Zunächst werden die drei Karten mit den Sortierkategorien (bleibt unter der 10, trifft die 10, geht über die 10) auf dem Tisch ausgebreitet. Zwei Stapel Zehnerfeldkarten liegen verdeckt nebeneinander. Es werden immer zwei Karten gleichzeitig umgedreht (ähnlich wie bei dem Spiel „Schnipp-Schnapp") (Abb. 6.5). Diese müssen nun, durch schnelles „Zusammensehen" der beiden Mengen, einer der drei Kategorien zugeordnet werden (Rathgeb-Schnierer 2007, 111 f.).

Nachdem alle Kartenpaare zugeordnet sind, kann noch einmal genau untersucht werden, ob die Paare passen; eventuell können Karten auch umsortiert werden.

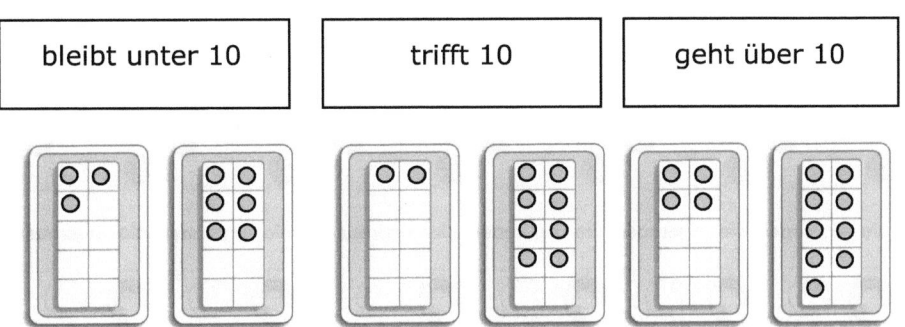

Abb. 6.5: Sortieren von Zehnerfeldkarten-Paaren

Didaktische Reflexion: Bei dieser Aktivität steht das Zusammensehen der beiden Karten im Mittelpunkt. Damit ist diese Aktivität dem algebraischen Strang, im Besonderen dem Rechenzahlaspekt mit kardinaler Anschauung zuzuordnen. Die Kartenpaare können in zweierlei Hinsicht miteinander verglichen werden: einmal mit Blick auf die Zerlegungen (algebraische Vorstellung) und einmal im Hinblick auf ihre Entfernung zur Zehn (Größenvorstellungen).

Bei dieser Aktivität geht es nicht darum, die genaue Augenzahl auf beiden Karten zu bestimmen. Durch das schnelle „Zusammensehen" wird vielmehr zunächst ein Abschätzen angestrebt. Erst in einem nächsten Schritt sollten die beiden Augenzahlen mental zu einem neuen Zahlbild umsortiert und damit addiert werden.

Durch folgende Fragestellungen lässt sich Metakognition anregen:

- Bei welchen Karten konntest du ganz schnell sehen, wohin sie passen? Warum?
- Gab es Karten, bei denen du genau schauen musstest? Warum? Wie konntest du schließlich erkennen, wohin sie passen?
- Gibt es Kartenpaare, die ganz ähnlich sind?
- Wie kannst du überprüfen, ob du richtig gerechnet hast?

Aktivität zum Sortieren auf formaler Ebene

Schatzkästchenaufgaben

Aufgabenstellung: Die Kinder werden angeregt, verschiedene Termkarten im Zahlenraum bis zwanzig in „leicht" und „schwer" zu sortieren: Die aus Sicht der Kindes einfachen Aufgaben dürfen in das „Schatzkästchen" gelegt werden (Rechtsteiner-Merz 2011a, 13; 2012, 98). Aufgaben, zu denen das Kind noch keinen geeigneten Lösungsweg kennt oder das Ergebnis nur zählend herausfindet, werden im Briefumschlag so lange aufbewahrt, bis auch diese in das Schatzkästchen eingeordnet werden dürfen (Abb. 6.6).

Abb. 6.6: Sortieren in leicht und schwer

Da das Einschätzen der Schwierigkeit einer Aufgabe ein sehr individueller Vorgang ist, arbeitet zunächst jedes Kind bei dieser Aktivität allein.

Im Anschluss an die Sortierphase gehen die Kinder in Partnerarbeit dazu über, sich gegenseitig sowohl die (leichten) „Schatzkästchenaufgaben" als auch die (noch schwierigen) „Briefumschlagaufgaben" vorzustellen und die Zuordnung zu begründen.

Es bietet sich an, die Aktivität wöchentlich zu wiederholen. Damit können die Kinder ihren eigenen Fortschritt über einen längeren Zeitraum hinweg verfolgen und lernen, ihn einzuschätzen.

Didaktische Reflexion: Das Sortieren von Termkarten ist dem Rechenzahlaspekt und damit dem algebraischen Strang zuzuordnen. Bei der Einteilung der Aufgaben in „leicht" und „schwer" liegt der Fokus zunächst nicht auf der Berechnung des Ergebnisses, vielmehr schätzen die Kinder die Aufgaben individuell ein und diskutieren anschließend ihre Überlegungen im gemeinsamen Gespräch mit anderen. Dieses bewusste Betrachten der Aufgaben macht auf „aufgabenspezifische Merkmale" (Rathgeb-Schnierer 2008, 10) und „Aufgabenschwierigkeiten (ebd., 10) aufmerksam, die sowohl auf Zahl- und Term- als auch auf Aufgabenbeziehungen beruhen können.

Folgende Fragestellungen können die deklarative Metakognition in den verschiedenen Arbeitsphasen unterstützen:
- Warum sind diese Aufgaben für mich besonders einfach/besonders schwer?
- Kann ich meinem Nachbarn an den Zehnerfeldkarten oder an einem anderen Anschauungsmittel, wie beispielsweise dem Abaco, meinen Lösungs- oder Denkweg erklären?
- Sehe ich die Lösung auf einen Blick, kenne ich einen Trick, muss ich die Finger benutzen oder die Punkte zählen? Woran liegt das?
- Wie geht mein Nachbar bei dieser Aufgabe vor? Kann ich das nachvollziehen?

Durch das wiederholte Sortieren in regelmäßigen Abständen wird den Kindern die Entwicklung der eigenen Rechenfähigkeit bewusst. Auch durch Gespräche über Veränderungen bei der Zuordnung wird die Ausbildung von prozeduralen, metakognitiven Kompetenzen angeregt.

Aktivität zum Strukturieren mit Stützung

Das Zahlenhaus – Zerlegungen finden und strukturieren

Aufgabenstellung: Die Aktivitäten gehen vom freien Ausprobieren zum strukturierenden Arbeiten über:
- Werfen von Wendeplättchen: Eine vom Kind gewählte Anzahl an Wendeplättchen wird in der Hand geschüttelt und hochgeworfen. Die entstandene Zerlegung in rote und blaue Plättchen wird notiert.
- Zum Beispiel: Fünf Plättchen werden hochgeworfen, auf dem Tisch liegen anschließend drei rote und zwei blaue Plättchen. Das Ergebnis kann nun auf verschiedene Arten dokumentiert werden, beispielsweise indem das Kind die Plättchen aufmalt oder das Ergebnis in „seiner" Zahlensprache (3 /2 oder 3 + 2) notiert. Ergibt sich die gleiche Zerlegung im Laufe des Spielens noch einmal, so

wird hinter die erste Notation derselben ein Strich gemacht. Dadurch entsteht ein Strichdiagramm (Wittmann/Müller 2004a, 18).

- Schüttelkästen: Wie in der vorigen Übung wählt das Kind eine Zahl aus, die es zerlegen möchte – die entsprechende Anzahl Perlen kommt in den Schüttelkasten. Durch das Schütteln entstehen verschiedene Zerlegungen der gewählten Zahl, die das Kind frei, wie oben dargestellt, oder im Zahlenhaus ikonisch oder symbolisch notiert.

- Zerlegungen strukturieren und darstellen: Die Kinder legen die verschiedenen Zerlegungsmöglichkeiten mit Wendeplättchen oder zeichnen sie auf (Scherer 2006, 176). Anschließend werden diese so strukturiert, dass untersucht werden kann, ob alle Möglichkeiten gefunden wurden. Die Terme werden notiert und entsprechend der Anordnung zugeordnet (Abb. 6.7).

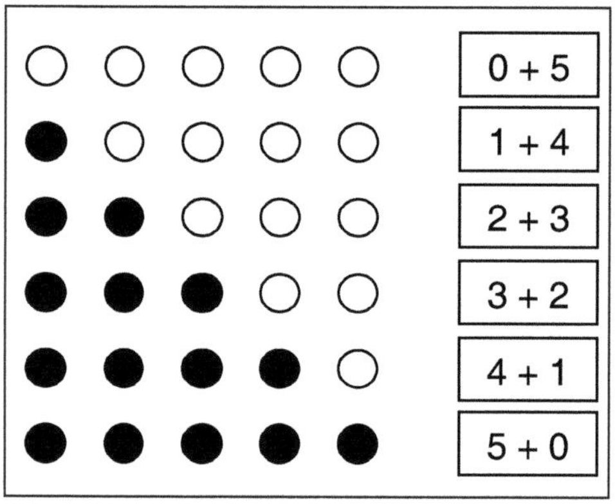

Abb. 6.7:   Strukturiertes Zerlegen

Didaktische Reflexion: Diese Übungen sind dem algebraischen Strang am Übergang vom kardinalen Zahlaspekt zum Rechenzahlaspekt zuzuordnen. Einerseits werden kardinale Aktivitäten durchgeführt, andererseits die Ergebnisse auf der Ebene der Rechenzahl notiert. Beim strukturierten Vorgehen liegt der Schwerpunkt auf dem Rechenzahlaspekt; die kardinale Darstellung dient der Illustration, durch die gewisse Regelmäßigkeiten – und damit Muster – auffällig werden. Dabei können Fragen nach der Bedeutung der Tauschaufgabe oder der Sinnhaftigkeit der Zerlegung mit Null auftauchen. Ebenso können die Kinder auch das Prinzip des gegensinnigen Veränderns entdecken. Wie bei den anderen Aktivitäten zur Zahlenblickschulung steht auch hier das Strukturieren und Suchen nach Erklärungen im Mittelpunkt, was die unreflektierte Produktion zahlreicher Zerlegungen oder schneller Lösungen verkündet. Dadurch werden die Kinder angeregt, über ihre Vorgehensweisen nachzudenken, sich auszutauschen und geschickte Möglichkeiten bei der Strukturierung zu erproben. Dies regt die Ausbildung deklarativer metakognitiver Kompetenzen an.

Aktivität zum Strukturieren auf formaler Ebene

Aufgabenfamilien

Aufgabenstellung: Im Zentrum steht eine bekannte Aufgabe (hier 5 + 5 = 10), zu der die Kinder vorgegebene verwandte Aufgaben sinnvoll in Beziehung setzen und entsprechend anordnen. Die Darstellung in Abbildung 6.8 zeigt *eine* von vielen Möglichkeiten.

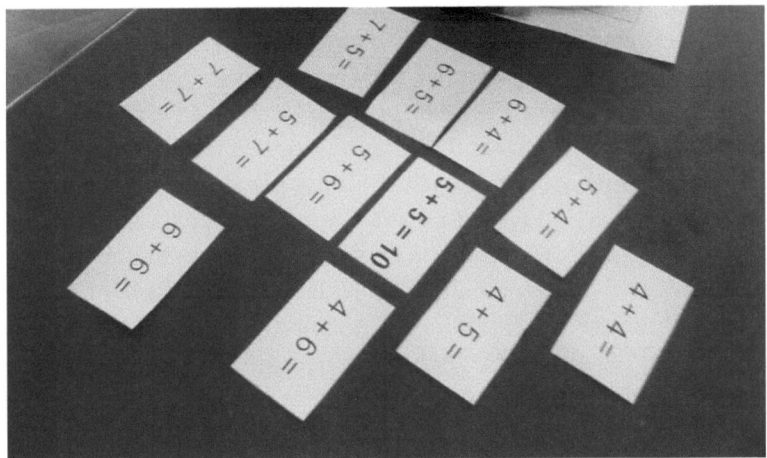

Abb. 6.8:   Aufgabenfamilie zu 5 + 5 = 10

Im Austausch mit ihren Mitschülern diskutieren die Kinder ihre Überlegungen. Dabei können die Zusammenhänge zwischen den Nachbaraufgaben mithilfe von Punktefeldkarten oder einem anderen Anschauungsmittel wie beispielsweise dem Abaco dargestellt werden (Rechtsteiner-Merz, 2011a, 10; 2012, 96).

Variationsmöglichkeiten:

- Zu einer vorgegebenen Aufgabe entwickeln die Kinder selbst verwandte Aufgaben und notieren diese (Abb. 6.9).

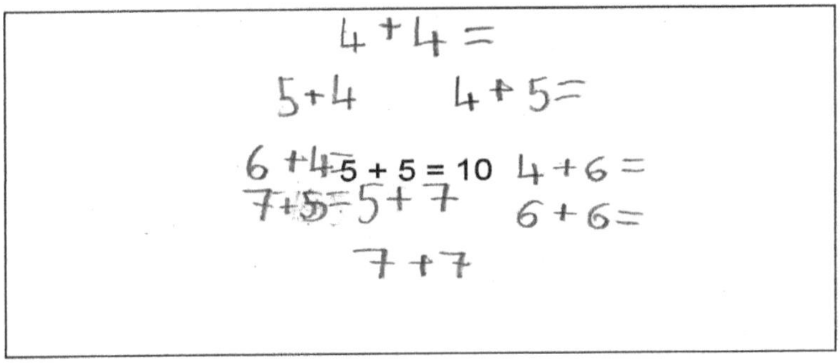

Abb. 6.9:   Erfinden passender Zahlensätze zu einer Aufgabenfamilie (Rechtsteiner-Merz 2011a, 10)

113

- Die Kinder wählen sich eine Basisaufgabe frei aus und versuchen, möglichst viele verwandte Aufgaben zu notieren.

Didaktische Reflexion: Bei dieser Aktivität steht der Rechenzahlaspekt innerhalb des algebraischen Strangs im Vordergrund. Im Wesentlichen richtet sich der Blick auf Beziehungen zum Tauschen der Summanden, zum gegensinnigen Verändern und zum Verändern um eins. Damit ermöglicht diese Aktivität gezielt den Blick auf Aufgabenbeziehungen, wobei die gesamte Gleichung relevant ist. Zur Klärung oder Überprüfung der Zahlensätze kann zusätzlich auf ein kardinales Anschauungsmittel zurückgegriffen werden.

Im ersten Zugang wird der Schwerpunkt zunächst auf das Erkennen der Term- und Aufgabenbeziehungen gelenkt. Das Sortieren bereits vorhandener Zahlensatzkarten kann den Blick auf den Lösungskontext unterstützen.

Produzieren die Kinder selbstständig verwandte Aufgaben (wie in der Variation beschrieben), so lernen sie aktiv, aus einer bereits vorhandenen Aufgabe durch Subtraktion oder Addition von eins oder zwei eine Nachbaraufgabe zu entwickeln. Dadurch wird es auch möglich, die Nutzung von Aufgabenbeziehungen beim Rechnen zu diskutieren: „Hilft dir eine Aufgabe beim Lösen einer anderen?"

Sowohl die unterschiedlichen Strukturen, die sich beim Legen der Zahlensatzkarten ergeben als auch die Überlegungen zum Nutzen von Hilfsaufgaben regen zum Nachdenken an – über das eigene Denken und bisherige Vorgehen beim Rechnen und im Austausch mit anderen über deren Denken. Dies entspricht der Ausbildung deklarativer metakognitiver Kompetenzen.

Besondere Schwierigkeiten beim Rechnenlernen

Nicht alle Kinder lernen, problemlos zu rechnen. Einige davon entwickeln bereits sehr früh Schwierigkeiten[25].

Die Entwicklungen des Zahlbegriffs und des Rechnens liegen im Anfangsunterricht eng beisammen. Die Zahlbegriffsentwicklung kann einerseits aus der kognitions- und entwicklungspsychologischen, andererseits aus der fachdidaktischen Perspektive betrachtet werden. Infolgedessen ergeben sich bezogen auf Schwierigkeiten beim Rechnenlernen unterschiedliche Erklärungen zu möglichen Ursachen (Kapitel I 7), entsprechend variieren auch die Präventions- und Fördermaßnahmen (Kapitel I 9). Die auftretenden Symptome werden in Kapitel I 8 beschrieben.

7   Mögliche Ursachen für die Entwicklung von Schwierigkeiten beim Rechnenlernen

Die Kognitions- und Entwicklungspsychologie betrachtet tendenziell eher Risikofaktoren beim Individuum (Kapitel I 7.1), während die Fachdidaktik sich vorwiegend auf Störungen bei mathematischen Lernprozessen konzentriert (Kapitel I 7.2). Erst die Zusammenschau beider Perspektiven ermöglicht ein umfassendes Bild der möglichen Risikofaktoren für das Rechnenlernen.

7.1   Die kognitions- und entwicklungspsychologische Perspektive

Bereits von Geburt an sind basale Fähigkeiten angelegt (u.a. Antell/Keating 1983; Feigenson/Carey/Hauser 2002; Starkey/Copper 1980; Starkey/Spelke/Gelman 1983; Wynn 1992; Xu/Arriaga 2007; Xu/Spelke/Goddard 2005), die sowohl für das frühkindliche als auch spätere schulische mathematische Lernen die Grundlage bilden (von Aster 2005, 15 ff.; Dehaene 1992, 30 ff.). Auf diesen Untersuchungen gründen die aus neuropsychologischer Perspektive beschriebenen verschiedenen Erklärungsansätze für die Ursachen von Dyskalkulie:
- Probleme in der kognitiven Verarbeitung (Geary 2003a, 2003b; Swanson/Jerman 2006; Swanson/Sáez 2003),
- Störungen der basalen Zahlenrepräsentation (u.a. van Eimeren/Ansari 2009; Price et al. 2007) sowie der Verbindung zur symbolischen Zahlenrepräsentation (Wilson/Dehaene 2007, 220 ff.) sowie schließlich
- Schwierigkeiten im Arbeitsgedächtnis verbunden mit solchen innerhalb der von Dehane (1992, 30 ff.) beschriebenen Module.

---

25 Im Folgenden wird jeweils der eher domänenspezifische Begriff für Rechenschwäche genutzt. In der Kognitions- und Entwicklungspsychologie spricht man in der Regel von Dyskalkulie, in der Mathematikdidaktik dagegen eher von besonderen Schwierigkeiten beim Erlernen des Rechnens oder von Rechenstörungen (vgl. Kaufmann 2010, 4).

7.1.1 Störungen in der kognitiven Verarbeitung

Vertreter dieses Ansatzes formulieren abhängig vom jeweiligen Problem verschiedene Bereiche als Ursache: Gedächtnisdefizite, Schwierigkeiten bei den exekutiven, visuell-räumlichen, sprachlichen oder motorischen Funktionen beziehungsweise Probleme im Arbeitsgedächtnis (Grube 2009, 182 ff.).

Geary (2003b, 204 ff.) beschreibt folgende drei Problembereiche beim Rechnenlernen:

- Schwierigkeiten im Arbeitsgedächtnis: Kinder, die prozedurale Schwierigkeiten im Arbeitsgedächtnis zeigen, greifen auf Prozeduren zurück, die in der Regel von viel jüngeren Kindern genutzt werden. Dadurch entstehen bei komplexeren Lösungen Überlastungen des Arbeitsgedächtnisses, die zu falschen oder stark verlangsamten Lösungen führen.
- Schwierigkeiten im semantischen Bereich: Diese können zu Problemen beim Abspeichern von Basisfakten führen und damit auch zu Schwierigkeiten beim Rückgriff auf Wissen aus dem Langzeitgedächtnis, was bei Faktenwissen wie dem kleinen Einspluseins oder Einmaleins besonders wichtig ist (vgl. auch Geary 2003a, 458; Swanson/Jerman 2006, 267 f.).
- Probleme in visuell-räumlichen Bereichen (Geary 2003b, 209): Kinder haben in diesem Fall beispielsweise Probleme in der Figur-Grund-Wahrnehmung und der Augen-Hand-Koordination sowie bei Orientierungen.

Bei diesen Untersuchungen lassen sich Studien unterscheiden, die die kognitive Leistungsfähigkeit der Probanden berücksichtigen und solche, die diese wenig in die Auswertung einbeziehen. Wird die allgemeine kognitive Leistungsfähigkeit der Probanden berücksichtigt, zeigt sich, dass die jeweiligen Vergleichswerte zu den Kontrollgruppen deutlich geringer ausfallen (Grube 2009, 191; vgl. Landerl/Kaufmann 2008, 119 f.):

> „Je extremer die Minderleistung im Rechnen ist und je stärker der Einfluss der Intelligenz kontrolliert wird, desto stärker scheint das Rechnen der betroffenen Kinder durch spezifisch zahlen- und mengenbezogene Defizite beeinträchtigt zu sein." (Grube 2009, 193)

Aus diesem Grund ist der Ansatz, Störungen in der kognitiven Verarbeitung zu begründen, nicht ganz unumstritten.

7.1.2 Störungen in der Zahlenrepräsentation

Vertreter dieses Ansatzes beschreiben Schwierigkeiten in der Zählentwicklung, Defizite beim Abrufen von Basisfakten (wie auch im oberen Ansatz) sowie Schwierigkeiten mentaler Zahlvorstellungen. Die Ursachen dafür werden hier allerdings in Problemen innerhalb der Module und in deren Verbindung untereinander gesehen (Abb. 7.1) (Wilson/Dehaene 2007, 220 ff.).

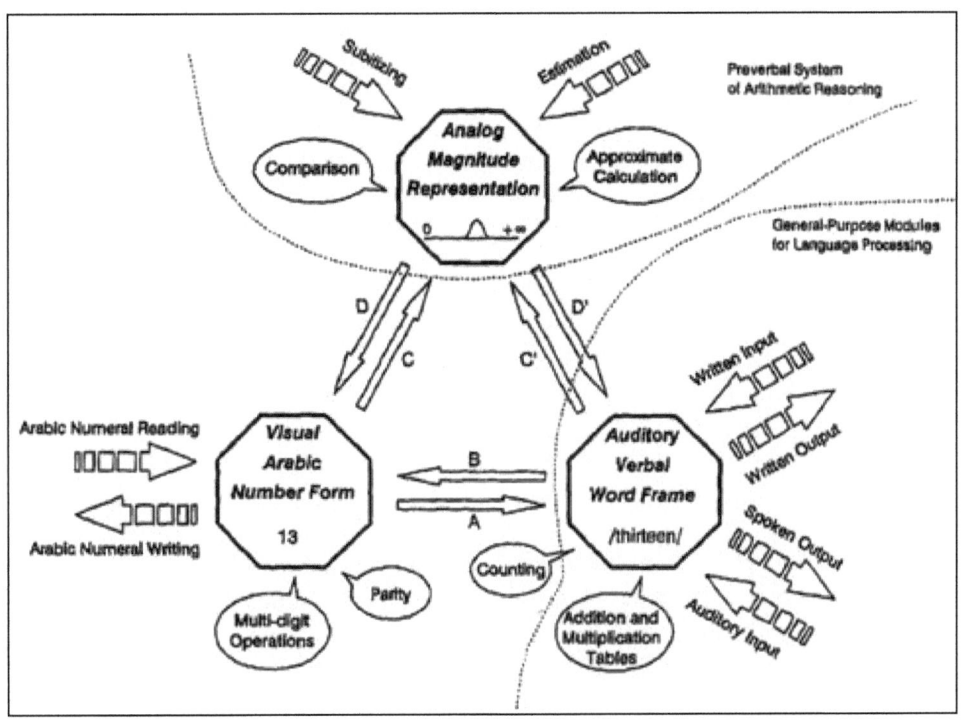

Abb. 7.1: Triple-Code-Modell (Dehaene 1992, 31)

Der Distanzeffekt wird an dieser Stelle als wichtiger Indikator gesehen. Bereits Säuglinge können Anzahlen von Objekten im kleinen Zahlenraum unterscheiden (Antell/Keating 1983, 697 ff.; Starkey/Cooper 1980, 1033 f.). Der Distanzeffekt, auch als „Größeneffekt" (Buckley/Gillmann 1974 nach Schweiter/von Aster 2005, 38) bezeichnet, beschreibt die Zeitdauer, die benötigt wird, um Größenunterschiede von Zahlen zu erfassen. In der Regel sinkt der Distanzeffekt mit zunehmendem Alter, wobei er sich bei ca. 10-jährigen Kindern stabilisiert (van Eimeren/Ansari 2009, 27). Holloway und Ansari (2009, 25 ff.) konnten bei 6- bis 8-jährigen Kindern feststellen, dass Kinder mit schwächeren mathematischen Leistungen einen stark ausgeprägten Distanzeffekt zeigten; Kinder mit Schwierigkeiten im Lese- und Schriftspracherwerb zeigten hingegen diesen Effekt nicht. Auch Landerl, Bevan und Butterworth (2004, 117 f.) konnten bei Zahlenvergleichen höhere Reaktionszeiten bei Kindern mit Dyskalkulie nachweisen. Daraus wird geschlossen, dass der Distanzeffekt in enger Verbindung mit der Entwicklung von arithmetischen Kompetenzen gesehen werden kann. Dyskalkulie wird somit als „eine Entwicklungsstörung" angesehen, „bei der ein grundlegendes System [...] fehlentwickelt ist" (van Eimeren/Asari 2009, 29). Auch Dehaene (1999) sowie Wilson und Dehaene (2007, 214 ff.) beschreiben, dass durch Störung des Moduls zur analogen Größenrepräsentation (Abb. 7.1) der Zahlensinn („number sense") im Sinne einer angeborenen Fähigkeit (Kapitel I 6.1.1) verloren geht; damit ist zugleich die Entwicklung tiefgreifender numerischer

Vorstellungen gefährdet. Diese Befunde werden von den Ergebnissen aus der Prädiktorenforschung[26] gestützt (Grube 2009, 1992 f.).

> „The present results, therefore, suggest either a weakened parietal representation of numerical magnitude in DD [developmental dyscalculia] and/or a reduced ability to access and manipulate numerical quantities." (Price et al. 2007, R1043; Erläuterung in Klammer durch die Autorin)

Auch Landerl und Kaufmann (2008, 19 ff.) beschreiben Dissoziationen zwischen verschiedenen Störungen, was ebenfalls den modularen Aufbau des neurokognitiven Systems von Zahlen stützt.

7.1.3 Schwierigkeiten in der (kognitiven) Verarbeitung im Arbeitsgedächtnis und in der Zahlenrepräsentation

Von Aster (2000, 53 f.; 2009, 204 ff.) führt neben möglichen Schwierigkeiten bei der Zahlenrepräsentation auch Probleme bei der kognitiven Verarbeitung im Arbeitsgedächtnis als Ursache für die Entwicklung einer Dyskalkulie auf. Hierfür zieht er das Modell zur Theorie der „Minimalen kognitiven Architektur" von Anderson (1992) heran (Abb.7.2).

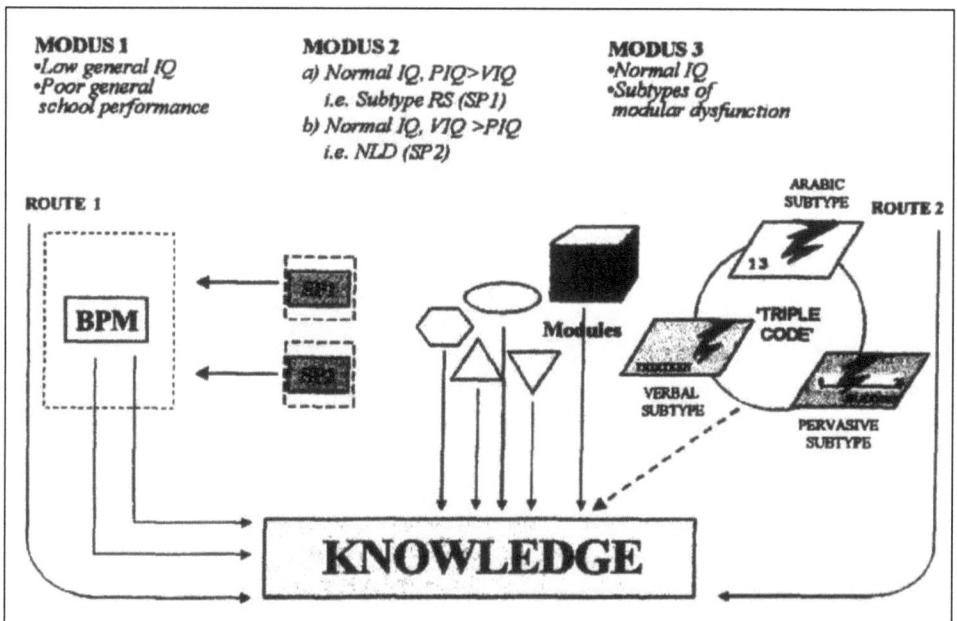

Abb. 7.2:   Theorie der „Minimalen kognitiven Architektur" (Anderson 1992). Adaptiert für Störungen der Zahlenverarbeitung und des Rechnens (von Aster 2000, 53)

---

26   Die Ergebnisse zur Prädiktorenforschung sind genauer nachzulesen in: Dornheim 2008; Kaufmann 2003; Krajewski 2003; Krajewski/Schneider 2006; Stock/Desoete/Roeyers 2007; Weißhaupt/Peucker/Wirtz 2006.

Das Schaubild kann folgendermaßen interpretiert werden:

Menschen mit schwächerer Intelligenz weisen eine Leistungsminderung im Arbeitsgedächtnis auf (Weg 1). Sie lernen daher in allen Bereichen schlechter – auch in Mathematik. Bei Menschen mit normalem Intelligenzquotienten können ebenfalls Schwierigkeiten in der kognitiven Verarbeitung im Arbeitsgedächtnis vorkommen: Diese sind im Allgemeinen spezifisch (Weg 1) in Bezug auf

- sprachabhängige Intelligenzleistungen (verbal-sequenzielle Informationsverarbeitung) oder
- nonverbale Intelligenzleistungen (visuell-räumliche und ganzheitliche Informationsverarbeitungen).

Eine andere Ursache für die Entwicklung von Dyskalkulie bei normaler Intelligenz sind Schwierigkeiten in den spezifisch mathematischen Modulen (Weg 2) (von Aster 2000, 52 ff.; 2009, 204 ff.). Laut Anderson ergänzen sich Denken und Wissen. Daher ist es sinnvoll, bei der Entstehung schulischer Schwierigkeiten den Zusammenhang zwischen Weg 1 und Weg 2 zu beachten.

> „Basale Verarbeitungsschwächen […] können die nutzungsabhängige Reifung spezifischer Module für einzelne Komponenten der Zahlenverarbeitung ebenso behindern wie ungünstige psychologische, soziale oder schulische Einflüsse." (von Aster 2009, 207)

Diese modulare Entwicklung verläuft weitgehend unabhängig von der kognitiven Entwicklung; dies bedeutet, dass sie sowohl besser als auch schlechter ausgebildet sein kann (Landerl/Kaufmann 2008, 109 f.).

Beeinträchtigungen durch Störungen des Arbeitsgedächtnisses

Ist Weg 1 durch Störungen in der kindlichen Sprachentwicklung oder der visuellen Informationsverarbeitung gehemmt, so kann sich dies auf die Modularisierung mit „verbalen oder visuell-arabischen Kodierungsmerkmalen" (von Aster 2005, 20) auswirken. Dies erklärt auch, warum Sprachentwicklungsstörungen sowie Lese- und Rechtschreibschwächen häufig mit numerischen Schwierigkeiten einhergehen (von Aster 2000, 53; 2005, 20). Haben Kinder in beiden Bereichen Probleme, so ist damit häufig ein Aufmerksamkeitsdefizit-Hyperaktivitäts-Syndrom (ADHS) verbunden, was das Lernen grundlegend beeinträchtigt (von Aster 2009, 208).

Auch frühkindliche Stresssymptome können sich negativ auf die Entwicklung zentraler Stützfunktionen der Intelligenz (Arbeitsgedächtnis, Aufmerksamkeit, BVM in Andersons Modell) (von Aster 2000, 55; 2005, 25 f.) auswirken.

Beeinträchtigungen durch Störungen der Module

Von Aster (2000) sowie von Aster, Weinhold Zulauf und Horn (2006) beschreiben drei Subtypen von Rechenstörungen im Bereich der kognitiven Zahlverarbeitung und des Rechnens:

Der „*tief greifende[n] Subtyp*" (von Aster 2005, 23; Hervorhebung im Original; vgl. auch 2009, 207) (Subtyp I) zeigt große Schwierigkeiten bei nahezu allen numerischen Fertigkeitsbereichen wie Zählen, quasi-simultanes Erfassen, Zahlvorstellungen und deren Repräsentation, häufig auch verbunden mit Auffälligkeiten im Verhalten (sowohl externalisierend als auch internalisierend) (von Aster 2005, 23).

> „We suggest that lack of understanding of numerosity, and a poor capacity to recognize and discriminate small numerosities [...] may prevent dyscalculics developing the normal meanings for numerical expressions and lead to their difficulties in learning and retaining information regarding numbers." (Landerl/Bevan/Butterworth 2004, 122)

Bei Kindern, die diesem Typ angehören, wird davon ausgegangen, dass sich infolge einer genetischen Disposition oder frühkindlichen Hirnfunktionsstörung die numerischen Kompetenzen nicht ausreichend ausbilden konnten (von Aster 2005, 24 f.; 2009, 208). Zu genetischen Störungen werden insbesondere das Turner-Syndrom (Dowker 2003, 196), das Fragile-X-Syndrom, aber auch die Spina bifida oder das Williams-Beuren-Syndrom gezählt (Landerl/Kaufmann 2008, 101).

Der „*sprachliche[r] Subtyp*" (von Aster 2005, 23; Hervorhebung im Original) (Subtyp II) zeigt nahezu ausschließlich Schwierigkeiten beim Kopfrechnen und Abzählen von Mengen oder beim Vor- und Rückwärtszählen (Landerl/Bevan/Butterworth 2004, 118 f.). Damit gehen häufig auch Probleme in der Sprach- und Schriftsprachentwicklung sowie Auffälligkeiten in der Aufmerksamkeit einher (von Aster 2005, 23). Kindern, die diesem Subtyp zugeordnet werden können, unterlaufen häufig bereits beim zählenden Rechnen Fehler; der Aufbau von Basisfaktenwissen gelingt in der Folge nicht und sie verharren beim zählenden Rechnen (von Aster 2005, 26 f.; 2009, 208). Auch Koponen et al. (2007) kommen in einer Einzelfallstudie zum Schluss, dass die Unfähigkeit der Ablösung vom zählenden Rechnen mit spezifischen Sprachschwierigkeiten zusammenhängt (ebd., 105 f.,). De Smedt et al. (2010) zeigten, dass die phonologische Bewusstheit nicht nur beim Lesenlernen, sondern auch bei Kindern mit Schwierigkeiten beim Rechnen eine Rolle spielt. Allerdings äußert sich dies nur bei Aufgaben im einstelligen Bereich und unabhängig von der Operation, also sowohl beim kleinen Einspluseins, beim Einsminuseins wie auch beim Einmaleins. Bei komplexeren Aufgaben hat das phonologische Bewusstsein keine Auswirkungen mehr (ebd., 516). Es wird deutlich, dass die phonologische Bewusstheit maßgeblich zum Abrufen von Fakten benötigt wird. Erste Auffälligkeiten können bereits bei der Sprachentwicklung sowie beim Abzählen von Mengen beobachtet werden.

Der „*arabische[n] Subtyp*" (von Aster 2005, 23; Hervorhebung im Original; 2009, 208) (Subtyp III) hat vor allem Probleme, das arabische Notationssystem zu erlernen (von Aster 2005, 23), also beim Übertrag arabischer Zahlzeichen in Zahlwörter und umgekehrt. In diesem Typ finden sich auffällig häufig Kinder, die Deutsch als Zweitsprache gelernt haben (von Aster 2009, 208). Auch hier können bereits im Vorschulalter erste Anzeichen auftreten.

Landerl, Bevan und Butterworth (2004, 121) kommen zu dem Schluss, dass kein Unterschied bezüglich der numerischen Fähigkeiten besteht zwischen Kindern mit (alleiniger) Dyskalkulie und solchen, die sowohl an einer Dyslexie als auch an einer Dyskalkulie leiden.

7.1.4 Entwicklungsmodell zur Zahlenrepräsentation

Auf der Grundlage der oben beschriebenen Annahme zur Entstehung der Dyskalkulie entwirft von Aster (2000, 54 f.) ein Modell, in dem die Entwicklung der Module zur Zahlenrepräsentation und deren Verknüpfungen beschrieben sind (Abb. 7.3). Aus diesem Modell lassen sich auch verschiedene äußere Einflussfaktoren ablesen.

Es wird deutlich, dass die Module sich zu unterschiedlichen Zeitpunkten der Entwicklung ausbilden und zunehmend ausdifferenzieren. Sie werden beeinflusst durch

- genetische Dispositionen,
- Umwelteinflüsse wie Familie, sozialer Status, kulturelle Einflüsse sowie institutionalisiertes Lernen und
- Interdependenzen der Module während der Entwicklung.

Der oben beschriebene Subtyp I hat genetisch bedingte oder durch Geburt entstandene Probleme im semantischen Modul. Ist dieses Modul beschädigt, so beeinträchtigt dies auch die Entwicklung der anderen Module. Beispielsweise können durch frühe Schwierigkeiten im semantischen Modul Zahlwörter nur inhaltsleer erlernt werden, was sich wiederum auf die Entwicklung des sprachlichen Moduls auswirkt (von Aster 2000, 54).

> „In conclusion, it seems that the arising and elaborating cognitive number representations are semi-autonomous during development, each depending on adequate developmental progress of the others." (von Aster 2000, 55)

Im Modell wird auch deutlich, dass die Entwicklung und damit auch Reifung der Module wesentlich durch äußere Einflüsse gekennzeichnet ist.

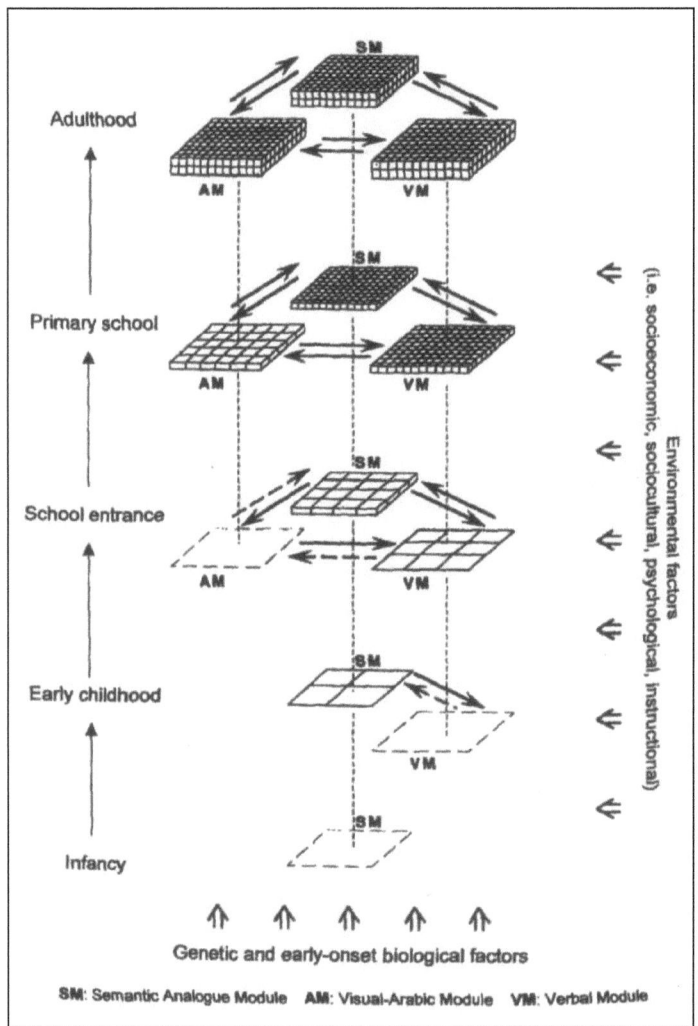

Abb. 7.3:   Modell zur Entwicklung der Module und deren Verknüpfung (von Aster 2000, 54)

Bereits im frühkindlichen Bereich können sich Schwierigkeiten bei der Zahlentwicklung zeigen. Von Aster, Schweiter und Weinhold Zulauf (2007) untersuchten in einer Langzeitstudie 337 deutsche und schweizer Kinder und begleiteten diese vom Kindergarten bis in die Grundschule. Dabei zeigten sich bereits im Kindergarten deutliche Defizite in numerischen Bereichen, also bei „Zählfertigkeiten (vorwärts, rückwärts, in 2er-Schritten), (beim) Benennen von Vorläufern und Nachfolgern, (beim) Zahlenlesen und -schreiben sowie (bei) Zahlenvergleichen (mündlich/ schriftlich)" (ebd., 91). Diese Probleme setzten sich bis in die Schulzeit fort (ebd., 94 ff.) (vgl. u.a. Dornheim 2008, Krajewski 2003).

Selbst einfaches Faktenwissen aufzubauen gestaltet sich bei Kindern mit Dyskalkulie schwierig (u.a. Kaufmann 2002), nicht zuletzt dadurch bedingt, dass sie sich häufig verzählen. Erschwerend kommt hinzu, dass diese Kinder oft „entwicklungspsychologisch unreifere" (Landerl/Kaufmann 2006, 105) Zählstrategien verwenden wie beispielsweise das Alleszählen und nicht von alleine auf Zählstrategien des Weiterzählens (auch vom größeren Summanden) übergehen.

In einem Kausalmodell beschreiben auch Landerl und Kaufmann (2008, 144 f.) Einflussfaktoren für die Entwicklung mathematischer Fähigkeiten (Abb. 7.4).

Wie in von Asters Modell bildet das Modul zur nicht-symbolischen Mengenrepräsentation das Kernstück. Im Vorschul- und Schulalter entwickeln sich die beiden anderen Module und damit die Zahlwörter und Zahlzeichen. Im Gegensatz zu von Asters Modell geht dieses über die Repräsentation von Zahlen hinaus und nimmt auch das Rechnen in den Blick. Allerdings werden hier unter „Erlernen des Rechnens" überwiegend das Abrufen von Fakten sowie die schriftlichen Rechenverfahren verstanden. Auch in diesem Modell werden die außerhalb des Individuums liegenden Einflussfaktoren sichtbar.

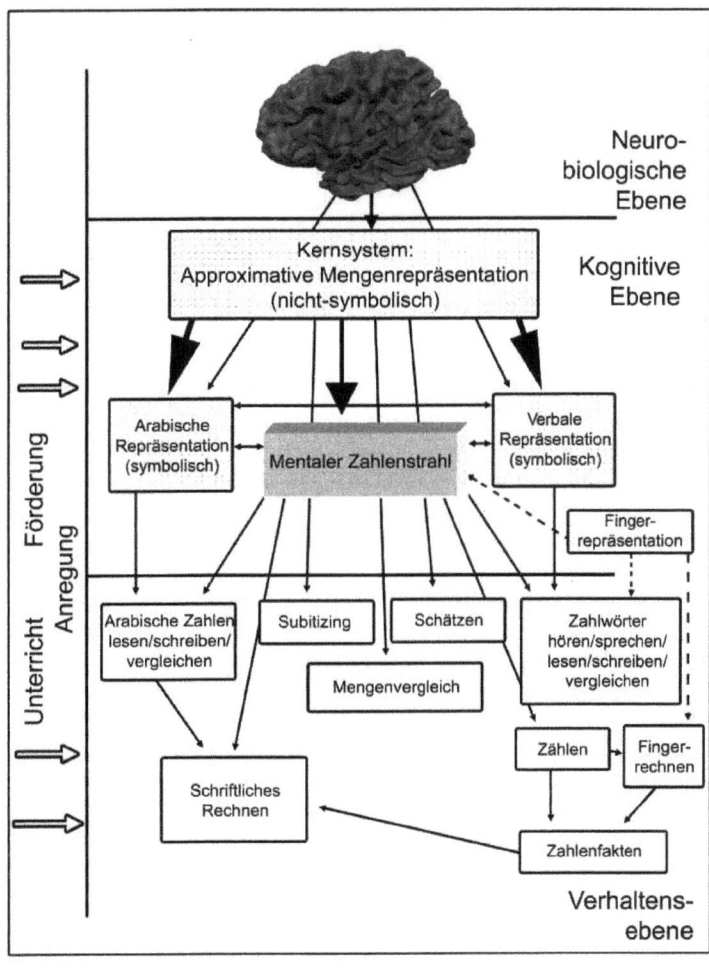

Abb. 7.4: Kausalmodell der basisnumerischen Verarbeitung (Landerl/Kaufmann 2008, 145)

7.2 Die fachdidaktische Perspektive

Aus fachdidaktischer Perspektive lassen sich keine Ursachen im Sinne von Kausalketten beschreiben. Vielmehr werden Risikofaktoren benannt, welche die Entwicklung von Schwierigkeiten begünstigen können (Schipper 2002, 251).

> „Eine Rechenstörung wird erst dann daraus, wenn die Prävention versagt und das Rechnenlernen missglückt" (Schipper 2002, 251)

Es besteht Einigkeit darüber, dass drei „Ursachenfelder" (Schipper 2002, 251 f.) für die Entwicklung von Schwierigkeiten beim Rechnen benannt werden können: das Individuum, das schulische Umfeld sowie das familiäre und soziale Umfeld (Abb. 7.5) (Allardice/Ginsburg 1983, 346 ff.; von Aster 2000, 54 ff.; 2009, 198; Kaufmann 2003, 29 ff.).

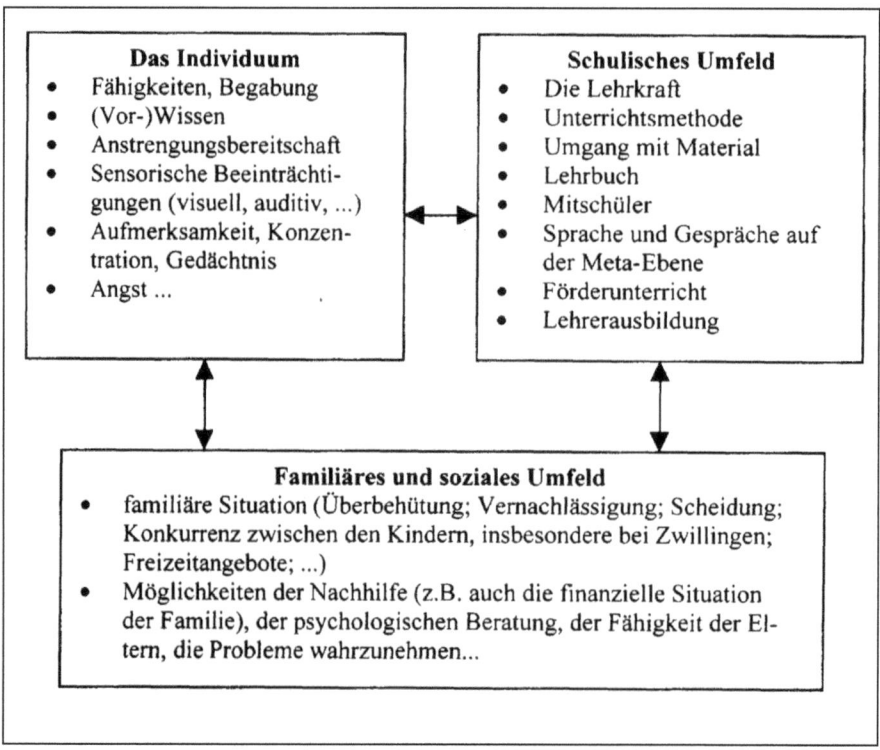

Abb. 7.5:   Ursachenfelder für Rechenstörungen (Schipper 2002, 252)

Treten besondere Schwierigkeiten beim Rechnenlernen auf, so sind immer alle Felder mit jeweils unterschiedlicher Gewichtung tangiert (Schipper 2002, 251). Dies zeigt sich auch in der großen Heterogenität der Erscheinungsbilder. Es findet sich kein ‚entweder – oder‘, vielmehr ein ‚sowohl – als auch‘, abhängig vom Kind und seinem Umfeld unter Berücksichtigung „über die Zeit hinweg komplex interagierender Faktoren" (Grube 2009, 181).

In Kapitel I 7.1 wurde der Blick auf das Individuum ausführlich dargestellt. Das folgende Kapitel wendet sich dem schulischen Einfluss zu, wobei überwiegend die Hierarchie der mathematischen Inhalte (Kapitel I 7.2.1) betont und weitere unterrichtliche Faktoren (Kapitel I 7.2.2) beschrieben werden. Das Feld „familiäres und soziales Umfeld" wird in dieser Arbeit nicht weiter erläutert, da es für die vorgestellte Untersuchung eine untergeordnete Rolle spielt.

Sowohl die Kausalmodelle (Landerl/Kaufmann 2008; von Aster 2000) als auch die fachdidaktischen Beschreibungen zur Zahlbegriffs- und Rechenentwicklung (Kapitel I 3 und I 4) zeigen, dass die Hierarchie bei diesen mathematischen Inhalten und damit verbunden die Notwendigkeit des Erwerbs vorausgehender Inhalte für die Entwicklung der Rechenfähigkeit ausschlaggebend sein können (u.a. Gerster 2007, 2009; Jansen 2007; Kaufmann/Wessolowski 2006; Meyerhöfer 2008, 2010, 2011; Wessolowski 2010). Neben der Hierarchie der Inhalte spielen aber auch Aspekte der Diagnose- und Unterrichtskultur eine wichtige Rolle.

7.2.1 Aufbau und Hierarchie der Inhalte

Damit Kinder beziehungsreich und auf Verständnis basierend Rechnen lernen können, müssen sie verschiedene Hürden überwinden (Gerster 2007, 16):

„Hürde 1: Neben ordinalen auch kardinale Zahlvorstellungen entwickeln (vom Reihenfolgeaspekt zum Anzahlaspekt).
Hürde 2: Zahlen als Zusammensetzung aus anderen Zahlen verstehen (Teile-Ganzes-Konzept).
Hürde 3: Das Stellenwertkonzept im Sinne des Teile-Ganzes-Konzeptes verstehen.
Hürde 4: Die vier Rechenoperationen im Sinne des Teile-Ganzes-Konzeptes verstehen.
Hürde 5: Rasche, mühelose Abrufbarkeit der Basisfakten zur Vermeidung der Überlastung des Arbeitsgedächtnisses erreichen (kleines Einsundeins, Einsminuseins, Einmaleins und Einsdurcheins beherrschen)." (Gerster 2007, 16)

„Sie[27] (die Hürden) stellen die zentralen Ankerpunkte dar, um die herum sich das herkömmliche mathematische Wissen und Können erst systematisieren kann. [...] Sie sind Hürden im Verstehen und im Fortkommen." (Meyerhöfer 2011, 411; Erläuterung in Klammer durch die Autorin)

Werden diese inhaltlichen Hürden nicht bewältigt, so werden sie zu sogenannten „Stolpersteinen" (Gerster 2007, 16) und damit zu Auslösern für die Entwicklung von Rechenschwierigkeiten (Meyerhöfer 2008, 601 ff.):

„*Stolperstein 1: Einseitiges Zahlverständnis:* Zahlen als Positionen (ZR 20)
Stolperstein 2: Mehrstellige Zahlen ohne Stellenwertverständnis

---

27 Meyerhöfer spricht von „stofflichen Hürden" (2011, 410). Er benennt außer den oben genannten noch weitere Hürden (ebd., 412).

Stolperstein 3: *Rechnen als Schritte auf der Zahlwörterreihe* (Zählendes Rechnen)
Stolperstein 4: *Fehlende Automatisierung der Basisfakten*" (Gerster 2007, 16; Hervorhebungen im Original)

Wie wichtig das Überwinden dieser Hürden ist, zeigt sich unter anderem in einer Studie von Moser Opitz (2007b), in der untersucht wurde, inwieweit Kinder der fünften und achten Klasse diese bewältigen konnten. Dabei zeigte sich, dass Jugendliche, die zu diesem Zeitpunkt Schwierigkeiten beim Rechnen aufweisen, noch immer nicht die bereits sehr früh im Lernprozess befindlichen Inhalte erlernt haben; es wurde deutlich, dass sie im Basisstoff noch große Probleme haben (ebd., 275).

Der Stolperstein, an dem sich die Nichtbewältigung der Hürden am deutlichsten nach außen zeigt, ist die fehlende Ablösung vom zählenden Rechnen (Stolperstein 3) (Gerster 2007, 12; Wessolowski 2011, 32 f.) (vgl. Kapitel I 2 und Kapitel I 8). Damit sind ein einseitiger Zahlbegriff (Stolperstein 1 und 2) und ein fehlendes Operationsverständnis verbunden.

In diesem Zusammenhang beschreiben Gray und Tall (1994, 117 ff.) und Gray (2008, 87 ff.), dass Kinder, die Schwierigkeiten beim Rechnenlernen zeigen, häufig Terme nur als Prozedur sehen, also als Aufforderung zum Zählen. Jedoch ist für erfolgreiches Rechnen auch ein Blick auf Terme als Konzept nötig, also das Sehen von Zusammenhängen: Der arithmetische Blick auf Aufgaben fordert zum Rechnen und damit zur Produktion von Lösungen auf; der algebraische Blick auf das Konzept lenkt in Richtung numerischer Strukturen und Beziehungen. In der Unterscheidung zwischen der Betrachtung eines Terms als Aufforderung zum Zählen und dem Verstehen als einer Mischung von Prozess und Konzept („procept" nach Gray/Tall 1994, 121) liegt die Frage von Erfolg oder Misserfolg beim Rechnenlernen (Gray 2008, 90). Gray stellt die Hypothese auf, dass das zählende Rechnen differenziert zwischen Kindern, die Terme als Prozedur und solchen, die Terme als „procept" (ebd., 88) wahrnehmen und damit beide Facetten eines Terms sehen können.

> „This devide between success and failure is found throughout the mathematics curriculum. At any stage, if the cognitive demands on the individual grow too great, it may be that someone, previously successful, founders." (Gray 2008, 90)

Ein Aspekt ist dabei der Übergang vom Weiterzählen (Terme werden als Aufforderung zum Zählen betrachtet) zum Nutzen strategischer Werkzeuge (Terme werden sowohl als Lösungsaufforderung als auch als Konzept angesehen). Wird an diesem Punkt weiterhin auf das Zählen als Prozedur zurückgegriffen, besteht die Gefahr der Verfestigung und damit der Entwicklung einer Rechenschwäche (Gray 2008, 88 ff.) Eine zögerliche Ablösung vom Zählen hemmt gleichzeitig auch die Automatisierung von Fakten (Gerster 2007, 12) (Kapitel I 2.1).

Können die genannten Hürden nicht überwunden werden, entstehen „Wissensdefizite" (Kwapis 2007, 681), die alle den „zahlenmathematischen Elementarbereich betreffen" (ebd., 681).

7.2.2 Der Einfluss von Unterricht

„Can there be any doubt that poor educational practices are responsible for some children's learning difficulties?" (Allardice/Ginsburg 1983, 330)

Im Modell von Landerl und Kaufmann (2008, 145; Kapitel I 7.1) wurde Unterricht als Einflussfaktor für die Entwicklung mathematischer Fähigkeiten genannt. Auch dann, wenn Kinder Schwierigkeiten beim Rechnenlernen entwickeln, können diese durch den Unterricht auf unterschiedliche Art und Weise mit verursacht werden (Kaufmann/Wessolowski 2006, 11):

- Da die Inhalte hierarchisch aufgebaut sind, können „zunächst kleine Lücken […] zu großen Verständnisproblemen anwachsen" (ebd., 11).
- Das Nutzen unterschiedlicher Anschauungsmittel und damit die Übersetzung zwischen diesen (Kapitel I 4.1) kann ein Kind überfordern.
- Die Zeitspanne, die Kinder für die Arbeit mit einem Anschauungsmittel benötigen, ist individuell. Bei zu früher Ablösung vom Anschauungsmittel „muss" das Kind zwangsläufig wieder zählen.
- Der Unterrichtsstil der Lehrperson, der methodische Aufbau und die Aufbereitung des Stoffes eigenen sich nur bedingt für die besonderen Lernanforderungen des Kindes.

Es wird deutlich, dass die „Schwierigkeiten eines Kindes als ein Passungsproblem zwischen Unterricht und seinen Lernbesonderheiten zu sehen" (ebd., 11) sind.

Ganz konkret zeigt sich in der Studie von Gaidoschik (2010) der Einfluss von Unterricht auf die Ablösung vom zählenden Rechnen. Er untersuchte die Rechenentwicklung von Erstklässlern, die in ihrem Unterricht nur „wenige gezielte Anregungen dafür erfahren haben, operative Zusammenhänge für das Ableiten von noch nicht automatisierten Aufgaben zu nutzen" (ebd., 516). Betrachtet man die Verteilung der Kinder auf die von Gaidoschik gebildeten Typen, so wird deutlich, dass sich circa ein Drittel aller 139 Kinder nicht vom Zählen abgelöst hat und etwas mehr als ein Drittel noch immer häufig auf Zählstrategien zurückgreift, sobald sie die Fakten nicht abrufen können (ebd., 472). Gaidoschik entwickelt daraus unter anderem die Forschungshypothese, dass Kinder ohne vorheriges Ableiten kaum Fakten automatisieren und sich das zählende Rechnen eher verfestigt (ebd., 518).

Meyerhöfer sieht die Nichtbewältigung der Hürden in direktem Zusammenhang mit „Defiziten im Lehrprozess" (Meyerhöfer 2008, 601).

„Es gibt Ursachen dafür, dass die stofflichen Hürden (sH) nicht bearbeitet werden. Ich denke, dass wir hier unseren Blick vorrangig auf didaktisches Versagen, nachrangig auf Renitenz oder Behinderung lenken sollten." (ebd., 603)

Er spricht vom Phänomen der „besondere(n) Schwierigkeiten beim Rechnen" (2011, 410). Als Ursache dieses Phänomens nennt er das Nichtverstehen der oben beschriebenen Inhalte, was ursächlich wiederum auf die „Nichtbearbeitung stofflicher Hürden" (ebd., 410) zurückzuführen ist (Abb. 7.6).

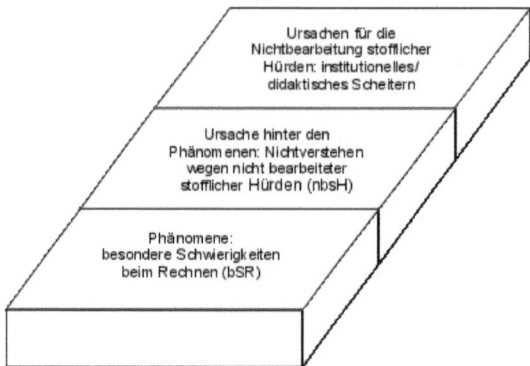

Abb. 7.6:   Konstrukt der nicht bearbeiteten stofflichen Hürden (Meyerhöfer 2011, 410)

Meyerhöfer schließt daher, dass Unterricht so gestaltet sein sollte, dass „diese Kernelemente von 100 Prozent der Schüler verstanden werden" (Meyerhöfer 2011, 411) können. Damit wird der Blick weg von Ursachen im Individuum (selbst) hin zum Unterricht gelenkt, der auf die Unterstützung bei der Bearbeitung stofflicher Hürden ausgerichtet sein muss. Diese Ursachenbeschreibung richtet den Blick eindeutig auf das schulische Lernen, ohne dabei „die Wechselwirkung von Anlagen und von Umwelten" (ebd., 2009, 615) außer Acht zu lassen.

Auch Kwapis (2007, 682 f.) sieht die Hauptursache für die Entwicklung von mathematischen Defiziten im Unterricht der Kinder, da dort förderdiagnostische Aspekte auf der Grundlage fachdidaktischen Wissens häufig eine geringe Rolle spielen.

„Wenn das mathematische Lernen einer Hierarchie folgt, müsste der jeweils nächste Lernschritt durch die Absicherung der Wissensvoraussetzungen zum Verständnis des aufbauenden Lernstoffes vorbereitet werden." (Kwapis 2007, 682)

Es wird deutlich, dass zahlreiche Aspekte als Ursachen für die Entwicklung von Schwierigkeiten beim Rechnenlernen gesehen werden – sie reichen von überwiegender Zuschreibung im Individuum, dem Schüler, bis hin zur Suche nach der Hauptursache im Unterrichtskonzept.

8   Symptome

Bei aller Verschiedenheit der kindlichen Entwicklungen und der damit verbundenen „besonderen Schwierigkeiten beim Mathematiklernen"[28] (Schipper 2002, 245)
können wesentliche Symptome beschrieben werden. Aus heutiger Perspektive lassen sich die folgenden als besonders bedeutsam hervorheben:

- „einseitiges Zahlverständnis,
- einseitiges Operationsverständnis, verbunden mit
- verfestigtem zählenden Rechnen" (Wessolowski 2007, 315; vgl. Wessolowski 2012,
  61 ff.)

Bei Schipper findet sich zusätzlich noch die Schwierigkeit von „Unsicherheiten bei
der Unterscheidung von links und rechts" (Schipper 2009, 335 ff.). Auch in den
ICD-10 der WHO (2005, 278) sind verschiedene Symptome aufgeführt, die sich im
Wesentlichen ebenfalls auf die oben beschriebenen Bereiche beziehen.

Alle oben genannten Symptome können auch kombiniert auftreten (Schipper
2002, 250; 2005a, 20 f.). Insgesamt wird deutlich, dass das verfestigte zählende Rechnen als Hauptsymptom (Gaidoschik 2009, 166 ff.; Kaufmann/Wessolowski 2006, 82;
Scherer/Moser Opitz 2010, 92 ff.; Wessolowski 2007, 315; 2012, 62) anzusehen ist, mit
dem die anderen Aspekte in Wechselbeziehung stehen.

„Voraussetzung für das Erlernen von Rechenstrategien sind entwickelte Vorstellungen
des Zahlenraums und der Rechenoperationen." (Kaufmann/Wessolowski 2006, 82)

Im Folgenden werden die genannten Symptome näher ausgeführt.

Einseitiges Zahlverständnis

Werden Zahlen ausschließlich als „Zahlnamen in einer Zahlwortreihe" (Wessolowski 2012, 62) gedacht und die andern Zahlaspekte (Kapitel I 3.3) nicht berücksichtigt,
so müssen Aufgaben zwangläufig zählend gelöst werden (Gerster 2005, 203 ff.; 2009,
248 ff.). Damit wird deutlich, dass ein einseitiges Zahlverständnis eng mit dem
verfestigten Zählen verbunden ist und in der Umkehrung die Entwicklung eines
umfassenden Zahlbegriffs ein wesentlicher Aspekt für die Ablösung vom Zählen ist.

---

28 In der mathematikdidaktischen Diskussion werden verschiedene Begriffe verwendet: u.a. Rechenstörungen (Kaufmann/Wessolowski 2006; Schipper 2005), Schwierigkeiten in Mathematik
(Schipper 2005), Rechenschwäche (Lorenz 2003).

Einseitiges Operationsverständnis

Von Intermodalitätsproblemen spricht man bei Schwierigkeiten mit der Übersetzung zwischen den verschiedenen Darstellungsebenen: zwischen dem Handeln, dem Bild, dem Symbol und der Sprache (Kapitel I 4.1).

> „Wenn aber solche Zusammenhänge (zwischen Aufgaben, Rechengeschichten, Handlungen, Rechnungen) nicht verstanden werden, dann bleiben die unterschiedlichen Ebenen voneinander isolierte Welten." (Schipper 2009, 337; Erläuterung in Klammer durch die Autorin)

Im Zentrum dieser Schwierigkeiten stehen häufig auch Probleme im Umgang mit dem Anschauungsmittel (vgl. Lorenz 2011; Rechtsteiner-Merz 2011b; Rottmann/ Schipper 2002; Schipper 2007).

> „As a consequence they remain dependent on the manipulatives provided the school teacher and have to use them for their calculation. [...] The problem of these children is that they cannot leave this stage as arithmetic operations, if done mentally, must *be operated in the imagination*." (Lorenz 1997a, 201; Hervorhebungen im Original)

Wird darüber hinaus noch zwischen Anschauungsmitteln gewechselt, so ist der Aufbau mentaler Operationen für schwache Kinder nahezu unmöglich (Lorenz 1997a).

Auf Grund des fehlenden Verständnisses für diese Zusammenhänge und Übersetzungen können nur einseitige Zahl- und Operationsvorstellungen entwickelt werden.

> „Für manche Kinder ist Mathematik bloß ein Regelspiel, bei dem es darauf ankommt, die richtigen Regeln für die Verknüpfung der geheimnisvollen Zeichen und Symbole zu finden und anzuwenden, um zu einer richtigen Lösung zu kommen." (Schipper 2002, 250)

Verfestigtes zählendes Rechnen

Nutzen die Kinder das Zählen dauerhaft als alleiniges oder überwiegendes Lösungswerkzeug, wie einen Automatismus, spricht man von verfestigtem Zählen (Gerster 2007, 12 ff.; Kaufmann 2010b, 4 f.; Schipper 2002, 250; 2005a, 6; Wessolowski 2010, 20; 2012, 62) (Kapitel I 2.1).

Für die fehlende Ablösung vom Zählen und damit auch für die Nicht-Entwicklung von weiter reichenden strategischen Werkzeugen lassen sich verschiedene Gründe beschreiben:

Nach Gray (1991, 567 f.) ist das Verfügen über Faktenwissen Voraussetzung für das Nutzen von strategischen Werkzeugen; schwächere Kinder greifen jedoch kaum auf strategische Werkzeuge zurück, sondern lösen Aufgaben im Zweifelsfall zählend. Damit entwickeln sie zunehmend ein anderes Bild von Mathematik und so auch andere Handlungsmuster als durchschnittliche und gute Kinder.

„The divergence between procedural and deductive approaches becomes a reality and indicates that the above average and, to a slightly lesser extend the average, are indeed doing a different form of mathematics than the below average children." (Gray 1991, 570)

Diese Beobachtungen werden auch von Gerster (2007, 12) und Schipper (2005a, 7 ff.; 2009 335) gestützt:
- Der Faktenabruf der Zerlegungen bis zehn ist nicht möglich.
- Auch die Verdopplungs- und Halbierungsaufgaben im Zahlenraum bis zwanzig sind meist nicht automatisiert.
- Insgesamt wird nur eine geringe Anzahl an Aufgaben beherrscht, die abgerufen werden können.

Darüber hinaus lassen sich weitere Gründe ausführen, die für die fehlende Ablösung vom zählenden Rechnen verantwortlich sein können:
- Das zählende Rechnen wird von vielen Kindern als zuverlässig und schnell angesehen. Sie haben keinen Grund sich dem anstrengenderen Rechnen mithilfe strategischer Werkzeuge zuzuwenden (Schipper 2009, 335).
- Aktivitäten am Material unterstützen die Ablösung vom Zählen wenig. Häufig werden Anschauungsmitteln von Kindern nur als „Zählhilfe" (Schipper 2009, 335) eingesetzt.
- Da die Kinder häufig nur vage Vorstellungen von Zahl- und Aufgabenbeziehungen und von Strukturen haben, müssen alle Aufgaben neu gezählt werden, was zusätzlich den Aufbau von Zusammenhängen verhindert (ebd., 335).

Schipper (2009, 335) sieht das *verfestigte* zählende Rechnen erst zu Beginn des zweiten Schuljahres als „wirkliche[n](s) Symptom für Rechenstörungen", da eine vollständige Ablösung erst nach der Behandlung des Zehnerübergangs und mehrfachem Üben zu erwarten ist (ebd., 335). Die Schwierigkeiten dieser Kinder zeichnen sich häufig erst ab, wenn im zweiten Schuljahr der Zahlenraum auf hundert erweitert wird und sie plötzlich „auffällig langsam" (Schipper 2005a, 7) rechnen.

„Those who count quickly can succeed in the number facts to 10 almost as well, and sometimes better, than those who know or can manipulate number facts." (Gray 2008, 89)

Unsicherheiten bei der Unterscheidung von links und rechts

Kinder zeigen bei sich selbst und am Gegenüber Unsicherheiten bei der Raumwahrnehmung, „vor allem bei der Links-/Rechts-Unterscheidung" (Schipper 2002, 250).

Nach Schipper kann sich dieses auf die Nutzung mathematischer Anschauungsmittel auswirken (Schipper 2009, 336).

Mit Problemen bei Links-/Rechts-Unterscheidungen gehen häufig weitere Schwierigkeiten einher:[29]

- spiegelverkehrtes Schreiben von Ziffern,
- „Rechenrichtungsfehler" (ebd., 336) durch Verwechslung von Addition und Subtraktion,
- inverses Schreiben von zweistelligen Zahlen und damit verbunden Zahlendreher sowie
- Schwierigkeiten beim Aufbau eines stabilen Stellenwertverständnisses.

9 Förderung und Prävention

Im Rahmen von Förderung und Prävention ist zwischen dem frühen mathematischen Lernen und dem schulischen Mathematiklernen zu unterscheiden:

Für das frühe mathematische Lernen existieren einerseits Frühförderprogramme, die tendenziell eher der spezifischen Prävention dienen, oder andere Konzeptionen, die das vielperspektivische mathematische Lernen zum Ziel haben. Prävention in der Grundschule verfolgt das Ziel, Unterricht so zu gestalten, dass bestenfalls alle Kinder ihren Möglichkeiten entsprechend gefördert werden, so dass sie keine besonderen Schwierigkeiten entwickeln (vgl. Meyerhöfer 2011, 411).

Konzeptionen und Programme, die der Intervention dienen, kommen dann zum Tragen, wenn Kinder während der Grundschule Schwierigkeiten zeigen[30] und besonderer Förderung bedürfen.

9.1 Prävention

Prävention sollte zum einen in der Frühförderung, zum anderen im schulischen Unterricht stattfinden. Beim frühen mathematischen Lernen finden sich sowohl spezifische Programme als auch Konzeptionen aus fachdidaktischer Perspektive:[31] Frühförderprogramme haben das Ziel, dass alle Kinder zu Schulbeginn über ähnliche Voraussetzungen im Hinblick auf mathematische Prädiktoren verfügen (vgl. Landerl/Kaufmann 2008, 189). Mit fachdidaktischen Konzeptionen werden sowohl die Förderung mathematischer Denk- und Handlungsweisen (Rathgeb-Schnierer 2012, 52 ff.) als auch die Förderung des Zahlbegriffs (Kapitel I 3) verbunden. Schuler (2008a, 2008b) unterscheidet auf der konzeptionellen Ebene zwischen

---

29 Wenn nicht zusätzlich gekennzeichnet entnommen aus Schipper 2009, 336 f.

30 Wie sich Förderung in den Alltag integrieren lässt oder ergänzend dazu stattfinden kann, wird ausführlich in Kaufmann (2006), Kaufmann/Wessolowski (2006) und Scherer/Moser Opitz (2009) beschrieben.

31 Eine detaillierte Unterscheidung findet sich bei Schuler 2008a, 2008b, 2013.

- *„Lehrgang* versus *offenes Angebot*
- Förderung von *Risikokindern* versus *breite Förderung* aller Kinder
- Förderung ausschließlich *spezifischer* versus Förderung auch *unspezifischer Vorläuferfertigkeiten*
- Mathematik als *Bestandteil des Kindergartenalltags* versus Schaffung einer eigenständigen *mathematischen Fantasiewelt*
- Förderung speziell des *Zahlbegriffs* versus breite Förderung *verschiedener Inhaltsbereiche"* (Schuler 2008a, 722; Hervorhebungen im Original)

Verschiedene Frühförderkonzepte werden ausführlich in Gasteiger (2010), Kaufmann (2010a), Scherer/Moser Opitz 2009 und Schuler (2008a, 2008b, 2013) vorgestellt und diskutiert.

Prävention in der Schule

Der Prävention liegt die Intention zugrunde, dass Kinder von Beginn an erfolgreich lernen können, indem ihnen gegebenenfalls mehr Zeit eingeräumt wird, die Inhalte eigenständig zu durchdringen, und dass sie dabei intensiv durch die Lehrperson begleitet werden.

> „Die oben genannten Ansätze (differential-diagnostischer Ansatz und Ansatz des kleinschrittig-reproduktiven Übens) fußen auf der Annahme, dass es sich bei den Problemen rechenschwacher Kinder um *spezifische* Probleme handele, für deren Erkennung und Behebung *spezifische* Instrumente und Methoden notwendig seien. Wir halten diese Annahme im Licht der vorliegenden Befunde und Erfahrungen für fragwürdig und glauben, dass angesichts dieser Tatsache ein alternativer Förderansatz mindestens ebenso erfolg-versprechend ist, nämlich die *unauffällige* Förderung von Kindern mit Lernschwierigkeiten durch gute *unspezifische* Lernangebote im normalen *gemeinsamen* Unterricht mit anderen Kindern." (Wittmann 2001, 661 f.; Hervorhebungen im Original; Erläuterung in Klammer durch die Autorin)

Scherer (1995, 1999) und Moser Opitz (2001a) konnten nachweisen, dass Unterricht für Kinder, die mehr Unterstützung im Lernprozess benötigen, in der Gestaltung von gutem Mathematikunterricht für alle Kinder nicht abweicht. Es wurde deutlich, dass auch mit diesen Kindern aktiv-entdeckend gearbeitet werden kann und sie dabei deutliche Lernfortschritte machen. Aus diesem Grund wird einhellig dafür plädiert, alle Kinder beim Lernen auf eigenen Wegen und beim Austausch mit anderen Kindern zu unterstützen (Scherer 1995, 152 ff., 1999, 356 ff.; Scherer/Moser Opitz 2010, 49 ff.; Schmassmann/Moser Opitz 2007, 5 ff.; Stern 2005, 148; Wittmann 2001, 661 ff., 2012, 169).

Auch über die inhaltlichen Aspekte herrscht weitgehend Konsens.

> „Will man der Entstehung von Rechenschwächen vorbeugen, müssen *im Unterricht von Anfang an* die meisten Kinder erst dazu angeregt werden, weitere Vorstellungen

von Zahlen und vom Rechnen zu entwickeln (als das Aufsagen der Zahlwortreihe, das Kennen der Nachbarzahlen, das Abzählen von Mengen und das Zusammenzählen), die günstigere Rechenstrategien nahe legen – und das sind vor allem *nicht zählende* Rechenstrategien. Entsprechendes gilt für Fördermaßnahmen bei älteren Kindern, die bereits eine Rechenschwäche entwickelt haben." (Gerster 2005, 211; Erläuterung in Klammer durch die Autorin)

So stehen zahlreiche Übungen zur Zahlbegriffsentwicklung und zur Entwicklung von Rechenstrategien im Mittelpunkt (u.a. Gerster 2005, 211 ff.; Lorenz 2009, 243; Schipper 2005, 21). Dazu zählen Aktivitäten zur Zahlauffassung, zur Zahlzerlegung, zum Übergang von Zahlzerlegungen zum Rechnen, zum Zehnerübergang und zum Rechnen mit vollen Zehnern (Kapitel I 3 und I 4). Ein wesentliches Ziel ist „die frühe und dauerhafte Sicherung von Zahl- und Aufgabenbeziehungen" (Schipper 2011, 82).

Ausgehend von der Definition der nichtbearbeiteten stofflichen Hürden (Kapitel I 7.2) kommt Meyerhöfer zu dem Schluss, dass an die Stelle von Prävention eine am Kind orientierte Begleitung während des gesamten Unterrichts treten sollte.

„Damit ist auch der Begriff der Früherkennung verschoben: Es geht nicht darum, früh zu erkennen, wer krank ist oder wer anfällig ist für eine Krankheit. Statt dessen geht es darum zu verstehen, wo das Kind im Lern- und Verstehensprozess steht und wie es von dieser Stelle ausgehend begleitet werden kann." (Meyerhöfer 2010, 615)

9.2 Förderung

Allgemeine Förderung der Wahrnehmung, der Psychomotorik oder der Sprachförderung kann unterstützend sein, wirkt sich jedoch kaum auf die mathematischen Kompetenzen aus.

„Um es deutlich zu sagen: Mathematik lernen bedeutet *aktive Arbeit des Kindes* und zwar Arbeit mit *mathematischen Gegenständen* und mathematisches Nachdenken über sie. *Keine andere* Übung kann diese Arbeit ersetzen. Schlicht gesagt: *Rechnen lernt man durch Rechnen*, wie man eben Klavierspielen durch Klavierspielen lernt." (Gerster 2006, 11)

Aus diesem Grund sollte die Förderung individuell auf das Kind und dessen spezifische numerische Schwierigkeiten abgestimmt werden (von Aster 2009, 211; Landerl/ Kaufmann 2008, 201) und nicht von allgemeiner, nichtmathematischer Natur sein. Auch Kinder, die den Subtypen II oder III (s. S. 101 f.) angehören, sind inhaltsspezifisch zu fördern. Gegebenenfalls kann diese Förderung mit „inhaltsübergreifenden Unterstützungsangeboten" wie Aktivitäten zu Basisfunktionen oder einem kognitiven Training kombiniert werden. Im Vordergrund steht jedoch immer die numerische Förderung (Schmassmann/Moser Opitz 2007, 7; von Aster 2009, 211).

Im Folgenden werden zwei Förderansätze unterschieden:

- speziell konzipierte Trainingsprogramme zur Förderung und
- Konzeptionen, in denen das Kind angeregt wird, durch individuell abgestimmte Aktivitäten an den Hürden zu arbeiten.

Förderprogramme

Förderprogramme zeichnen sich durch einen kleinschrittigen Aufbau aus und sind in sich geschlossen. Dies wird vor allem dadurch deutlich, dass sie sehr genaue Anweisungen zur Vorgehensweise einschließlich sprachlicher Anweisungen etc. geben. „Kalkulie" (2007), „Zahlen begreifen" (2005) und das „Numeracy Recovery" Programm (Dowker 2003) können hier stellvertretend genannt werden.

Exemplarisch wird im Folgenden das evaluierte internationale Förderprogramm „Numeracy Recovery" skizziert:

Das „Numeracy Recovery"-Programm

Dieses Programm (Dowker 2003, 132) wurde für Kinder entwickelt, die bereits im ersten Schuljahr Probleme beim Lernen von Mathematik zeigen. Es umfasst neun Förderbereiche (Dowker 2003, 133):

- „counting procedures" – Zählstrategien,
- „counting principles" – Zählprinzipien,
- „written symbolism for numbers" – arabische Ziffernschreibweise,
- „understanding the role of place vaulue in number operations and arithmetic" – Verständnis für die Rolle des Stellenwertsystems,
- „word problem solving" – Textaufgaben,
- „translation between arithmetical problems presented in concrete, verbal and numerical formats" – Übersetzung zwischen konkreten, verbalen und symbolischen Darstellungen,
- „derived fact strategies in addition and subtraction" – Ableitungen von arithmetischen Basisfakten bei Addition und Subtraktion,
- „arithmetical estimation" – Mengen schätzen,
- „number fact retrieval" – Faktenabruf.

Das Programm wurde 2001 pilotiert (Dowker 2003, 132) und evaluiert (Dowker 2007). Dafür wurden 146 Kinder, die bezogen auf Mathematiklernen auffällig waren, wöchentlich während einer halben Stunde gefördert. Der Förderinhalt wurde so auf die Bedürfnisse des Kindes abgestimmt, dass zu jeweils einem der oben genannten Themen gearbeitet wurde. Nach sechs Monaten zeigten sich deutlich verbesserte Leistungen bei standardisierten Leistungstests zum Zahlenwissen, zu den Rechenfertigkeiten und beim Lösen von Textaufgaben (ebd., 66). Nach einem Jahr konnten noch 101 der 146 Kinder ihre verbesserten Fähigkeiten halten.

Förderung durch auf das Kind abgestimmte Aufgabenstellungen

> „Schule hat unter anderem die Aufgabe, Kindern beim Lernen von Mathematik zu helfen, auch – und wohl gerade dann in besonderer Weise – ‚wenn den Kindern das Mathematiklernen schwer fällt.'" (Schipper 2005a, 6)

Im Vergleich zu den oben beschriebenen Förderprogrammen handelt es sich hier nicht um ein bestimmtes Training, das zu durchlaufen ist. Vielmehr wird versucht, die Kinder mit an ihren Lernstand angepassten Aufgabenstellungen zur Weiterentwicklung ihrer mathematischen Fähigkeiten anzuregen. Dabei sind die Aktivitäten zur Förderung der Kinder, die bereits Schwierigkeiten ausgebildet haben, die gleichen wie die zur Prävention (Schipper 2005a, 21). Aus diesem Grund werden im Folgenden nur die zentralen Bereiche kurz beschrieben; mögliche Aktivitäten entsprechen denen aus den Kapiteln I 3 und I 4.

Ausgehend von den Symptomen für die Entwicklung von besonderen Schwierigkeiten beim Rechnen lassen sich „Grundlagen für die Diagnostik und Förderung ab[zu]leiten" (Scherer/Moser Opitz 2010, 12). Im Zahlenraum bis zwanzig werden demzufolge diese Diagnosefelder sowie zugehörige Förder- und Entwicklungsbereiche beschrieben (vgl. Gerster/Schultz 1998, 327 ff.; Kaufmann/Wessolowski 2006, 47 ff.):

- Zahlverständnis
- Operationsverständnis
- Rechnen und Rechenstrategien

Zahlverständnis

Kinder mit Schwierigkeiten beim Mathematiklernen verfügen häufig über ein sehr *„einseitiges Zahlkonzept"* (Gerster 2007, 12; Hervorhebung im Original), in dem Zahlen fast ausschließlich als Position innerhalb der Zahlwortreihe betrachtet werden (vgl. Kapitel I 2.1). Ein solches Zahlverständnis führt unweigerlich zum zählenden Lösen von Aufgaben. Entsprechend ist es ein wichtiges Ziel, ein umfassendes Zahlverständnis aufzubauen, das auf Teile-Ganzes-Beziehungen basiert (Gerster 2007, 16; Kaufmann/Wessolowski 2006, 47 ff.; Schipper 2005b, 43).

Operationsverständnis

Für ein tragfähiges Operationsverständnis ist die Übersetzung zwischen den verschiedenen Ebenen (vgl. Kapitel I 4.1) Voraussetzung und folglich sind zahlreiche Aktivitäten zum Übersetzen notwendig (Kaufmann/Wessolowski 2006, 74 ff.; Moser Opitz/Schmassmann 2007, 273 f.; Schipper 2005b, 49 ff.). Gerster plädiert in diesem Zusammenhang dafür, Rechenoperationen als „(statisches) Ergebnis von *Handlungen an geeignet gegliederten Quantitäten"* (Gerster 2007, 16; Hervorhebungen im Original; vgl. Gerster/Schultz 1998, 356 ff.) aufzufassen, wodurch sich Zusammenhänge von Umkehroperationen geschickt erkennen lassen. Diese können durch Zahlensätze notiert werden, die als Handlungsprotokolle dienen (Schütte 2004c, 66).

Für die Übersetzung zwischen den Ebenen ist ein geeignetes Anschauungsmittel wichtig. Dieses sollte über eine Fünfergliederung verfügen (u.a. Gerster 2007, 16; Gerster/Schultz 1998, 365 ff.) (vgl. Kapitel I 3.2). Es zeigt sich jedoch, dass auch gute Anschauungsmittel von Kindern durchaus falsch genutzt werden können, indem die einzelnen Objekte zwar der Operation entsprechend manipuliert werden, allerdings ohne jeglichen Aufbau von Vorstellungen und Reflexion (Rechtsteiner-Merz 2011b, 44 f.; Scherer/Moser Opitz 2010, 78 ff.; Schipper 2007, 117 ff.).

> „Die Annahme, genügend Handlungen mit dem Veranschaulichungsmaterial würden entsprechende Strukturen im Kopf hervorrufen, dürfte zumindest für die leistungsschwächeren Schüler nicht gelten. Sie sind nicht leistungsschwach, weil ihnen die Handlungserfahrungen fehlen würden, denn davon haben sie meist sehr viel mehr als die Klassenkameraden. Aber das Handeln, das Manipulieren von Klötzchen, Antippen von Zahlenfeldern oder -strichen etc. führt nicht zu Strukturen im Kopf. Dies ist eben kein Automatismus." (Lorenz 2011, 41)

Daher sind gezielte Aktivitäten zum Aufbau mentaler Vorstellungen wichtig (Rechtsteiner-Merz 2011b, 45 f.; Scherer/Moser Opitz 2010, 98 f.; Schipper 2007, 124 ff., 2009, 358). Wartha (2010) schlägt für den Aufbau von Grundvorstellungen ein Vorgehen in vier Phasen vor:

> „Phase (1): Das Kind handelt an geeignetem Material und versprachlicht diese Handlung – auch auf mathematischer Symbolebene.
> Phase (2): Das Kind diktiert der Lehrkraft die Handlung am Material und kontrolliert, wie diese nach seinen Anweisungen durchgeführt wird.
> Phase (3): Wie bei (2), nur dass die Handlung der Lehrkraft hinter einem Sichtschirm durchgeführt wird und das Kind gezwungen wird, sich nicht nur die Handlung vorzustellen, sondern diese auch so formuliert, dass sie tatsächlich durchgeführt werden kann.
> Phase (4): Üben und Automatisieren auf symbolischer Ebene, ggf. Aktivierung der Handlung in der Vorstellung." (Wartha 2010, 912)

Gerade Kinder des Subtyps I (Kapitel I 7.1, S. 101) können in der Regel keine eigenständigen Zahlenrepräsentationen entwickeln und benötigen daher materialgestützte Veranschaulichungen (von Aster 2009, 211).

Rechnen und Rechenstrategien

Die Entwicklung strategischer Werkzeuge wird als besonders wichtig für die Ablösung vom Zählen gesehen. Über die Frage, inwieweit verfestigte Zähler angeregt werden sollten, die Aufgaben mithilfe verschiedener strategischer Werkzeuge zu lösen, herrscht allerdings Uneinigkeit.

> „Schön wäre es, wenn alle Kinder alle Strategien jeweils optimal angepasst an die vorgegebene Zahlenkonstellation nutzen könnten (flexibles Rechnen). Für verfestigte zählende Rechner ist das eine völlig unrealistische Vorstellung. Für diese Kinder ist vielmehr ein Verfahren auszuwählen, das einerseits universell ist, andererseits fortsetzbar." (Schipper 2005b, 43 f.)
>
> „Um ein tragfähiges Beziehungsnetz im Sinne des produktiven Übens aufzubauen, sind daneben (neben Zahlbegriff, Zählkompetenzen, die Anzahlerfassung kleinerer Mengen, …, Aufbau von Operationsvorstellungen) auch sogenannte operative Übungen und Strategien zu behandeln" (Scherer/Moser Opitz 2010, 149; Erläuterung in Klammer durch die Autorin)

So finden sich sowohl Vorschläge, einen Hauptrechenweg einzuführen (Schipper 2005b, 43 f.), als auch Vorschläge zur Entwicklung unterschiedlicher strategischer Werkzeuge (u.a. Kaufmann/Wessolowski 2006, 89; Wessolowski 2010, 20).

Leitideen bei der Förderung

In der aktuellen fachdidaktischen Literatur herrscht Einigkeit darüber, dass an die Förderung von Kindern mit Schwierigkeiten beim Rechnenlernen die gleichen Anforderungen zu stellen sind wie an einen guten Mathematikunterricht nach fachdidaktischen Prinzipen (Lorenz 2003; Scherer 1995; Schipper 2005a, 2009; Wittmann 2001; Wittmann/Müller 2012a).

> „Der Unterricht für Kinder mit Rechenschwäche ist in seiner Zielsetzung nicht anders als für andere Kinder"(Lorenz 2003, 93)

Entsprechend wird in aktuellen mathematikdidaktischen Förderkonzepten nicht kleinschrittig-reproduktiv vorgegangen (Scherer 1995, 151; Scherer/Moser Opitz 2010, 57 ff.). Sie orientieren sich vielmehr an folgenden drei Prinzipien (u.a. Schipper 2005a, 9):

- Offenheit: Da sich die Leistungen der Kinder zu Schulbeginn um vier Jahre unterscheiden können, sollte der Unterricht inhaltlich offen gestaltet werden, so dass sich jedes Kind seinen Möglichkeiten entsprechend entwickeln kann (vgl. auch Kaufmann/Wessolowski 2006, 29).
- Zielorientierung: Strategien wie das zählende Rechnen, die keine Fortsetzbarkeit in höheren Zahlenräumen erlauben, sollten abgelöst werden. Aufgabe der Lehrkraft ist es, die Kinder im Blick zu behalten und diese Ablösung zu unterstützen.
- Vorstellungsorientierung: Da schwache Kinder häufig die Handlungen am Material zählend vornehmen und vorhandene Strukturen im Material nicht nutzen können ist es notwendig, die „Entwicklung mentaler Vorstellungsbilder" (Schipper 2005, 10) zu fördern.

9.3 Die Entwicklung flexiblen Rechnens bei Kindern mit Lernschwierigkeiten in Mathematik

Studien zur Entwicklung flexibler Rechenkompetenzen, die keine spezifische Intervention betrachten, kommen hinsichtlich der Flexibilität bei leistungsschwächeren und -stärkeren Kindern zu unterschiedlichen Ergebnissen:

Torbeyns et. al (2005) untersuchten bei 83 Schülern am Ende der ersten Klasse die jeweils genutzten Rechenstrategien. Dabei unterschieden sie zwischen hochbegabten, durchschnittlich begabten und schwachen Kindern. Bei Aufgaben, die das Lösen über Fastverdopplung nahelegen, lösten 50% aller schwachen Kinder die Aufgaben ausschließlich durch Ergänzen zur Zehn; während nur etwa 10% der anderen beiden Gruppen ausschließlich diese Strategie nutzten (ebd., 9 f.). Es zeigte sich, dass die Lösungsrichtigkeit bei allen drei Gruppen ungefähr gleich groß war. Jedoch ließ sich auch erkennen, dass die Strategie durch Ergänzen zur Zehn weniger fehleranfällig war als das Fastverdoppeln, da die Kinder beim Fastverdoppeln häufig eins addierten statt zu subtrahieren oder umgekehrt (beispielsweise 7 + 6 = 7 + 7 + 1 = 15) (ebd., 11 f.). Die Lösungsgeschwindigkeit der Kinder unterschied sich deutlich: Schwächere Kinder benötigten deutlich länger als die guten und durchschnittlichen Kinder.

In dieser Untersuchung wurde die Adäquatheit einer Strategie als Relation von Lösungsrichtigkeit und Lösungsgeschwindigkeit festgelegt. Auf der Grundlage dieser Definition konnten keine Unterschiede bei der Wahl der passenden Strategie zwischen schwächeren und überdurchschnittlichen Kindern ausgemacht werden.

Torbeyns et al. (2009) untersuchten flexibles Rechnen bei Drittklässlern mit unterschiedlichen Leistungen im Rechnen im Zahlenraum bis hundert. Dabei unterschieden sie im Wesentlichen zwei Lösungsstrategien: den Rückgriff auf eine Hilfsaufgabe (compensate) und das schrittweise Rechnen (jump). Beide Strategien wurden im Unterricht ausführlich behandelt: das schrittweise Rechnen zuerst, anschließend der Rückgriff auf Hilfsaufgaben, wobei auf die Effizienz bei Aufgaben mit neun und acht deutlich hingewiesen wurde.

Im Paper-pencil-Test erhielt jedes Kind zwei unterschiedliche Aufgabenstellungen. Im ersten Teil lösten die Kinder verschiedene Aufgaben mit eigenem Lösungsweg. Im zweiten Teil wurden die Kinder aufgefordert, bei den Aufgaben jeweils einen vorgegebenen Lösungsweg zu verwenden. Damit ließen sich die Wege, die beim freien Zugang genutzt wurden, mit denen, die vorgegeben waren und nach Torbeyns et al. der höchsten Effizienz entsprachen, im Hinblick auf Lösungsrichtigkeit und Lösungsgeschwindigkeit vergleichen.

Die Untersuchung (a.a.O., 586) kam zu dem Ergebnis, dass sich weder das Strategierepertoire noch die Verteilung der Strategien noch die Effizienz oder die Adäquatheit zwischen den drei Leistungsgruppen signifikant unterschieden. In allen Gruppen orientierten sich die Kinder weniger an den Zahl- und Aufgabenmerkmalen als an der zugrunde liegenden Operation. Der Rückgriff auf Hilfsaufgaben wurde häufiger bei der Subtraktion als bei der Addition gewählt. In der Untersuchung von Peltenburg, van den Heuvel-Panhuizen und Robitzsch (2011) zeigte sich ebenfalls, dass auch Kinder mit Lernschwierigkeiten spontan und nach Behandlung im Unterricht auf das Ergänzen bei der Subtraktion im Zahlenraum bis hundert zurückgreifen.

Inwieweit die gezielte Förderung flexiblen Rechnens auch für schwächere Kinder möglich ist, wird durch Studien nicht einheitlich beschrieben. Während Geary (u.a. 2003a) die Meinung vertritt, dass die Entwicklung flexibler Rechenkompetenzen nur für durchschnittlich begabte und gut begabte Kinder geeignet ist, sprechen andere Studien dafür, dass sich auch bei schwächeren Kindern die Entwicklung flexiblen Rechnens anregen lässt (Baroody 2003; Peltenburg/van den Heuvel-Panhuizen/ Robitzsch 2011; Rathgeb-Schnierer 2006a; van den Heuvel-Panhuizen 2008; Werner/Klein 2012).

Moser Opitz (2001a) untersuchte, wie sich die mathematischen Fähigkeiten leistungsschwacher Kinder entwickeln, die während des ersten Schuljahres mit der Konzeption von „mathe 2000" unterrichtet wurden. Es wurde deutlich, dass diese Kinder im Vergleich zu Kindern, die traditionell unterrichtet wurden, in verschiedenen Bereichen deutlich bessere Leistungen zeigten und sich dies auch auf die Ablösung vom Zählen auswirkte (ebd., 3 f.).

Auch Werner und Klein (2012) konnten in einer kleineren Studie herausarbeiten, dass Kinder mit besonderem Förderbedarf „in der Lage (sind), aufgabenadäquate Lösungswege zu finden und flexibel zu rechnen" (ebd., 169).

Standortbestimmung

10 Positionierung

Im Folgenden werden die Theorien zur Zahlbegriffsentwicklung (Kapitel I 3.4.2), zum Rechnenlernen (Kapitel I 4–6) und zu den Schwierigkeiten beim Rechnenlernen (Kapitel I 7–9) zusammengeführt und darauf aufbauend die Relevanz der Zahlenblickschulung begründet. Anschließend werden aus dem aktuellen Forschungsstand resultierende Forschungsdesiderate ausgeführt.

10.1 Begründungslinien

Für eine kontinuierliche Schulung des Zahlenblicks auf dem Weg zum flexiblen Rechnen – auch und besonders mit Kindern, die Schwierigkeiten beim Rechnenlernen zeigen – können vier Begründungslinien verfolgt werden:

(1) Schon beim frühen Lernen spielen mathematische Inhalte, Denk- und Handlungsweisen eine wesentliche Rolle (Rathgeb-Schnierer 2012). Beide Bereiche werden im schulischen Lernen aufgegriffen und weiterentwickelt. Für die Ablösung vom zählenden Rechnen ist die Entwicklung von Zahl-, Term- und Aufgabenbeziehungen innerhalb der algebraischen und der Größen-Vorstellung eine wesentliche Basis (Kapitel I 3.4.2 und I 4). Der Großteil der Kinder kann Strukturen im Regelunterricht zunehmend alleine erkennen und nutzen. Ein kleinerer Teil benötigt beim Herauslösen von Strukturen jedoch gezielte Unterstützung (Lüken 2010, 2012). Wenn also Rechnen als das Nutzen von Zahl-, Term- und Aufgabenbeziehungen verstanden wird, dann bilden Aktivitäten, die explizit den Blick auf Strukturen und Zusammenhänge richten, eine wichtige Grundlage. Daher fordern Rathgeb-Schnierer (2006a, 2010d, 2011) und Schütte (2002a, 2002b, 2004a, 2008) die kontinuierliche Schulung des Zahlenblicks zur Entwicklung flexibler Rechenkompetenzen.

(2) Folgt man der fachdidaktischen Argumentation zur Bewältigung der stofflichen Hürden, so müssen auch im Regelunterricht Voraussetzungen dafür geschaffen werden, dass möglichst alle Kinder diese überwinden können. Da sich die Hürden vorwiegend auf Inhalte der ersten Klasse beziehen, muss gerade der Anfangsunterricht im Fokus der Betrachtung stehen.

> „Das Bewusstsein dafür, dass auch der Erstunterricht ein zielorientierter Unterricht zu sein hat, der die entscheidenden Weichen für weiterführendes Lernen stellt, muss noch weiter entwickelt werden. Denn die in unserer Beratungsstelle beobachteten Hauptsymptome für Rechenstörungen gehören zu Inhaltsbereichen, die zum Mathematikunterricht der ersten beiden Schuljahre gehören. Hier müssen die Grundlagen für das weiterführende Mathematiklernen gelegt werden." (Schipper 2002, 255)

Mit der Überwindung der Hürden ist auch die Entwicklung eines Blicks für Beziehungen verbunden (u.a. Schipper 2011, 82). Gerade bei Kindern, die diesen nicht ausgebildet haben ist gut zu beobachten wie sie einem Automatismus folgend vorgehen.

> „Als ein wesentliches Hindernis für das Entdecken nicht-zählender Strategien erweist sich bei diesen Kindern ihr Mangel an Reflexivität, ihre Gewohnheit des Drauf-los-Zählens, sobald sie mit einer additiven Grundaufgabe konfrontiert werden." (Gaidoschik 2010, 520)

Die Aktivitäten zur Zahlenblickschulung zielen direkt auf die stofflichen Hürden. Durch die vorgeschalteten Tätigkeiten zum Sehen, Sortieren und Strukturieren entsteht eine gewisse Distanz, durch die kontinuierliche Reflexion möglich wird (Kapitel I 6.2).

(3) Heutzutage herrscht weitgehend Konsens darüber, dass für erfolgreiches Mathematiklernen das Verstehen von Zusammenhängen eine wesentliche Grundlage bildet. Unterricht ist dementsprechend so anzulegen, dass sich Lernende eigenständig und im Austausch mit anderen mit den Inhalten auseinandersetzen können und sich ein verstehender Umgang entwickeln kann (Kapitel I 5.3.1).

> „Besonders für dyskalkulische Kinder wird oft angenommen, dass ein konstruktivistischer Unterricht für sie eine Überforderung darstellen könnte: Sie seien nicht in der Lage, eigenständige Lösungswege zu entwickeln, und daher stärker als andere Kinder auf direktive Instruktionsmethoden angewiesen, die korrekte Lösungswege präsentieren und einüben." (Landerl/Kaufmann 2008, 176)

Entgegen dieser landläufigen Meinung wird deutlich, dass gerade auch Kinder, die Schwierigkeiten beim Mathematiklernen zeigen, vielfältige Möglichkeiten der eigenen Auseinandersetzung mit den Inhalten und damit der Eigenkonstruktion benötigen (u.a. Stern 2005; Kroesbergen/van Luit 2003; Peltenberg/van den Heuvel-Panhuizen/Robitzsch 2012). Dieser Vorstellung von Kompetenzorientierung entspricht die Forderung, dass der Fokus nicht auf Lösungsgeschwindigkeit, sondern auf Rechenwege gerichtet sein muss. Dies zeigt sich im Besonderen bei der Ablösung vom zählenden Rechnen, da Zählen für viele Kinder den zunächst einfacheren und damit praktikableren Lösungsweg darstellt.

> „Schon alleine dann, wenn beim Rechnen die *Lösungsrichtigkeit* und die *Lösungsgeschwindigkeit* im Vordergrund stehen (letztere vielleicht nur mittelbar, wegen des verständlichen Interesses der Kinder, eine Fülle von Aufgaben schnell zu erledigen), ist es aus Sicht der Kinder vollkommen rational, eine Lösungsstrategie beizubehalten, die sich *nach diesen Kriterien* gerade für Additionen im Zahlenraum bis zehn unbestreitbar bewährt hat." (Gaidoschik 2010, 519; Hervorhebungen im Original)

Ein Grundprinzip der Zahlenblickschulung ist es, die Aktivitäten so zu gestalten, dass stets Lösungswege und Zusammenhänge im Fokus stehen. Dies wird erreicht, wenn der Arbeitsauftrag durch die Tätigkeiten Sehen, Sortieren und Strukturieren geprägt ist.

(4) Auch die Frage, ob flexibles Rechnen für alle Kinder anzustreben ist, also auch für Kinder, die zunächst Schwierigkeiten zeigen, hängt im Wesentlichen von der Vorstellung ab, die man von Mathematik und Mathematiklernen hat (Threlfall 2009, 553 f.; Verschaffel et al. 2009, 346).

> „From the point of view of the strategic choice model, the children of lower achievement might be expected to struggle to distinguish options and relate these to presented problems, and controlled choice experiments can reinforce that conclusion. On the other hand, from the point of view of ‚zeroing in‘, the limitations to achievement in mental calculation are related to the limited conceptual understandings that are being brought to bear, rather than an inherent difficulty in the process. Low attaining students might then be flexible with easier problems …" (Threlfall 2009, 554)

> „If the major aim is to obtain, in the short term, better gains in computational facility (operationalized as being able to solve familiar sums quickly and correctly, or, stated differently, as developing routine expertise), it might be more efficient to teach one single mental ‚strategy‘ for each arithmetic operation, to be used with all such problems, without any concern for task, subject, or context variables (or even any concern for conceptual understanding at all). If, however, the instructional goals are broader and more long-term and comprise also strategy flexibility, good understanding of mathematical concepts and principles, pattern recognition skills, and appropriate beliefs, attitudes, and emotions towards mathematics (learning and teaching), then other, less routine-based instructional approaches might be more appropriate, also for the younger and mathematically weaker children." (Verschaffel et al. 2009, 346/347)

> „Auch für rechenschwache Schüler reicht das simple Einüben von Algorithmen nicht aus, hinzukommen muss die begleitende Erkennens- und Entscheidungsleistung (wo, wann und warum welche Strategien)." (Lorenz 2009, 243)

Verschiedene Studien zeigen, dass auch schwächere Kinder unter bestimmten Voraussetzungen verschiedene Strategien nutzen:

Torbeyns et al. (2005) untersuchten die Nutzung verschiedener Rechenstrategien bei 83 Erstklässlern. Sie konnten zeigen, dass auch schwache Kinder verschiedene Strategien nutzen, sofern diese unterrichtet werden (Kapitel I 9.3).

> „From an instructional point of view, our study reveals that children, even relatively low-achieving children, who are taught multiple reasoning strategies on sums over 10 are able to apply these strategies efficiently and adaptively on the basis of their individual strategy knowledge and skills." (ebd., 18)

In einer weiteren Studie untersuchten Torbeyns et al. (2009), inwieweit schwache Kinder in einem traditionellen Unterricht, in dem eine Hauptstrategie gewählt wurde, durch anschließendes Üben weiterer Strategien auch diese einsetzten. Es zeigte sich, dass nachträgliches intensives Üben nicht automatisch zur Entwicklung flexiblen Rechnens führt. Daraus leiteten sie die Vermutung ab, dass schwächere Kinder einen von Beginn an gut vorbereiteten Unterricht benötigen, um flexible Rechenkompetenzen zu erwerben.

> „… our results suggest that younger lower achieving children's strategy discovery does not come by itself but needs carefully designed instructional encouragement and support". (Torbeyns et al. 2009, 13)

Auch Gersten und Chard fordern die kontinuierliche Entwicklung von number sense[32] für Kinder, die Schwierigkeiten beim Rechnenlernen zeigen (1999, 24 ff.). Die Schulung des Zahlenblicks fokussiert auf die Entwicklung von Zahl-, Term- und Aufgabenbeziehungen bei allen Kindern. Sie ist geprägt durch eigenständige Konstruktion von Lösungswegen und den Austausch mit Mitschülern und der Lehrperson. Damit ist sie vor dem Hintergrund einer konstruktivistischen Theorie zum Lernen dem forschenden Ansatz zuzuordnen (Kapitel I 5.3.1).

10.2 Forschungsdesiderate

In verschiedenen Studien wird die Verbindung „schwache Kinder", „flexibles Rechnen" und „Unterrichtsgestaltung" im weitesten Sinne aufgegriffen, stets verbunden mit der Forderung nach weiterer Forschung (u.a. Gaidoschik 2010; Geary 2003b; Heinze et al. 2009; Verschaffel et al. 2007, 2009).

> „It is important that further intervention research about the feasibility and the optimal form of flexibility oriented instruction for younger and mathematically weaker children is clear with respect to its focus. If the major instructional aim is to obtain in the short term better gains in computational facility (operationalised as being able to solve familiar sums quickly and correctly), it might be more efficient to teach one single strategy for each arithmetic operation, which is used with all such problems, or to provide the children with a ‚quasi-algorithmic' rule to associate certain problem types with certain solution strategies and to train them in the (routine) application of that rule, without any concern for subject or context variables. If however, the instructional goals are broader and more long-term, and comprise genuine strategy flexibility – combined with good understanding of mathematical concepts and principles, pattern recognition skills, and appropriate beliefs, attitudes, and emotions toward mathematics and mathematics learning and teaching – then other, less routine-based instructional approaches might be more appropriate, also for the younger and mathematically weaker children." (Verschaffel et al. 2007, 23 f.)

Die Entwicklung flexiblen Rechnens wird in der Regel bereits bei jüngeren Kindern und Kindern, die Schwierigkeiten beim Rechnenlernen zeigen, als wertvoll erachtet. Dennoch gibt es kaum systematische Forschung in diesem Bereich (Verschaffel et al. 2007, 21).

---

32 Gersten und Chard (1999) verbinden mit number sense eine erlernbare, komplexe Fähigkeit im Umgang mit Zahlen (Kapitel II 6.1).

"… we favour an instructional approach wherein children are cultivated in developing their own preferences based on a personal reflection on task, subject, and context characteristics. However, we acknowledge that these ambitious pleas to strive for such a kind of adaptive expertise and the accompanying claims about the optimal road for reaching this ambitious goal, are still too much based on ‚rhetoric' and anecdotal evidence and too little on convincing evidence from empirical research." (Verschaffel et al. 2007, 24).

Diesbezüglich finden sich Forschungsdesiderate in der Literatur auf unterschiedlichen Ebenen:
- Forschung sollte mit Blick auf verschiedene Unterrichtskontexte während des regulären Unterrichts über längere Zeiträume erfolgen (Gaidoschik 2010, 597; Verschaffel et al. 2009, 350).
- Es sollte der Frage nachgegangen werden, wann der richtige Zeitpunkt zur Entwicklung flexiblen Rechnens ist, insbesondere in Abhängigkeit vom mathematischen Potential der Kinder (Verschaffel et al. 2009, 350).
- Forschung sollte die Entwicklung flexibler Rechenkompetenzen nicht als Selbstzweck betrachten, sondern vielmehr als Möglichkeit, weitreichendere Zielsetzungen zu verfolgen wie beispielsweise das Verstehen von Mathematik, die Entwicklung von Zahlensinn oder die Wahrnehmung von Mustern (Verschaffel et al. 2009, 350).

Dabei stehen wiederholt zentrale Fragen im Mittelpunkt:
- Können schwächere Kinder flexible Rechenkompetenzen entwickeln? Wie viel Mühe muss diesbezüglich aufgebracht werden und steht diese in Relation zum angestrebten Ziel?

  „So, while there are some indications that warrant optimism […], more research is needed to determine whether it is indeed feasible and valuable to design and implement instructional approaches aiming at (strategy) flexibility/adaptivity that are successful for all children, including the mathematically average and weaker ones." (Verschaffel et al. 2009, 346)

- Wie kann Unterricht gestaltet werden, damit möglichst alle Kinder flexible Rechenkompetenzen entwickeln können?

  "… that especially mathematically weaker children might profit more from instruction that first aims at developing efficiency (i. e., accuracy and speed) in one arithmetic strategy and that only starts to teach for strategy flexibility and adaptivity once (a certain degree of) efficiency in the initially taught strategy has been reached." (Verschaffel et al. 2009, 346)

Die aufgezeigten Forschungsdesiderate machen deutlich, dass es noch weiterer Forschung in diesem Bereich bedarf mit dem Ziel, Unterrichtssettings zu entwickeln, die alle Kinder in ihrem Lernprozess unterstützen.

11 Forschungsfokus

Ausgehend von den theoretischen Grundlagen, den daraus abzuleitenden Begründungslinien und den in der Literatur formulierten Forschungsdesideraten hat sich für diese Studie eine zentrale Forschungsfrage ergeben:

Können Kinder, die Schwierigkeiten beim Rechnenlernen zeigen, mithilfe konti-nuierlicher Aktivitäten zur Schulung des Zahlenblicks flexible Rechenkompetenzen entwickeln?

Um dieser Frage adäquat nachzugehen, werden auch methodologische und methodische Fragestellungen zur Umsetzung der Untersuchung formuliert (Kapitel I 11.2).

11.1 Inhaltlicher Fokus

Ausgehend von oben formulierter Leitfrage kristallisieren sich vier Forschungsfragen heraus:
1. Wie können Kinder, die Schwierigkeiten beim Rechnenlernen zeigen, ihre Rechenwege artikulieren und wie sind die Äußerungen qualitativ einzuschätzen?
2. Werden Entwicklungsstadien im Laufe des ersten Schuljahres sichtbar? Wie können diese beschrieben werden? Wie verteilen sie sich im Rechenlernprozess?
3. Wie entwickeln und verändern sich die Rechenwege bei Kindern, die Schwierigkeiten beim Rechnenlernen zeigen, auf dem Weg zum flexiblen Rechnen?
4. Gibt es Unterschiede beim Rechnenlernen zwischen Kindern mit und ohne Zahlenblickschulung? Wenn ja, welche?

Wie können Kinder, die Schwierigkeiten beim Rechnenlernen zeigen, ihre Rechenwege artikulieren und wie sind diese Argumentationen qualitativ einzuschätzen?
Nach Rathgeb-Schnierer können von Kindern artikulierte Rechenwege als „Repräsentanten der momentan zur Verfügung stehenden Erkenntnisbedingung und kognitiven Möglichkeit angesehen" (2006a, 90) werden. Damit zeigt sich in der Artikulation eines Rechenweges auch der Kenntnisstand des Lösenden (Kapitel I 5.3.2), woraus sich folgende Fragestellungen ergeben:
• Können Erstklässler, die Schwierigkeiten im Lernprozess zeigen,
  - ihre Lösungswege nachvollziehbar artikulieren?
  - ihre Vorgehensweise mathematisch begründen?
  - sich in den Argumentationen auf Beziehungen stützen?
• Zeigen sich Unterschiede in der Argumentation zwischen Kindern mit und ohne Zahlenblickschulung?

Werden Entwicklungsstadien im Laufe des ersten Schuljahres sichtbar? Wie können diese beschrieben werden? Wie verteilen sie sich im Rechenlernprozess?
Es ist anzunehmen, dass alle Kinder auf dem Weg zum Rechnen verschiedene Stadien durchlaufen (vgl. Gaidoschik 2010). Interessant dabei ist, ob diese Stadien

intraindividuell sind oder sich immer wieder ähnliche Muster zeigen, so dass diese als Entwicklungsstadien betrachtet werden können. In diesem Kontext ist zu klären, ob diese Entwicklungsstadien

- sich auf den Einsatz verschiedener strategischer Werkzeuge und das Abrufen von Fakten beziehen,
- in der Qualität der Argumentationen erkennbar sind,
- im Rückgriff auf Beziehungen sichtbar werden.

Wie entwickeln und verändern sich auf dem Weg zum flexiblen Rechnen die Rechenwege von Kindern, die Schwierigkeiten beim Rechnenlernen zeigen?
Die Ablösung vom zählenden Rechnen stellt für Kinder, die Schwierigkeiten beim Rechnenlernen haben, eine große Herausforderung dar (Kapitel I 7). Um Rechnen zu lernen, sind Zahl-, Term- und Aufgabenbeziehungen nötig (Kapitel I 3.4.2 und I 4). In diesem Zusammenhang wird den Fragen nachgegangen, ob Kinder mit Schwierigkeiten beim Rechnenlernen

- die mathematischen Hürden überwinden können,
- strategische Werkzeuge erlernen und nutzen können,
- im Verlauf des ersten Schuljahres flexible Rechenkompetenzen entwickeln können.

Gibt es Unterschiede beim Rechnenlernen zwischen Kindern mit und Kindern ohne Zahlenblickschulung? Wenn ja, welche?
In der vorliegenden Studie wird untersucht, inwieweit schwächere Kinder, die besondere Aktivitäten zur Zahlenblickschulung durchführten, flexible Rechenkompetenzen entwickeln, diese artikulieren und sich dabei auf Beziehungen stützen können. In diesem Kontext ist von Interesse, wie schwächere Kinder vorgehen, die zwar einen guten Mathematikunterricht erhielten, dieser jedoch nicht spezifisch auf die Schulung des Zahlenblicks fokussierte. Daraus resultieren weitere Fragen:

- Gibt es Unterschiede in der Entwicklung beim Rechnenlernen?
- Wenn ja, zeigen sich diese auch in den Argumentationen?
- Erreichen die Kinder unterschiedliche Entwicklungsstadien im Verlauf des ersten Schuljahres?

Sowohl die Leitfrage als auch die daraus resultierenden Detailfragen könnten den Anschein eindeutiger Kausalitäten erwecken. In keinem Fall sind eindeutige Eins-zu-Eins-Zuordnungen im Sinne eines klassischen Laborexperiments beabsichtigt. Vielmehr werden entlang dieser Leitfrage die Entwicklungen der Kinder beobachtet und qualitativ ausgewertet.

11.2 Methodologischer und methodischer Fokus

Werden „Theorien als Mittler zwischen verschiedenen Bereichen der Mathematik-didaktik" (Prediger 2010, 172) verstanden, so müssen diese bei der Planung einer Untersuchung bedacht und einbezogen werden (Abb. 11.1).

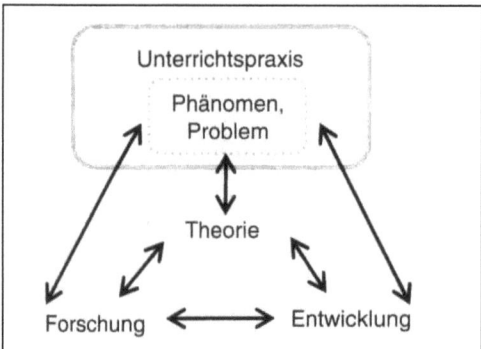

Abb. 11.1:   Theorien als Mittler der Bereiche aus Prediger 2010, 172

In der vorliegenden Studie wurde die Verknüpfung von Theorie, Entwicklung und Forschung wie folgt umgesetzt:

- Für die Entwicklung der Instrumente zur Datenerhebung und Datenanalyse (Kapitel II 2 und II 3) werden die in Teil I beschriebenen Theorien (zur Zahlbe-griffsentwicklung, zum Rechnenlernen und zur Entwicklung flexibler Rechen-kompetenzen) berücksichtigt.
- Bei der Auswahl der Kinder (Kapitel II 4) sind die Theorien zur Entwicklung von Schwierigkeiten beim Rechnen handlungsleitend.
- Die Schulung des Zahlenblicks dient in dieser Studie als Entwicklungsinstrument im Unterricht und als das zu beforschende Instrument (Kapitel II 10 und II 11).

Um die oben beschriebenen inhaltlichen Fragestellungen beantworten zu können, sind vor dem Hintergrund der beschriebenen Theorien folgende methodologischen und methodischen Fragestellungen zu klären (Rechtsteiner-Merz 2011c, 663 ff.):
- bezogen auf die Untersuchung:
  - Wie können flexible Rechenkompetenzen erhoben werden?
  - Wie können Entwicklungen beim Rechnenlernen beobachtet werden?
  - Wie kann die Zahlenblickschulung in den Unterricht integriert werden?
- bezogen auf die Auswertung:
  - Wie können die Daten nach der Erhebung analysiert werden, damit sowohl die Lösungswerkzeuge als auch die Argumentationen der Kinder in der Aus-wertung zum Tragen kommen?
  - Wie sind die Argumentationen der Kinder vor dem Hintergrund der mathe-matischen Betrachtung zum flexiblen Rechnen einzuschätzen?
  - Wie können Entwicklungsstadien in den einzelnen Fällen sichtbar gemacht werden?

Wie können flexible Rechenkompetenzen erhoben werden?

Um eine Aussage über Flexibilität treffen zu können, sind zwei Ebenen zu betrachten: die Ebene der Lösungswerkzeuge und die Ebene des Referenzrahmens (Kapitel II 7). Zu fragen ist also: Wie können Erstklässler befragt werden, damit die Lösungswerkzeuge deutlich werden, und wie kann erfasst werden, ob sich die Kinder auf ein Verfahren oder auf Beziehungen stützen?

Wie können die Entwicklungen beobachtet werden?

Der Prozess des Rechnenlernens im Zahlenraum bis zwanzig beginnt in der Regel bereits informell vor Schuleintritt und sollte zum Ende des ersten Schuljahres im Wesentlichen abgeschlossen sein (Kapitel I 2). Einige Kinder können die inhaltlichen Hürden im Lernprozess jedoch nicht erfolgreich überwinden und entwickeln Schwierigkeiten (Kapitel I 7). Daraus ergeben sich Fragen zur Interviewplanung und -durchführung bezüglich der Interviewzeitpunkte, -dauer, -häufigkeit und den Abständen zwischen den Interviews.

Wie kann die Zahlenblickschulung in den Unterricht integriert werden?

Wenn Unterricht gezielt verändert und die Entwicklungen die Kinder beobachtet werden sollen, stellt sich stets die Frage ob der Unterricht vom Forschenden selbst durchgeführt werden sollte oder von ausgewählten geschulten Lehrkräften. Daraus resultieren gegebenenfalls weitere Fragen nach der Schulung und Auswahl dieser Lehrkräfte.

Wie können die Daten analysiert werden, damit sowohl die Lösungswerkzeuge als auch die Argumentationen der Kinder in der Auswertung zum Tragen kommen?

Um beide Aspekte berücksichtigen zu können, sind Analyseinstrumente nötig, die die Lösungswerkzeuge und die Argumentationen der Kinder angemessen erfassen. Schließlich stellt sich die Frage, wie sich beide Analyseinstrumente zu einem Gesamtbild zusammenführen lassen.

Wie sind die Argumentationen der Kinder vor dem Hintergrund der mathematischen Betrachtung zum flexiblen Rechnen einzuschätzen?

Die Argumentationen der Kinder müssen hinsichtlich ihrer Qualität untersucht werden. Dabei ist zu überlegen, wie diese zu beurteilen sind und welche theoretischen Ansätze hierfür hilfreich sein könnten.

Wie können Entwicklungsstadien innerhalb der Stichprobe sichtbar gemacht werden?

Sofern sich Entwicklungsstadien zeigen, muss geklärt werden, wie diese auf der Grundlage der Theorien zum Rechnenlernen und zum flexiblen Rechnen sichtbar gemacht werden können und inwieweit eine Gesamttypologie – eventuell über alle Interviewverläufe hinweg – erstellt werden kann.

Teil II Die Entwicklung flexiblen Rechnens untersuchen

> Forschung liefert keine Patentlösungen,
> aber sie kann zu einer besser begründeten
> und vertiefenden Reflexion anregen.
> (Schlömerkemper 2010, 8)

Nachdem in Teil I die theoretischen Grundlagen zum Rechnenlernen in der ersten Klasse ausgeführt sind, stellt sich die Frage, auf welcher methodologischen und methodischen Basis die Entwicklung des (flexiblen) Rechnens bei Erstklässlern erforscht werden kann. Methodologische Überlegungen befassen sich „mit der Vermittlung zwischen Theorie und Methode und der konzeptionellen Gestaltung des Vorgehens" (Flick/Kardorff/Steinke 2007, 251). Damit handelt es sich um Fragen zur Gegenstandangemessenheit, die schließlich methodische Entscheidungen leiten. Diese Ausführungen (Teil II) dienen der transparenten Offenlegung und Begründung des Forschungsvorgehens in vorgestellter Untersuchung. Sie sind in drei Abschnitte gegliedert: Zunächst werden die methodologischen Überlegungen, die die Vorgehensweise plausibilisieren sowie grundsätzliche Ausführungen zur Methode beschrieben. Anschließend werden die konkreten methodischen Umsetzungen erläutert. Mit dem in der Untersuchung eingesetzten Unterrichtssetting zur Zahlenblickschulung und der Einführung für die Lehrkräfte setzt sich der letzte Abschnitt auseinander.

Methodologische und methodische Überlegungen

Dem Erkenntnisinteresse folgend ist ein Untersuchungsdesign zu wählen, das den Vergleich von Unterrichtskonzeptionen zulässt und die individuellen Rechenentwicklungen und Gedankengänge von Erstklässlern aufdeckt (Kapitel II 1). Daran schließen sich Fragen zur Erhebung und Auswertung dieser individuellen Denk- und Vorgehensweisen bei Kindern an. Das klinische Interview (Kapitel II 2) bietet als halbstandardisiertes Instrument jedem Kind die Möglichkeit, seine Gedanken und Vorgehensweisen detailliert zu beschreiben. Von der Datenanalyse bis hin zur Theoriebildung müssen verschiedene Instrumente herangezogen werden: Die Interviews können mit Hilfe der qualitativen Inhaltsanalyse (Kapitel II 3.1) ausgewertet und systematisiert werden. Die Strukturierung und qualitative Einschätzung der Argumentationen wird mit Hilfe des argumentationstheoretischen Ansatzes möglich (Kapitel II 3.2). Die Zusammenführung dieser Kategoriensysteme ermöglicht eine empirisch begründete Typenbildung (nach Kelle/Kluge), die zur Theoriebildung (Kapitel II 3.3) führt.

1 Forschungsdesign

1.1 Vorüberlegungen

Die inhaltlichen Forschungsfragen (Kapitel I 11.1) zusammen mit den zuvor beschriebenen Funktionen von Theorien als Mittler führen zu verschiedenen methodologischen und methodischen Fragen (Kapitel I 11.2), denen nun nachgegangen werden soll.

Wie können flexible Rechenkompetenzen erhoben werden?
Das Forschungsdesign ist wesentlich von der Art der Forschungsfragen und damit von den zugrunde liegenden theoretischen Konstrukten abhängig – in diesem Fall von den Vorstellungen zum flexiblen Rechnen (Kapitel I 5).

> „An answer to this question (when should a strategy be considered as appropriate and which criteria are relevant to this) influences significantly all empirical investigations in the field of teaching and learning and adaptive use of strategy." (Heinze et al. 2009a, 536; Erläuterung in Klammer durch die Autorin)

Wird bei Untersuchungen zum flexiblen Rechnen der Blick nicht ausschließlich auf die genutzten Lösungswerkzeuge, sondern auch auf den Referenzrahmen gerichtet (Kapitel I 5.1 und II 5.4), um zu erfahren, ob der Lösende sich auf ein erlerntes Verfahren oder auf Beziehungen stützt, so sind detaillierte Lösungswegbeschreibungen des Kindes notwendig (Abb. 1.1). Um diese von Erstklässlern überhaupt zu erhalten und allen Kindern die Chance zu geben, ihre Fähigkeiten zu zeigen, ist mehrmaliges gezieltes Nachfragen nötig. Aus diesen Gründen bieten sich für die Datenerhebung ausschließlich Interviews an, die an den Kindern orientiert sind und in denen sie auch Möglichkeiten haben, ihre Überlegungen unter Zuhilfenahme von Materialien auszudrücken (Kapitel II 2 und II 5).

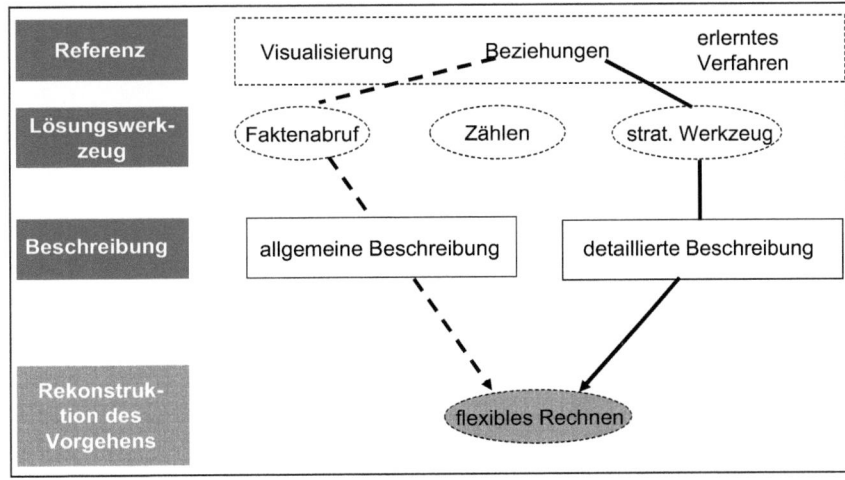

Abb. 1.1:   Erfassen von Lösungswegen (Rechtsteiner-Merz 2011c, 663)

Wie können Entwicklungen beim Rechnenlernen beobachtet werden?

Entwicklungen lassen sich nicht durch eine einmalige punktuelle Erhebung erfassen. Es stellt sich vielmehr die Frage, *wie oft und zu welchen Zeitpunkten eine Erhebung Sinn macht.*

Einfaches Rechnen fängt zwar bei den meisten Kindern bereits im Kindergartenalter an (Kapitel I 2), doch in den ersten Wochen der Schule liegt der Fokus zunächst auf der Zahlbegriffsentwicklung, woraus sich zunehmend erste Rechnungen ergeben. Daher muss das erste Interview nach Abschluss der Diagnosephase auf Ende Januar oder Anfang Februar gelegt werden. In der zweiten Schuljahreshälfte wird das Rechnen zunehmend weiterentwickelt und auf den Zahlenraums bis zwanzig ausgedehnt. Dabei spielen sowohl Aufgaben mit als auch ohne Zehnerüberschreitung eine Rolle. Während dieser Zeit findet in der Regel der Übergang vom überwiegenden Zählen zum Rechnen mithilfe strategischer Werkzeuge oder über das Abrufen von Fakten statt (u.a. Lorenz 2003; Gaidoschik 2010; Gerster/Schultz 1998; Meyerhöfer 2011; Rechtsteiner-Merz 2011b). Deshalb stellt dieser Zeitraum bei der Rechenentwicklung eine entscheidende Phase dar, und es sind aus diesem Grund zwei weitere Erhebungszeitpunkte in der zweiten Schuljahreshälfte der ersten Klasse (April/Mai und Juli) terminiert. Auch während der Sommerferien durchlaufen viele Kinder Entwicklungen im Rechenprozess; diese können sowohl vertiefender als auch rückläufiger Natur sein. Um einen ersten Eindruck von der Weiterentwicklung der Kinder zu erhalten, bietet es sich an, zu Beginn der zweiten Klasse (Oktober) noch ein viertes Interview zu führen.

Da die Entwicklung des Rechnens individuell verläuft und während des zweiten Halbjahres große Veränderungen im Lösungsprozess stattfinden, wären weitere Erhebungen zwischen Januar und Juli wünschenswert (vgl. Gaidoschik 2010, 596). Allerdings fiel aus forschungspragmatischer Sicht (Zeitfaktor der Datenerhebung und entsprechende Zunahme der zu analysierenden Datenmenge) die Entscheidung, die beschriebenen drei beziehungsweise vier Interviews durchzuführen. Sowohl in der Auswertung als auch in der anschließenden Deutung ist zu berücksichtigen, dass die Aufzeichnungen punktuell bleiben und lediglich kurze Einblicke in das Denken der Kinder ermöglichen.

Wie kann die Zahlenblickschulung in den Unterricht integriert werden?

Für die Untersuchung von Konzeptionen gibt es verschiedene Möglichkeiten: Der Unterricht kann vom Forschenden selbst oder durch instruierte Lehrkräfte gehalten werden.

In der vorliegenden Studie sollten jedoch mehrere Klassen (fünf Klassen an zwei verschiedenen Schulen) während eines gesamten Schuljahres die Aktivitäten zur Zahlenblickschulung durchführen. Aus diesem Grund wurde für die vorliegende Untersuchung ein „classroom teaching experiment" (vgl. Yackel 2001) gewählt, in dem die Lehrkräfte selbst unterrichten und von der Forscherin instruiert werden.

Die Einführung beinhaltete Informationen über die Ziele der Zahlenblickschulung, den kumulativen Aufbau, die einzelnen Aktivitäten sowie organisatorische Fragen (Kapitel II 10 und II 11).

Als Konsequenz aus den genannten Überlegungen ergibt sich der im Folgenden beschriebene Untersuchungsverlauf.

1.2   Untersuchungsverlauf

Um die Entwicklung der Lernprozesse beim Rechnen mit und ohne Zahlenblickschulung zu untersuchen, bietet sich das Design einer qualitativen Lernprozessstudie (Prediger 2010, 190; Stavrou 2004, 75) an, die den Vergleich zweier Unterrichtskonzeptionen zulässt (Flick 2007, 254). Durch die detaillierte Erhebung der Denk- und Vorgehensweisen der Kinder sowie die qualitative Deutung ihrer Handlungen entsteht ein umfassendes Bild der Entwicklungsstadien, die im ersten Schuljahr vom Zählen zum (flexiblen) Rechnen führen.

Da die Lernprozesse in zwei unterschiedlichen Unterrichtssettings beobachtet wurden, war das Untersuchungsdesign in zwei Stränge gegliedert (Abb. 1.2): das Unterrichtssetting mit und ohne Zahlenblickschulung und den Forschungsstrang.

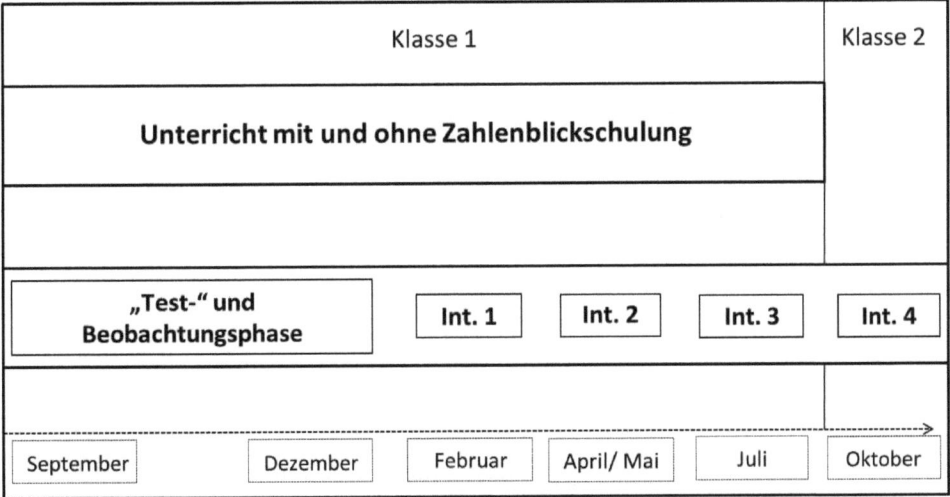

Abb. 1.2:   Forschungsdesign der qualitativen Lernprozessstudie

Unterrichtsgestaltung
Während des gesamten Schuljahres erhielten fünf Klassen während einer Mathematikstunde pro Woche Aktivitäten zur Zahlenblickschulung. In drei weiteren Klassen praktizierten die Lehrkräfte guten offenen Mathematikunterricht, aber ohne gezielte Zahlenblickschulung (Kapitel II 4).

Forschungsstrang
Zur Auswahl der Kinder dokumentierten die Lehrkräfte bis Dezember mithilfe verschiedener Instrumente ihre Beobachtungen (Kapitel II 4.2). Auf dieser Basis konnte im Januar die Stichprobe ausgewählt werden. In der Folge wurden die Kinder jeweils zu vier Zeitpunkten interviewt – im Februar, April oder Mai, Juli und im Oktober (zu Beginn der zweiten Klasse).

2   Das Interview als Datenerhebungsinstrument

Da standardisierte Tests und Interviews keinen ausreichenden Einblick in das Denken der Kinder ermöglichen, entwickelte Piaget das klinische Interview (Hopf 2007).

> „Ungefähr von vier Jahren an dagegen ist es möglich, kurze Experimente mit dem Kind zu machen, wirkliche Antworten zu erhalten und eine Unterhaltung zu führen, indem man es Gegenstände, für die es sich interessiert, handhaben läßt. Diese Tatsache an und für sich ist schon das Anzeichen einer neuen Strukturierung." (Piaget 1971, 146)

Dabei handelt es sich um eine halbstandardisierte Form mit dem Ziel, die kognitiven Kompetenzen der Kinder zu ergründen (Ginsburg 1981, 4 ff.). Ginsburg zufolge beinhaltet das klinische Interview in der mathematikdidaktischen Forschung drei Ziele (1981, 5):
- das Erforschen kognitiver Aktivitäten („the *discovery* of cognitive activities"; Hervorhebung im Original),
- die Identifikation kognitiver Aktivitäten („the *identification* of cognitive activities"; Hervorhebung im Original) und
- die Evaluation von Kompetenzebenen („the evaluation of levels of *competence*"; Hervorhebungen im Original).

Obwohl das klinische Interview auch Mängel aufweist wie beispielsweise die Möglichkeit der Beeinflussung durch den Interviewer, zeigt die theoretische Analyse von Ginsburg, „that the clinical interview is the most appropriate method for accomplishing these aims" (1981, 10).

2.1   Planung klinischer Interviews

Beck und Maier (1993, 157 ff.)[33] beschreiben verschiedene Probleme in Verbindung mit klinischen Interviews. Planungsschwierigkeiten, die sich auf allgemeine Fragen beziehen, werden im Folgenden genauer beschrieben. Darüber hinaus können spezifische Schwierigkeiten aus der Interviewsituation mit Kindern resultieren (Kapitel II 2.2).

---

33 Soweit nicht auf andere Autoren verwiesen wird, beziehe ich mich im folgenden Kapitel auf Beck/Maier (1993).

Problem der hypothetischen Schlüsse

Je nach Thematik kann das Problem „der hypothetischen Schlüsse" entstehen. Werden etwa Verstehensprozesse einer Unterrichtssituation untersucht, so stellt sich die Frage, ob die Berichte der Kinder auch ihrem tatsächlichen Verständnis entsprechen oder ob sie ihr Wissen noch gar nicht sprachlich ausdrücken können. Um diesem Problem zu begegnen, wird die Technik „think aloud" (Pirie 1988, 4; s. a. Pirie 1988 nach Beck/Maier 1993, 159) vorgeschlagen.

Grad der Strukturierung

Bei der Planung eines Interviews sollte der Grad der Vorstrukturierung in Abhängigkeit zum Ziel berücksichtigt werden. Einerseits wird durch die genaue Planung eine mögliche Vergleichbarkeit erreicht, andererseits kann dadurch eine Einengung während der Befragung entstehen, die eventuell weder dem Gegenstand noch dem Interviewpartner (Kapitel II 2.2) angemessen ist (Beck/Maier 1993, 156; Ginsburg 1981, 6 f.). Das halbstandardisierte Interview ermöglicht es, diesem Widerspruch Rechnung zu tragen (Wittmann 1982, 38 f.).

Beeinflussung durch audiovisuelle Datenaufzeichnung

Um der Beeinflussung der Interviewpartner durch die audiovisuelle Datenaufzeichnung zu begegnen, ist es wichtig, eine Eingewöhnungsphase einzuplanen. Die optischen und akustischen Reize sollten weitestgehend begrenzt sein, so dass möglichst wenig Ablenkung erfolgt (Lamnek 2010, 360 f.).

2.2 Besondere Herausforderungen bei der Befragung von Kindern

Das Interview ist mehr als andere Datenerhebungsinstrumente durch den Einfluss zwischenmenschlicher Beziehungen geprägt (Beck/Maier 1993, 157 ff.; Roux 2002, 98 ff.). Gerade Kinder können auf diese ungewohnte Situation verstärkt reagieren. Daher sind diese Einflussfaktoren bereits bei der Planung zu berücksichtigen.

Beer (1989, 172) beschreibt verschiedene Quellen für Fehlinformationen im Interview (Abb. 2.1). Er unterscheidet zwischen Fehlern, die durch die Struktur des Interviews verursacht werden, und Fehlern, die in den personalen Kompetenzen des Befragten oder des Interviewers liegen können. Aspekte, die gerade bei Interviews mit Kindern besonders beachtet werden müssen, sind in der Tabelle gesondert durch einen Stern (*) gekennzeichnet und werden im Folgenden ausführlicher beschrieben.

Fehlinformationsquellen bei Interviews

Interviewstruktur	Befragter	Interviewer
• Mangel an Klarheit in der Fragestellung	• Bedürfnis sozial erwünschter Antworten	• Charaktereigenschaften des Interviewers*
• komplexe und mehrdimensionale Fragen*	• Mangel am Verständnis der Fragen*	• Vorlieben und Befangenheit*
• Abfolge der Fragen	• Gedächtnislücken*	• Unterschiedliche emotionale Intensität*
• Anzahl der Fragen*	• Keine echte Meinung*	• Sprachunterschiede
• Struktur der Fragen*	• Unterschiedliche emotionale Intensität zwischen den Interviewpartnern	• Unterschiedliches Verständnis der Fragen
• Ungerechtfertigte Annahmen in den Fragen	• Verschiedene Auffassung der Situation und des Ziels*	• Aufnahmefehler
• Innerhalb einer Frage sind mehrere enthalten	• Erfahrung des Interviews als belastend*	
• Sensible oder bedrohliche Elemente innerhalb der Fragen*	• Interviewzeitpunkt und/ oder -dauer	
• Wortlaut der Fragen:		
• Ungenauer Ausdruck		
• mehrdeutige oder unscharfe Ausdrücke		
• Komplexe Ausdrücke und Sätze*		
• beeinflussende Wörter		

* häufig genannte Aspekte bei Interviews mit Kindern

Abb. 2.1:   Fehlinformationsquellen bei Interviews (Beer 1989, nach Young et al. 1987, 614)

Interviewstruktur

Zuzüglich der Aspekte, die allgemein bei der Planung von klinischen Interviews zu beachten sind, müssen bei der Befragung von Kindern weitere Gesichtspunkte berücksichtigt werden. Als besonders wichtig erachtet werden eine altersentsprechende Wortwahl und das Verwenden einfacher Sätze, denen die Kinder folgen können (Beck/Maier 1993, 161; Beer 1989, 172 f.; Delfos 2004, 118 ff.). Der Einsatz von Materialien kann für den Gesprächsverlauf förderlich sein, da Handeln dem Ausdrucksverhalten der Kinder besonders entspricht und dieses unterstützt (Fuhs 2000, 90; Petermann/Windmann 1993, 128 f.). Durch *„handlungsgestützte Artikulationsformen"* (Peter-Koop et al. 2007, 6; Hervorhebung im Original) können verbale Äußerungen ergänzt oder teilweise auch ersetzt werden.

Grundsätzlich ist zu bedenken, dass ausreichende Möglichkeiten zum freien Sprechen eingeräumt werden sollten. Daher bieten sich halbstandardisierte Interviews an, die sowohl dem Interviewer als auch dem Kind Freiräume zum flexiblen Agieren ermöglichen.

Einflussfaktoren durch den Befragten

Da ein Interview eine „komplexe soziale Interaktion" (Roux 2002, 101) ist, müssen zahlreiche Aspekte beachtet werden. Ein wichtiger Gesichtspunkt sind die Kompetenzen des Kindes. Bei Beer (1989, 174 ff.) finden sich vier wesentliche Bereiche:

- die psychologische Kompetenz interviewt werden zu können,
- das Stadium der kognitiven Entwicklung,
- die Sprachentwicklung und
- die gesellschaftliche Entwicklung. Darunter fasst Beer Aspekte wie die positive Bestätigung und Motivation des Kindes sowie auch die Berücksichtigung seiner nonverbalen Ausdrucksweisen.

Bereits in den ersten Schulwochen lernen die Kinder, die Erwartungen ihrer Lehrer zu erahnen und ihnen durch angepasstes Verhalten zu entsprechen. Daher ist es für sie im Interview schwer vorstellbar, dass der Erwachsene die erforderlichen Antworten nicht bereits kennt (Wittmann 1982, 38). Roux (2002, 101) schreibt dazu: „Außerdem kann es vorkommen, dass das Kind nicht versteht, dass ausgerechnet der klügere Erwachsene etwas von ihm wissen will."

Um die Entwicklung der Kinder mit dem Blick auf die genannten Aspekte einschätzen zu können, ist das Alter zu berücksichtigen. Im Alter von sechs bis acht Jahren sind die Kinder nach Delfos in der „Periode der *Alphabetisierung*" (56; Hervorhebung im Original). Während dieser Zeit verändert sich das Denk- und Abstraktionsvermögen der Kinder stark. Dennoch ist weiterhin der verbalen Kompetenz der Kinder Rechnung zu tragen (Fuhs 2000, 90 ff.). Dabei gilt es zwei Aspekte zu berücksichtigen:

- die Sprache des Forschers/der Forscherin und
- dem Kind ermöglichen, seine Gedanken darzustellen.

Die Inhalte und Komplexität der Fragen sollten am kognitiven Entwicklungsstand orientiert sein und die Dauer, Rhythmisierung und emotionale Begleitung an die sozialen und motivationalen Fähigkeiten angepasst werden (Delfos 2004, 178 f.).

Kinder geben häufig allgemeine Aussagen wie „hab ich gerechnet" oder „hat mein Geist mir gesagt" als Antwort. Damit das Kind seine Überlegungen aber möglichst detailliert und klar darstellen kann, können sowohl mehrmaliges Nachfragen als auch die Veranschaulichung durch Materialien hilfreich sein (Peter-Koop et al. 2007, 6).

Einflussfaktoren durch den Interviewer

Wesentliche Voraussetzungen für das Gelingen einer Befragung von Kindern sind Einfühlungsvermögen in die emotionale Situation und Offenheit für die Ideen und Vorstellungen des Kindes (Beer 1989, 172 ff.; Wittmann 1982, 37 f.). Diese Haltung sollte dem Kind gegenüber deutlich gemacht werden, so dass der Erwartung des Kindes, „richtige" oder erwünschte Antworten nennen zu müssen, entgegengesteuert wird (Heinzel 2000, 25 f.). Gleichzeitig ist es die Aufgabe des Interviewers, sich permanent selbstkritisch zu reflektieren, um nicht durch sein Verhalten die Antworten zu beeinflussen (Graudenz 1975 in Roux 2002, 101; Roux 2002, 101 ff.).

Situationale Einflussfaktoren

In Verbindung mit der Datenerhebung bei Kindern werden zusätzlich auch situationale Einflussfaktoren genannt (Delfos 2004, 128 ff.), die bei der Planung zu bedenken sind, wie beispielsweise die Beeinträchtigung durch die Umgebung, die Vertrautheit mit dem Versuchsleiter und die spezifische Situation des Interviews. Um diesen Einflüssen zu begegnen, wird empfohlen, das Interview in einem dem Kind bekannten Raum und wenn möglich mit einem bekannten Versuchsleiter durchzuführen.

Eine weitere „Künstlichkeit" (Beck/Maier 1993, 163) entsteht durch das Aufstellen einer Kamera und eines Mikrofons, wodurch das Kind ganz offensichtlich in den Mittelpunkt des Geschehens rückt, was zu Verunsicherungen führen kann. Dieser Situation kann durch direktes Thematisieren vor Beginn des Interviews während der Aufwärmphase begegnet werden (u.a. Beck/Maier 1993, 163 f.; Delfos 2004, 128 ff.; Lamnek 2010, 360; Roux 2002, 99 ff.; Wittmann 1982, 37).

3 Die Datenauswertung

Für die Auswertung der Daten werden von der Analyse bis zur Theoriebildung verschiedene Instrumente herangezogen, die im Folgenden beschrieben und begründet sind.

3.1 Die qualitative Inhaltsanalyse

Die qualitative Inhaltsanalyse bietet die Möglichkeit, große Datenmengen im Hinblick auf ihre Qualität zu analysieren. Außerdem können sowohl induktiv als auch deduktiv Kategorien gebildet werden, was der Forschungsfrage nach Lösungswerkzeugen und Argumentationen entgegen kommt. Daher und weil die Stichprobe bereits im Vorfeld festgelegt wurde, stellt die qualitative Inhaltsanalyse ein geeignetes Instrument dar. Im Folgenden wird sie zunächst allgemein und anschließend in Bezug auf ihre Funktion in der vorliegenden Studie beschrieben. Die Beschreibung zur konkreten Umsetzung ist in Kapitel II 7. zu finden.

3.1.1 Allgemeine Beschreibung

Die Inhaltsanalyse wird allgemein beschrieben als „Analyse von Material, das aus irgendeiner Art von *Kommunikation* stammt" (ebd., 11; Hervorhebungen im Original). Ein wesentlicher Aspekt der qualitativen Inhaltsanalyse nach Mayring stellt das systematische Vorgehen bei der Auswertung dar. Dennoch handelt es sich bei der Inhaltsanalyse um kein „Standardinstrument" (ebd., 43). Die Vorgehensweise muss der jeweiligen Fragestellung und dem Gegenstand angepasst sein. Um dem Anspruch des regelgeleiteten, systematischen Vorgehens Rechnung zu tragen, wird im Vorfeld ein Ablaufmodell festgelegt und die einzelnen Analyseschritte werden regelgeleitet begründet beschrieben (vgl. Kapitel II 7). Das von Mayring erstellte „allgemeine[s] Ablaufmodell" (ebd., 53) mit elf Analyseschritten wurde für die Datenanalyse in vorliegender Studie entsprechend der Fragestellungen modifiziert (Abb. 3.1).

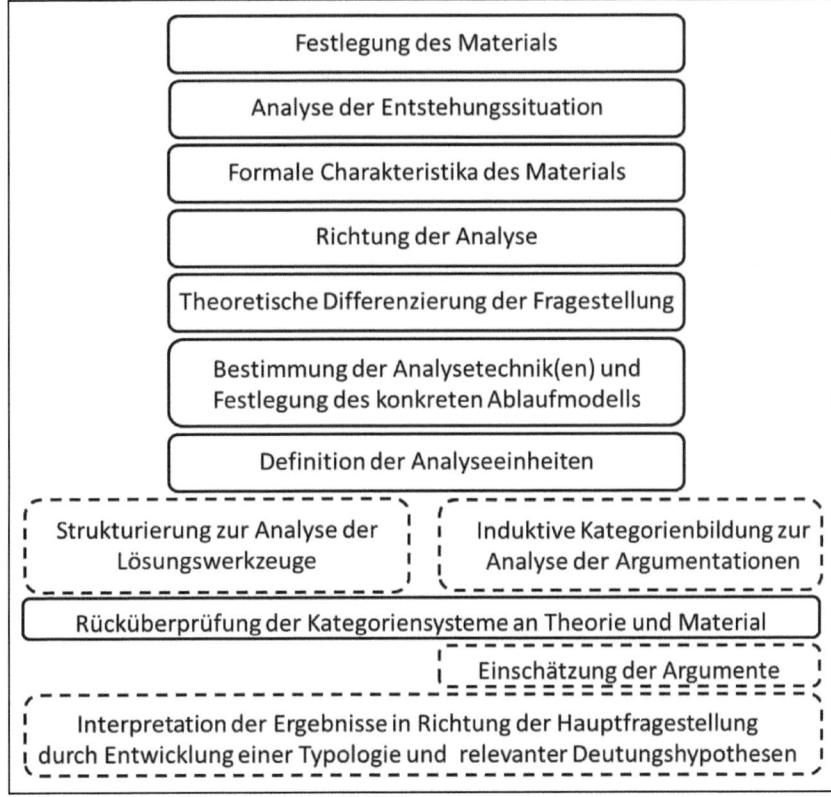

Abb. 3.1:   Modifiziertes Ablaufmodell nach Mayring[34] (2008a, 54)

In den *Schritten eins bis fünf* ist die Festlegung des Materials, die Analyse der Entstehungssituation, die Beschreibung der formalen Charakteristika des Materials, die Richtung der Analyse und die theoretische Differenzierung der Fragestellung vorgesehen.

Im *sechsten Schritt* werden die verschiedenen Analysetechniken bestimmt. Mayring (2008a, 56 ff.) unterscheidet die Zusammenfassung, die Explikation und die

---

34 Modifizierungen sind in einem gestrichelten Kasten.

Strukturierung (vgl. *Schritte sieben und acht*). Abhängig vom Datenmaterial und von der Intention wird eine passende Analysetechnik ausgewählt:

- Bei der Zusammenfassung wird das Material so stark reduziert, dass ein „überschaubarer Corpus" (Mayring 2008a, 58) entsteht. Die Zusammenfassung findet induktiv, dem Material angepasst, statt (Mayring 2008, 10 ff.).
- Die Explikation verfolgt das Ziel der Ergänzung des Materials durch weitere Informationen. Dabei wird zwischen „einer engen und einer weiten Kontextanalyse" (Mayring 2008a, 77) unterschieden. Während bei der engen Kontextanalyse einzelne Begriffe beispielsweise durch Hinzuziehen theoretischer Definitionen ergänzt werden, können bei der weiten Kontextanalyse Erläuterungen zur Entstehung des Materials, vorangegangen Geschehnissen oder zusätzlichen Informationen zum Forschungsgegenstand hinzugezogen werden.
- Die Analysetechnik der Strukturierung hat zum Ziel, eine theoriebasiert entwickelte Struktur auf das Material zu legen und dieses dahingehend zu untersuchen. Es wird zwischen vier unterschiedlichen Strukturierungsarten unterschieden. In der vorgestellten Untersuchung wird inhaltlich strukturiert und versucht „bestimmte Themen, Inhalte, Aspekte aus dem Material herauszufiltern und zusammenzufassen" (Mayring 2008a, 89).

Innerhalb einer Studie können, je nach Forschungsfrage, verschiedene Analysetechniken angewandt werden. Dabei wird das Material jeweils durch eine andere „Brille" betrachtet und untersucht.

Schritt neun verlangt die Rücküberprüfung der Kategoriensysteme auf das Material und schließt sich direkt Schritt sechs an.

Die *Schritte zehn und elf* im Schaubild wurden spezifisch für vorgestellte Untersuchung entwickelt und sind detailliert in Kapitel II 7 dargestellt.

3.1.2 Übertrag auf die vorgestellte Untersuchung

Um sowohl die Lösungsrichtigkeit und Lösungswerkzeuge als auch die Argumentationen der Kinder zu berücksichtigen, war für die vorliegende Untersuchung die Entwicklung von zwei Kategoriensystemen notwendig: Zur Untersuchung der Lösungsrichtigkeit und der Lösungswerkzeuge wurde eine strukturierende Inhaltsanalyse durchgeführt, für die Argumentationen bot sich die induktive Kategorienbildung (Zusammenfassung) an.

Die strukturierende Inhaltsanalyse

Die Frage nach den Lösungswerkzeugen konnte durch die inhaltliche Strukturierung beantwortet werden. Da in der Literatur die Lösungsstrategien (Krauthausen/ Scherer 2006, 22 ff.; Radatz et al. 1996, 82 ff.; Wittmann/Müller 1990, 32 ff.) beziehungsweise die strategischen Werkzeuge (Rathgeb-Schnierer 2006a, 55) ausführlich beschrieben sind, ließ sich auf dieser Grundlage ein theoriegeleitetes, deduktives Kategoriensystem entwickeln (Kapitel II 7.1).

Die induktive Kategorienbildung

Für die Auswertung der Argumentationen der Kinder konnte dagegen nicht auf ein vorhandenes Kategoriensystem zugrückgegriffen oder theoriebasiert ein passendes erstellt werden. Dies hat verschiedene Gründe:

*   Die Argumentationen der Kinder zur Einschätzung der Schwierigkeit einer Aufgabe und zu ihren Lösungswegen sind individuell und abhängig von der Art der Befragung sowie vom Vorwissen und Alter der Kinder.
*   Zahlreiche Studien zum flexiblen Rechnen sind erst in der zweiten Klasse angesiedelt (vgl. Kapitel I 5).
*   Die Datenerhebung und Auswertung ist stark abhängig von den zugrundeliegenden Theorien (Kapitel I 11.2). Da in vielen Studien mit einen anderen Verständnis von Flexibilität (Kapitel II 5) vorgegangen wird, sind dort häufig nur die Lösungswerkzeuge ohne die Argumentationen der Kinder im Blick der Forschung.

In der aktuellen fachdidaktischen Literatur wird zur Analyse von Argumentationen und der Entwicklung von Argumentationsketten häufig die Argumentationsanalyse genutzt. Hierfür werden Argumente in ihre Einheiten gegliedert, analysiert und innerhalb einer interaktionistischen Gesamtargumentation beleuchtet (Kapitel II 3.2). Mit der Argumentationsanalyse werden in der Regel Fragestellungen zu Interaktionen und der Entwicklung von Argumenten verfolgt und nicht wie in vorgestelter Untersuchung Argumentationen losgelöst von einer Interaktion analysiert und weiterverwertet. Aus diesem Grund und weil damit keine größeren Datenmengen bearbeitet sowie keine Kategorien entwickelt werden können, musste in dieser Studie auf ein anderes Instrument zurückgegriffen werden: die zusammenfassende Inhaltsanalyse zur induktiven Kategorienbildung (Mayring 2008b, 10 ff.). Bei der induktiven Kategorienbildung werden kontinuierlich kleinere Kategorien zusammengefasst und durch Bestimmung eines Abstraktionsniveaus neu strukturiert (Kapitel II 7.2). Für die Strukturierung der Kategorien und zur Systematisierung des Kategoriensystems konnte das Toulmin-Schema der Argumentationsanalyse jedoch herangezogen werden. Die Argumentationsanalyse wird im Folgenden zunächst allgemein erläutert und in Kapitel II 7.2 auf die vorliegende Untersuchung übertragen.

3.2 Gliederung und Interpretation der Argumentationen

Stehen in der mathematikdidaktischen Forschung Unterrichtsgespräche im Mittelpunkt, so werden diese häufig mithilfe der Interaktionsanalyse untersucht (u.a. Krummheuer/Fetzer 2005, 24 ff.). Dabei können verschiedene Aspekte im Fokus stehen. Werden argumentative Elemente einer Unterrichtssituation in den Blick genommen, bietet sich zur Auswertung die funktionale Argumentationsanalyse an (Bezold 2009; Fetzer 2007, 2011; Knipping 2003; Krummheuer/Fetzer 2005; Schwarzkopf 2000). Dabei lassen sich die Entwicklung eines Arguments im Gesprächsverlauf und die Beteiligung der Akteure analysieren (Fetzer 2011, 31).

Zur Gliederung einer Argumentation wird das Schema von Toulmin (1996, 88 ff.) genutzt. Danach setzt sich eine vollständige Argumentation aus mehreren Elementen zusammen: aus dem „Datum", der „Konklusion", dem „Garant"[35] und der „Stützung" (Abb. 3.2).

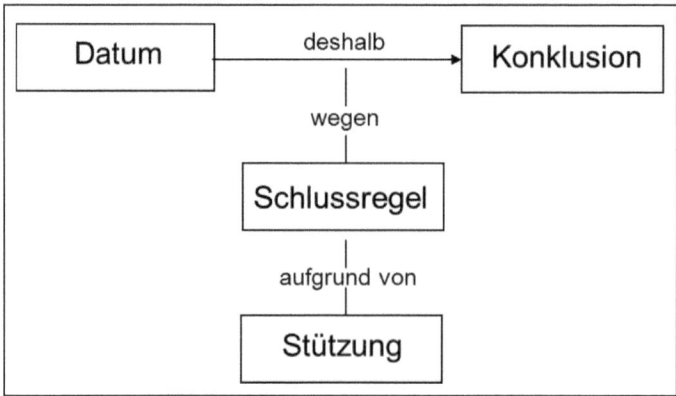

Abb. 3.2:   Toulmin-Schema (1996)[36]

Als Datum beschreibt Toulmin (1996, 89) Informationen oder Sachverhalte, von denen ausgegangen wird und die von allen Beteiligten als unzweifelhaft angesehen werden. Die Konklusion ist die Behauptung oder Schlussfolgerung, die begründet werden soll. Diese Ebene wird auch als „Schluss" (Krummheuer/Fetzer 2005, 38) bezeichnet. Wird dieser Schluss in Frage gestellt, so kann der Garant als „Brücke" (Toulmin 1996, 89) dienen – sozusagen als Antwort auf die Frage „Wie kommst du dahin?" (ebd., 89). Mithilfe der Stützung lässt sich der Garant untermauern. Die Stützung kann als Antwort auf die Frage „Wieso ist das so?" oder „Warum darf man davon ausgehen?" betrachtet werden. Zusätzlich beschreibt Toulmin noch weitere Bestandteile wie Einschränkungsoperatoren oder Ausnahmebedingungen (ebd., 92). Da diese für die vorliegende Studie nicht relevant sind, werden sie an dieser Stelle nicht näher ausgeführt.

---

35 In der englischen Originalversion wird der Begriff „warrant" verwendet, der in der deutschsprachigen Version des Buches von Toulmin (1996) als „Schlußregel" (88) übersetzt wird. In der mathematikdidaktischen Literatur (Krummheuer/Brandt 2001, 31) wird „warrant" auch mit Garant" übersetzt. Da im mathematischen Kontext Schließen auch mit logischem und regelgerechtem Schließen verbunden ist, wird im Folgenden der Begriff des Garanten genutzt. Malle (2002, 5) hingegen spricht von der „Argumentationsbasis": „Jede Begründung bedarf einer Argumentationsbasis, das heißt eines Fundaments, auf das man sich bei seiner Argumentation stützt."

36 Vgl. auch Fetzer 2007, 19

Krummheuer und Brandt (2001) unterscheiden Argumentationsstränge hinsichtlich ihrer Breite und ihrer Tiefe (ebd., 36 ff.): In der „**Breite**" (Krummheuer/ Brandt 2001, 36; Hervorhebung im Original) werden Argumentationen umschrieben, die „aus einer Kette von mehreren Gliedern" (ebd., 36) zusammengesetzt sind. Diese entstehen, wenn die Konklusion eines vorigen Schlusses als neues Datum genutzt wird.

In der vorliegenden Studie werden mehrgliedrige Argumentationsstränge nicht gesondert betrachtet, da die Breite eines Arguments keinen Rückschluss auf die Qualität ermöglicht. Qualität kommt vielmehr in der Art des Garanten und der Stützung zum Ausdruck. Lösungswegbeschreibungen zu Rechnungen sind beispielsweise im zweistelligen Bereich meist mehrgliedrig, da zwischen Zehnern und Einern unterschieden und daher in mehreren Schritten vorgegangen wird. Dennoch sagt dies nichts über die Qualität des Lösungsweges aus (vgl. Krummheuer/Fetzer 2005, 39).

In der „**Tiefe**" (Krummheuer/Brandt 2001, 36; Hervorhebung im Original) unterscheiden sich Argumentationen durch das Vorhandensein eines Garanten und einer Stützung und deren Qualität.

Diese Vorgehensweise der Gliederung eines Arguments in Garant und Stützung wird bei der Entwicklung der induktiven Kategorienbildung genutzt (Kapitel II 7.2). Es lassen sich Garanten und Stützungen verschiedener Art identifizieren, die jeweils als Unterkategorien kodiert werden können. Damit wird das Toulmin-Schema der Argumentationsanalyse als Instrument zur Systematisierung des induktiven Kategoriensystems herangezogen.

Für die qualitative Einschätzung der Argumentationen in vorgestellter Untersuchung müssen über die Kategorienbildung hinaus zur Interpretation der argumentationstheoretische und beweistheoretische Ansatz sowie die Theorien zum (flexiblen) Rechnenlernen eingebunden werden (Kapitel II 8).

3.3   Typenbildung

Um Entwicklungsstadien bei Kindern zu identifizieren, stellt sich aus methodologischer und methodischer Perspektive die Frage, wie diese sichtbar gemacht werden können.

Eine Typologie, die die Zusammenhänge der kindlichen Entwicklungsverläufe beschreibt, kann einen besseren Überblick über die gesamte Untersuchungsgruppe ermöglichen. Die Bildung von Typen ermöglicht es, „den Sinn der dahinter liegenden *inhaltlichen* Ordnung zu analysieren" (Kluge 1999, 46; Hervorhebung im Original), so dass die Generierung von Hypothesen und damit Theoriebildung möglich wird.

„Mit Hilfe komplexer Typologien können außerdem inhaltliche Zusammenhänge rekonstruiert und ggf. erklärt werden, so daß Typologien die Generierung von Hypothesen und die (Weiter-)Entwicklung von Theorien in hohem Maße unterstützen." (Kluge 1999, 85)

In der Literatur lassen sich eine Vielzahl beschriebener Typen finden. Dabei sind die Real- und Idealtypen zwei häufig genutzte und zunächst gegensätzlich wirkende Formen: Bei der Bildung von Realtypen wird ausschließlich aus den vorliegenden Daten eine „<empirische> Typologie" (Kluge 1999, 60; Hervorhebung im Original) generiert. Im Gegensatz dazu entspricht ein Idealtypus einem Typus, der so in der Realität nicht auftaucht, und „einen rein idealen Zustand beschreibt" (ebd., 64).

> „Ein Idealtypus steht damit zwischen Empirie und Theorie, er bezieht sich auf reale empirische Phänomene, beschreibt sie aber nicht einfach, sondern übersteigert einige ihrer Merkmale, um zu einem Modell sozialer Wirklichkeit zu gelangen." (Kelle/Kluge 2010, 83)

Es wird deutlich, dass sich Real- und Idealtypen in „ihren Zielsetzungen" (Kluge 1999, 77) ergänzen und „in einem komplexen Auswertungsprozeß miteinander verbunden werden" (ebd., 77) sollten. Aus diesem Grund wird heutzutage mehrheitlich von *empirisch begründete(n) Typen"* (Kluge 1999, 259; Hervorhebung im Original) gesprochen, in denen sowohl theoretische Überlegungen als auch empirische Erkenntnisse berücksichtigt werden.

> „Nur wenn empirische Analysen mit theoretischem (Vor-)Wissen verbunden werden, können *„empirisch begründete Typen"* gebildet werden. (Kluge 1999, 259; Hervorhebung im Original)

Der Prozess, in dem empirisch begründete Typen gebildet werden (Kapitel II 9), ist in einem sogenannten „Stufenmodell" (Kluge 1999, 260 ff.; Kelle/Kluge 2010, 91 ff.) beschrieben. Die Typenbildung erfolgt in vier Schritten (Abb. 3.3)[37], die wiederholt ausgeführt werden können.

Stufe 1: Erarbeitung relevanter Vergleichsdimensionen (Kluge 1999, 264 ff.)
Bei der Erarbeitung relevanter Vergleichsdimensionen geht es darum, Kategorien so zu entwickeln und zu dimensionalisieren, dass Fallunterscheidungen möglich werden (Kapitel II 9.2 und II 9.3).

---

37 Die im Folgenden beschriebenen Schritte sind, sofern nicht anders gekennzeichnet, aus Kluge 1999, 260 ff. entnommen.

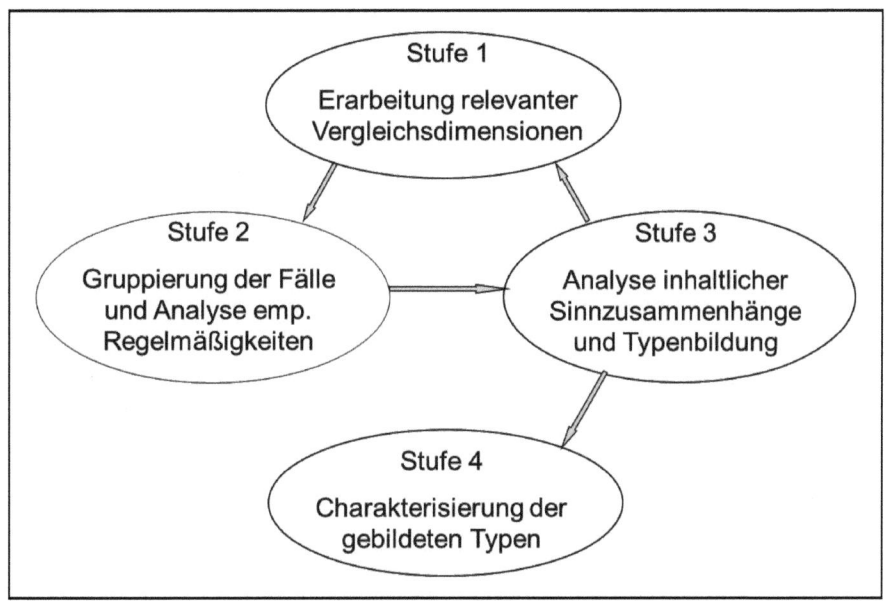

Abb. 3.3:   Auswertungsstufen des „Stufenmodells empirisch begründeter Typenbildung"
(Kluge 1999, 261)

*Stufe 2: Gruppierung der Fälle und Analyse empirischer Regelmäßigkeiten (ebd.,
270 ff.)*
Die Gruppierung der Fälle kann sowohl in einem agglomerativen als auch in einem
divisiven Verfahren vorgenommen werden. Beim agglomerativen Verfahren geht
man von einzelnen Fällen aus und fasst zunehmend ähnliche Fälle zu einer Gruppe
zusammen. In vorgestellter Untersuchung werden die Fälle mit Hilfe der *„divisiven
Vorgehensweise"* (ebd., 271; Hervorhebung im Original) gruppiert. Dabei wird die
Gesamtgruppe in Untergruppen eingeteilt. Dies kann durch die Entwicklung eines
Merkmalsbaumes oder durch systematische Kombination der Merkmale in einer
Kreuztabelle geschehen. Dabei werden die Fälle auf Grundlage der entwickelten
Kategorien und Subkategorien innerhalb eines Merkmalraums durch Kombination
der verschiedenen Kategorien gruppiert. Anschließend können die Untersuchungs-
elemente zugeordnet werden. Schließlich ist eine erste Reduktion des Merkmalsraums möglich. Ziel der systematischen Entwicklung eines Merkmalsraums ist es,
empirische Regelmäßigkeiten sichtbar zu machen (Kapitel II 9.2 und II 9.3).

Stufe 3: Analyse inhaltlicher Sinnzusammenhänge (ebd., 277 ff.)
Nach der Gruppierung der Fälle und einer ersten Reduktion des Merkmalsraums
werden die Zusammenhänge der „empirisch vorgefundenen Gruppen bzw. Merk-
malskombinationen" (Kelle/Kluge 2010, 92) beschrieben. Dies erfolgt auf der
Basis der Kategorien des Merkmalsraums sowie „weiterer Eigenschaften, die auf
Ähnlichkeiten und Differenzen zwischen den Fällen sowie zwischen den Gruppen
hinweisen" (Kluge 1999, 278). Bestehen Sinnzusammenhänge zwischen den relevan-

ten Merkmalen, so können einzelne Gruppen zu Typen zusammengefasst werden, wodurch eine weitere Reduktion des Merkmalsraums vollzogen wird. Eine ausführliche Beschreibung der Zusammenhänge erfolgt sowohl auf der Ebene des Typus als auch auf der Ebene der Typologie (Kapitel II 9.2 und II 9.3).

Stufe 4: Charakterisierung der gebildeten Typen (Kluge 1999, 280)
Zuletzt werden die gebildeten Typen ausführlich charakterisiert (Kapitel III 1). Hierfür kann wiederum auf verschiedene Arten von Typen, beispielsweise Idealtypen oder Prototypen (ein realer Vertreter, der dem Typus sehr nahe kommt), zurückgegriffen werden. Zur Beschreibung von Idealtypen werden häufig aus einem besonders typischen Fall durch Idealisierung – und damit durch „starke Zuspitzung" (Kelle/Kluge 2010, 107) – künstliche Konstruktionen geschaffen, die innerhalb eines Typus extreme Unterschiede erscheinen lassen.

> „Während sich die Zuspitzung des Idealtypus besonders für die Konfrontierung mit den Einzelfällen eignet, um so deren Eigenarten deutlich herausarbeiten zu können, ist sie nicht immer zweckmäßig, wenn der Idealtypus die Gruppe, für die er gebildet wurde, auch repräsentieren soll. Hier sollte besser anhand der Merkmale, die ein Großteil der Gruppe aufweist, ein prototypischer, d.h. repräsentativer Fall ausgewählt werden, mit dessen Hilfe die *gesamte* Gruppe so zutreffend wie möglich charakterisiert werden kann" (Kelle/Kluge 2010, 107; Hervorhebung im Original)

Zur Analyse der Daten werden in der vorliegenden Untersuchung zwei Kategoriensysteme entwickelt – eines zu den Lösungswerkzeugen und eines zu den Argumentationen der Kinder (Kapitel II 7). Die Argumentationen werden zusätzlich noch qualitativ eingeschätzt (Kapitel II 8). Auf dieser Basis lässt sich ein Merkmalsraum entwickeln. Allerdings erfordert die Komplexität der Dimensionen (Grad der Ablösung vom Zählen unter Berücksichtigung der Lösungsrichtigkeit und der Lösungswerkzeuge sowie der Grad der Argumentationen auf der Grundlage von Beziehungen) für die Entwicklung des Merkmalsraums ein zweischrittiges Verfahren (Kapitel II 9). Damit können die Fälle schließlich zugeteilt und gruppiert werden.

Beschreibung der Untersuchung

4 Beschreibung der Stichprobe

In der qualitativen Forschung wird „die Typik des untersuchten Gegenstandes" (Merkens 2007, 291) bestimmt. Dabei gibt es zwei unterschiedliche Möglichkeiten, eine Stichprobe zu generieren: die „Vorab-Festlegung der Samplestruktur" (Flick 2002, 98) oder ein „theoretisches Sampling" (Merkens 2007, 292). Zur Gewinnung neuer Erkenntnisse ist ein theoretisches Sampling geeigneter, da hier alle Dimensionen betrachtet werden können. Durch die Festlegung der Stichprobe vor der Datenerhebung lassen sich jedoch vermutete Gemeinsamkeiten und Unterschiede zwischen verschiedenen Gruppen herauskristallisieren (Flick 2002, 101). Ausgehend von den Forschungsfragen wird die Fallauswahl bestimmt; diese bildet die Grundlage für die Stichprobengewinnung.

In der vorgestellten Untersuchung wird auf die Rechenentwicklungen schwacher Kinder der ersten Klasse fokussiert (Kapitel 11.1). Im Vordergrund steht dabei der Einfluss von Aktivitäten zur Schulung des Zahlenblicks innerhalb des regulären Mathematikunterrichts. Damit ergeben sich zwei wesentliche Aspekte für die Untersuchung: Kinder mit Schwierigkeiten in Mathematik und die Schulung des Zahlenblicks. Da im Rahmen der vorgestellten Studie die Schulung des Zahlenblicks während eines gesamten Schuljahres innerhalb des Regelunterrichts stattfand und parallel dazu die Rechenwege der Kinder durch Interviews erhoben wurden, war es notwendig, eine Vorab-Auswahl zu treffen und die Stichprobe während des gesamten Erhebungszeitraumes beizubehalten.

Basierend auf der dargestellten Theorie (Teil I) und den forschungsmethodischen Überlegungen (Kapitel II 1) wird im Folgenden die Zusammenstellung der Stichprobe beschrieben und begründet.

4.1 Auswahl der Klassen

Insgesamt waren acht Klassen an der Studie beteiligt; in fünf Klassen wurde jahrgangsübergreifend, in drei Klassen jahrgangsbezogen gearbeitet. Regelmäßige Aktivitäten zur Schulung des Zahlenblicks wurden in fünf der acht Klassen durchgeführt. Die genaue Verteilung der Klassen ist in Abbildung 4.1 dargestellt.

	mit Zahlenblickschulung	ohne Zahlenblickschulung
jahrgangshomogene Klassen	2	1
jahrgangsheterogene Klassen	3	2

Abb. 4.1: Verteilung der Untersuchungsklassen

Für die Auswahl der Klassen waren verschiedene Aspekte maßgeblich: die Klassengröße, das Einzugsgebiet, jahrgangsbezogener oder -übergreifender Mathematikunterricht, die Haltung der Lehrperson gegenüber den Kindern sowie unterrichts- und mathematikdidaktische Fragen.

Klassengröße
In allen Jahrgangsklassen, die an der Untersuchung teilnahmen, waren zwischen 23 und 25 Kinder. Die Klassen mit jahrgangsübergreifendem Mathematikunterricht umfassten zwischen 11 und 14 Erstklässler.

Einzugsgebiet und jahrgangshomogener oder -heterogener Mathematikunterricht
Von den teilnehmenden Schulen lagen zwei in einem ländlich geprägten Einzugsgebiet. Die dortigen fünf Klassen wurden jahrgangsübergreifend geführt und es gab kaum Schüler mit Migrationshintergrund. Die beiden anderen Schulen waren städtischer geprägt; dort lag der Migrationsanteil bei rund 40%. In diesen Klassen wurde jahrgangsbezogen unterrichtet. Diese Verteilung ermöglichte eine ausgewogene Einteilung der „Zahlenblick-" und „Nicht-Zahlenblickklassen" unter Berücksichtigung des Einzugsgebietes, des Migrationshintergrundes und der Klassenzusammenstellung (jahrgangsübergreifend oder -bezogen) (vgl. Abb. 4.1).

Haltung der Lehrkräfte
Alle teilnehmenden Kolleginnen waren sehr an der Entwicklung und am Denken der Kinder interessiert und zeigten sich ihnen gegenüber aufgeschlossen. Ebenso waren sie offen für neuere fachdidaktische und unterrichtsmethodische Konzepte. Dies war unter anderem daran erkennbar, dass sowohl zwei der Lehrerinnen, die die Aktivitäten zur Zahlenblickschulung durchführten, als auch zwei der Lehrerinnen, die ohne gezielte Zahlenblickaktivitäten arbeiteten, am SINUS-Transfer-Programm für die Grundschule in Baden-Württemberg teilnahmen. Die anderen drei Kolleginnen waren durch häufige Teilnahme an Fortbildungen oder eine langjährige Zusammenarbeit aufgefallen und wurden deshalb für diese Untersuchung rekrutiert. Durch eine Unterrichtsbeobachtung konnten weitere Eindrücke gewonnen werden. Dabei spielten folgende Beobachtungskriterien eine Rolle:
- Wird den Überlegungen der Kinder Raum gelassen und danach gefragt?
- Wird über Mathematik diskutiert?
- Wendet sich die Lehrerin einzelnen Kindern intensiv zu?
- Werden die Kinder zur Eigenständigkeit angeregt?
- Findet eine intensive Auseinandersetzung mit der Zahlbegriffsentwicklung (nicht Zahlenblickschulung) statt?

Die Hospitationen fanden zum Ende des Schuljahres 2006/2007 oder gleich zu Beginn des Schuljahres 2007/2008 statt.

4.2 Auswahl der Kinder

Lorenz (2003, 15) spricht von 15% aller Kinder, die Schwierigkeiten beim Rechnenlernen entwickeln. Schipper (2005b, 22) hingegen geht davon aus, dass sogar „etwa 20% aller Kinder eines Jahrgangs" im Begriff sind, eine Rechenschwäche auszubilden. Auf der Grundlage von Meyerhöfers Ausführungen (2010; 2011) (Kapitel I 7.2) würde dies bedeuten, dass für gewöhnlich etwa 15 bis 20% aller Kinder eines Jahrgangs die stofflichen Hürden nicht so bearbeiten, dass sie erfolgreich rechnen lernen können. Auch wenn die Zahlen variieren, müssen dennoch 15 bis 20% aller Kinder als beobachtungs- und eventuell auch förderbedürftig betrachtet werden (Lorenz/ Radatz 1993, 15; Lorenz 2003, 15; Schipper 2005b, 22). Für vorliegende Studie bedeutete dies, dass ein Fünftel aller Kinder einer Klasse zur Stichprobe zählten und während des gesamten ersten Schuljahres beobachtet wurden.

Um die Kinder für die Interviews auszuwählen, wurde von September (Schuleintritt) bis Dezember 2007 ein mehrstufiges systematisches Verfahren mit verschiedenen nicht standardisierten Diagnoseinstrumenten (siehe unten) durchgeführt, an dem die Lehrpersonen beteiligt waren. Dieses Vorgehen bot sich aus verschiedenen Gründen an:

- Längerfristige, nicht standardisierte Beobachtungen bieten mehr als nur einen punktuellen Eindruck, da die Entwicklungen der Kinder im Mittelpunkt stehen.
- Von Einzeltests wie beispielsweise dem OTZ (van Luit et al. 2001) muss aus forschungspragmatischen Gesichtspunkten abgesehen werden. Dazu zählen die Belastung der Lehrkräfte und der Kinder sowie die zeitlichen und finanziellen Ressourcen, die für die Studie zur Verfügung stehen.
- Standardisierte Gruppenverfahren gewähren kaum Einblicke in die Lösungswege der Kinder, so dass dennoch ergänzende Beobachtung notwendig sind, wie beispielsweise beim standardisierten Hamburger Rechentest (HaReT) (Lorenz 2007d).

  > „Dabei ist zu beachten, dass ein Test eine prozessbegleitende Diagnostik unterstützen, nicht aber ersetzen kann." (Lorenz 2007d, 2)

- Da sich die Intelligenz weitestgehend in der Entwicklung der Prädiktoren[38] für schulische mathematische Leistungen abbildet (Dornheim 2008, 515; Krajewski 2003, 183; Krajewski/Schneider 2006, 259), konnte auf die Durchführung eines Intelligenztests verzichtet werden.

Im Folgenden werden die eingesetzten Diagnoseinstrumente dargestellt, die zur Auswahl der Kinder führten.

---

38 In Anlehnung an Dornheim (2008) werden hier mit dem Begriff „Prädiktoren" Determinanten zur Vorhersage mathematischer Fähigkeiten aus psychologischer Perspektive verbunden.

4.2.1 Beschreibung der Diagnoseinstrumente

Informeller Test zur Lernausgangslage

Zu Beginn der ersten Klasse bietet sich die Durchführung eines informellen Gruppentests zur Erhebung der mathematischen Lernausgangslage an (Lorenz 2007a, 14; Sundermann/Selter 2004, 144 ff.), um einen ersten „Überblick über die arithmetischen Kompetenzen sowohl einzelner Schüler als auch der Klasse im allgemeinen" (Knapstein/Spiegel 1995, 65) zu erhalten. Die Aktivitäten solcher informeller Gruppentests orientieren sich in der Regel an Inhaltsbereichen, deren zentrale Rolle als Prädiktoren für schulische Leistungen erforscht ist. Auch wenn der Begriff der Prädiktoren oder Vorläuferfertigkeiten in der Literatur nicht einheitlich benutzt wird (Dornheim 2008; Kaufmann 2003; Krajewski 2003; Krajewski/Schneider 2006; Stock/Desoete/Roeyers 2007; Weißhaupt/Peucker/Wirtz 2006) und ein Vergleich der in den Studien genutzten Aufgaben zeigt, dass sowohl unterschiedliche Aufgaben als auch unterschiedlich viele Aspekte betrachtet werden (ausführlich nachzulesen in Gasteiger 2010, 109) erzielen die Studien dennoch „weitgehend parallele Befunde" (Dornheim 2008, 512): Zahlwissen, Zählkompetenzen sowie die Entwicklung eines ersten Teile-Ganzes-Konzepts spielen durchweg eine wesentliche Rolle. Dornheim (2008) vergleicht ergänzend zu den anderen Studien die Aussagekraft der verschiedenen „Vorwissensprädiktoren" (ebd., 513): das Zahlsymbolvorwissen, das konzeptuelle Mengenverständnis (im Sinne Piagets), das mathematikbezogene Sprachverständnis und das Zahlen-Vorwissen. Sie kommt zu dem Ergebnis (ebd., 513 f.), dass sich im Vergleich das Zahlen-Vorwissen als stärkster Prädiktor erweist, wobei sich das konzeptuelle, nicht numerische Mengenverständnis „als eher allgemein-kognitive weniger bereichsspezifische Vorhersagevariable" (ebd., 514) herausstellt. De Smedt/Verschaffel/Ghesquière (2009, 476 f.) präzisieren noch detaillierter und heben ganz besonders die Fähigkeit schneller Zahlvergleiche hervor. Ergänzend zu diesen arithmetischen Fertigkeiten wird auch die Notwendigkeit logischer Kompetenzen wie beispielsweise der Fähigkeit zur Seriation beschrieben (Stock/Desoete/Roeyers 2007, 34).

Inzwischen sind vielen Lehrwerken Tests zur Lernausgangslage beigefügt, wobei diese über rein arithmetische Prädiktoren hinaus auch geometrische Fragestellungen beinhalten können. Zur Auswahl der Stichprobe für die vorliegende Untersuchung wurden die Aktivitäten zur Überprüfung der Lernausgangslage von Gierlinger u.a. (2004) gewählt, da es sich bereits bei früheren Beobachtungen zeigte, dass diese einen guten Überblick über die Lernstände der Kinder ermöglichen.

Nr.	Aktivität	Diagnosebereich
1	Die Zahlen bis zwanzig müssen der Reihe nach verbunden werden. Dadurch entsteht das Bild einer Eule.	• Bilden der Zahlwortreihe
	Zwei angefangene Muster aus Kreis, Dreieck und Viereck müssen richtig fortgesetzt werden.	• Optische Differenzierungsfähigkeit • einfache geometrische Muster fortsetzen
2	Zwei Bilder im Punktegitter müssen entsprechend auf ein leeres Punktegitter übertragen werden.	• visuelle Fähigkeiten – Auge-Hand-Koordination • Feinmotorik
3–5	Die Kinder werden aufgefordert zu den Begriffen „dick/dünn", „hoch/niedrig" Gegenstände (Stifte und Häuser) zu kennzeichnen	• Größenbeziehungen • Sprache
6	Kreise, Dreiecke und Vierecke müssen in zwei Bildern (Segelschiff und Kuh) identifiziert und angemalt werden.	• visuelle Fähigkeiten – • Figur-Grund-Wahrnehmung/Wahrnehmungskonstanz
7	Sechs Zahlen (0, 4, 7, 8, 10, 15) sind gegeben und müssen mit fünf entsprechenden Mengendarstellungen verbunden werden.	• Menge-Zahl- Zuordnung
8	An vier verschiedenen Zeichnungen muss jeweils die Anzahl der Jonglierbälle gezählt, notiert und die größte Anzahl gekennzeichnet werden.	• Menge-Zahl-Zuordnung • Ziffernschreibweise • Relationsaspekt
9	Zwanzig Punkte (vier Reihen zu je fünf Punkten) sind gegeben, neun Punkte müssen angemalt werden. Dabei gibt es verschiedene Darstellungsmöglichkeiten	• kardinale Zahlvorstellung • Zahldarstellung
10	Die Hälfte aller Kästchen soll gefärbt werden.	• quantitative Begriffe
11	Die doppelte Anzahl an Kästchen soll eingezeichnet werden.	• quantitative Begriffe
12	Verschiedene Gegenstände müssen richtig (oben rechts, Mitte, unten links) eingezeichnet werden.	• räumliche Begriffe
13	Eine Figur ist auf einem Punktegitter vorgegeben. Die Kinder werden aufgefordert, sich die Figur einzuprägen und anschließend aus dem Gedächtnis zu zeichnen.	• visuelle Speicherung • visuelle Vorstellung • Auge-Hand-Koordination

Forschungsinteressen

Die Aktivitäten zur Lernausgangslage sollten einen ersten Einblick in die Klassenstruktur ermöglichen und die Kinder identifizieren, die mit dem Lösen der Aufgaben Unsicherheiten oder Schwierigkeiten zeigten. Dieser erste Schritt diente somit dem Screening, um auffällige Kinder anschließend genauer beobachten zu können.

---

39 vgl. Gierlinger et al. 2004, 244

Vorgehen bei der Auswertung

Die Tests wurden von den Lehrkräften und der Forscherin unabhängig korrigiert, wobei die Aufgabe 13 von der Auswertung ausgenommen war, da sie von den meisten Kindern nicht hinreichend gelöst werden konnte. Anschließend fand eine zusammenfassende Beurteilung eines jeden Kindes nach folgenden Kriterien statt: Kinder, die

1. Fehler bei mehr als drei Aufgaben machten (beispielsweise häufige Zahlendreher, falsche Mengen-Zahl-Zuordnung und/oder falsche Raum-Lage-Zuordnungen), wurden mit doppeltem Minuszeichen gekennzeichnet.
2. Fehler bei zwei bis drei Aufgaben aufwiesen (inhaltliche Probleme ähnlich wie bei erstens, jedoch nur bei zwei bis drei Aufgaben), wurden mit einfachem Minuszeichen gekennzeichnet.
3. Fehler bei einer Aufgabe (siehe oben) oder häufige kleinere Fehler hatten (beispielsweise vereinzeltes Zahlendrehen und unsaubere Zeichnung), wurden mit „null" gekennzeichnet.
4. Fehler bei ein bis zwei Aspekten aufwiesen (wie beispielsweise ein einzelner Zahlendreher oder bei einer Aufgabe nicht sauber gezeichnet etc.), wurden mit einfachem Pluszeichen gekennzeichnet.
5. alle Aufgaben richtig hatten, wurden mit zweifachem Pluszeichen gekennzeichnet.

Die Einteilung in diese fünf Kategorien konnte so grob erfolgen, da mit diesem Test lediglich ein erstes Screening möglicher schwacher Kinder verbunden war.

Die Kinder, deren Test mit ein oder zwei Minuszeichen eine negative Bewertung erhielt, wurden in den Folgewochen mithilfe eines Beobachtungsbogens systematischer betrachtet.

Beobachtungsbogen

Als zweites Diagnoseinstrument für die Auswahl der Stichprobe wurde die gezielte Beobachtung im zweiwöchigen Abstand während der ersten sechs Schulwochen (Mitte September bis Ende Oktober) gewählt. Damit war eine längerfristige Beobachtung im Lernprozess möglich (vgl. Kaufmann/Lorenz 2006). In diese zweite Diagnosestufe wurden die Kinder aufgenommen, die beim Test zur Lernausgangslage oder während der ersten Schulwochen im Mathematikunterricht aufgefallen waren.

Aufbau des Beobachtungsbogens

Auf dem Bogenkopf wurden der Name des Schülers sowie die Beobachtungsdaten notiert.

Durch die Beobachtung sollten folgende Diagnosefelder (Gierlinger 2004; Graffweg u.a. 2005; Kaufmann/Lorenz 2006) erfasst werden: Konzentration, Feinmotorik, Grobmotorik, visuelle Vorstellung, auditive Verarbeitung, Zählen und Abzählen, Schreiben und Lesen, Zahlauffassung und Zahlbeziehungen.

Zur Erläuterung erhielten die Lehrkräfte einen kurzen Informationsbrief, in dem die genaue Notation zu den verschiedenen Erhebungszeitpunkten erläutert war.

Forschungsinteressen
Mit dem Beobachtungsbogen waren folgende Forschungsinteressen verbunden:
• Werden die ersten Eindrücke des Tests zur Lernausgangslage durch den Beobachtungsbogen gestützt?
• Wie entwickeln sich die Kinder während der ersten Schulwochen? Speziell:
  - Gibt es Kinder, die sich im Vergleich zur Lernausgangslage deutlich weiter entwickelt haben?
  - Gibt es Kinder, die in verschiedenen Diagnosefeldern weiterhin auffallen?

Vorgehen bei der Auswertung
Zu jeder Teilkompetenz wurde der Grad der Ausprägung mit ein bis fünf Kreuzen notiert. Dabei wurde für jeden Beobachtungszeitpunkt eine andere Farbe gewählt. Dieses Vorgehen ermöglichte eine weitere Einengung der Stichprobenauswahl: Es zeigte sich deutlich, bei welchen Kindern kontinuierliche Fortschritte erkennbar waren. Sie mussten in der Folgezeit nicht weiter systematisch beobachtet werden, da sie für die Stichprobe ausgeschlossen wurden. Die Kinder, bei denen sich die Schwierigkeiten in der Lernausgangslage durch Beobachtungen bestätigten, kamen in den engeren Kreis für die Stichprobe. Dazu kam ein weiteres Kind, bei dem sich erst während der ersten Schulwochen Schwierigkeiten bei der Mengenauffassung und -zerlegung zeigten.

Informeller Test zur Zahlbegriffs- und Rechenentwicklung

Um die Stichprobe endgültig festzulegen, wurde im Dezember mit allen Kindern der Klasse eine schriftliche Lernstandserhebung durchgeführt. Dabei beobachteten die Lehrkräfte die Kinder genauer, bei denen sich zu diesem Zeitpunkt noch immer Schwierigkeiten beim Lernen von Mathematik zeigten.

Bei der Diagnose in einer ersten Klasse stellen sich folgende zwei Schwierigkeiten der Beurteilung ein:
• In der Regel kommen alle Kinder zu Lösungen; sei es durch Zählen mit den Fingern oder am Arbeitsmittel, durch das Nutzen strategischer Werkzeuge oder durch Abrufen von Fakten.

  „Die Früherkennung von Rechenschwäche erfordert also in vielen Fällen, dass nicht nur die Resultate des kindlichen Rechnens begünstigt werden. Sondern es muss überprüft werden, auf welche Weise diese Resultate zustande kommen." (Gaidoschik 2006, 22)

• Auch die Lösungsdauer lässt keine zuverlässige Aussage darüber zu, ob das Kind gezählt hat oder ein anderes Lösungswerkzeug nutzte (Lorenz 2007b, 2 f.; Kaufmann/Wessolowski 2006, 82 f.; Schipper 2005, 13 ff.).

„Manche Kinder sind am Ende der ersten Klasse mit dieser Methode (zählendes Lösen) sogar schneller al Kinder, die Rechenstrategien anwenden." (Kaufmann/ Wessolowski 2006, 82)

Aus diesen Gründen muss der Lösungsweg der Kinder zusätzlich beobachtet oder erfragt werden. Für das Erkennen von Kindern, die Schwierigkeiten im Lernprozess zeigen, kann andauerndes Zählen als ein Hauptindiz angesehen werden (Kapitel I 8).

„Kinder, die noch Mitte des ersten Schuljahres vorwiegend zählende Rechner sind und nicht wenigstens hin und wieder auch Ableitungsstrategien anwenden, werden *in der Regel* auch am Ende des ersten Schuljahres vorwiegend zählende Rechner sein […]" (Gaidoschik 2010, 584; Hervorhebungen im Original)

Daher wurden die Lehrkräfte gebeten, die Lösungsprozesse der Kinder anhand eines Beobachtungsbogens zu protokollieren, der auf Zählprozesse fokussiert. Dieses Protokoll konnte maßgeblich zur weiteren Auswahl herangezogen werden.

Aufbau des informellen Tests
Die Lernstandserhebung umfasste folgende Aufgaben:
- Zerlegungen der Zahl sieben in einem Zahlenhaus notieren und zeichnen.
- Größer- und Kleinerbeziehungen mithilfe des Relationszeichens notieren.
- Aufgaben in Zehnerfeldkarten aufzeichnen, lösen und notieren.
- Eigene Aufgaben erfinden und notieren.

Die Aufgabenstellungen waren auf die Lerninhalte des Mathematikunterrichts abgestimmt, der in den ersten Schulwochen vorwiegend auf Zahlbeziehungen, Zahlzerlegungen und erste Additionsaufgaben fokussiert ist.

Aufbau des Beobachtungsbogens
Der Beobachtungsbogen umfasste verschiedene Fragestellungen:
- Weiß das Kind sofort, was zu tun ist?
- Kann es die Aufgaben zügig bearbeiten?
- Nimmt es bei bestimmten Aufgaben die Finger zur Hilfe?
- Benutzt es die Finger kontinuierlich?

Zu jeder Frage sollte an einem Balken (10 cm) die Ausprägung gekennzeichnet werden (Abb. 4.2). Ergänzend gab es die Möglichkeit auch Anmerkungen zu notieren.

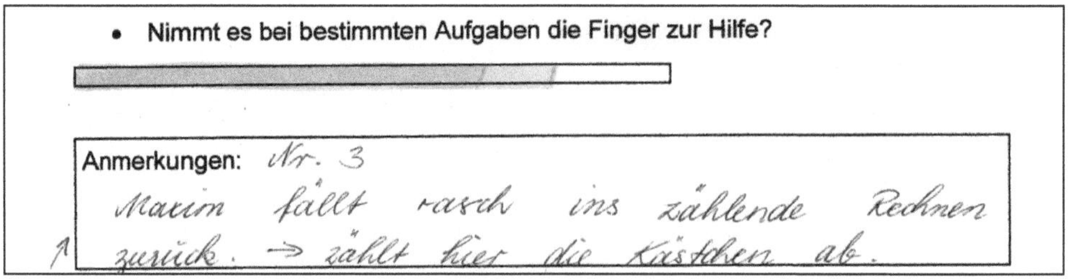

Abb. 4.2:   Darstellung auf dem Beobachtungsbogen

Forschungsinteressen

Mit der gezielten Beobachtung war die Absicht verbunden, anschließend je Klasse drei bis vier Kinder für die Stichprobe auszuwählen. Dabei waren folgende Fragen relevant:

- Werden die bisherigen Beobachtungen bestätigt?
- Gibt es Kinder, die sich inzwischen weiter entwickelt haben?
- Welche Kinder nutzen überwiegend die Finger bzw. zählen im Kopf?
- Gibt es Kinder, die bei der Zerlegung der Zahl sieben noch zählen?
- Wie gehen die Kinder mit den Zehnerfeldkarten um? Können sie die Aufgabe einzeichnen und die Lösung quasi-simultan erfassen?

Vorgehen bei der Auswertung

Bei den Beobachtungen wurde im Wesentlichen die Vorgehensweise der Kinder bei der Zahlerfassung und beim Rechnen in den Blick genommen, wobei das zählende Rechnen sowie der Umgang mit Hilfsmitteln wie Punktefeldkarten, Abaco oder Fingern im Mittelpunkt standen.

In der Regel wurden zu diesem Zeitpunkt noch vier bis acht Kinder pro Klasse genauer beobachtet. Für die Stichprobe kamen jedoch nur etwa zwei (bei jahrgangsübergreifenden Klassen) beziehungsweise vier Kinder (bei Jahrgangsklassen) pro Klasse in Frage. Um die in Frage kommenden Kinder weiter einzugrenzen und damit die Stichprobe endgültig festzulegen, wurde nun zum bisherigen individuellen Maßstab der vergleichende hinzugezogen. Der Beobachtungsbogen der Lernstandserhebung diente dafür als Grundlage. Blieben zu einzelnen Kindern noch Fragen offen oder konnte zwischen den Kindern keine Entscheidung getroffen werden, weil beispielsweise ihre Leistung sehr stark tagesformbedingt war, wurden diese Kinder bis zum Abschlussgespräch Mitte Januar weiterhin genau beobachtet.

4.2.2 Beschreibung der Stichprobe

Insgesamt dauerte das Auswahlverfahren vier Monate und umfasste den Test zur Lernausgangslage, eine systematische Beobachtung über einen längeren Zeitraum und eine beobachtende Lernstandserhebung. Auf dieser Grundlage fand schließlich Mitte Januar ein Auswahlgespräch mit den Lehrkräften statt, in dem erörtert wurde, welche Kinder der jeweiligen Klasse Schwierigkeiten beim Mathematiklernen zeigten. Dabei wurden jeweils die schwächsten 15 bis 20% einer Klasse ausgewählt.

Insgesamt nahmen am Test zur Lernausgangslage 124 Kinder teil. Davon wurden 44 Kinder mithilfe des Diagnosebogens und des informellen Tests genauer beobachtet. Im Januar konnten aus dieser Gruppe schließlich 23 Kinder ausgewählt werden, wobei insgesamt drei Kinder aus unterschiedlichen Gründen die Schule wechselten. Diese wurden von der Auswertung ausgeschlossen.

Die abschließende Verteilung auf die einzelnen Schulen und Klassen ist in Abbildung 4.3 dargestellt.

	mit Zahlenblickschulung	ohne Zahlenblickschulung
jahrgangshomogene Klassen	2 Klassen mit insgesamt 7 (8)* Kindern	1 Klasse mit 3 (4) Kindern
jahrgangsheterogene Klassen	3 Klassen mit insgesamt 5 (6) Kindern	2 Klassen mit insgesamt 5 Kindern

Die in Klammer genannten Zahlen zeigen die Anzahl der Kinder zu Beginn der Datenerhebung.

Abb. 4.3:   Verteilung der Kinder auf die Klassen

5   Die klinischen Interviews

5.1   Umsetzung der methodischen Vorüberlegungen

Auf der Basis der ausgeführten Theorie zum flexiblen Rechnen (Kapitel I 5) sind klinische Interviews, die halbstandardisiert anhand eines Leitfadens geführt werden, besonders geeignet, die Kinder zum lauten Denken beziehungsweise zur rückblickenden Explikation anzuregen (Beck/Maier 1993; Ginsburg 1981; Hopf 2007; Selter/Spiegel 1997; Wittmann 1982).

Die in Kapitel II 2 dargestellten möglichen Einflüsse auf den Verlauf der Interviews wurden in vorliegender Studie folgendermaßen berücksichtigt:

Planung und Struktur der Interviews

Die Aufzeichnung der Interviews ist für die Datenaufbereitung und -analyse von großer Bedeutung. Aus diesem Grund kamen eine Kamera, ein Mikrofon sowie ein Tonbandgerät zum Einsatz (Lamnek 2010). Um die Kinder mit dieser besonderen Ausstattung vertraut zu machen, erhielten sie zu Beginn des Interviews jeweils die Möglichkeit, selbst eine kurze Aufnahme zu machen oder durch die Kamera zu schauen.

Zur Einführung eines jeden Interviews wurden die Kinder zum lauten Denken angeregt. Die Interviewerin erklärte ihr Interesse am Denken der Kinder mit folgenden Worten: „Da ich nicht in deinen Kopf hineinschauen kann, wäre es schön, du würdest mir ganz genau erklären, was du gemacht hast. Dabei geht es überhaupt nicht um richtig oder falsch, sondern nur darum, zu erfahren, was du dir überlegt hast."

Zur Unterstützung beim Rechnen und zur Darstellung des Lösungswegs wurde das in der Klasse übliche Arbeitsmittel angeboten: Abaco oder Rechenbus. Zusätzlich hatten die Kinder die Möglichkeit, Zeichnungen auf Papier anzufertigen.

Die Kinder erhielten stets genügend Zeit, nachzudenken und ihr Vorgehen zu erklären und zu begründen.

Personale Einflussfaktoren des Interviewers und des Kindes

Die Interviews dauerten in der Regel zwischen 30 und 45 Minuten in Abhängigkeit von Konzentrationsfähigkeit, Arbeitstempo und dem Leistungsvermögen der Kinder; je nachdem variierte auch die Anzahl der zu bearbeitenden und zu lösenden Aufgaben. Um der verbalen Kompetenz der Kinder Rechnung zu tragen, wurde die Sprache deutlich dem Niveau der Kinder angepasst. Der Drang der Kinder, „erwünschte" Antworten zu liefern, wurde abgeschwächt, indem sowohl zu Beginn eines Interviews als auch bei Bedarf währenddessen darauf hingewiesen wurde, dass es kein richtig oder falsch gebe, sondern dass vielmehr das Denken des einzelnen Kindes im Vordergrund stehe.

Um der Forderung nach Selbstreflexion nachzukommen, wurde direkt im Anschluss an jedes Interview ein Postskript mit ersten Eindrücken zu der Interviewsituation, der Art der Fragen bzw. Kommunikation und den Leistungen des Kindes ausgefüllt (Lamnek 2010). Das ermöglichte einerseits eine selbstkritische Reflexion speziell im Blick auf eine Beeinflussung durch die Interviewerin und andererseits konnten auch Zusatzinformationen, die in der Filmdokumentation nicht deutlich wurden, erfasst und festgehalten werden.

Situationale Einflussfaktoren

Nach der Vorstellung bei und der notwendigen Absprache mit der Schulleitung und den Lehrerinnen der jeweiligen Schulen wurde die Untersuchung den Eltern der Klassen erläutert. Von allen Beteiligten wurde das schriftliche Einverständnis für die Datenerhebung und Veröffentlichung der Untersuchungsergebnisse eingeholt. Anschließend hospitierte die Interviewerin in der Klasse, wodurch die Kinder sie kennenlernen konnten, um damit die Scheu vor der ungewohnten Situation zu verlieren.

Um jegliche Unsicherheiten möglichst zu vermeiden, fanden die Interviews während der üblichen Unterrichtszeiten in einem gesonderten, den Kindern aber bekannten Raum im Schulhaus statt. Wie im Abschnitt zur „Planung und Struktur der Interviews" bereits beschrieben, wurde der „Künstlichkeit" (Beck/Maier 1993, 163) durch die Kamera begegnet, indem die Kinder diese selbst ausprobieren und durch sie hindurchsehen durften.

Die Aktivitäten selbst waren so angelegt, dass mithilfe von Karten und Materialien agiert werden konnte, um dadurch die Ausdrucksfähigkeit der Kinder zu unterstützen.

Alle Interviews wurden von der Autorin selbst durchgeführt. Damit kann eine weitgehende Vergleichbarkeit zwischen den Interviewdurchführungen gewährleistet werden.

5.2 Beschreibung der Interviewaufgaben

Um die in Kapitel I 5.2 beschriebenen Indikatoren flexiblen Rechnens (Heirdsfield/ Cooper 2002; Rathgeb-Schnierer 2006a, 2010d, 2011) in den Daten erkennen zu können, waren die Aufgabenstellungen so gewählt, dass sie den Blick der Kinder auf die Aufgabenunterschiede, Zahleigenschaften und Aufgabenbeziehungen lenkten.

Jedes Interview bestand aus drei Bereichen. Während die Aufgabenstellungen von Bereich I und III sich im Laufe der Datenerhebungsphase veränderten, blieben sie im Bereich II (Sortieren in „leicht" und „schwer") gleich. In der vorliegenden Studie wurde nur Teil b aus Bereich II ausgewertet (vgl. Kapitel II 6). Daher wird im Folgenden nur diese Aufgabenstellung detailliert dargestellt und analysiert. Die Aufgabenstellungen aus den Bereichen I und III werden nur skizziert.

Die Zusammenstellung der verschiedenen Aufgabenstellungen innerhalb der Interviews wird in Kapitel II 5.3 (Interviewverläufe) beschrieben.

5.2.1 Kurzdarstellung der Aufgabenstellungen der Bereiche I und III

Blitzblick mit Punktebildern im Zehnerfeld

Wie in Kapitel I 3.2.1 dargestellt existieren unterschiedliche Zahlbilder. Für die Interviewaufgabe wurde die Blockdarstellung im Zehnerfeld gewählt (Abb. 5.1), da diese in der Regel gut erfasst werden kann (Schütte 2008, 108) und den Kindern mit Zahlenblickschulung bereits aus dem Unterricht bekannt war. Da diese Aufgabe nicht zur Auswertung herangezogen wurde, spielte der unterschiedliche Bekanntheitsgrad des Materials keine Rolle. Sie diente lediglich als Aufwärmphase und half dabei einen ersten Einblick in die Zahlbegriffsentwicklung der Kinder zu erhalten.

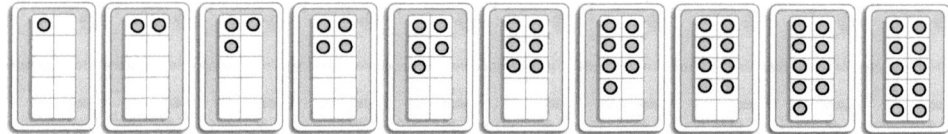

Abb. 5.1:   Blockdarstellung im Zehnerfeld

Interviewaufgabe
Dem Kind wurde für etwa drei Sekunden eine Zehnerfeldkarte gezeigt. Anschließend sollte es die Anzahl der Punkte nennen und beschreiben, wie es diese gesehen hatte. Folgende Punktebilder wurden gezeigt: zwei, fünf, sieben, zehn (in Einzelfällen zusätzlich drei und neun).

Der leere Zahlenstrahl

Beim leeren Zahlenstrahl handelt es sich um einen Strahl, der durch nur zwei Markierungen gekennzeichnet ist und damit zum Eintrag weiterer Zahlen in Relation zu den Markierungen anregt (vgl. Kapitel I 3.2.4). Während der Zahlenstrahl mit Markierungen auch zum Abzählen verleiten kann, muss das Kind am leeren Zahlenstrahl selbst aktiv werden und sich die einzutragende Zahl in Beziehung zu den anderen vorstellen (Lorenz 1997a, 2008).

Interviewaufgabe

Dem Kind wurde ein leerer Zahlenstrahl von null bis zehn vorgelegt, in den es die Zahl fünf sowie anschließend die Zahl sieben eintragen sollte. Auch hier wurde nach der Begründung des Vorgehens gefragt.

Schau schnell – Termkarten sortieren

Das Sortieren von Termkarten zu den Kriterien „bleibt unter der 10", „trifft die 10" und „geht über die 10" soll die Kinder zum schnellen Abschätzen anregen (vgl. Kapitel II 11). Ziel ist dabei, das Wissen zu Zahleigenschaften und Zahlbeziehungen erkennbar werden zu lassen.

Interviewaufgabe
Das Kind sollte die beiden Termkarten nur kurz (etwa drei Sekunden) anschauen und entscheiden, welcher Überschrift die Karten jeweils zugeordnet werden können. Dabei wurde jeweils nach einer Begründung gefragt. Nachdem alle Karten sortiert waren, sollte das Kind erklären und begründen, bei welchen Karten die Zuordnung leichter oder schwerer fiel.
    Folgende Terme wurden sortiert:
    $4 + 2$, $5 + 3$, $7 + 2$, $5 + 5$, $9 + 3$, $7 + 3$, $6 + 7$, $7 + 8$.

Aufgabenfamilien strukturieren und erfinden

Unter einer Aufgabenfamilie wird eine Gruppe von Aufgaben verstanden, die über Nachbarschaften zueinander in Beziehung stehen (Rechtsteiner-Merz 2011a; Kapitel I 6.2.3). Dabei kann eine Basisaufgabe im Mittelpunkt stehen, um die andere Aufgaben entsprechend angeordnet werden (Abb. 5.2).

$$5 + 4$$
$$4 + 5$$

$$6 + 4 \qquad 4 + 6$$

$$4 + 4 \qquad \boxed{5 + 5 = 10} \qquad 6 + 6$$

$$5 + 6$$
$$6 + 5$$
$$5 + 7$$
$$7 + 5$$

Abb. 5.2: Eine Strukturierungsmöglichkeit für die Aufgabenfamilie 5 + 5 = 10

Interviewaufgabe: eine Aufgabenfamilie strukturieren
Das Kind erhielt eine Karte mit einer Gleichung (Zahlensatz). Auf den restlichen Karten waren verschiedene Nachbaraufgaben ohne Lösungen notiert. Das Kind wurde gefragt, ob ihm die gelöste Aufgabe 5 + 5 = 10 (oder 8 + 8 = 16) beim Lösen der anderen Aufgaben helfe, und gebeten, die Aufgaben so zu legen, wie sie zusammen passen. Dabei standen die Überlegungen und Begründungen des Vorgehens im Mittelpunkt. Folgende Aufgaben wurden zum Strukturieren angeboten:

Aufgabenfamilie 5 + 5 = 10
$$4 + 5 = , 5 + 4 =$$
$$5 + 5 =$$
$$6 + 4 =$$
$$6 + 5 = , 5 + 6 =$$
$$6 + 6 =$$
$$7 + 5 = , 5 + 7 =$$

Aufgabenfamilie 8 + 8 = 16
$$7 + 8 = , 8 + 7 =$$
$$8 + 8 =$$
$$7 + 9 =$$
$$9 + 8 = , 8 + 9 =$$
$$9 + 9 =$$
$$10 + 8 = , 8 + 10 =$$

Interviewaufgabe: eine Aufgabenfamilie erfinden

Diese Aufgabenstellung stellt die Umkehrung zu „Aufgabenfamilien strukturieren" dar. Das Kind sollte nun selbstständig eine Aufgabenfamilie zu 7 + 7 = 14 erfinden und erhielt dafür ein DIN-A4-Papier mit der Basisaufgabe.

Rechenpäckchen lösen

Unter Rechenpäckchen werden Aufgabenkolonnen verstanden, die sowohl strukturiert als auch unstrukturiert sein können. Für das Interview wurde ein unstrukturiertes Rechenpäckchen gewählt, da das Forschungsinteresse an dieser Stelle nicht auf dem Erkennen von Zusammenhängen, sondern auf dem Rechenaspekt lag, verbunden mit der Frage, inwieweit das Kind in diesem Kontext auf Beziehungen zurückgreift.

Interviewaufgabe

Das Kind wurde aufgefordert, die Aufgaben zu lösen und dabei laut den Rechenweg zu beschreiben. Die Reihenfolge der Bearbeitung war ihm freigestellt.

Das Rechenpäckchen enthielt folgende Aufgaben:

$7 + 8 =$

$5 + 3 =$

$9 + 6 =$

$5 + 8 =$

$2 + 7 =$

$5 + 6 =$

5.2.2 Sortieraufgabe aus Schwerpunkt II

Das Sortieren von Aufgaben ist eine typische Aktivität zur Schulung des Zahlenblicks (vgl. Kapitel II 11). Dabei kann nach objektiven Kriterien („geht über die 10", „trifft die 10" oder „bleibt unter der 10") oder nach subjektiven Kriterien („leicht" und „schwer") sortiert werden (Rathgeb-Schnierer 2006b). Gleichzeitig bieten diese Aktivitäten ein erhebliches diagnostisches Potential, da sie einen Einblick in die Selbsteinschätzung der Kinder ermöglichen (Schütte 2008). Durch die Rechenwegsexplikationen können Aspekte wie Zahlwissen und das Wissen über Aufgabeneigenschaften und Aufgabenbeziehungen deutlich werden.

Die verschiedenen Aufgaben können entweder durch Termkarten vorgegeben oder mithilfe eines Aufgabengenerators selbst entwickelt werden (Schütte/Haller 2004; Rathgeb-Schnierer 2006b). Beim Aufgabengenerator (siehe unten) werden verschiedene Zahlen angeboten, die durch das ebenfalls vorgegebene Operationszeichen – in diesem Fall das der Addition – verknüpft werden.

Die Interviewaufgabe

Im Interview gliederte sich der Schwerpunkt „Sortieren in leicht und schwer" in zwei Teile: Das Sortieren selbst entwickelter Aufgaben anhand eines Aufgabengenerators und das Sortieren vorgegebener Aufgaben.

Zur Entwicklung eigener Aufgaben erhielt das Kind im ersten Teil einen Aufgabengenerator mit den Zahlen von eins bis zehn, im vierten Interview wurden auch Zahlen bis hundert angeboten. Eine Begründung der Auswahl findet sich unten. Die selbst erfundenen Aufgaben wurden von den Kindern auf einem Arbeitsblatt den Kriterien „leicht" oder „schwer" zugeordnet, wobei die leichten Aufgaben gelöst werden sollten und die schweren lediglich aufgeschrieben wurden (Abb. 5.3). Anschließend wurden die Kinder zur Begründung der Sortierung und zum Lösungsweg befragt.

Abb. 5.3: Beispiel Aufgabengenerierung im dritten Interview

Im zweiten Teil waren Aufgaben vorgegeben. Im ersten und zweiten Interview wurden sie von der Interviewerin (in einer mittleren Spalte) zwischen die bisher notierten Aufgaben eingefügt und vom Kind durch einen Pfeil den Kategorien „leicht" oder „schwer" zugeordnet (Abb. 5.4).

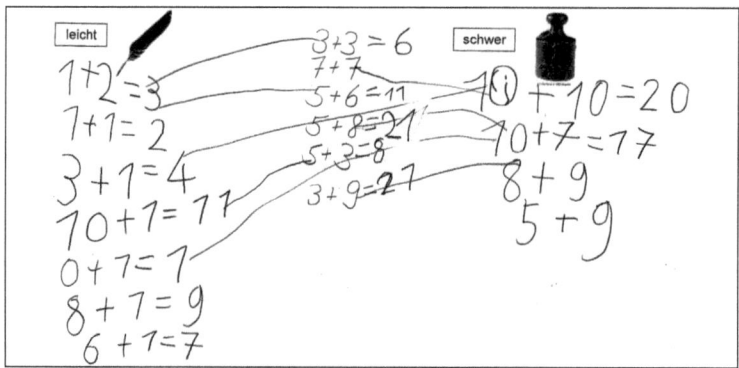

Abb. 5.4: Beispiel Sortierung aus dem ersten Interview

Da in den dritten und vierten Interviews die Zahl der Aufgaben deutlich stieg, erhielten die Kinder Termkarten mit der Bitte, diese zu sortieren (Abb. 5.5). Im Anschluss an das Sortieren sollten wiederum die leichten Aufgaben gelöst werden. Da die Aufgaben so ausgewählt waren, dass sie stets über die zu erwartenden Leistungen (vor allem schwacher Kinder) hinausgingen, mussten die „schweren" Aufgaben nicht vollständig gelöst werden. Das Kind sollte sich nicht vermehrt „inkompetent" fühlen. Daher wurde es gebeten, selbst zwei bis drei Aufgaben auszuwählen, von denen es den Eindruck hatte, dass sie nicht ganz so anspruchsvoll waren. Gegebenenfalls wählte auch die Interviewerin noch weitere Aufgaben aus, um einen genaueren Eindruck zu erhalten. Die Menge der berechneten Aufgaben hing jeweils von der Konzentrations- und Leistungsfähigkeit sowie der Frustrationstoleranz des Kindes und damit auch von der Zumutbarkeit ab (Kapitel II 5.1). Auch in diesem Teil wurde nach der Begründung für die Sortierung und nach der Lösungswegbeschreibung gefragt.

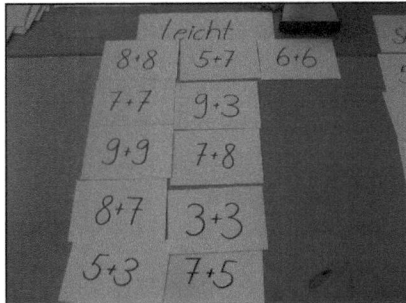 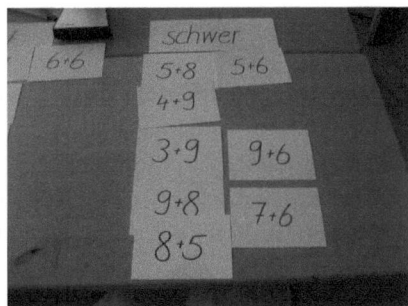

Abb. 5.5:   Beispiel Sortierung aus dem dritten Interview

Zur Verdeutlichung von Unterschieden in der Rechenentwicklung wurden den Kindern viele verschiedene Aufgaben angeboten, die die gesamte Bandbreite des Zahlenraums bis zehn oder bis zwanzig, mit und ohne Zehnerüberschreitung abbildeten. Das besondere Interesse galt dabei der Frage, inwieweit die Kinder strategische Werkzeuge auch in den höheren Zahlenraum übertragen konnten und ob ihnen Zahl- und Aufgabenbeziehungen auffielen, auch wenn ihnen deren Nutzung bislang noch nicht geläufig war.

Auswahl der Zahlen

Für die Auswahl der Zahlen des Aufgabengenerators waren folgende Überlegungen handlungsleitend: In den Interviews eins bis drei sollten durch Kombination der Zahlen sowohl Aufgaben im Zahlenraum bis zehn als auch im Zahlenraum bis zwanzig mit und ohne Zehnerüberschreitung gebildet werden können (Abb. 5.6). Durch die Doppelnutzung einer Zahl war auch das Bilden von Verdopplungsaufgaben möglich.

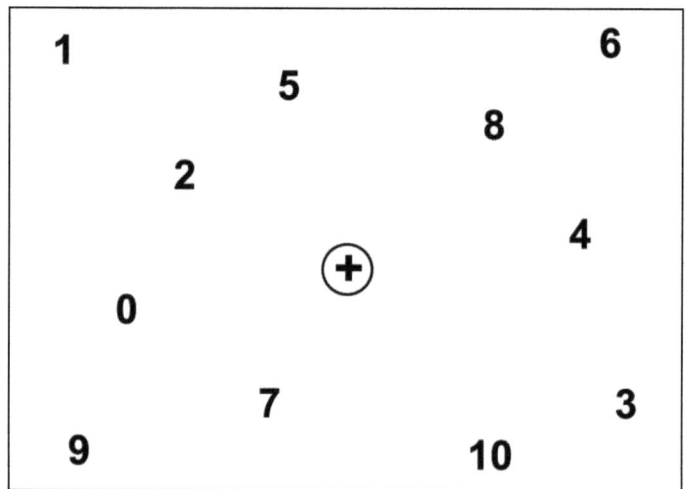

Abb. 5.6:   Aufgabengenerator für die Interviews 1 bis 3

Da das vierte Interview zu Beginn der zweiten Klasse geführt wurde, wurden auch größere Zahlen aus dem Zahlenraum bis hundert angeboten (Abb. 5.7). Dies ermöglichte folgende Beobachtungen:

- Trauen sich die Kinder bereits an große Zahlen heran?
- Können sie bereits Zahleigenschaften und damit auch Zahlunterschiede erkennen?
- Erkennen sie Aufgabenunterschiede?
- Sehen sie einfachere Kombinationsmöglichkeiten wie beispielsweise 88 + 2, 35 + 10 oder 46 + 1 und finden sie schwere Aufgaben wie 63 + 19 oder 54 + 27?

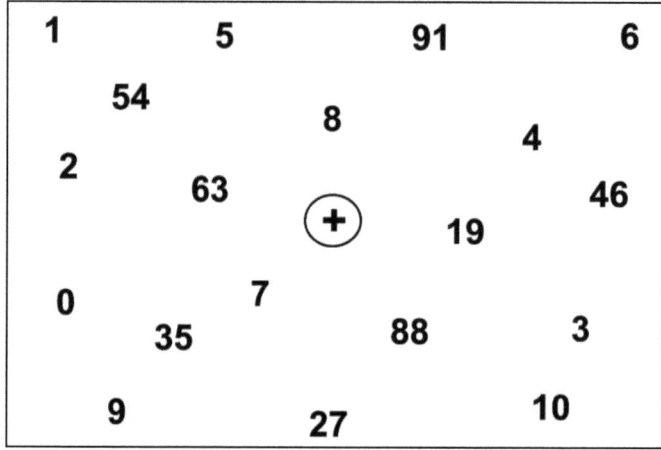

Abb. 5.7:   Aufgabengenerator für Interview 4

Auswahl der Aufgaben

Für die Auswahl der Aufgaben waren folgende Überlegungen relevant:

- bezogen auf den Schwierigkeitsgrad: Es sollten Aufgaben enthalten sein, die von sehr schwachen Kindern zählend oder über Faktenabruf lösbar waren. Damit war einerseits das Ziel verbunden, dass jedes Kind Erfolgserlebnisse haben sollte, andererseits war es so der Forscherin möglich, die Grenzen zwischen Können und Überforderung zu erkennen. Aus dem gleichen Grund war es wichtig, in jedem Interview Aufgaben anzubieten, die das aktuelle Leistungsniveau der Kinder sicher überstiegen.
- bezogen auf die Anzahl: Um die Konzentration der Kinder nicht zu überfordern, wurden im ersten Interview nur wenige Aufgaben gestellt. Die Anzahl der Aufgaben wuchs zu jedem weiteren Erhebungszeitpunkt.
- bezogen auf die Art der Aufgaben: Die Aufgaben sollten Einblicke ermöglichen in das Zahlwissen der Kinder und in ihre Fähigkeit, Aufgabeneigenschaften und -beziehungen zu sehen und zu nutzen. Darüber hinaus sollten sie das Nutzen verschiedener Lösungswege ermöglichen beziehungsweise herausfordern.

Abbildung 5.8 gibt eine Übersicht über alle gestellten Aufgaben. Im zweiten und dritten Interview standen die typischen Aufgaben mit Zehnerüberschreitung des kleinen Einspluseins im Mittelpunkt. Im vierten wurden ergänzend exemplarische Aufgaben aus dem Zahlenraum bis hundert gewählt, die den Transfer verschiedener Vorgehensweisen aus dem Zahlenraum bis zwanzig ermöglichten. Die grau schattierten Felder zeigen die Aufgaben, die in allen vier Interviews gestellt wurden, die Aufgaben in Klammern wurden, wenn es die Interviewsituation erforderte, ergänzt.

Zu jeder Aufgabe können spezifische Eigenschaften und verschiedene mögliche Lösungswege beschrieben werden (Abb. 5.9). Darüber hinaus sind auch andere Zugänge denkbar. Gerade die schwachen Kinder lösen viele Aufgaben stets über Alles- oder Weiterzählen mit und ohne Finger. Weil die Automatisierung der Grundaufgaben ein wesentliches Ziel der ersten Klasse darstellt, ist zu erwarten, dass die Kinder zunehmend die Basisaufgaben über Faktenabruf lösen werden. Beide Vorgehensweisen, das Zählen und das Abrufen von Fakten werden in der folgenden Aufstellung nicht mehr gesondert erwähnt, vielmehr werden naheliegende strategische Werkzeuge (vgl. Kapitel I 1) als mögliche Lösungswege aufgeführt. Aufgabenbeziehungen können grundsätzlich immer genutzt werden. Sie werden jedoch nur dann in der Tabelle aufgeführt, wenn das Nutzen von Beziehungen durch die Wahl der Aufgaben besonders begünstigt ist.

Interview 1	Interview 2	Interview 3	Interview 4
3 + 3	3 + 3	3 + 3	3 + 3
	6 + 6	6 + 6	6 + 6
7 + 7	7 + 7	7 + 7	7 + 7
	9 + 9	9 + 9	9 + 9
(8 + 8)	(8 + 8)	8 + 8	8 + 8
5 + 6	5 + 6	5 + 6	5 + 6
8 + 7	8 + 7	8 + 7	8 + 7
	7 + 8	7 + 8	7 + 8
(7 + 6)	(7 + 6)	7 + 6	7 + 6
5 + 3	5 + 3	5 + 3	5 + 3
5 + 7	5 + 7	5 + 7	5 + 7
	7 + 5	7 + 5	7 + 5
(8 + 5)	(8 + 5)	8 + 5	8 + 5
		5 + 8	5 + 8
9 + 6	9 + 6	9 + 6	9 + 6
9 + 3	9 + 3	9 + 3	9 + 3
	(3 + 9)	3 + 9	3 + 9
4 + 9	4 + 9	4 + 9	4 + 9
(9 + 8)	(9 + 8)	9 + 8	9 + 8
			25 + 3
			47 + 7
			4 + 91
			69 + 6
			18 + 7
			35 + 8

Abb. 5.8:   Übersicht über alle Interviewaufgaben

Aufgabe	spezifische Eigenschaften	mögliche Lösungswege
3 + 3	Verdopplung ohne Zehnerübergang	quasi-simultane Darstellung mit den Fingern
6 + 6	Verdopplung mit Zehnerübergang	Zerlegen, Ergänzen zur zehn Nachbarverdopplung Nachbaraufgabe 5 + 6
7 + 7	Verdopplung mit Zehnerübergang	Zerlegen, Ergänzen zur Zehn Nachbarverdopplungen
8 + 8	Verdopplung mit Zehnerübergang	Zerlegen, Ergänzen zur Zehn Nachbarverdopplungen
9 + 9	Verdopplung mit Zehnerübergang	Zerlegen, Ergänzen zur Zehn Nachbarverdopplungen

Verdopplungsaufgaben fallen den Kindern häufig leichter und werden auch schnell automatisiert (u.a. Gaidoschik 2010). Sie dienen als Grundlage für das Lösen von Fast-Verdopplungen über die Verdopplung als Nachbaraufgabe.

Aufgabe	spezifische Eigenschaften	mögliche Lösungswege
5 + 6	Summanden sind Nachbarzahlen mit Zehnerübergang kleinerer Summand vorne erster Summand ist fünf	Zerlegen, Ergänzen zur Zehn Nachbaraufgabe von 5 + 5 oder 6 + 6 Kraft der Fünf
8 + 7	Summanden sind Nachbarzahlen mit Zehnerübergang größerer Summand vorne Bei der Zerlegung eines der beiden Summanden bleibt beim Ergänzen zur Zehn eine Fünf übrig. Tauschaufgabe zu 7 + 8	Zerlegen, Ergänzen zur Zehn Nachbaraufgabe von 7 + 7 oder 8 + 8 Tauschaufgabe zu 7 + 8 (im Lösungskontext)
7 + 8	Summanden sind Nachbarzahlen mit Zehnerübergang kleinerer Summand vorne Bei der Zerlegung eines der beiden Summanden bleibt beim Ergänzen zur Zehn eine Fünf übrig. Tauschaufgabe zu 8 + 7	Zerlegen, Ergänzen zur Zehn Nachbaraufgabe zu 7 + 7 oder 8 + 8 Tauschaufgabe zu 8 + 7 (im Lösungskontext) nutzen der Tauschaufgabe beim Ergänzen
7 + 6	Summanden sind Nachbarzahlen mit Zehnerübergang größerer Summand vorne Ergänzen zur Zehn durch Halbieren der Sechs.	Zerlegen, Ergänzen zur Zehn Nachbaraufgabe zu 6 + 6 oder 7 + 7 Nachbaraufgabe von 7 + 5
5 + 3	ohne Zehnerübergang erster Summand ist fünf entspricht der Darstellung als „Fingerzahl"	Kraft der Fünf quasi-simultane Darstellung durch die Finger Faktenabruf

Aufgabe	spezifische Eigenschaften	mögliche Lösungswege
5 + 7	mit Zehnerübergang erster Summand ist fünf kleinerer Summand vorne Tauschaufgabe zu 7 + 5	Kraft der Fünf Zerlegen, Ergänzen zur Zehn gegensinniges Verändern zu 6 + 6 Nutzen der Tauschaufgabe beim Ergänzen Tauschaufgabe zu 7 + 5 (im Lösungskontext) Nachbaraufgabe von 5 + 6
7 + 5	mit Zehnerübergang größerer Summand vorne Aufgabe mit fünf Tauschaufgabe zu 5 + 7	Kraft der Fünf Zerlegen, Ergänzen zur Zehn gegensinniges Verändern zu 6 + 6 Tauschaufgabe von 5 + 7 (im Lösungskontext)
8 + 5	mit Zehnerübergang größerer Summand vorne Aufgabe mit fünf Tauschaufgabe zu 5 + 8	Kraft der Fünf Zerlegen, Ergänzen zur Zehn Tauschaufgabe zu 5 + 8 (im Lösungskontext) Nachbaraufgabe von 7 + 5
5 + 8	mit Zehnerübergang kleinerer Summand vorne erster Summand ist fünf Tauschaufgabe zu 5 + 8	Kraft der Fünf Zerlegen, Ergänzen zur Zehn Nutzen der Tauschaufgabe beim Ergänzen Tauschaufgabe zu 8 + 5 (im Lösungskontext) Nachbaraufgabe von 7 + 5
9 + 6	mit Zehnerübergang größerer Summand vorne Aufgabe mit neun Bei der Zerlegung eines der beiden Summanden bleibt beim Ergänzen zur Zehn eine Fünf übrig.	Zerlegen, Ergänzen zur Zehn (Sonderfall neun) Hilfsaufgabe 10 + … gegensinniges Verändern
9 + 3	mit Zehnerübergang größerer Summand vorne Aufgabe mit neun ein Summand klein	Zerlegen, Ergänzen zur Zehn (Sonderfall neun) Hilfsaufgabe 10 + … gegensinniges Verändern Tauschaufgabe zu 3 + 9 (im Lösungskontext)
3 + 9	mit Zehnerübergang kleinerer Summand vorne Aufgabe mit neun ein Summand klein	Zerlegen, Ergänzen zur Zehn Hilfsaufgabe 10 + … Gegensinniges Verändern Nutzen der Tauschaufgabe beim Ergänzen Tauschaufgabe zu 9 + 3 (im Lösungskontext)
4 + 9	mit Zehnerübergang kleinerer Summand vorne Aufgabe mit neun ein Summand klein	Zerlegen, Ergänzen zur Zehn Hilfsaufgabe 10 + … gegensinniges Verändern Nutzen der Tauschaufgabe beim Ergänzen Nachbaraufgabe von 3 + 9
9 + 8	mit Zehnerübergang größerer Summand vorne Aufgabe mit neun Summanden sind Nachbarzahlen	Zerlegen, Ergänzen zur Zehn Hilfsaufgabe 10 + … Gegensinniges Verändern Nachbaraufgabe von 8 + 8 und 9 + 9

Aufgabe	spezifische Eigenschaften	mögliche Lösungswege
25 + 3	Zahlenraum bis hundert ohne Zehnerübergang zweiter Summand ist einstellig und klein größerer Summand vorne Analogie zu 5 + 3	Analogieaufgabe: E + E (5 + 3), plus Zehner
47 + 7	Zahlenraum bis hundert mit Zehnerübergang zweiter Summand einstellig beide Einer sind gleich	Zerlegen, Ergänzen zur 50 Stellen extra: E + E als Verdopplungsaufgabe (7 + 7), plus Zehner
4 + 91	Zahlenraum bis hundert ohne Zehnerübergang kleinerer Summand vorne zweiter Summand sehr groß erster Summand einstellig größerer Einer vorne	Analogieaufgabe: E + E (4 + 1 oder 1 + 4), plus Zehner Tauschen der Einer zu 94 + 1, Analogieaufgabe (s.o.)
69 + 6	Zahlenraum bis hundert mit Zehnerübergang größerer Summand vorne größerer Einer vorne zweiter Summand einstellig Zehnernähe des ersten Summanden beide Einer ergeben bei der Zerlegung in 5 + ... durch Addition zum anderen Teilsummanden zehn	Zerlegen, Ergänzen zur 70 gegensinniges Verändern zu 70 + 5 Hilfsaufgabe: 70 + 6 Stellen extra: E + E (9 + 6), plus Zehner
18 + 7	überschreitet den Zahlenraum bis zwanzig nur knapp mit Zehnerübergang erster Summand unter 20 größerer Summand vorne größerer Einer vorne zweiter Summand einstellig Einer sind Nachbarzahlen	Zerlegen, Ergänzen zur 20 Stellen extra: E + E (8 + 7) als Nachbaraufgabe zu 8 + 8 oder 7 + 7 oder als Zerlegung, plus Zehner Gegensinniges Verändern (20 + 5)
35 + 8	Zahlenraum bis hundert mit Zehnerübergang größerer Summand vorne zweiter Summand einstellig kleinerer Einer vorne ein Einer mit fünf	Zerlegen, Ergänzen zur 40 Stellen extra: E + E 5 + 8: mit Kraft der Fünf oder 8 + 5: Zerlegen, Ergänzen zur Zehn, plus Zehner Tauschen der beiden Einer für Stellen extra oder zu 38 + 5

Abb. 5.9:   Übersicht der gestellten Aufgaben innerhalb Schwerpunkt II b

Reflexion der Interviewaufgaben

Im Hinblick auf die Anforderungen der Interviews ist kritisch zu hinterfragen, inwieweit sie per se das Ergebnis der Untersuchung beeinflussen, da den Kindern mit Zahlenblickschulung diese Art von Aktivitäten aus dem Unterricht bekannt ist. Nun ist es sicher richtig, dass diesen Kindern die Aufgabenstellungen zum Sortieren vertraut waren. Da es sich jedoch bei den Inhalten – Lösen von Aufgaben im Zahlenraum bis zwanzig – um den regulären Stoff der ersten Klasse handelt, war bei allen Kindern zunächst die gleiche inhaltliche Ausgangbasis zu erwarten. Was darüber hinaus das Sortieren, Strukturieren und die damit verbundenen Erklärungs- und Begründungsmodelle zur Sortierung und zu den Lösungswegen betrifft, war es gerade die Zielsetzung der Interviews und damit dieser Studie zu untersuchen, ob bezüglich des Nutzens von Zahl-, Term- und Aufgabenbeziehungen relevante Unterschiede zwischen Kindern mit und solchen ohne Zahlenblickschulung ersichtlich werden.

5.3 Beschreibung der Interviewverläufe

Im Leitfaden waren die Reihenfolge der Aktivitäten sowie die zugehörigen Fragestellungen und Impulse festgelegt, die das Kind zum Erklären, Begründen und zur Reflexion anregen sollten. Gleichwohl wurden im Interview situationsabhängig weitere Fragen gestellt, die dem Kind die Möglichkeit geben sollten, sein Können unter Beweis zu stellen.

Im Folgenden wird zu jedem Interview die Gliederung vorgestellt, die Forschungsinteressen und der detaillierte Leitfaden werden jedoch nur für Bereich II beschrieben, der auch ausgewertet wurde.

5.3.1 Erstes Interview

Die jeweils ersten Interviews fanden zwischen dem 21.01.2008 und dem 15.02.2008 statt. Der relativ große Zeitraum von drei Wochen war in den strukturellen Gegebenheiten und zeitlichen Möglichkeiten der einzelnen Schulen begründet. Jedes Interview dauerte zwischen 30 und 45 Minuten.

Gliederung des Interviews

Bereich I:	Blitzblick und leerer Zahlenstrahl
Bereich II:	leicht und schwer – Aufgaben erfinden und Sortieren vorgegebener Aufgaben auf Papier
Bereich III:	Schau schnell – Termkarten sortieren

Forschungsinteressen

Im zweiten Bereich „leicht und schwer" wurde auf verschiedene Fragestellungen fokussiert:

- Können die Kinder selbstständig Aufgaben erfinden und damit verbunden auch ihre eigenen Fähigkeiten richtig einschätzen?
- Ist es ihnen möglich, aus vermeintlich überschaubaren Zahlen schwierige Aufgaben zu formulieren?
- Wie ordnen sie die vorgegebenen Aufgaben? Sind sie in der Lage das Sortieren zu begründen und wie tun sie das?
- Können auch schwache Kinder ihre Lösungswege erklären?
- Welche Lösungswege wählen die Kinder? Gibt es erste Ablösungen vom Zählen? Sind Kinder dabei, die noch alle Aufgaben zählend lösen?
- Nutzen die Kinder Hilfsmittel und wenn ja, welche? Wie nutzen sie diese?

Leitfaden und Verlauf – Bereich II: leicht oder schwer

Teil a: Aufgaben generieren und sortieren
Material: Aufgabengenerator (bis zwanzig), Arbeitsblatt „leicht oder schwer"

Fragen und Arbeitsaufträge	Regieanweisungen
Hier siehst du ganz viele Zahlen. Du darfst nun Zahlensätze bilden, die für dich einfach sind, und die du schon ganz gut rechnen kannst. Du kannst die Zahlen auch zweimal benutzen.	Kind schreibt die Aufgaben unter „leicht". Nach jeder Aufgabe bittet man das Kind zu erklären, warum diese Aufgabe leicht ist, und wie es die Lösung gefunden hat. Antwortet das Kind: „Das weiß ich einfach", so fragt man nach, ob es einen Trick verwendet hat, die Aufgabe auswendig wusste oder schnell gezählt hat. Antwortet das Kind: „Hab ich im Kopf gerechnet", so fragt man es, ob es schnell gezählt habe.
Nun darfst du Zahlensätze machen, die du nicht ausrechnen musst. Schreibe nur den Zahlensatz (unter „schwer") auf und erkläre mir, warum er so schwierig für dich ist.	Diese Übung wird dann abgebrochen, wenn nach circa sechs Aufgaben die Aufgabentypen immer ähnlich sind und keine neuen dazu kommen.

Teil b: Ein Aufgabenset sortieren
Material: Arbeitsblatt aus 2a

Fragen	Regieanweisungen
Darf ich dir nun noch ein paar Aufgaben in die Mitte schreiben und du sagst immer, ob sie leicht oder schwer sind? Du kannst einen Pfeil zu leicht oder schwer machen, damit es jeder sehen kann. Warum ist diese Aufgabe leicht oder schwer? Kannst du erklären wie du die Lösung herausgefunden hast?	Nacheinander werden die oben genannten Aufgaben notiert. Nach jeder Aufgabe entscheidet das Kind, ob sie leicht oder schwer ist und zeichnet einen entsprechenden Pfeil. Das Kind wird gefragt, warum diese Aufgabe leicht oder schwer ist. Die leichten Aufgaben werden vom Kind gelöst. Dabei muss stets der Lösungsweg erfragt werden. Entsteht der Eindruck, dass ein Kind zu bestimmten Aufgabentypen über ein strategisches Werkzeug verfügt, so werden die Aufgaben in Klammern (s. Abb. 5.8, Seite 162) zusätzlich aufgeschrieben.
Wenn ich dich jetzt doch bitten würde, so einen schwierigen Zahlensatz zu rechnen, welchen würdest du rechnen wollen? Wie würdest du vorgehen? Warum?	Es ist darauf zu achten, ob das Kind nun ins zählende Rechnen verfällt oder einen anderen Lösungsweg über ein strategisches Werkzeug wählt. Dementsprechend ist noch einmal nachzufragen.

5.3.2 Zweites Interview

Diese Interviews fanden zwischen dem 18.04.2008 und dem 09.05.2008 statt. Da versucht wurde, die Abstände zwischen den Erhebungsterminen gleich zu lassen, findet sich auch hier wieder ein Zeitraum von circa drei Wochen. Jedes Interview dauerte wiederum zwischen 30 und 45 Minuten.

Gliederung des Interviews

Bereich I: Aufgabenfamilie 5 + 5 = 10

Da zu Beginn des Interviews die Konzentrationsfähigkeit noch am besten ist, wurde mit dieser Aktivität begonnen. Ein weiterer Grund war die Überlegung, dass die Kinder vor der ersten Begegnung mit der Aktivität noch nicht auf das Lösen von Aufgaben fokussiert werden sollten, so dass sie ihren Blick eher auf Zusammenhänge als auf Lösungen richten können.

Bereich II: leicht und schwer – Aufgaben erfinden und Sortieren vorgegebener Aufgaben auf Papier
Bereich III: Schau schnell – Termkarten sortieren

Da diese Aufgabe einen spielerischen Charakter aufweist, bot sich diese Aktivität zum Ende des Interviews an.

Forschungsinteressen

Im zweiten Bereich „leicht und schwer" wurde auf Fragestellungen fokussiert, die vor allem die Rechenentwicklung im Blick haben:
- Gibt es Veränderungen bei der Wahl der Zahlen?
- Werden die Aufgaben komplexer?
- Wie ordnen die Kinder die vorgegebenen Aufgaben zu? Können sie das Sortieren begründen? Wie begründen sie es?
- Haben sich die Lösungswegerklärungen verändert?
- Welche Lösungswege wählen die Kinder? Gibt es vermehrte Ablösungen vom Zählen? Bei welchen Aufgaben im Besonderen? Sind noch Kinder darunter, die alle Aufgaben zählend lösen?
- Gibt es Veränderungen bei der Nutzung des Hilfsmittels bezogen auf die Häufigkeit und die Art?

Der Leitfaden und Verlauf entspricht im Wesentlichen dem des ersten Interviews und wird daher an dieser Stelle nicht mehr aufgeführt.

5.3.3 Drittes Interview

Diese Interviews fanden zwischen dem 27.06.2008 und 11.07.2008 statt. Sie dauerten jeweils zwischen 25 und 40 Minuten.

Gliederung des Interviews

Bereich I: Schau schnell – Termkarten sortieren

Da diese Aktivität die Kinder zum Ende des ersten Schuljahres eher unterfordert, wurde sie in diesem Interview zum letzten Mal eingesetzt und im vierten Interview durch das Lösen von Aufgaben in einem Päckchen ersetzt.

Bereich II: leicht und schwer – Aufgaben erfinden und Sortieren vorgegebener Aufgabenkarten

Bereich III: Aufgabenfamilie $5 + 5 = 10$

Forschungsinteressen

Im zweiten Bereich standen erneut die Auswahl der Zahlen, das Sortieren und die Rechenentwicklung im Mittelpunkt. Neben den bereits im ersten und zweiten Interview aufgeführten Fragestellungen kamen die folgenden hinzu:

- Können mehr Aufgaben bei „leicht" einsortiert und gelöst werden?
- Kommen vermehrt strategische Werkzeuge und das Nutzen von Aufgabenbeziehungen zum Tragen?
- Können vermehrt auch Aufgaben über Faktenabruf gelöst werden?
- Haben sich die Lösungswegerklärungen verändert?

Leitfaden und Verlauf – Bereich II: leicht oder schwer

Teil a: Aufgaben generieren und sortieren
Material: Aufgabengenerator (bis zwanzig), Arbeitsblatt „leicht oder schwer"

Fragen	Regieanweisungen
Hier siehst du ganz viele Zahlen. Du darfst viele Zahlensätze bilden, die für dich einfach sind, und die du schon ganz prima rechnen kannst. Die notiertst du bei „leicht". Genauso kannst du viele Zahlensätze erfinden, die noch schwer sind. Die schreibst du bei „schwer" auf. Du kannst die Zahlen auch zweimal benutzen.	Das Kind schreibt (ohne unterbrochen zu werden) alle Aufgaben seiner Wahl bei „leicht" und „schwer" auf. Im Anschluss an diese Phase wird das Kind gefragt, warum diese Aufgaben leicht bzw. schwer sind und wie es sie gerechnet hat. Antwortet das Kind: „Das weiß ich einfach", so fragt man nach, ob es einen Trick verwendet hat, die Aufgabe auswendig wusste oder schnell zählen konnte. Antwortet das Kind: „Hab ich im Kopf gerechnet", so fragt man es direkt, ob es schnell gezählt habe.

Teil b: Ein Aufgabenset sortieren
Material: zwei Karten mit den Überschriften „leicht" und „schwer", Aufgabenkarten im Zahlenraum bis zwanzig

Fragen	Regieanweisungen
Nun habe ich noch einige Aufgaben auf Karten notiert. Kannst du diese nach „leicht" und „schwer" sortieren? Kannst du erklären, warum diese Aufgaben leicht und diese schwer sind?	Die Aufgabenkarten werden auf dem Tisch verteilt. Das Kind wird aufgefordert, die Karten nach „leicht" und „schwer" zu sortieren und den Überschriften zuzuordnen. Im Anschluss daran werden wiederum die Gründe für die Zuordnungen und die genutzten Rechenwege für die „leichten" Aufgaben erfragt.

Rechne nun die leichten Aufgaben.	Interviewerin zeigt auf die einzelne Aufgabenkarte und erfragt den Lösungsweg.
Wenn ich dich jetzt bitten würde, so einen schwierigen Zahlensatz zu rechnen, wie würdest du vorgehen? Warum?	Für die Aufgaben, die unter „schwer" zugeordnet werden, ist darauf zu achten, ob das Kind nun ins zählende Rechnen verfällt oder eine Musterlösung anwendet oder verschiedene Werkzeuge miteinander vermengt. Dementsprechend ist noch einmal nachzufragen.
	Zur Dokumentation wird im Anschluss ein Foto der sortierten Karten gemacht.

5.3.4 Viertes Interview

Diese Interviews fanden zwischen dem 15.10.2008 und 05.11.2008 statt. Sie dauerten jeweils zwischen 20 und 35 Minuten.

Gliederung des Interviews

Bereich I: Päckchenrechnen

Bereich II: leicht und schwer – Aufgaben erfinden und Sortieren vorgegebener Aufgabenkarten

Bereich III: Aufgabenfamilie $8 + 8 = 16$ strukturieren und Aufgabenfamilie zu $7 + 7 = 14$ erfinden

Forschungsinteressen

Wie in Kapitel I 1.3 dargestellt, können zum Ende der ersten Klasse und am Anfang der zweiten zahlreiche Aufgaben bereits aus dem Gedächtnis abgerufen werden. Daher kann in dieser Phase im Zahlenraum bis zwanzig bei einigen Kindern nur bedingt flexibles Rechnen wahrgenommen werden. Aus diesem Grund ist der Blick – neben den in den ersten drei Interviews erwähnten Forschungsinteressen – auch auf den Umgang mit Aufgaben im höheren Zahlenraum bis hundert und damit auf die genutzten Zahl- und Aufgabenwahrnehmungen zu richten. Dabei waren folgende Fragestellungen leitend:

- Kann das Kind die strategischen Werkzeuge in den höheren Zahlenraum übertragen?
- Werden Zahl- und Aufgabenmerkmale wahrgenommen?
- Können Zahl- und Aufgabenbeziehungen genutzt werden?
- Kann das Kind seine Sortierung und den genutzten Lösungsweg mathematisch argumentativ belegen? Von welcher Qualität sind diese Argumentationen?

Darüber hinaus stellte sich die Frage, ob es Kinder gibt, deren Rechenentwicklung stagniert oder gar rückläufig ist.

Der Leitfaden und Verlauf entspricht im Wesentlichen dem des dritten Interviews und wird daher an dieser Stelle nicht mehr aufgeführt.

6. Datenauswahl und Datenaufbereitung

6.1 Datenauswahl

Während der Datenerhebungsphase entstanden etwa sechzig Stunden Videomaterial. Diese Datenmenge musste aus forschungspragmatischen Gesichtspunkten reduziert werden. Die Datenreduktion kann grundsätzlich entweder durch „Auswahl des Materials" oder durch „Auswahl im Material" vorgenommen werden (Flick 2002, 97). Im ersten Fall wird entweder die Stichprobe reduziert, indem man nur einen Teil der Kinder berücksichtigt oder die Anzahl der Interviews pro Kind verringert. Bei der Auswahl im Material werden jeweils nur bestimmte Ausschnitte aus den vorhandenen Interviews aller Kinder interpretiert.

Für die vorliegende Studie kam die Auswahl nur einiger Fälle nicht in Frage, da unter anderem zwischen den Kindern mit und ohne Zahlenblickschulung verglichen werden sollte. Dazu war die Auswertung mehrerer Kinder je Gruppe notwendig. Ein weiterer Forschungsschwerpunkt lag auf der Untersuchung der Entwicklungsverläufe. Aus diesem Grund konnte auch die Zahl der Interviews nicht reduziert werden. So mussten die Stichprobengröße und die Anzahl der Interviews erhalten bleiben; stattdessen wurde aus Gründen der Vergleichbarkeit eine Aufgabe ausgewählt, die in allen vier Interviewdurchläufen vorkam. Dafür kam nur Bereich II b in Frage, da diese Aufgabenstellung sich durch alle vier Interviews zog, während die Bereiche I und III variierten (Kapitel II 5.2) und die darin vorkommenden Aufgaben durch die Interviewerin vorgegeben waren.

6.2 Datenaufbereitung

„Es gilt zu erkennen, dass jene geistige und materielle Wirklichkeit, für die sich die empirische mathematikdidaktische Forschung interessiert, außerhalb von Texten methodologisch nicht greifbar ist." (Beck/Maier 1994, 51)

Nach Beck und Maier ist es notwendig, die Flüchtigkeit des Geschehens durch dessen „Verschriftung" (Beck/Maier 1994, 38) festzuhalten. Damit wird eine intensive Auseinandersetzung und Interpretation möglich. Darüber hinaus ermöglicht die schriftliche Fixierung die intersubjektive Nachvollziehbarkeit (Beck/Maier 1994; vgl. Mayring 2002).

In welcher Form und wie viel transkribiert wird, muss von der Fragestellung und Zielsetzung abhängig gemacht werden (Beck/Maier 1994; Kowal/O'Connell 2007).

In dieser Studie wurden Transkripte ausschließlich für den auszuwertenden Aufgabenteil b des zweiten Bereichs erstellt, da nur dieser analysiert wurde (Kapitel II 6.1).

Zur Veranschaulichung der gesprochenen Sprache und zur Darstellung der Handlungszusammenhänge können ergänzend weitere Unterlagen aus den Interviews herangezogen werden (Beck/Maier 1994). Da die Kinder in den Interviews aufgefordert wurden Aufgaben zu sortieren und dies durch eine passende Notation oder durch Legen von Aufgabenkarten zu dokumentieren, wurden folgende Dokumente zur Veranschaulichung zusätzlich genutzt:

- beim ersten und zweiten Interview die Papiere, auf die die Kinder ihre Sortierung der Aufgaben notierten (vgl. Kapitel II 5.3),
- beim dritten und vierten Interview Fotos, die die abschließende Sortierung der Aufgaben zeigen (vgl. Kapitel II 5.3).

Vor der Transkription wurden die Regeln für die Erstellung in der Arbeitsgruppe besprochen. Jede studentische Hilfskraft erhielt eine genaue schriftliche Beschreibung der Strukturierung und der Transkriptionsregeln. Nach Fertigstellung und Sichtung der ersten Transkripte wurden weitere Aspekte von der Autorin überarbeitet und an die Forschungsfragen und die damit verbundenen Auswertungsschwerpunkte angepasst.

Strukturierung der Transkripte

Im Transkript-Kopf waren die allgemeinen Informationen (Interviewnummer, Datum, Uhrzeit, Dauer, Name des Kindes, Schule) zusammengestellt. Die Verschriftlichung selbst wurde in einer Tabelle mit fünf Spalten angelegt: Aufgaben-Nummer von Schwerpunkt und Teilaufgabe, Dauer der Teilaufgabe, Sprecher, Text, ggf. Darstellung. Die Nummerierung der Interviewzeilen wurde durch das Datenanalyseprogramm MAXQDA automatisch vorgenommen.

Kommentierte Transkription

Da Kinder zur Explikation ihrer Rechenwege häufig auch Gestik und Mimik nutzen und Verzögerungen in ihren Äußerungen für die Interpretation der Daten wichtig sind, hätte die ausschließliche Verschriftlichung der verbalen Äußerungen keinen ausreichenden Einblick erlaubt. Daher war eine „kommentierte Transkription" (Mayring 2002, 91) notwendig, bei der nach folgenden Regeln vorgegangen wurde:[40]

---

40 Vgl. Kowal/O'Connell, 2007; Mayring, 2002

Sprache

- Im Transkript musste der genaue Wortlaut wiedergegeben werden. Stark dialektale Äußerungen wurden in Schriftsprache übersetzt, da die Nutzung von Dialekt für die Fragestellung keine Rolle spielt.
  Zum Beispiel: „des hoißt" wurde in „das heißt" übertragen.
  Umgangssprachliche Wendungen blieben erhalten.
- Satzzeichen wurden nach syntaktischen Regeln gesetzt.

Modulation der Stimme

- „Das geht ganz einfach": Betonungen, die vom normalen Maß abwichen, wurden unterstrichen.
- „Das g i b t ...": Gedehnt gesprochene Worte wurden gesperrt geschrieben.

Beschreibung von Mimik, Gestik und Handlungen

- Auffälligkeiten in der Mimik und Gestik wurden in Klammern (*kursiv*) notiert.
  Zum Beispiel: (*kneift die Augen zusammen*)
- Handlungen wurden ebenfalls in Klammern (*kursiv*) notiert.
  Zum Beispiel: (*wackelt mit den Beinen*)
- Erklärte ein Kind die Vorgehensweise verknüpft mit Gestik, so musste diese genau beschrieben werden, damit anschließend am Transkript nachvollzogen werden konnte, wie das Kind vorgegangen war.
  Zum Beispiel: (*Zeigt auf drei untereinander liegende Karten* $\boxed{8+5}$, $\boxed{7+5}$, $\boxed{4+9}$ *– tippt jeweils die genannte Zahl auf der Karte an*).
- Zeigte ein Kind auf eine einzelne Zahl, wurde diese in Klammern fett gedruckt.
  Zum Beispiel (**8**).
- Es musste darauf geachtet werden, neutral zu formulieren. Interpretationen waren an dieser Stelle **nicht** erwünscht.
  Zum Beispiel: (*Da Tim unsicher wird, wackelt er mit den Beinen*)

Weitere Regeln für die Transkription

- (*leiser*); (*stöhnt*): notwendige Angaben zur Art des Sprechens
- (*lachen*): Charakterisierung von nichtsprachlichen Vorgängen
- (.): kurze Pause
- (..): Pause bis zu 2 sec
- (…): Pause bis zu 3 sec
- (86): genaue Sekundenangabe bei längeren Pausen
- (*Tim schaut die Aufgabe an* (34)): die Zeitangabe bezog sich auf die Dauer des nonverbalen Verhaltens
- (*Tim schaut die Aufgabe an* (34)) (54): die zweite Zeitangabe bezog sich nicht auf das nonverbale Verhalten. Diese Pause entstand anschließend
- (…?): unverständliche Äußerungen
- (Das gibt?): nicht genau verständlich und daher vermuteter Wortlaut.

Unterbrechung und gleichzeitiges Sprechen
- <: gleichzeitiges Sprechen; genau vor die Satzteile, die gleichzeitig gesprochen wurden, kam ein „kleiner als"-Zeichen.

Verbale Äußerungen, die nicht in Worte gefasst werden können
- mhm: zustimmend
- mm: ablehnend
- mh, hm, ähm: nachdenkend, überlegend

Darstellungsmittel

Zusätzlich zum oben beschriebenen kommentierten Transkript wurden bei Bedarf weitere Illustrationen zur Verdeutlichung der Handlung oder des Argumentations-kontextes genutzt. Dabei handelte es sich im Einzelnen um folgende Darstellungen:
- Screenshots, die das genutzte Arbeitsmittel zeigten (Abb. 6.1), auf dem die entsprechende Einstellung des Kindes dargestellt war.

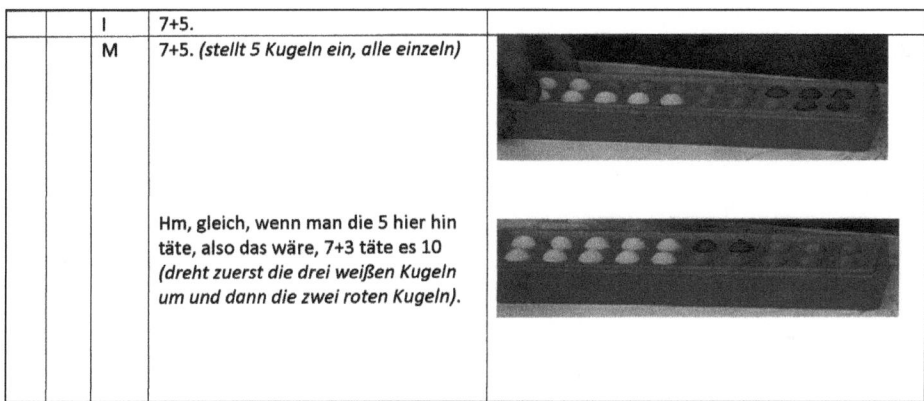

		I	7+5.	
		M	7+5. *(stellt 5 Kugeln ein, alle einzeln)*	
			Hm, gleich, wenn man die 5 hier hin täte, also das wäre, 7+3 täte es 10 *(dreht zuerst die drei weißen Kugeln um und dann die zwei roten Kugeln).*	

Abb. 6.1: Screenshot eines Abakus zur Verdeutlichung der Erklärung

- Scans einer Zeichnung, die das Kind zur Darstellung seiner Überlegungen erstellt hatte,
- Ausschnitte der Aufgabenkarten-Anordnung im dritten und vierten Interview (vgl. Abb. 6.2).

| | | L | (..) So und so, die sind alles leicht (*nimmt* 6 + 6 *und* 7 + 7 *und hält sie zu* 9 + 9 *und* 8 + 8. *Legt die Karten anschließend wieder zurück an den Ausgangsort.*) Das gibt nämlich 12 (6 + 6), 14 (7 + 7), 16 (8 + 8), 18 (9 + 9) | 9 + 9
 8 + 8   6 + 6
 7 + 7 |

Abb. 6.2: Darstellung der Aufgaben im Text und deren Anordnung

Diese graphischen oder audiovisuellen Darstellungen befanden sich in der fünften Spalte.

Innerhalb des Textes in Spalte vier wurden im dritten und vierten Interview die zu sortierenden Aufgaben zur Hervorhebung fett gedruckt und als Karten in einem Rahmen dargestellt (Abb. 6.2).

7 Analyse der Daten

Zur Analyse der Daten war ein mehrschrittiges Verfahren notwendig:

- Als erster Zugang zu den Daten wurde für jedes Interview der Kinder eine kurze Zusammenfassung des transkribierten Interviewausschnitts erstellt. Diese gliederte sich in folgende Bereiche:

  Subjektive Aufgabeneinschätzung und Lösung
  - Leicht – schwer (gelöst – nicht gelöst)

  Erklärung zum Sortieren
  - Kurze Zusammenfassung der Äußerungen jeden Kindes.

  Rechenwegerklärung
  - Lösungsweg: fachdidaktische Interpretation
  - Art der Beschreibung: knappe Zusammenfassung der Erklärung des Kindes

  Damit boten die Zusammenfassungsbögen eine erste systematische Übersicht über die Daten und die Orientierung für die Entwicklung der Kategoriensysteme.

- Um die Daten vor dem Hintergrund der Theorien zum Rechnenlernen und zum flexiblen Rechnen angemessen auswerten zu können, mussten zwei Kategoriensysteme erstellt werden (Kapitel II 3.1):
  - zur Erfassung der Lösungswerkzeuge wurde die strukturierte Inhaltsanalyse und
  - zur Erfassung der Argumentationen der Kinder eine induktive Kategorienbildung ebenfalls nach der qualitativen Inhaltsanalyse herangezogen (Abb. 7.1).

- Da es für eine Aussage zur Flexibilität einen Unterschied macht, ob sich der Lösende auf Zahl-, Term- und Aufgabenbeziehungen stützt oder ein Verfahren nutzt, mussten die Argumentationen anschließend qualitativ unterschieden und eingeschätzt werden (Abb. 7.1; Kapitel II 8).

- Zur abschließenden Theoriebildung konnten die oben genannten Kategoriensysteme für die Typenbildung genutzt und zusammengeführt werden (Abb. 7.1). Dadurch ließen sich sowohl die verschiedenen Entwicklungsebenen auf dem Weg zum Rechnen charakterisieren als auch die Entwicklungsverläufe im Längsschnitt beschreiben (Kapitel III 1 und III 2).

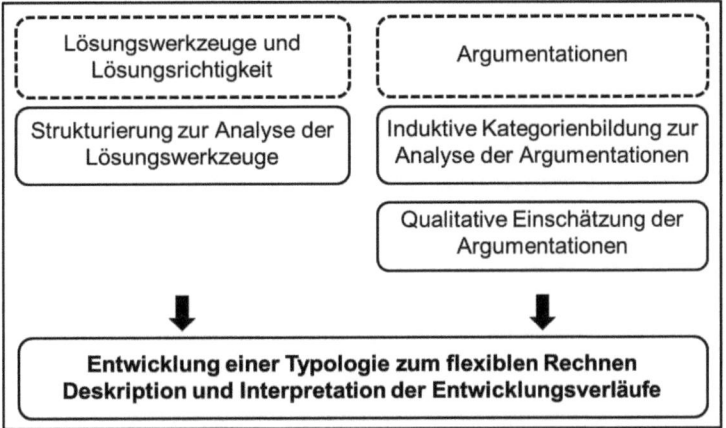

Abb. 7.1:   Darstellung der verschiedenen Analyse- und Auswertungsinstrumente

Im Folgenden wird die Durchführung der Datenanalyse auf der Grundlage der qualitativen Inhaltsanalyse (vgl. Kapitel II 3.1) beschrieben.

Definition der Analyseeinheiten

Entsprechend dem Ablaufmodell (Kapitel II 3.1) waren im jetzt folgenden siebten Schritt zunächst die Analyseeinheiten zu beschreiben und festzulegen: Unter einer Analyseeinheit wird die gesamte Argumentation zur Sortierung oder zum Lösungsweg einer Aufgabe verstanden (Abb. 7.2). Im vorliegenden Fall bedeutete dies, dass auch die Antworten auf Nachfragen der Interviewerin zu der jeweiligen Aufgabe zu einer Analyseeinheit gerechnet wurden. Im Transkript wurden die Dialoge durch graue Linien gekennzeichnet und der jeweilige Analyseabschnitt durch eine schwarze Linie (Abb. 7.2).

Im Folgenden wird das Vorgehen bei den beiden genutzten Analyseverfahren dargestellt, die Kategoriensysteme werden beschrieben und die Kodierungsregeln exemplarisch erläutert.

		I	Gut. *(zeigt mit dem Finger auf die Karte* $\boxed{69 + 6}$ *)*	
		M	(..) Wie kommt die jetzt …*(lacht)* Ach so, ja ok. Oh, vorhin hatte ich die noch im Kopf. Die habe ich vorher bei meinen ganzen Folien gerechnet. Jetzt weiß ich sie aber nicht.	
		I	Mhm, ach so im Klassenzimmer.	
		M	Ja.	
		I	Ok. Kannst du sie denn ausrechnen? *(M nickt)* Wie rechnest du sie?	
		M	(…) 25, nein 75.	
		I	Wie hast du das jetzt gerechnet?	
		M	Ich zieh einfach eins ab und dann leg ich's dahin *(zeigt auf die 9).*	
		I	Aha. Erklär's nochmal genau.	
		M	Also es ist 69, *(zeigt mit dem Finger auf die 69)* dann zieh ich von dem *(zeigt mit dem Finger auf die 6)* noch eins ab, dann habe ich noch 5 und die lass' ich da hinten.	

Abb. 7.2:   Beispiel einer Analyseeinheit

7.1   Analyse der Lösungswerkzeuge

Für die strukturierende Inhaltsanalyse beschreibt Mayring (2008a, 84) ein detailliertes Ablaufmodell, welches quasi Schritt acht und neun (Ausführungen zur Strukturierung, Explikation und Zusammenfassung) aus dem in Kapitel II 3.1 dargestellten allgemeinen Ablaufmodell (Abb. 3.1) expliziert. Dieses wurde für die Analyse der Lösungswerkzeuge angepasst (Abb. 7.3).

Die Schritte zwei bis vier beschreiben die Entwicklung des Kategoriensystems. Bei der strukturierenden Inhaltsanalyse werden die Kategorien theoriegeleitet an den Forschungsfragen orientiert entwickelt und schließlich am Material überprüft und gegebenenfalls überarbeitet (Kapitel II 3.1).

„Die grundsätzlichen Strukturierungsdimensionen müssen genau bestimmt werden, sie müssen aus der Fragestellung abgeleitet und theoretisch begründet werden. Diese Strukturierungsdimensionen werden dann zumeist weiter differenziert, indem sie in einzelne Ausprägungen aufgespalten werden." (Mayring 2008a, 83)

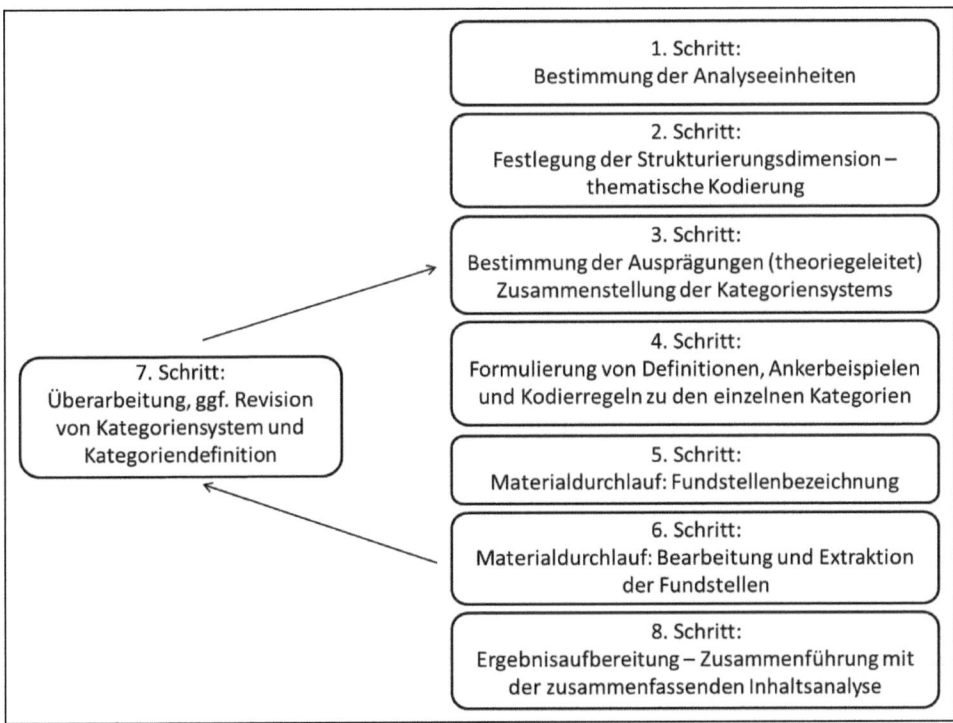

Abb. 7.3: Modifiziertes Ablaufmodell für die strukturierende Inhaltsanalyse zur Analyse der Lösungswerkzeuge (nach Mayring 2008a, 84)

Für diese Studie ergaben sich aufgrund der Forschungsfragen und der Gliederung der Leitfadeninterviews zunächst drei Hauptkategorien: „subjektive Aufgabeneinschätzung", „Lösungswerkzeuge" und „Visualisierung". Diese drei Strukturierungsdimensionen konnten vor dem Hintergrund der Theorie zum Rechnenlernen in verschiedenen Ausprägungen beschrieben werden:

* Bei der Betrachtung der subjektiven Aufgabeneinschätzung wurde auf leicht oder schwer und entsprechend auf die Lösungsrichtigkeit fokussiert (Abb. 7.4).

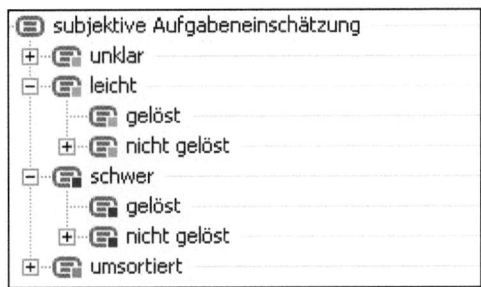

Abb. 7.4: Ausschnitt des Kategoriensystems zur Lösungsrichtigkeit[41]

---

41 Aus Gründen der besseren Lesbarkeit ist in den Darstellungen 7.4, 7.5 und 7.6 eine verkürzte Version des Kategoriensystems abgebildet. Die mit Plus „+" gekennzeichneten Kategorien lassen

- Die Kategorie „Lösungswegwerkzeuge" wurde in drei verschiedene Möglichkeiten des Lösens unterteilt (Kapitel I 1): das Zählen, das Nutzen strategischer Werkzeuge und das Abrufen von Fakten (Abb. 7.5).

Auf der Basis der Theorie zum Rechnenlernen (Kapitel I 4) ergaben sich folgende Überlegungen:

Die strategischen Werkzeuge können weiter aufgeteilt werden in Zerlegen und Zusammensetzen von Aufgaben einerseits und das Nutzen von Hilfsaufgaben andererseits (vgl. Kapitel I 1.2). Während beim Zerlegen und Zusammensetzen Zahl- und Termbeziehungen innerhalb der Aufgabe genutzt werden, stehen beim Nutzen von Hilfsaufgaben die Aufgabenbeziehungen im Vordergrund. Dabei können Aufgabenbeziehungen in zweierlei Hinsicht genutzt werden: Zum einen werden sie im Lösungskontext erkannt, zum anderen selbst generiert und zum Lösen herangezogen. Aufgaben, die aus dem Lösungskontext herangezogen werden, sind solche, die bereits zuvor gelöst wurden und nun als Hilfsaufgaben fungieren. Greift der Lösende im Lösungsprozess auf eine ihm bekannte Aufgabe zurück und nutzt diese, so wird von einer Hilfsaufgabe unabhängig vom Lösungskontext gesprochen.

Entsprechend den Darstellungen in der Literatur (u.a. Gerster/Schultz 1998, 373; Torbeyns et al. 2005, 14) wurde auch in dieser Studie dann von Faktenabruf gesprochen, wenn zwischen dem Nennen der Aufgabe und dem Ergebnis nicht mehr als zwei bis drei Sekunden lagen.

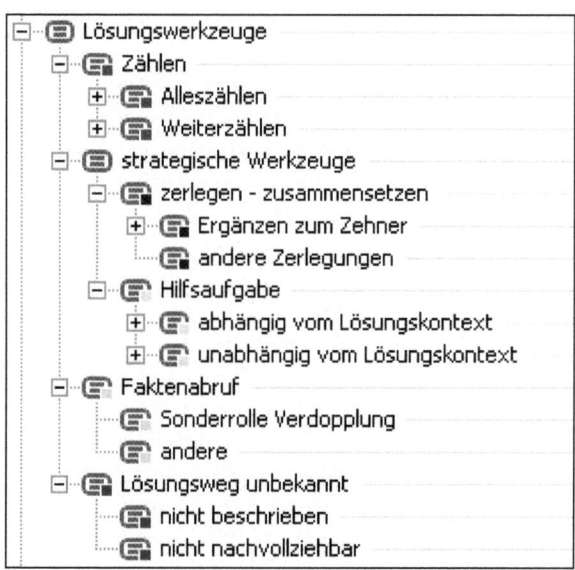

Abb. 7.5:   Ausschnitt des Kategoriensystems zu den Lösungswerkzeugen

---

sich weiter auffächern. Eine detaillierte Darstellung befindet sich im Anhang (einzusehen unter www.waxmann.com/buch3037).

- Zur Visualisierung können verschiedene Anschauungsmittel genutzt werden, wie beispielsweise Finger, didaktisches Hilfsmittel oder eine Skizze (Abb. 7.6). Dabei gilt es jeweils die Art der Handlung mit den Fingern oder dem Hilfsmittel zu berücksichtigen (vgl. Kapitel I 1.1 und I 4.1).

Abb. 7.6:   Ausschnitt des Kategoriensystems zur Nutzung eines Hilfsmittels

Entsprechend dem Ablaufmodell zur strukturierten Inhaltsanalyse (Abb. 7.3) wurden im vierten Schritt Definitionen, Ankerbeispiele und Kodierregeln zu den einzelnen Kategorien beschrieben (siehe Anhang – einzusehen unter www.waxmann. com/buch3037).

Mithilfe des Kodiermanuals konnten die Fundstellen bezeichnet und kodiert werden (Schritte fünf und sechs im Ablaufmodell – Abb. 7.3). Im Verlauf der Auswertung zeigte sich, dass eine Überarbeitung des Kategoriensystems (Schritt sieben) an zwei Stellen nötig war:

- Die Hauptkategorie „subjektive Aufgabeneinschätzung" wurde durch die Subkategorie „unklar" ergänzt.
- Die Hauptkategorie „Nutzung eines Hilfsmittels" wurde mit der Subkategorie „Skizze, Notation" erweitert, da es Kinder gab, die diese Referenz nutzten.

Insgesamt haben sich diese Kategorien als trennscharf erwiesen und ließen sich eindeutig kodieren.

7.2   Analyse der Argumentationen der Kinder

Für die Beantwortung der Frage nach der Argumentation zur Sortierung und zu den Lösungswegen bot sich eine induktive Kategorienbildung an. Damit war eine enge Orientierung an den vorliegenden Aussagen der Kinder gewährleistet.

Auch für die zusammenfassende Inhaltsanalyse zur induktiven Kategorienbildung beschreibt Mayring (2008b, 12) ein Ablaufmodell, „das sich an der zusammenfassenden qualitativen Inhaltsanalyse orientiert" (ebd., 11). Dieses wurde dem vorliegenden Forschungsgegenstand entsprechend adaptiert (Abb. 7.7). Während bei der strukturierenden Inhaltsanalyse Kategorien aus der Theorie gebildet werden (Kapitel II 3.1), bedeutet „induktiv" (ebd., 11), „dass das Textmaterial Ausgangspunkt ist und die Kategorien möglichst eng an den Textpassagen orientiert formuliert werden" (ebd., 11). Um dem vorliegenden Forschungsgegenstand – den Argumentationen der Kinder – gerecht zu werden, war eine datenbasierte Kategorienbildung notwendig.

Wie bei der strukturierenden Inhaltsanalyse entsprechen die hier im Folgenden beschriebenen Schritte zur induktiven Kategorienbildung Schritt acht des Gesamtablaufs aus Kapitel II 3.1 (Abb. 3.1).

Der erste Teil dieser Arbeit entspricht der Beschreibung des Gegenstands und der Fragestellung (Schritt eins aus Abb. 7.7).

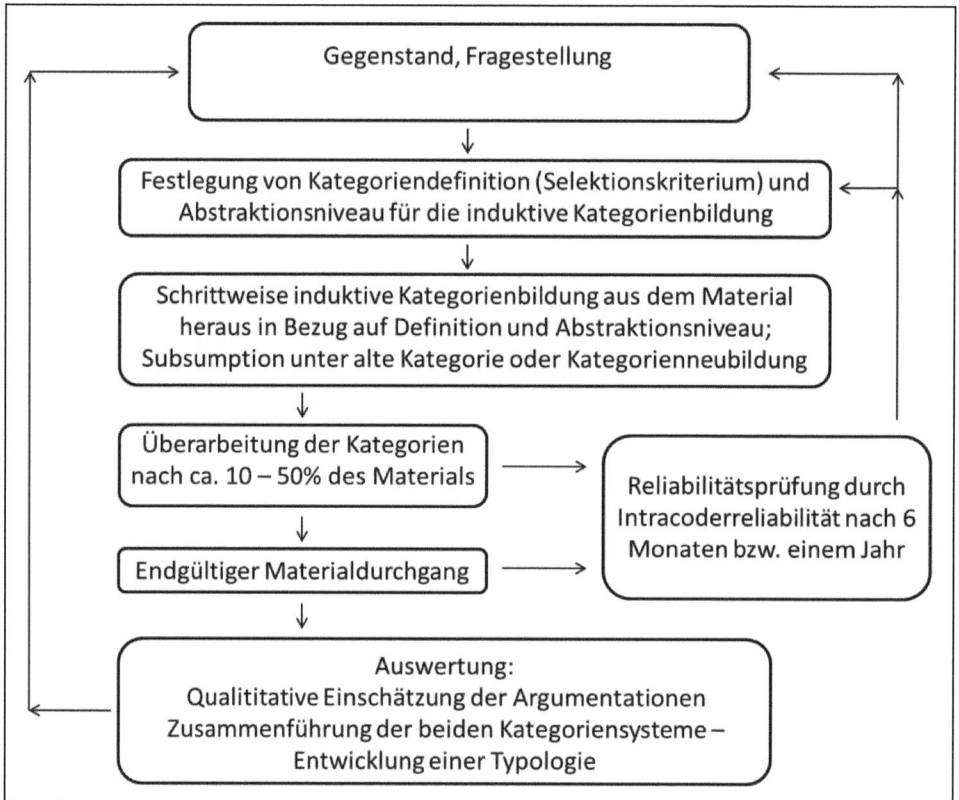

Abb. 7.7:   Adaptiertes Ablaufmodell der induktiven Kategorienbildung (nach Mayring 2008b, 12)

Das Ablaufmodell der induktiven Kategorienbildung entspricht einem zirkulären Prozess (Schritte zwei bis vier), der mehrmals durchlaufen werden muss, bis die Kategorien sowohl dem Gegenstand als auch der Fragestellung angemessen sind. Entsprechend zeigte sich auch in dieser Studie der Verlauf: Durch die Gliederung der Interviews bot sich bei der Analyse zunächst eine erste Untergliederung der Argumentationen an in die Sortierung „leicht" und „schwer" sowie in die Lösungswegbeschreibungen. Bei der Codierung wurden in einem ersten Schritt sehr einfache Kategorien auf niederem Abstraktionsniveau gebildet. Das heißt, dass teilweise die Formulierungen der Kinder direkt aus dem Text übernommen und als Kategorie genutzt wurden („Invivo-Code"). Mit Zunahme der Anzahl an kodierten Interviews steigerte sich der Abstraktionsgrad der Kategorien: Die „Invivo-Codes" konnten durch Oberbegriffe ersetzt und unter ähnlichen Aussagen subsummiert werden.

Nach der Auswertung von etwa 12% der Interviews wurde das bis dahin entstandene Kategoriensystem (siehe Anhang) überprüft und im Hinblick auf den Gegenstand und die Forschungsfragen überarbeitet. Anschließend wurden dieselben Interviews erneut mithilfe der neuen Kategorien kodiert und wiederum nach der Angemessenheit des Gegenstandes sowie bezüglich der Fragestellung überprüft (siehe Anhang). Dieser Kreislauf musste mehrere Male durchlaufen werden, bis schließlich das gesamte Material kodiert werden konnte und auch bei weiteren Prüfungen keine Verschiebungen mehr auftauchten. Fachlicher Austausch in verschiedenen Gruppen und zahlreiche Gespräche mit Experten dienten dabei als Korrektiv und lieferten ergänzende Ideen.

Schließlich wurden die Theorie zum flexiblen Rechnen und der argumentationstheoretische Ansatz (Kapitel II 3.2) herangezogen, um das Kategoriensystem zu strukturieren und die Hauptkategorien zu finden. Dadurch ließen sich die datenbasierten Codes systematisieren.

7.2.1 Theorien zur Strukturierung des Kategoriensystems

Die Theorie zum flexiblen Rechnen wurde in Kapitel I 5 ausführlich beschrieben. An dieser Stelle werden lediglich kurz die Folgerungen für die Entwicklung des Kategoriensystems ausgeführt. Im Anschluss findet sich die Beschreibung der Adaption des argumentationstheoretischen Ansatzes für die vorgestellte Studie.

Kategorienbildung auf der Basis der Theorie zum flexiblen Rechnen

In den Argumentationen der Erstklässler fanden sich neben sachbezogenen Äußerungen mit mathematischem Inhalt häufig auch personenbezogene Äußerungen wie beispielsweise „Hat mir meine Mama gesagt", „Hab ich schon geübt" oder „Ist vom Himmel gefallen". Aus dieser Erfahrung ließen sich zwei Hauptkategorien bilden:

- personenbezogene Äußerungen und
- sachbezogene Äußerungen.

Unter personenbezogenen Äußerungen wurden alle Argumentationen gefasst, die die Herkunft des Wissens auf die eigene oder andere Personen zurückführen und auch durch weiteres Nachfragen im Interview nicht durch sachbezogene Äußerungen erweitert wurden.

Sachbezogene Äußerungen hingegen beinhalteten immer konkrete Äußerungen zur Sache.

Die sachbezogenen Äußerungen ließen sich mit Blick auf den Referenzrahmen, durch den jeder Lösungsprozess gestützt wird, erneut unterscheiden in

- ohne Rückgriff auf Beziehungen[42] und
- mit Rückgriff auf Beziehungen.

Kategorienbildung auf der Basis des argumentationstheoretischen Ansatzes

Mithilfe der Argumentationsanalyse lassen sich Argumentationen detailliert analysieren (Kapitel II 3.2). Daher wurde dieser Ansatz zur Entwicklung des Kategoriensystems herangezogen und für die vorliegenden Fragestellungen adaptiert. Damit ließ sich das Kategoriensystem zu den Argumentationen der Kinder strukturieren.

Durch die künstliche Struktur des Interviews handelte es sich um eine vorstrukturierte Kommunikation und nicht um ein Gespräch, in dem mehrere Argumente in einen „kollektiven Argumentationsprozess[e]" (Krummheuer 1992, 219/220; Hervorhebung im Original) münden. Es ging also bei den Interviews nicht darum, Interaktionen oder die Entwicklung eines Arguments zu untersuchen, vielmehr war der Blick auf die Qualität der Argumentationen gerichtet (Kapitel II 3.2). Hierfür wurden die Argumentationen in Garant und Stützung gegliedert und anhand der Kriterien für flexibles Rechnen qualitativ eingeschätzt (Kapitel II 8). Auch die jeweilige Breite des Arguments wurde nicht weiter betrachtet. Vielmehr rückte die Gesamtargumentation in den Mittelpunkt der Betrachtung, indem zu jeweils einer Frage der genutzte Garant (eventuell auch mehrere Garanten) und gegebenenfalls die Stützung(en) analysiert wurden.

Die Anwendung der Struktur des Toulmin-Schemas auf die Argumentationen der Kinder wurde wie folgt vorgenommen: Die Struktur des Interviews (Kapitel II 5.3) gab vor, die Kinder nach den Begründungen für die Sortierung und nach den Lösungswegbeschreibungen zu fragen. Diese können jeweils als Antwort auf die Frage „Wie kommst du dahin?" (zu dem Ergebnis oder zu dieser Sortierung) als Garanten und im Einzelfall auch als Stützungen ein- oder mehrgliedriger Argumentationen betrachtet werden. Entsprechend wurde für die Strukturierung der Antworten auf die beiden Fragen nach der Sortierung und dem Lösungsweg auf das Toulmin-Schema zurückgegriffen. Dieses Vorgehen ermöglichte in einem weiteren, späteren Schritt die Interpretation der Garanten und Stützungen (Kapitel II 8). Konkret ergibt sich bezogen auf das Toulminschema folgende Struktur:

Im ersten Teil der Interviews erhielten die Kinder Aufgaben, die sie nach „leicht" und „schwer" sortieren sollten (Kapitel II 5.2). Für die Analyse lässt sich nun die Aufgabe als Datum und die Zuordnung in „leicht" oder „schwer" als Konklusion beschreiben. Die Begründung warum die Aufgabe so sortiert wurde, entspricht dann dem Garanten. Wird diese weiter erklärt, ist von einer Stützung die Rede (Abb. 7.8).

---

42 Der Begriff „Rückgriff" ist nicht als aktives Vorgehen oder Auswahl zu verstehen. Vielmehr ist damit gemeint, dass sich der Lösende automatisch auf den Referenzrahmen stützt, welcher verfahrens- oder beziehungsbasiert sein kann.

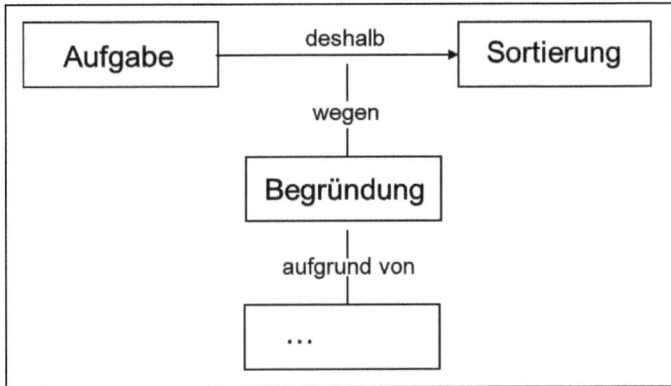

Abb. 7.8: Übertragung des Toulmin-Schemas auf die Begründungen zur Sortierung

Im zweiten Teil des Interviews lösten die Kinder die einzelnen Aufgaben. Auch hier können die Aufgabe als Datum und die Lösung als Konklusion interpretiert werden. In diesem Fall wird die Lösungswegbeschreibung als Garant und dessen mögliche Erklärung als Stützung betrachtet (Abb. 7.9).

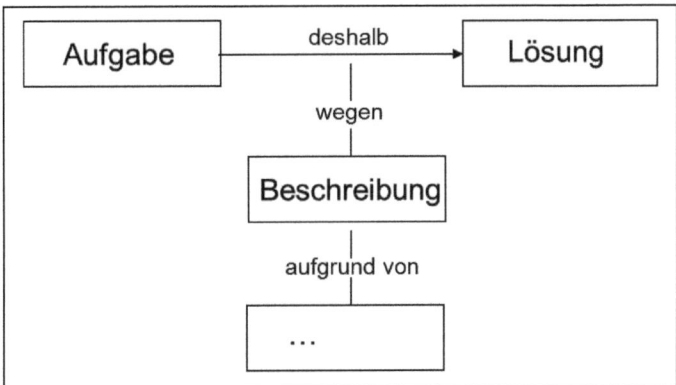

Abb. 7.9: Übertragung des Toulmin-Schemas auf die Lösungswegbeschreibungen

7.2.2 Entwicklung des Kategoriensystems

Unter Einbeziehung der oben beschriebenen Theorien ergaben sich bei der kontinuierlichen Weiterentwicklung des Kategoriensystems diese grundsätzlichen Überlegungen:

- Die Struktur des Interviews dient zunächst als Grundlage der Struktur des Kategoriensystems: Es wird unterschieden in Argumentationen zum Sortieren und zur Lösungswegbeschreibung.
- Werden die Theorie zum flexiblen Rechnen und der argumentationstheoretische Ansatz berücksichtigt, so ergibt sich eine inhaltliche Kategorienbildung vor dem Hintergrund des flexiblen Rechnens, welche durch Hinzunahme der Struktur des Toulmin-Schemas weiter untergliedert werden kann.

- Für die Datenanalyse in der vorgestellten Untersuchung ist eine exakte Zuordnung der Stützung zum jeweiligen Garanten nicht notwendig und eher nur im Einzelfall interessant. Vielmehr sind die Arten der genutzten Garanten und gegebenenfalls Stützungen eines Kindes von Interesse. Daher können im Kategoriensystem die Garanten von den jeweiligen Stützungen getrennt dargestellt werden.
- Die Garanten und Stützungen können sowohl „personenbezogen" als auch „sachbezogen" sein. Dabei finden sich Garanten ohne mathematische Stützung sowie solche mit impliziter oder expliziter mathematischer Stützung. Da implizite Stützungen vielseitigster Art sein können und nur angenommen sind, werden diese im Folgenden nicht weiter betrachtet (vgl. hierzu auch Fetzer 2011, 35).

Diesen Überlegungen folgend, konnte auf der Basis der Daten abschließend ein Kategoriensystem entwickelt werden (Abb. 7.10). Eine detaillierte Darstellung mit allen Unterkategorien und ein ausführliches Kodiermanual befinden sich im Anhang.

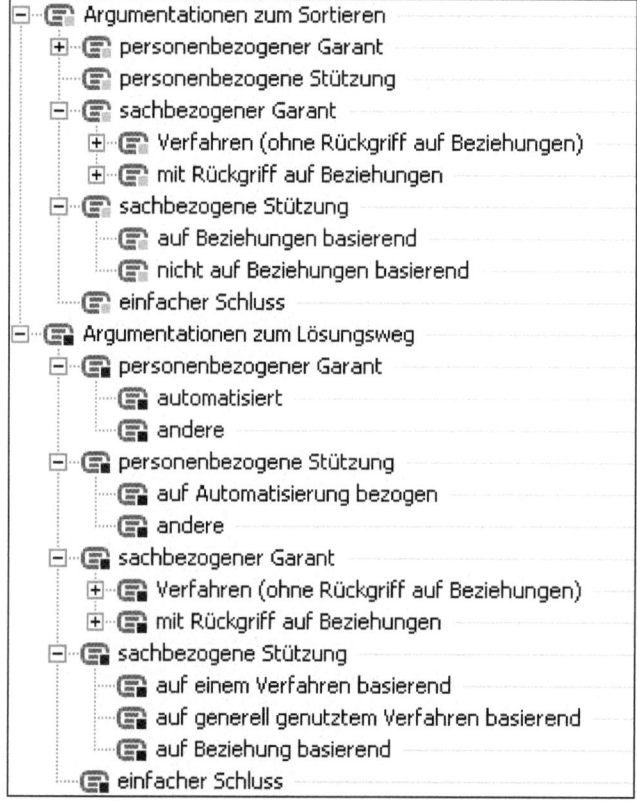

Abb. 7.10:   Kategoriensystem zur Analyse der Argumentationen

Nach der Erprobung dieses Kategoriensystems an den bereits kodierten Interviews (12% des Materials), konnte abschließend das gesamte Material analysiert werden (Schritt fünf).

Durch die kategorienbildende Zusammenfassung war es zwar möglich das Datenmaterial vor dem Hintergrund der Theorie zum flexiblen Rechnen und mit Hilfe des Toulmin-Schemas zu analysieren. Zur qualitativen Einschätzung der Argumentationen war aber eine zusätzliche Interpretation auf der Basis dieser Theorien sowie der Theorie zum Beweisen nötig (Kapitel II 8).

8 Die Interpretation der Argumentationen

Nachfolgend wurden die beschriebenen Kategorien der Argumentationen zum Sortieren und zu den Lösungswegen durch eine „synoptische interpretative Analyse der ‚Rohdaten‘" (Kelle/Kluge 2010, 58; Hervorhebung im Original) geordnet. Hierfür wurden zur Analyse und einer ersten qualitativen Differenzierung der *argumentationstheoretische Ansatz* (u.a. Fetzer 2007, 2011; Kopperschmidt 2000; Krummheuer 1992; Toulmin 1996) und die *Theorie zum Beweisen im Mathematikunterricht* (u.a. Almeida 2001; Balacheff 1992; Harel/Sowder 2007; Sowder/Harel 1998) herangezogen. Die abschließende qualitative Einschätzung der Garanten und Stützungen geschah vor dem Hintergrund der Theorien zur Rechnenlernen (Kapitel I 3 und I 4) und zum flexiblen Rechnen (Kapitel I 5).

8.1 Theoretische Ansätze zur Analyse der Argumentationen

8.1.1 Der argumentationstheoretische Ansatz

Die Überzeugungskraft eines Arguments wird an der „spezifischen Güte" (Kopperschmidt 2000, 60) des Arguments gemessen. Dabei lassen sich fünf Merkmale nennen, die mit Blick auf den Garanten ein überzeugungsfähiges Argument bedingen (ebd., 62 ff.). Es muss

- „*gültig*" (ebd., 62; Hervorhebung im Original) sein, das heißt der Wahrheit entsprechen.
- „*geeignet*" (ebd., 62; Hervorhebung im Original) sein, das bedeutet ein sogenannter „zustimmungsfähige[n](r) Geltungsanspruch[s]" (ebd., 62) zwischen dem Datum, der Konklusion und dem Garanten muss vorliegen.
- als „*relevant*" (ebd., 64; Hervorhebung im Original) erachtet werden, was genau dann der Fall ist, wenn der Garant für das Problem und den Rahmen der inhaltlichen Domäne als adäquat eingeschätzt wird.
- „zu dem jeweiligen *Argumentationsprofil*" (ebd., 68; Hervorhebung im Original) des Problemdiskurses passen (Kapitel I 3, I 4 und I 5).
- von einem „*glaubwürdigen* Sprecher" (ebd., 67; Hervorhebung im Original) stammen.

Diese Kriterien wurden auf die hier vorgestellte Untersuchung übertragen: Gültigkeit ist demnach gegeben, da die Kinder ihre Gedanken frei ausführen und begründen können (Kapitel II 5.1). Von der Eignung des Garanten aus Sicht der Kinder kann ausgegangen werden. Sie argumentieren jeweils auf der Basis ihrer Vorstellungen und damit in Beziehung zum Datum und zur Konklusion. Inwieweit das Argument aus Sicht eines Erwachsenen als geeignet eingeschätzt wird, spielt an dieser Stelle keine Rolle; dieser Aspekt schlägt sich später in der qualitativen Einschätzung (Kapitel II 8.2) nieder. Wie relevant die jeweiligen Garanten sind, muss vor dem Hintergrund der Theorien zum Rechnenlernen und zum flexiblen Rechnen eingeschätzt werden (Kapitel I 4 und I 5). Damit ist auch verbunden, das Argumentationsprofil im Problemdiskurs zu beachten, wobei stets die Vorkenntnisse und altersbedingten, sprachlichen Kompetenzen der Kinder zu berücksichtigen sind. Die Glaubwürdigkeit des Sprechers spielt bei den Interviews keine Rolle, da bei jedem Kind dessen Denk- und Handlungspraxis respektiert wird.

Anders als in einem Unterrichtsgespräch ermöglicht die besondere Situation im Interview, genau nachzufragen; dadurch wird das Kind gezielt dazu angeregt, überzeugend zu argumentieren.

Toulmin unterscheidet zwischen *substanziellen* und *analytischen* Argumentationen (Toulmin 1996, 111 ff.; Fetzer 2011). *Substanzielle Argumentationen* enthalten immer einen Restzweifel, der durch die Garanten und die Stützung nicht vollständig ausgeräumt werden kann. Als *analytische Argumente* werden solche Argumentationen bezeichnet, die in Garant und Stützung alle Informationen, die für die Konklusion notwendig sind, unzweifelhaft enthalten. Mathematische Beweise, können als *analytische Argumente* bezeichnet werden, da sie im Garant Axiome oder Rechengesetze enthalten.

> „Dabei handelt es sich um eine Argumentation, deren Gültigkeit nicht im Lauf der Zeit in Frage gest[e]llt werden kann. Dieser einzigartige Charakter mathematischer Argumentationen ist bezeichnend. Reine Mathematik ist möglicherweise die einzige intellektuelle Aktivität, deren Probleme und Lösungen „außerhalb der Zeit" stehen." (Toulmin 1996, 114)

Die meisten Argumentationen im Alltag und in der Schule sind substanzieller Art. Auch wenn diese aus argumentationstheoretischer Perspektive als unsicher zu gelten haben, finden sie im Alltag bei allen Beteiligten meist eine hohe Akzeptanz (Fetzer 2011, 37). Auch einfache Schlüsse ohne die explizite Beschreibung eines Garanten kommen im Alltag der Grundschule häufig vor (Fetzer 2011, 33). Ein wesentlicher Grund, warum einfache Schlüsse in dieser Studie eher eine Randerscheinung bilden, ist sicherlich durch die Art der Interviewdurchführung bedingt: die Kinder wurden stets gezielt nach der Begründung für die Sortierung oder den Lösungsweg gefragt.

8.1.2 Theorie zum Beweisen

Bei Balacheff (1988), Sowder und Harel (1998), Almeida (2001) sowie bei Harel und Sowder (2007) finden sich aus mathematikdidaktischer Perspektive qualitative Beschreibungen zu unterschiedlichen Formen des Begründens beziehungsweise Beweisens. Es lassen sich grob drei Formen unterscheiden:

1. „External Conviction Proof Schemes"[43] – Begründungen, die auf äußerer Überzeugung beruhen,
2. „Empirical Proof Schemes" – Begründungen, die auf der Grundlage verschiedener Beispiele beruhen oder mithilfe von Darstellungen gestützt werden sowie
3. „Analytic Proof Schemes"[44] – Begründungen, die auf Strukturbetrachtung und mathematischen Beweisen basieren.

Auf die vorliegende Untersuchung übertragen bedeutet dies: Alle Argumentationen, bei denen sich das Kind auf Intuition, Dritte oder auf ritualisierte Praxis („autoritarian, ritual, symbolic" – Sowder/Harel 1998, 671) beruft, lassen sich als Begründungen bezeichnen, die auf äußerer Überzeugung basieren.

Begründungen, die als „empirical proof schemes" bezeichnet werden, können in zwei Kategorien aufgeteilt werden: „perceptual" (Sowder/Harel 1998, 672) und „examples-based" (ebd., 672). Beschreibt ein Kind seine Vorgehensweise mithilfe einer Darstellung – beispielsweise anhand einer Zeichnung, so kann diese Begründung als „perceptual proof scheme" bezeichnet werden. Begründet das Kind seine Vorgehensweise oder die Sortierung mithilfe von allgemeinen Beschreibungen oder Beispielen, so können diese Begründungen als „examples-based" bezeichnet werden.

Unter analytischen Begründungen werden alle Gedankenexperimente auf der Grundlage von Verallgemeinerungen oder Axiomen gefasst. Auch in dieser Kategorie werden zwei Aspekte unterschieden: „transformational" (Sowder/Harel 1998, 673) und „axiomatic proof scheme" (ebd., 674). Von einem „transformational proof scheme" wird gesprochen, wenn der Blick auf die dahinter liegenden Muster gerichtet wird (ebd., 673 f.). Im anderen Fall wird axiomatisch begründet.

Erstklässler nutzen in ihren Begründungen zum Rechnen zwar keine Beweise im Sinne von Variablenbeweisen oder axiomatischen Verallgemeinerungen, allerdings können auch jüngere Kinder im Rahmen ihrer Möglichkeiten bereits Beziehungen beschreiben, erläutern und daraus Regeln ableiten. Übertragen auf die Begründungen zum Sortieren und zum Lösungsweg bedeutet dies, dass Kinder dann Zusammenhänge betrachten und Regeln nutzen, wenn sie strategische Werkzeuge einsetzen.

„Formal proof is sometimes thought of only as chains of logical argument that follow agreed-on rules of deduction and is often characterized by the use of formal notation, syntax, and rules of manipulation. But for mathematicians, proof is much more than

---

43 Die Bezeichnungen sind Harel/Sowder 2007, 809 entnommen.
44 Diese Bezeichnung ist Sowder/Harel 1998, 671 entnommen. In dem Artikel von 2007 wird an dieser Stelle von „deductiv proof scheme" gesprochen. Da die Bezeichnung „analytic proof schemes" (1998) zwei Aspekte („transformational" und „axiomatic") umfasst und in diesem Kontext geeigneter scheint, wird an dieser Stelle von „analytic proof schemes" gesprochen.

a sequence of logical steps; it is also a sequence of ideas and insights." (Yackel/Hanna 2003, 228)

Wie beschrieben handelt es sich bei den Argumentationen der Kinder nicht um Beweise im strengen Sinn oder Begründungen zu umfassenden Problemstellungen. Dennoch ist es hilfreich, die gefundenen Kategorien (Kapitel II 7.2) mit dem argumentationstheoretischen Ansatz, den Formen des Beweisens und den Theorien zum Rechnenlernen und zum flexiblen Rechnen zu verbinden, um über die Qualität der Garanten und damit deren Überzeugungskraft Aussagen treffen zu können.

8.2 Qualitative Einschätzung der Argumente

Aus argumentationstheoretischer Perspektive müssen die Attribute der Relevanz und des Argumentationsprofils als Gütekriterien genau betrachtet werden (Kapitel II 8.1). Durch Rückbindung der empirisch gefundenen Garanten und Stützungen (Kapitel II 7.2) mit den Theorien zum flexiblen Rechnen (Kapitel I 5) und zum Rechnenlernen (Kapitel I 4) können die Überzeugungskraft und damit die Güte untersucht und bewertet werden. Als Analyseinstrumente dienen der argumentationstheoretische (auch Kapitel II 3.2 und II 7.2) und der beweistheoretische Ansatz (Kapitel II 8.1).

Zieht man das Kategoriensystem aus Kapitel II 7.2 heran, so zeigen sich bei den Argumentationen zum Sortieren und zum Lösungsweg je zwei Hauptkategorien, nämlich der personenbezogene und der sachbezogene Garant, wobei jede Kategorie erneut unterteilt ist. Da die Garanten teilweise gestützt sind, finden sich analog personen- und sachbezogene Stützungen (Abb. 8.1).

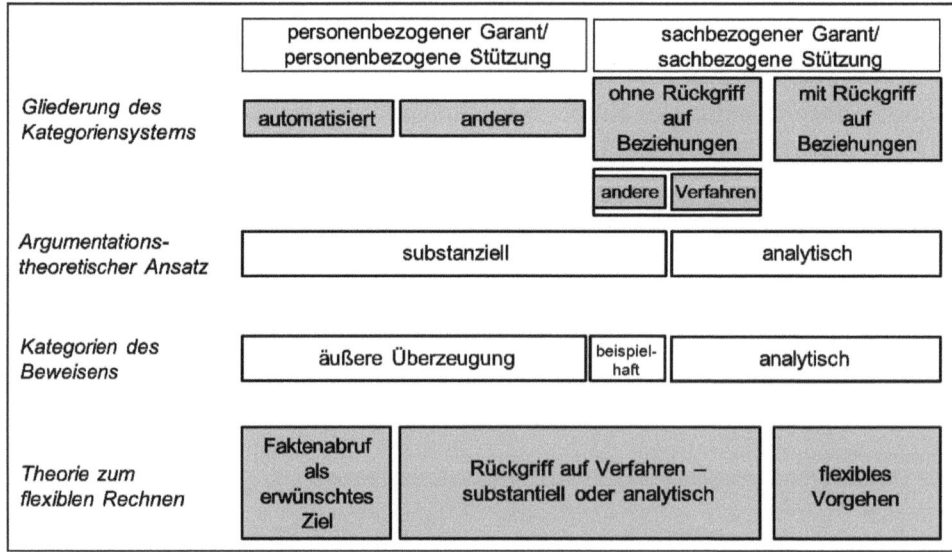

Abb. 8.1: Bezug zwischen den Garanten und verschiedenen Theorien

Überträgt man den argumentationstheoretischen Ansatz und die Theorie zum Beweisen auf die Gliederung des Kategoriensystems, so können folgende Übereinstimmungen festgestellt werden (Abb. 8.1):

- Die sachbezogenen Äußerungen werden als *mathematische* Garanten oder Stützungen betrachtet.
- Die personenbezogenen Garanten und Stützungen stimmen mit der Kategorie „äußere Überzeugung" der Beweistheorie überein.
- Bei den mit „andere" bezeichneten sachbezogenen Garanten oder Stützungen handelt es sich um wiederholende Erläuterungen des Rechenprozesses, die teilweise mit Hilfsmitteln dargestellt oder schlicht beschrieben sind. Sie sind mit der aus beweistheoretischer Sicht als „beispielbezogen" (in der Abbildung 8.1) bezeichneten Kategorie zu vergleichen. Argumentationstheoretisch kann dieser wiederholende und erzählende Charakter des Garanten und gegebenenfalls der Stützung auch als „narrativ" (Krummheuer/Fetzer 2005, 42 ff.) bezeichnet werden.
- Aus argumentationstheoretischer Perspektive sind sowohl die Garanten unter „personenbezogenen" als auch unter „sachbezogen – andere" unvollständig und vage, da sie einen letzten Zweifel offen lassen. Sie werden daher hier als substanziell bezeichnet.
- Sowohl in der Argumentationsanalyse als auch bei den Formen des Beweisens existiert die Kategorie „analytisch". In beiden Theorien lassen analytische Aussagen keine Restzweifel zu, da es sich um umfassende Begründungen handelt. Alle Begründungen der Erstklässler zum Sortieren und zum Lösungsweg, bei denen mathematisch detailliert, auf der Grundlage von strategischen Werkzeugen, argumentiert wird, werden hierunter gefasst – sowohl die verfahrensorientierten als auch die auf Beziehungen basierenden Garanten und Stützungen.

Nach Rückbindung der Zuordnungen an die Theorien zum Rechnenlernen und zum flexiblen Rechnen fällt auf, dass das Automatisieren (personenbezogener Garant) ein erwünschtes Ziel am Ende der ersten Klasse ist und sowohl beim mechanischen als auch beim flexiblen Rechnen als Lösungswerkzeug bedeutsam erscheint (Kapitel I 1.3).

Grundsätzlich muss festgehalten werden, dass Kindern in diesem Alter teilweise noch die mathematische Fachsprachlichkeit fehlt. Als Unterstützung greifen sie daher immer wieder auch auf nonverbale Darstellungen mit Fingern oder auf Arbeitsmittel zurück. Werden die Finger oder ein Anschauungsmittel zur Unterstützung der Argumentation genutzt (nicht als Hilfsmittel zum Rechnen!), kann dies aus argumentationstheoretischer Sicht als Unterstützung der eigenen Ausdrucksform angesehen werden (Fetzer 2011, 42 ff.).

„Grundschulkinder nutzen beim Argumentieren sowohl verbale als auch non-verbale Formen der Explizität, um ihre Begründungen und Erklärungen nachvollziehbar zu machen. Auf diese Weise ‚verdoppeln' sie gleichsam die Chance auf Explizität ihrer Argumentation." (Fetzer 2011, 42; Hervorhebung im Original)

Die Argumentationen der Kinder spielen für die Einschätzung flexibler Rechenkompetenzen eine große Rolle (Kapitel I 5). Die obigen Überlegungen zur Qualität der Garanten und Stützungen fließen deshalb in die Entwicklung der Typen (Teil II 9) ein und prägen die Charakterisierung derselben wesentlich (Teil III 1).

Zur Ergebnisaufbereitung und Theoriebildung wurden diese Interpretationen mit dem Kategoriensystem zu den Lösungswegen (Kapitel II 7.1) zusammengeführt, um eine Typologie zu entwickeln (vgl. Kapitel 9).

9 Typenbildung

9.1 Methodische Vorüberlegungen

Die beschriebenen Kategoriensysteme (Kapitel II 7.1 und II 7.2) ermöglichen einen Einblick in die singulären Fragestellungen nach der Lösungsrichtigkeit, den Lösungswerkzeugen und den Argumentationen. Auf die Frage nach der Entwicklung flexibler Rechenkompetenzen bei schwachen Kindern geben sie jedoch noch keine Antwort. Hierfür ist eine systematische Zusammenführung und Verallgemeinerung notwendig.

> „Typenbildende Verfahren sind in allen Natur- und Geisteswissenschaften unverzichtbar, wenn das Ziel empirischer Forschung nicht in einer Testung von vorab formulierten Aussagen besteht, sondern in der Entdeckung, Beschreibung und Systematisierung von Beobachtungen im Feld …" (Kelle/Kluge 2010, 10)

Um einen Einblick in empirisch begründete Entwicklungsstadien sowohl für die Ablösung vom Zählen als auch bei der Entwicklung flexibler Rechenkompetenzen zu erhalten, ist es sinnvoll zu jedem Interviewdurchlauf Typen zu entwickeln, die schließlich durch Betrachtung aller Interviewdurchläufe eine Gesamttypologie ergeben. Die Entwicklung einer Typologie muss aus forschungsmethodischer Perspektive nach gezielten Kriterien verlaufen und entsprechend beschrieben werden (Kelle/Kluge 2010, 83 ff.) (Kapitel II 3.3). Im Folgenden werden die einzelnen Schritte für die vorliegende Studie angepasst und explizit dargestellt.

Die erste Stufe der Auswahl der Kategorien und Subkategorien sowie deren Interpretation wurden in den Kapiteln II 7.1, II 7.2 und II 8 ausführlich beschrieben und begründet. Diese bilden die Grundlage für das weitere Vorgehen. Um jedoch die Zusammenhänge der vorliegenden Kategorien erkennen zu können, ist eine Gewichtung der verschiedenen Faktoren notwendig, die in Kapitel II 9.2 und II 9.3 ausgeführt wird. Die Entwicklung eines Index zur Gewichtung der Kategorien sowie die Vorgehensweisen bei der *Gruppierung der Fälle und Analyse empirischer Regel-*

mäßigkeiten (zweite Stufe) und der *Analyse inhaltlicher Sinnzusammenhänge und Typenbildung* (dritte Stufe) werden ebenfalls dort erläutert.

Beim Rechnenlernen in der ersten Klasse stehen zwei Aspekte im Vordergrund: das Rechnenlernen an sich (Kapitel I 2 und I 4) sowie die Entwicklung flexibler Rechenkompetenzen (Kapitel I 5). Daraus ließen sich zwei Hauptdimensionen für die Gruppierung der Fälle bilden:

- Das Rechnenlernen als Ablösung vom zählenden Rechnen hin zur Automatisierung und
- die Argumentationen der Kinder.

Die Dimension „Ablösung vom Zählen hin zur Automatisierung" besteht wiederum aus zwei Aspekten, deren Zusammenhänge zunächst zu klären waren:

- die „Anzahl der richtig gelösten Aufgaben" in Relation zu den angebotenen Aufgaben und
- die „Nutzung der Lösungswerkzeuge".

Damit ergab sich die Entwicklung einer Typologie in zwei Stufen. Im Folgenden wird nun zunächst die Entwicklung der ersten Typologie zum Rechnenlernen beschrieben. Im Anschluss daran steht der Zusammenhang zwischen den beiden oben genannten Hauptdimensionen im Fokus. Hierfür wird die erste Typologie mit den Vergleichsdimensionen zu den Argumentationen der Kinder kombiniert, was schließlich zu einer zweigestuften Gesamttypologie führt, die in der Literatur als „komplexere[n] Typologie" (Kelle/Kluge 2010, 99) bezeichnet wird.

9.2 Entwicklung einer Typologie zum Rechnenlernen in der ersten Klasse

Die Typologie zum Rechnenlernen fokussiert auf den Weg vom Zählen über die Entwicklung strategischer Werkzeuge bis zur Automatisierung des Einspluseins.

9.2.1 Entwicklung des Merkmalsraums

Mit der Rechenentwicklung sollte die zunehmende Fähigkeit, Bereitschaft und Selbstsicherheit einhergehen, die verschiedenen Aufgaben lösen zu können. Daher waren bei der Entwicklung des Merkmalsraums sowohl die Dimension der „Anzahl der richtig gelösten Aufgaben" als auch die Dimension der „Art der Lösungswerkzeuge" zu berücksichtigen, das heißt die beiden Dimensionen mussten miteinander kombiniert werden (Kelle/Kluge 2010, 97 ff.). Da sie jeweils zahlreiche Unterkategorien aufwiesen, war in beiden Fällen die Zusammenfassung einiger Kategorien unter Berücksichtigung der jeweiligen Häufigkeit notwendig.

„Anzahl der richtig gelösten Aufgaben"

Im Kategoriensystem zu den Lösungswegen wurde im ersten Teil die Lösungsrichtigkeit („richtig gelöst" und „nicht gelöst") mit zahlreichen Unterkategorien (Kapitel II 7.1) beschrieben. Diese Kodierungen ermöglichten eine präzise Erfassung jedes einzelnen Falles. Da die Unterteilung sehr umfassend war, machte die Entwicklung des Merkmalsraums eine weitere Dimensionalisierung im Hinblick auf die Anzahl der richtig gelösten Aufgaben in Relation zu den zu lösenden Aufgaben notwendig. Hierfür konnten drei Kategorien gebildet werden: „wenige richtig gelöste Aufgaben", „einige[45] richtig gelöste Aufgaben" und „viele richtig gelösten Aufgaben". An die jeweilige Gesamtanzahl der Aufgaben angepasst ergab sich für die einzelnen Interviews eine Verteilung, aus der sich ein Häufigkeitsindex entwickeln ließ (Abb. 9.1):

	wenige	einige	viele
Erstes Interview: 8 gestellte Aufgaben (plus vier ergänzende Aufgaben)	0 – 3	4 – 6	ab 7
Zweites Interview: 12 gestellte Aufgaben (plus sieben ergänzende Aufgaben)	0 – 5	6 – 8	ab 9
Drittes Interview: 19 vorhandene Aufgaben	0 – 6	7 – 12	ab 13
Viertes Interview: 24 vorhandene Aufgaben (davon sechs Aufgaben aus der zweiten Klasse vor deren Behandlung im Unterricht)	0 – 7	8 – 13	ab 14

Abb. 9.1:   Tabelle zum Häufigkeitsindex „Lösungsrichtigkeit"

„Art der Lösungswerkzeuge"

Auch die „Art der Lösungswerkzeuge" musste ein weiteres Mal dimensionalisiert werden, um einen Merkmalsraum generieren zu können. Da die einzelnen Aufgaben von den Kindern mit unterschiedlichen Lösungswerkzeugen gerechnet wurden sind Schwerpunktbildungen interessant. Hierfür konnte die Häufigkeit der genutzten Kategorien im Verhältnis zueinander herangezogen werden (Kelle/Kluge 2010, 97 ff.), wodurch ein Häufigkeitsindex[46] entstand (Abb. 9.2):

---

45 etwa die Hälfte

46 Wurde eine Kategorie nur einmal genutzt, so blieb diese unberücksichtigt; die Zählung begann erst mit dem zweiten Nutzen der gleichen Kategorie.

überwiegend zählend gelöst: Gemessen an der Anzahl der gelösten Aufgaben wird überwiegend zählend vorgegangen.	*nur zählend:* Es werden ausschließlich Zählstrategien genutzt. *mit strategischen Werkzeugen:* Hin und wieder wird auch ein strategisches Werkzeug genutzt. *mit Abrufen von Fakten:* Hin und wieder können Fakten abgerufen werden.	
überwiegend über das Nutzen strategischer Werkzeuge gelöst: Gemessen an der Anzahl der gelösten Aufgaben wird überwiegend mit Hilfe strategischer Werkzeuge vorgegangen.	*immer das gleiche strategische Werkzeuge und tauschen:** Es findet kein Wechsel zwischen den strategischen Werkzeugen statt. *wechselnde strategische Werkzeuge:* Es kommen verschiedene strategische Werkzeuge zum Einsatz.	*ohne Faktenabruf* *mit Faktenabruf:* Hin und wieder können auch Fakten abgerufen werden. *ohne Faktenabruf* *mit Faktenabruf:* Hin und wieder können auch Fakten abgerufen werden.
überwiegend automatisiert: Gemessen an der Anzahl der gelösten Aufgaben werden überwiegend Fakten abgerufen.	*nur Faktenabruf:* Es kommen keine anderen Lösungswerkzeuge zum Einsatz. *… und zählen:* Hin und wieder kommen auch Zählstrategien zum Einsatz. *… und das Nutzen strategischer Werkzeuge:* Neben dem Faktenabruf werden hin und wieder auch strategische Werkzeuge genutzt.	*immer das gleiche strategische Werkzeug und tauschen:** Es findet kein Wechsel zwischen den strategischen Werkzeugen statt. *wechselnde strategische Werkzeuge:* Es kommen verschiedene strategische Werkzeuge zum Einsatz.

gleichmäßige Mischung aller drei Lösungswerkzeuge:
Zählen, Abrufen von Fakten, Nutzung strategischer Werkzeuge

* Da Verändern durch Tauschen in der Regel von vielen Kindern angewandt wurde, auch wenn sonst kein weiteres strategisches Werkzeug zum Einsatz kam, wurde dieses hier subsummiert.

Abb. 9.2:   Tabelle zum Häufigkeitsindex „Art der Lösungswerkzeuge"

9.2.2 Gruppierung der Fälle und Analyse der Zusammenhänge

Wurden die beiden „zweifach" (Kelle/Kluge 2010, 98) dimensionalisierten Kategoriensysteme unter Berücksichtigung des Häufigkeitsindex, der „Anzahl der gelösten Aufgaben" und des Häufigkeitsindex der „Lösungswerkzeuge" betrachtet, zeigte sich folgender Merkmalsraum (Abb. 9.3):

		wenige	einige	viele
nur zählend		9	5	1
überwiegend zählend	oder strategische Werkzeuge	1	6	2
	oder Abruf von Fakten		4	2
überwiegende Nutzung von strategischen Werkzeugen	gleiches Werkzeug (+ Tauschen) ohne Faktenabruf	1		2
	gleiches Werkzeug (+ Tauschen) mit Faktenabruf		1	1
	wechselndes Werkzeug ohne Faktenabruf	1	3	4
	wechselndes Werkzeug mit Faktenabruf	1	6	11
ausschließliches Abrufen von Fakten			1	2
überwiegendes Abrufen von Fakten	oder zählendes Lösen	2	2	1
	oder Nutzen wechselnder strategischer Werkzeuge			
	oder Nutzen des gleichen strategischen Werkzeugs			4
alle drei Lösungswerkzeuge werden gleichmäßig verwendet	wobei bei den strategischen Werkzeugen stets auf das gleiche zurückgegriffen wird			
	wobei die strategischen Werkzeuge wechselnd genutzt werden		2	5

Abb. 9.3:   Zuordnung der Fälle in die erste Typologie

Die Zuordnung der Fälle erlaubte eine erste Reduktion des Merkmalsraums, da nicht alle Kombinationen vorkamen. Eine zweite Reduktion erfolgte durch Zusammenfassung verschiedener Gruppen: Wurden Aufgaben ausschließlich zählend gelöst, konnte die Anzahl der richtig gelösten Aufgaben außer Acht gelassen werden. Wurden nur wenige oder einige aller Aufgaben gelöst und diese entweder „überwiegend zählend mit strategischen Werkzeugen" oder umgekehrt „überwiegend mit strategischen Werkzeugen und zählend", wurden diese Fälle zusammengefasst. Ebenso wurden die Gruppierungen „überwiegend zählend oder Abruf von Fakten" und „überwiegendes Abrufen von Fakten oder zählendes Lösen" zusammengefasst. Schließlich wurden in einigen Fällen auch die Häufigkeiten „wenig" und „einige" gemeinsam gruppiert.

Die Analyse der Sinnzusammenhänge erlaubte die Beschreibung von elf Typen bezogen auf das Rechnen (Abb. 9.4):

Zählen	Kinder dieser Gruppe lösen alle Aufgaben zählend – mit und ohne Finger. Auch Anschauungsmittel werden zählend genutzt. Die Anzahl der richtig gelösten Aufgaben unterscheidet sich innerhalb dieser Gruppe stark.
Zählen und Nutzen von Fakten	Alle Aufgaben werden entweder zählend oder über das Abrufen von Fakten gelöst. Außer dem Tauschen der Summanden werden keinerlei strategische Werkzeuge genutzt. Auch in dieser Gruppe unterscheidet sich die Anzahl der richtig gelösten Aufgaben stark.
Zählen und Nutzen strategischer Werkzeuge	Kinder dieser Gruppe rechnen überwiegend zählend, wobei bei einigen Aufgaben auch auf strategische Werkzeuge zurückgegriffen wird. Fakten werden in dieser Gruppe nicht abgerufen. Die Anzahl der richtig gelösten Aufgaben pendelt zwischen wenigen und etwa der Hälfte.
Überwiegend Zählen mit strategischen Werkzeugen und Fakten	In dieser Gruppe spielen neben dem Hauptweg des Zählens (mehr als doppelt so viele Aufgaben werden zählend als über einen anderen Weg gelöst) auch das Rechnen mit Hilfe strategischer Werkzeuge und das Abrufen von Fakten eine Rolle. Insgesamt lösen die Kinder dieser Gruppe viele Aufgaben richtig.
Ausschließliches Abrufen von Fakten	Die Kinder dieser Gruppe lösen die Aufgaben ausschließlich durch Faktenabruf oder gar nicht. Strategische Werkzeuge kommen nicht zum Einsatz. Es entsteht der Eindruck, dass Kindern dieser Gruppe das Zählen verboten wurde. Auf diesem Weg können höchstens die Hälfte aller Aufgaben gelöst werden (wenige oder einige).
Ausschließliches Nutzen eines strategischen Werkzeuges – auf dem Weg zum Rechnen	Kinder dieser Gruppe lösen die Aufgaben ausschließlich über das Ergänzen. Zählen oder das Abrufen von Fakten tauchen nicht auf. Auf diesem Weg können nur knapp über ein Drittel aller Aufgaben gelöst werden und jeweils nur eine Aufgabe im Zahlenraum bis 100. Diese Gruppierung taucht nur im vierten Interview auf.
Nutzen verschiedener strategischer Werkzeuge und Abrufen von Fakten (wenig) – auf dem Weg zum Rechnen	Kinder dieser Gruppe nutzen beim Rechnen verschiedene strategische Werkzeuge und können auch einige Aufgaben über das Abrufen von Fakten lösen. Zählen spielt in dieser Gruppe keine Rolle mehr. Insgesamt werden höchstens zwei Drittel der Aufgaben gelöst.
Mischung aller Lösungswerkzeuge – auf dem Weg zum Rechnen	Alle drei Lösungswerkzeuge werden zu gleichen Teilen genutzt, wobei die strategischen Werkzeuge wechselnd eingesetzt werden. Kinder dieser Gruppe lösen mindestens die Hälfte aller Aufgaben richtig.
Nutzen eines strategischen Werkzeugs und Abrufen von Fakten (viel) – Rechner	Hier werden die Aufgaben überwiegend durch strategische Werkzeuge gelöst. Außer dem Tauschen der Summanden und dem Ergänzen zum Zehner werden jedoch keine weiteren strategischen Werkzeuge genutzt. Ein kleinerer Anteil der Aufgaben wird auch über das Abrufen von Fakten gelöst. Insgesamt können in dieser Gruppe die Hälfte bis alle Aufgaben richtig gerechnet werden. Eine Übertragung auf den Zahlenraum bis 100 gelingt aber mit einer Ausnahme nicht.
Nutzen verschiedener strategischer Werkzeuge und Abrufen von Fakten (viel) – Rechner	Die Aufgaben werden überwiegend durch den Einsatz verschiedener strategischer Werkzeuge gerechnet. Einige Aufgaben können auch über das Abrufen von Fakten gelöst werden. In dieser Gruppe werden durchweg viele Aufgaben gelöst. Im vierten Interview können alle Aufgaben im Zahlenraum bis zwanzig gelöst werden und eine Übertragung in den Zahlenraum bis 100 ist möglich.

Überwiegendes Abrufen von Fakten oder Nutzen strategischer Werkzeuge – 1 + 1 Kenner	Die Aufgaben im Zahlenraum bis zwanzig sind überwiegend automatisiert. Aufgaben im Zahlenraum bis 100 können über den Übertrag der strategischen Werkzeuge aus dem kleinen Zahlenraum ebenfalls gelöst werden.

Abb. 9.4:   Elf Typen bezogen auf das Rechnen

Diese Gruppierungen stellen „Untertypen" dar, die den Grad der Ablösung vom Zählen unter Berücksichtigung der Anzahl der richtig gelösten Aufgaben beschreiben. Da diese in einem zweiten Schritt mit der qualitativen Einschätzung der Argumentationen (Kapitel II 9.3) kombiniert wurden, um auf das flexible Vorgehen zu fokussieren, konnte hier auf eine ausführliche Charakterisierung dieser Gruppierungen verzichtet werden.

9.3   Erarbeitung einer Gesamttypologie zur Entwicklung des flexiblen Rechnens

Für die Entwicklung der Gesamttypologie mussten die oben entwickelten Gruppierungen zum Rechnenlernen mit den Argumentationen der Kinder kombiniert werden. Dadurch entstand eine Typologie in Abhängigkeit von drei Dimensionen: von der Anzahl der richtig gelösten Aufgaben, von der Art der Lösungswerkzeuge sowie von der Art der Argumentationen der Kinder.

9.3.1   Entwicklung des Merkmalsraums und Gruppierung der Fälle

Um einen entsprechenden Merkmalsraum bilden zu können, war eine dreifache Dimensionalisierung der Argumentationen der Kinder notwendig: Im ersten Schritt erfolgte die Zusammenfassung auf der Grundlage der Daten (Kapitel II 7.2). Diese wurden im zweiten Schritt mit Hilfe des argumentationstheoretischen Ansatzes sowie der Theorien zum Beweisen und zum flexiblen Rechnen qualitativ eingeschätzt (Kapitel II 8). Für die Beschreibung des Merkmalsraums war als dritter Schritt die Entwicklung eines Häufigkeitsindex notwendig.

Vor dem Hintergrund der Qualität der Argumentationen (Kapitel II 8) konnten folgende Unterscheidungen getroffen werden:
- „ohne analytische Argumentation"
- „überwiegend[47] substanzielle Argumentationen"
- „substanzielle und analytische Argumentationen zu gleichen Teilen"
- „überwiegend analytische Argumentationen mit Rückgriff auf ein Verfahren"
- „überwiegend analytische Argumentationen mit Rückgriff auf Beziehungen"

---

47   „überwiegend" bedeutet mehr als 65%

Die Kombination der Gruppierungen der ersten Typologie und des Häufigkeitsindex der Argumentationen ermöglichte die Entwicklung eines weiteren Merkmalsraums. Durch Zuordnung der Fälle ergab sich folgendes Bild (Abb. 9.5):

	ohne analytische Argumentation	überwiegend substanzielle Argumentationen	substantielle und analytische Argumentationen	überwiegend analytische Argumentationen – Verfahren	überwiegend analytische Argumentationen – Beziehungen
Zählen	6	8	1		
Zählen und Nutzen von Fakten	6	4	1		
Zählen und Nuten strategischer Werkzeuge	2	5	2		3
überwiegendes Zählen mit strategischen Werkzeugen und Fakten		2			
ausschließlich Abrufen von Fakten		2	1		
Mischung aller Lösungswerkzeuge		4	2		1
ausschließlich Nutzen eines strategischen Werkzeugs (wenig)					
Nutzen verschiedener strategischer Werkzeuge und Abrufen von Fakten (wenig)					7
Nutzen eines strategischen Werkzeugs und Abrufen von Fakten (viel)			1*	3	
Nutzen verschiedener strategischer Werkzeuge und Abrufen von Fakten			2	1**	12
Nutzen von Fakten oder strategischer Werkzeuge			1		3

Dieses Kind zeigt zu gleichen Teilen substantielle und analytische Argumentationen.
**Dieses Kind zeigt ausschließlich analytische Argumentationen, sowohl verfahrens- als auch beziehungsorientiert.*

Abb. 9.5:   Zuordnungen der Fälle bei Bildung der 2. Typologie

Auch hier war durch die Zuordnungen der Fälle eine erste Reduktion möglich, da sich verschiedene Kombinationen in der Realität nicht zeigten. Im nächsten Schritt erfolgte die Beschreibung der inneren Sinnzusammenhänge.

9.3.2 Typenbildung zum flexiblen Rechnen

Durch die Beschreibung der Sinnzusammenhänge lassen sich Typen bilden. Zunächst werden die Zusammenhänge und Unterschiede zwischen den einzelnen Gruppierungen beschrieben, wodurch sich der Merkmalsraum ein zweites Mal reduziert (Kluge 1999, 281). Eine genaue Beschreibung der Sinnzusammenhänge und damit die Charakterisierung der Typen befindet sich in Kapitel III 1.

Beim Gruppieren der Kinder, die nur zählen, zeigt sich, dass diese Kinder überwiegend – wenn auch nicht ausschließlich – auf substanzielle Argumentationen zurückgreifen. Daher wurden diese Gruppen zum Typus des *Zählers* zusammengefasst.

Durch Vergleichen der Gruppierungen (Abb. 9.5) in der oberen linken Hälfte (grau schattiert), können folgende Zusammenhänge und Unterschiede beschrieben werden: Innerhalb der meisten Gruppen stellt das Zählen das hauptsächliche Lösungswerkzeug dar. Zwar taucht es in der Gruppe der Kinder, die ausschließlich automatisierte Fakten abrufen nicht auf, allerdings werden hier insgesamt nur sehr wenige Aufgaben gelöst. Daher liegt die Annahme nahe, dass diese Kinder „gelernt" haben, dass Zählen kein probates Lösungswerkzeug darstellt, jedoch hier auch kein alternatives zur Verfügung haben. Betrachtet man die Gruppierung der Kinder, die eine ausgewogene Mischung an Lösungswerkzeugen wählen, kann auf den ersten Blick geschlossen werden, dass diese Gruppierung stark von den anderen abweicht. Allerdings tauchen neben den teilweise unterschiedlichen Rechenwegen überwiegend substanzielle Argumentationen auf, die teilweise stark auf die eigene Person bezogen sind. Damit wird deutlich, dass Kinder dieser Gruppierungen nur selten den Blick auf Zusammenhänge und Strukturen richten und die Vorgehensweise eher auf der verfahrensorientierten mechanischen Ebene (jedoch nicht analytisch) verbleibt. Insgesamt kann festgehalten werden, dass innerhalb dieser Gruppierungen zwar die Anzahl der richtig gelösten Aufgaben teilweise stark differiert, jedoch auch bei Anwachsen der Anzahl der Aufgaben das Zählen dominiert und die Argumentationen durchweg ohne Blick auf beziehungshaltige Strukturen bleiben. Daher wurden diese Gruppierungen zum Typus des *Zählers mit mechanisch orientierten Abweichungen* zusammengefasst.

Kinder der hellgrau schattierten Gruppierungen nebenan nutzen zwar die gleichen Lösungswerkzeuge wie beim Typus des *Zählers mit mechanisch orientierten Abweichungen*, jedoch argumentieren sie bereits zu gleichen Teilen mit Beziehungen auf analytischer wie auf substanzieller Ebene. Es ist zu beobachten, dass ein erstes Experimentieren in Richtung eines strukturorientierten Vorgehens stattfindet. Kinder dieser Gruppierungen befinden sich am Übergang zum analytischen Begründen und damit zum beziehungshaltigen Vorgehen. Diese Gruppierungen konnten also zum Typus des *Zählers mit beziehungsorientierten Abweichungen* gebündelt werden.

Die Kinder der dunkelgrau schattierten Gruppierungen (rechts außen) argumentieren beziehungsdominant. Gleichzeitig spielt innerhalb dieser Gruppierungen der Einsatz strategischer Werkzeuge in der Regel eine zentrale Rolle. Auch bei den wenigen Kindern dieser Gruppe, bei denen noch das Zählen überwiegt, wird anhand der Argumentationen ersichtlich, dass der Blick vor und während des Lösungsprozesses auf Zusammenhänge und Strukturen gerichtet ist und diese überwiegend auch genutzt werden. Die Anzahl der richtig gelösten Aufgaben macht etwa die Hälfte aller Aufgaben aus. Diese Gruppierungen wurden zum Typus des *beziehungsorientierten Rechners* zusammengefasst.

Bei den beiden weißen (zueinander versetzten) Feldern in der vorletzten Reihe und der Reihe darüber fällt auf, dass qualitativ unterschiedliche Argumentationen genutzt werden: sowohl substanzielle als auch verfahrensorientierte und beziehungsorientierte analytische. Beide Kinder setzen überwiegend das Ergänzen zur Zehn ein (eines der beiden Kinder ausschließlich); beide Kinder zeigen die Tendenz zum Nutzen verfahrensorientierter Vorgehensweisen. Diese Gruppierung wurde daher als Typus des *verfahrensorientierten Rechners* bezeichnet.

Vergleicht man den Typus des *verfahrensorientierten Rechners* mit der darüberliegenden Gruppierung (schwarz schattiert), so ist erkennbar, dass hier stets dasselbe strategische Werkzeug genutzt und konsequent analytisch und dabei ausschließlich verfahrensorientiert argumentiert wird. In beiden Gruppierungen können alle Aufgaben des kleinen Einspluseins richtig gelöst werden, wobei im vierten Interview keine Übertragungen in den Zahlenraum bis hundert erfolgen. Da innerhalb dieser Gruppierung (im Gegensatz zur Gruppierung des *verfahrensorientierten Rechners*) bezogen auf strategische Werkzeuge und Argumentation keinerlei Abweichungen zu finden sind, wurden Kinder dieses Typus als *mechanische Rechner* bezeichnet.

In Abbildung 9.5 sind in den unteren beiden Reihen zwei Gruppierungen (hellgrau schattiert) aufgeführt, in denen sowohl substanziell als auch analytisch argumentiert wird. Wenngleich die analytischen Argumente als beziehungshaltig beschrieben werden können, richtet sich der Blick der Kinder hier eher vorsichtig auf Beziehungen und Strukturen. In diesen Gruppierungen werden viele Aufgaben über das Abrufen von Fakten oder mit Hilfe strategischer Werkzeuge gelöst, wobei in der einen Gruppierung das eine, in der anderen das andere Lösungswerkzeug dominant ist. Die strategischen Werkzeuge werden jedoch abwechselnd genutzt. Insgesamt ist festzuhalten, dass zwar beziehungsorientiert, jedoch auch substanziell argumentiert wird, wobei alle Aufgaben über strategische Werkzeuge oder das Abrufen von Fakten gelöst werden und das Zählen keine Rolle mehr spielt. Diese Gruppierungen konnten als Typus des *versuchsweise beziehungsorientierten Rechners* bezeichnet werden.

Schließlich blieben noch zwei Gruppierungen übrig, die jedoch getrennt voneinander zu betrachten waren und jeweils einen eigenen Typus bilden: Im ersten Fall handelt es sich um Kinder, die viele Aufgaben richtig lösen und dabei wechselnde strategische Werkzeuge nutzen oder Fakten abrufen. Das Zählen spielt in dieser Gruppe keine Rolle mehr. Alle Fälle dieser Gruppe argumentieren analytisch-beziehungsdominant. Sie sehen und nutzen Zahl-, Term- und Aufgabenbeziehungen und können diese Kompetenzen im vierten Interview auch im Zahlenraum bis hundert einsetzen. Kinder dieses Typus konnten als *flexible Rechner* bezeichnet werden.

In der zweiten Gruppe – rechts unten – (Abb. 9.5) sind die *Experten*. Diese Kinder haben das kleine Einspluseins weitestgehend automatisiert und können ihre erlernten Kompetenzen im Umgang mit strategischen Werkzeugen im vierten Interview auch im Zahlenraum bis hundert flexibel einsetzen. Ihre Argumentationen zur Sortierung und Vorgehensweise beim Rechnen sind analytisch und basieren auf Beziehungen.

Mit der hier beschriebenen Vorgehensweise bei der Datenanalyse konnten neun Typen gefunden werden, deren Beschreibung nicht den zirkulären Prozess der Genese abbilden. Dieser war weitaus komplexer als das im fertigen Produkt erscheinen mag. Konnten Kinder auf den ersten Blick nicht eindeutig zugeordnet werden, so war es stets hilfreich, zurück in das Transkript zu gehen und die Aussagen des Kindes vor dem Hintergrund der Theorien erneut zu betrachten.

Die Charakterisierung der Typen sowie die Beschreibung jeweils eines Prototyps sind in Kapitel III 3.1 zu finden.

Das Unterrichtssetting – die Schulung des Zahlenblicks

Aus der Theorie zur Ausbildung flexibler Rechenkompetenzen und des Rechnenlernens in der ersten Klasse lassen sich folgende Annahmen ableiten:

- Eine umfassende Zahlbegriffsentwicklung bildet die wesentliche Grundlage für die Rechenentwicklung (Kapitel I 3 und I 7).
- Rechnen und besonders flexibles Rechnen stützen sich auf Zahl-, Term- und Aufgabenbeziehungen (Kapitel I 4 und I 5).
- Die Schulung des Zahlenblicks unterstützt den Blick auf Zahlen- und Aufgabenmerkmale und ist für die Entwicklung des Rechnens grundlegend (Kapitel I 6).
- Durch Aktivitäten zur Zahlenblickschulung wird die Ausbildung metakognitiver Kompetenzen unterstützt (Kapitel I 6.2).
- Die Aktivitäten zur Zahlenblickschulung können auch den Blick schwächerer Kinder auf Zusammenhänge lenken.

Diese Annahmen bilden die Grundlage des Unterrichtssettings zur Zahlenblickschulung. Im gesamten ersten Schuljahr wurden während einer Unterrichtsstunde pro Woche mit allen Kindern einer Klasse Aktivitäten zur Schulung des Zahlenblicks durchgeführt. Bei jahrgangsübergreifenden Klassen wurden im Einzelfall auch die sogenannten „Teilerstunden[48]" herangezogen. Dies ermöglichte es den Lehrkräften während der verbleibenden drei Stunden pro Woche ihren gewohnten Unterricht durchzuführen.

10   Die Schulung der Lehrkräfte

Alle vier Lehrerinnen (eine Lehrerin unterrichtete zwei Klassen), die während der hier vorgestellten Untersuchung die Zahlenblickschulung durchführten, hatten bereits über längere Zeit hinweg Erfahrung mit einer Vielzahl der möglichen Aktivitäten zur Zahlenblickschulung. Ergänzend dazu erhielten sie sowohl im persönlichen Gespräch als auch über eine ausführliche schriftliche Beschreibung eine Einführung zu den Zielen, zur Durchführung und zu den einzelnen Aktivitäten der Zahlenblickschulung.

Die persönlichen Gespräche waren über das gesamte Schuljahr verteilt: zu Schuljahresbeginn im September und während des Schuljahres im Dezember, Februar und Mai.

Im Gespräch zu Schuljahresbeginn wurden folgende inhaltliche Aspekte[49] besprochen:

- Die Ziele und Inhalte der Zahlenblickschulung,
- die Form der Aktivitäten durch Tätigkeiten des Sehens, Sortierens und Strukturierens,

---

48 Unterrichtsstunden, in denen die Erst- und Zweitklässler in jahrgangsübergreifenden Klassen getrennt voneinander lernen, werden auch als sogenannte „Teilerstunden" bezeichnet.
49 Vgl. Kapitel I 6.

- die Rolle des Kommunizierens und Argumentierens,
- die Rolle des mehrperspektivischen Betrachtens von Mustern und Zusammenhängen,
- das Zusammenspiel von inhaltlichen Aktivitäten und der Ausbildung metakognitiver Kompetenzen sowie
- der kumulative Aufbau der Aktivitäten, durch den verschiedene Schwerpunktsetzungen und Reihungen möglich werden.

Neben diesen inhaltlichen Bereichen wurden organisatorische Aspekte wie die Protokollierung der gehaltenen Stunden zur Zahlenblickschulung oder deren Verteilung auf die Woche geklärt: Die Lehrerinnen sollten wöchentlich mindestens während einer Unterrichtsstunde eine der vorgeschlagenen Aktivitäten mit den Kindern durchführen. Dabei war es ihnen freigestellt, ob sie die 45 Minuten über die Woche hinweg aufteilten oder während einer Unterrichtsstunde daran arbeiteten. Die durchgeführten Aktivitäten wurden jeweils in einer Tabelle notiert.

Die folgenden Gespräche während des Schuljahres waren individuell auf die Bedürfnisse der Lehrkräfte abgestimmt. Dabei spielten Fragen zu einzelnen Aktivitäten und zu deren Durchführung ebenso eine Rolle wie die gemeinsame Auswahl der weiteren Aktivitäten, die sich gegenseitig ablösen sollten oder parallel weitergeführt werden konnten. Darüber hinaus wurden Überlegungen zur Bedeutung von Fragestellungen und weiterführenden Impulsen diskutiert.

Die schriftliche Beschreibung für die Arbeit im Unterricht enthielt Aspekte zu den Zielen, zur Umsetzung und eine detaillierte Ausführung der einzelnen Aktivitäten:
- Eckpunkte zur Zahlenblickschulung,
- Literaturhinweise und
- die Beschreibung der Aktivitäten (Kapitel II 11).

11 Die Aktivitäten im Einzelnen

Die Aktivitäten zur Zahlenblickschulung lassen sich in drei Tätigkeitsformen aufteilen: Sehen, Strukturieren und Sortieren (Kapitel I 6.2.2). Im Folgenden werden die durchgeführten Aktivitäten skizziert. Dabei werden zu jeder der drei Tätigkeitsformen Aktivitäten mit Stützung und solche auf formaler Ebene beschrieben (Kapitel 6.3). Die Lehrkräfte erhielten zur Arbeit in der Klasse ausführlichere Darstellungen mit Reflexionen und Impulsen. Jeder Tätigkeitsform war eine ausführliche Beschreibung vorangestellt.

11.1 Aktivitäten zum Sehen mit Stützung

11.1.1 Anzahlen

Fingerzahlen

Bei dieser Übung werden Zahlen mit den Fingern kurz dargestellt und von den Kindern benannt. Sie werden angeregt zu überlegen, wie sie die Menge erfasst haben und welche Struktur ihnen dabei behilflich war.

Wichtig ist, dass verschiedene Darstellungen für einzelne Anzahlen gesucht werden. So kann die Acht beispielsweise als vier und vier oder auch als fünf und drei (Abb. 11.1) dargestellt werden. Die verschiedenen Möglichkeiten werden mit den Kindern besprochen. Dabei kommt auch zur Sprache, welche Darstellungen schneller zu erfassen sind.

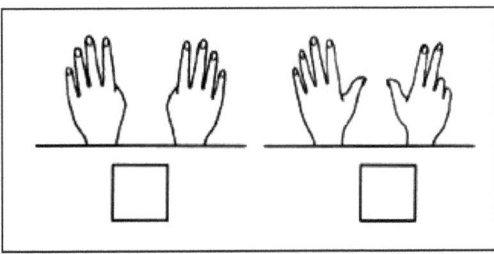

Abb. 11.1:   Fingerzahlen (aus Mathematikus 2007b, 11.1)

Diese Aktivität lässt sich weiterentwickeln, indem die dargestellten Fingerzahlen abgeändert werden: Aus der Acht (Darstellung als Fünf und Drei) kann durch das Wegnehmen der einen Hand eine Drei gebildet werden. Auf diese Art finden erste Operationen statt, die der Zahldarstellung angepasst sind, die Fünferstruktur verdeutlichen und damit das Zählen vermeiden.

Würfelzahlen

Bei dieser Aktivität stehen Würfelzahlen im Zentrum: Die gewürfelte Zahl wird schnell abgedeckt, so dass sie auf einen Blick erfasst werden muss. Der Blick der Kinder wird wiederum auf die verschiedenen Betrachtungsmöglichkeiten gelenkt.

Eine komplexere Variante ist das Eisbärenspiel (Bobrowski/Forthaus 2003, 83 f.). Bei diesem Spiel müssen die Kinder sich die Augenzahlen mental vorstellen. Die umliegenden Punkte repräsentieren Eisbären und der Punkt in der Mitte das Wasserloch (Abb. 11.2). Beim Zahlbild Fünf beispielsweise sitzen vier Eisbären um ein Wasserloch herum.

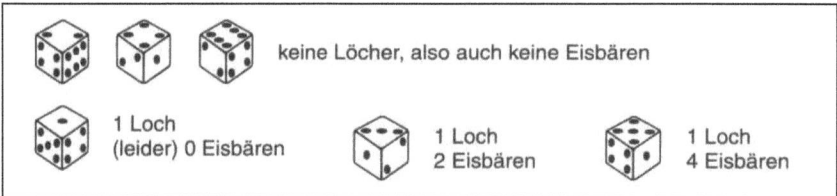

Abb. 11.2: Das Eisbärenspiel (aus: Bobrowski/Forthaus 1998, 83)

„Auf einen Blick"

Zwei Kinder sitzen sich gegenüber. Während ein Kind die Augen geschlossen hat, ordnet das andere Kind vier, fünf, sechs, … Kastanien oder andere Materialien so an, dass sie geschickt erfasst werden können und deckt diese mit einem Tuch zu (Schütte/Haller 2004, 76 ff.). Anschließend darf das Kind, das die Augen geschlossen hatte, einen kurzen Blick auf die Anordnung werfen, um dann die Anzahl der Kastanien zu nennen. Durch Umgruppieren können mit der gleichen Anzahl andere Darstellungsmöglichkeiten gesucht werden.

Eigene Zahlbilder entwickeln

Im Zehnerfeld legen die Kinder Mengen mit Plättchen oder Muggelsteinen, zeichnen diese auf und gruppieren sie neu. Zunächst suchen sie verschiedene Anordnungen; danach überlegen sie allein und mit anderen Kindern, welche Anordnungen für das schnelle Erfassen der Anzahl auf einen Blick mehr und welche weniger geeignet sind (Abb. 11.3).

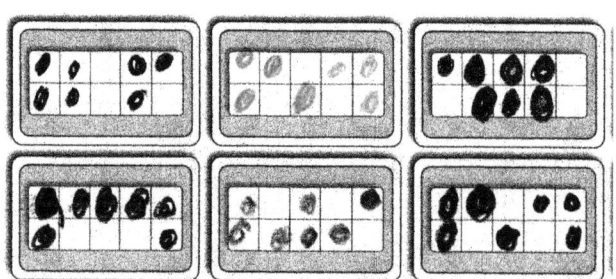

Abb. 11.3: eigenstrukturierte Darstellungen für die Zahl Sieben

Blitzblick

Bei Blitzblick-Übungen wird das Zahlbild jeweils nur kurz gezeigt. Die Kinder versuchen, die Anzahl schnell „auf einen Blick" zu erfassen, zu nennen und dann die Anordnung der Punkte im Zahlbild genau zu beschreiben. Die jeweilige Sichtweise wird mit den Ideen anderer Kinder verglichen.

Für diese Aktivität wurden den Lehrkräften verschiedene Materialvorschläge gemacht wie beispielsweise die Zehner- und Zwanzigerfeldkarten (Rathgeb-Schnierer 2010c, 39) oder die Blitzblickkartei (Müller/Wittmann 2006). Eine andere Möglichkeit ist es Zahlbilder mit verschiedenen Materialien frei zu legen.

Den Aufbau der Karten untersuchen

Die Kinder werden angeregt, die Zehner- oder Zwanzigerfeldkarten[50] zu beschreiben. Kriterien könnten beispielsweise die Anzahl der belegten oder nicht belegten Felder, die Anordnung der Punkte und die äußere Form (Block- oder Reihendarstellung) sein (Rechtsteiner-Merz 2011a, 7)

Gerade und ungerade Zahlen untersuchen

Die Kinder versuchen, mit dem Bleistift oder einem Draht die in der Blockdarstellung abgebildete Menge im Zehnerfeld zu halbieren. Es wird deutlich, dass manche Zahlen in zwei gleich große Teile zerlegt werden können, während dies bei anderen Zahlbildern nicht möglich ist (Abb. 11.4). Bei geraden Zahlen können auch verschiedene Möglichkeiten des Halbierens gesucht werden (vertikal und horizontal) (Rechtsteiner-Merz 2011a, 8).

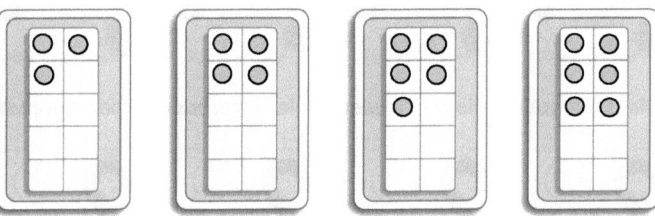

Abb. 11.4:   Vergleich zwischen geraden und ungeraden Zahlen

Geschickte Zerlegungen finden

Die Kinder werden angeregt, mit einem biegbaren Draht verschiedene Zerlegungen einer Zahl an den Punktebildern darzustellen (Abb. 11.5).

In der Block- und Reihendarstellung sind für eine Zahl jeweils unterschiedliche Zerlegungen offensichtlich. Am Beispiel der Sieben wird deutlich, dass in der Blockdarstellung die Zerlegung in drei und vier und die Zerlegung in sechs und eins auffällig sind. In der Reihendarstellung ist die Zerlegung in fünf und zwei besonders deutlich zu erkennen (Rechtsteiner-Merz 2011b, 46 f.).

---

50 In vorliegender Studie wurde eine Kombination aus Block- und Reihendarstellung genutzt (vgl. Kapitel I 3.2.1).

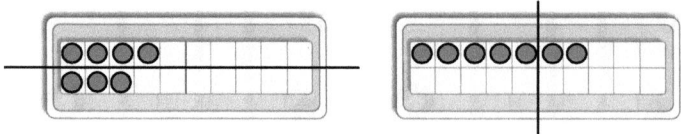

Abb. 11.5: Zerlegungen in Block- und Reihendarstellung

Mentale Zahlvorstellungen aufbauen

Aktivitäten zur mentalen Zahlvorstellung können täglich in den Unterricht integriert werden. Dabei werden die Kinder angeregt, sich eine bestimmte Zehner- oder Zwanzigerfeldkarte vorzustellen und diese genau zu beschreiben. Der Blick wird jeweils sowohl auf die belegten als auch auf die freien Felder gelenkt. Auch Teilmengen und Möglichkeiten zu Zerlegungen können genauer beschrieben werden (Rechtsteiner-Merz 2011b, 47).

Bilder legen

Die Kinder ordnen zehn Karten oder Muggelsteine auf verschiedene Weisen an und betrachten die Anordnungen jeweils aus verschiedenen Perspektiven (Schütte/Haller 2004, 74 f.). Dabei können viele Zahlensätze entwickelt werden (Abb. 11.6).

Abb. 11.6: Bilder legen (Die Matheprofis 1/2004)

Mögliche Zahlensätze, die gefunden werden können:

10 = 5 + 5	10 = 6 + 3 + 1
10 = 4 + 4 + 2	10 = 3 + 3 + 3 + 1
10 = 4 + 2 + 4	10 = 3 + 3 + 2 + 2
10 = 2 + 2 + 2 + 2 + 2	...
...	

Ein Bild – viele Zahlensätze

Bei dieser Aktivität werden die Kinder angeregt, möglichst viele Zahlensätze zu einem Punktebild zu finden (Schütte/Haller 2004, S. 61). Hierfür erzeugen sie mit einem arithmetischen Anschauungsmittel (Abb. 11.7) selbst eines oder wählen ein Punktebild aus den Zwanzigerfeldkarten aus (Abb. 11.8).

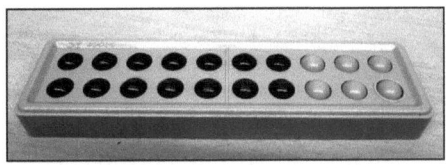

Abb. 11.7:   Ein Anschauungsmittel – beispielsweise der Abaco von Schubi

Sie diskutieren, welche Zahlensätze sie schnell erkennen können, und überlegen, woran dies liegt. Die gefundenen Zahlensätze werden notiert.

Beispiel: Zu dem Zahlbild passen viele Zahlensätze, u.a.:

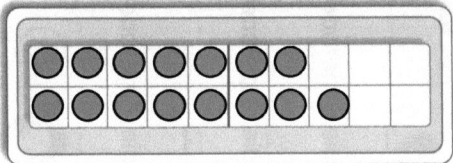

$15 = 10 + 5$ $15 = 5 + 5 + 3 + 2$
$15 = 7 + 8$ $15 = 20 - 5$
$15 = 7 + 7 + 1$ $15 - 8 = 7$
$15 = 14 + 1$ $15 - 7 = 8$
...

Abb. 11.8:   Zahlbild am Zwanzigerfeld

Variation
Die Mengenbilder, zu denen Zahlensätze gefunden werden sollen, können unterschiedlich strukturiert, aber auch weitgehend unstrukturiert sein.

11.1.2 Größenrelationen

Zehn gewinnt – ein Strategiespiel

Es werden abwechselnd ein oder zwei Plättchen gelegt (Abb. 11.9). Wer als Letzter ein Wendeplättchen legen kann ist Sieger (Scherer 2006, 137 ff.; Wittmann/Müller 2004b, 74 f.; Müller/Wittmann 2007).

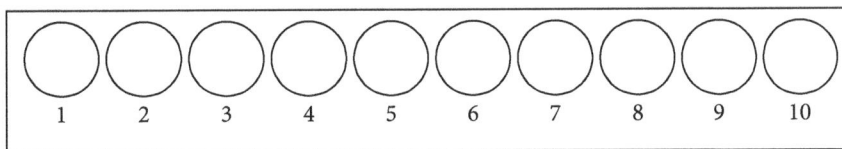

Abb. 11.9:   Spielplan – 10 gewinnt

Dem Spiel liegt eine Strategie zu Grunde. Ziel ist es, diese zu erkennen und dadurch den Sieg beeinflussen zu können.

Variation
Das Spiel kann ebenso mit einer anderen Anzahl von Feldern gespielt werden, auch die Anzahl der zu legenden Wendeplättchen lässt sich variieren.

Leerer Zahlenstrahl mit Messstreifen

Durch Abzählen der Kästchen am Messstreifen können die Kinder die Einheiten abzählen und die Anzahl entsprechend am leeren Zahlenstrahl eintragen (Abb. 11.10) (Lorenz 2007a, 63).

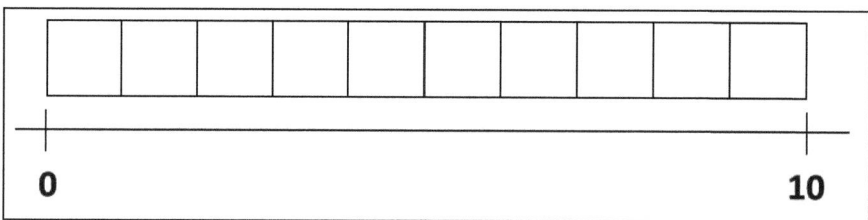

Abb. 11.10:   Leerer Zahlenstrahl mit Messstreifen

Leerer Zahlenstrahl

Die Kinder suchen für einzelne Zahlen den passenden Platz auf dem Zahlenstrahl (Kapitel I 6.3). Dadurch entwickeln sie Größenvorstellungen im Vergleich mit markanten Zahlen (null und zehn), aber auch zu anderen Zahlen des Zahlenraumes (Lorenz 2003, 38 f.; 2007a, 63 f.). Folgende Impulse können gegeben werden:

- An welcher Stelle hat die Fünf ihren Platz?
- Woher weißt du, dass die Fünf hier sein muss?
- Ist die Fünf näher bei der Null oder näher bei der Zehn?
- Wie kannst du das erklären oder zeigen?
- An welche Stelle gehört die Sieben oder die Neun?

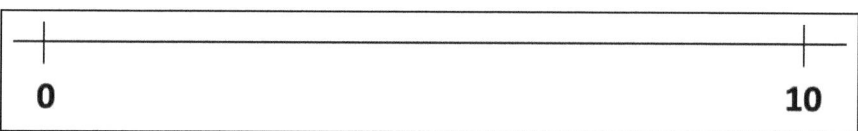

Abb. 11.11:   Leerer Zahlenstrahl

In der Umkehrung können die passenden Zahlen auch zu bereits markierten Stellen zugeordnet werden (Abb. 11.12). Es bietet sich an dabei Strategien wie das Halbieren des Zahlenstrahls zu entwickeln.

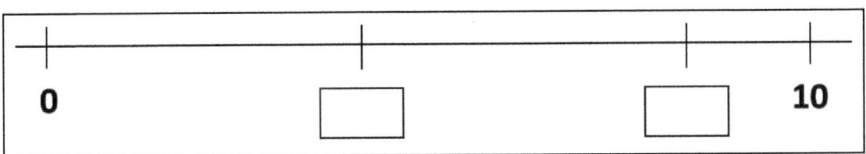

Abb. 11.12: Leerer Zahlenstrahl mit Markierungen

Variationen

- Erweiterung des leeren Zahlenstrahls (Intervallende bei Zwanzig).
- Untersuchung eines leeren Zahlenstrahls, der nicht bei null beginnt. Wenn der Strahl beispielsweise wie in Abbildung 11.13 bei vier beginnt und bei zehn endet, so ist die Frage nach der Mitte spannend. Zeichnerisch kann die Mitte leicht eingetragen werden. Welche Zahl muss aber an dieser Stelle stehen?

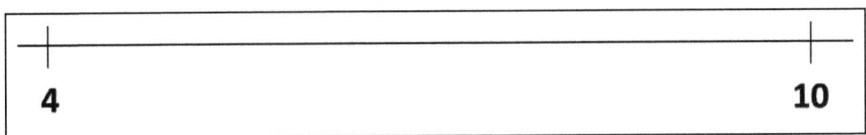

Abb. 11.13: Leerer Zahlenstrahl beginnend bei 4

11.2 Aktivitäten zum Sehen auf formaler Ebene

Immer zehn

Ziel ist es, aus einem Zahlenpaar (Zahlenkarten aus dem Bereich null bis zehn) durch Addition die Zehn zu bilden (Schütte/Haller 2004, 71). Es kann zu zweit oder zu dritt gespielt werden. Zwei Karten liegen offen, die anderen auf einem Stoß. Lässt sich aus diesen beiden Karten noch keine Zehn bilden, so wird von den Schülern reihum je eine Karte aufgedeckt und auf eine der beiden offen liegenden Zahlen gelegt. Derjenige, der jetzt eine Zehn bilden kann, erhält alle bereits abgelegten Karten (Kapitel I 6.3).

Variation: Immer zwölf

Bei dieser Variante wird mit den Ziffernkarten aus dem Bereich null bis sechs gespielt (Schütte/Haller 2004, 71). Jeder Spieler erhält zu Beginn drei Karten. Diese werden reihum auf dem Spielplan (vier Felder) abgelegt. Für jede abgelegte Karte wird sofort eine neue Karte vom Stapel nachgezogen.

Ziel ist es, die Karten so auszuwählen und zu legen, dass alle vier zusammen die Summe zwölf ergeben. Wer dies erreicht, erhält alle bereits abgelegten Karten. Das Spiel ist zu Ende, wenn keine Karten mehr im Spiel sind. Sieger ist, wer die meisten Karten gewonnen hat.

Zielzahl 17

Zwei Spieler würfeln abwechselnd mit einem Würfel, notieren ihre Würfelzahlen und addieren diese (Schütte/Haller 2004, 70). Ziel ist es, möglichst nahe an die Siebzehn heranzukommen. Hat ein Spieler den Eindruck, nah genug an der Zielzahl zu liegen, so darf er aufhören zu würfeln. Derjenige, der am nächsten an der Siebzehn liegt, hat gewonnen. Übertrifft ein Spieler die Zielzahl, so hat automatisch der Mitspieler gewonnen.

11.3 Aktivitäten zum Sortieren mit Stützung

Würfeln mit zwei Würfeln

Zwei Kinder würfeln mit je zwei Würfeln. Die beiden Würfel werden im Hinblick auf ihre Gesamtsummen miteinander verglichen, wobei nicht zwingend gerechnet werden muss. Wer die größere Summe hat, erhält einen Muggelstein oder ein Plättchen. Das Kind, welches zuerst zehn Muggelsteine hat, gewinnt (Schütte/Haller 2004, 84 ff.).

Unter zehn, genau zehn oder über zehn?

Zwei Kinder spielen gemeinsam. Zunächst werden die drei Karten mit den Sortierkategorien (bleibt unter der 10, trifft die 10, geht über die 10) auf dem Tisch ausgebreitet. Zwei Stapel Zehnerfeldkarten liegen verdeckt nebeneinander. Es werden immer zwei Karten gleichzeitig umgedreht (ähnlich wie bei dem Spiel „Schnipp-Schnapp") (Abb. 11.14). Diese müssen nun, durch schnelles „Zusammensehen" der beiden Mengen, einer der drei Kategorien zugeteilt werden (Rathgeb-Schnierer 2007, 111 f.).

Nach dem Zuordnen aller Karten können diese noch einmal genauer untersucht, diskutiert und eventuell auch umsortiert werden (Kapitel I 6.3).

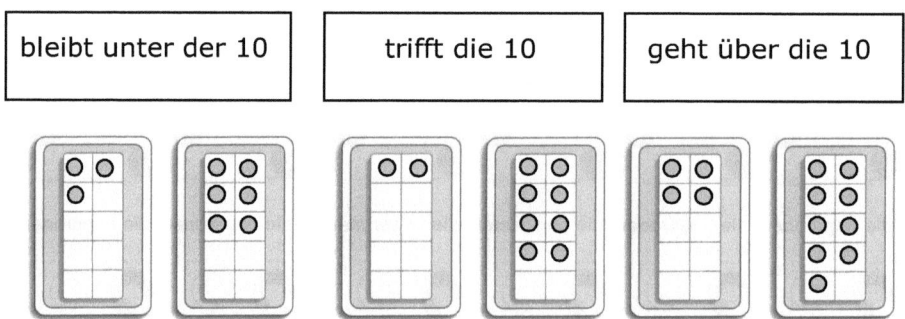

Abb. 11.14:   Zehnerfeldkarten sortieren

- Mit Termkarten kann diese Übung auch auf der rein symbolischen Ebene durch-geführt werden.

11.4   Aktivitäten zum Sortieren auf formaler Ebene

Schatzkästchenaufgaben

Bei dieser Aktivität werden die Kinder angeregt, verschiedene Termkarten im Zah-lenraum bis zwanzig in die Kategorien „leicht" und „schwer" zu sortieren (Kapitel I 6.3): Die für das Kind einfachen Aufgaben dürfen in das „Schatzkästchen" gelegt werden. Aufgaben, zu denen das Kind noch keinen geeigneten Lösungsweg kennt oder das Ergebnis nur zählend erreicht, werden in einem Briefumschlag so lange aufbewahrt, bis auch diese leicht sind und ins „Schatzkästchen" kommen (Recht-steiner-Merz 2011a, 13).

Diese Aktivität bietet sich zur wöchentlichen Wiederholung an. Damit können die Kinder ihren eigenen Lernfortschritt über einen längeren Zeitraum hinweg ver-folgen. Da das Einschätzen der Schwierigkeit einer Aufgabe ein sehr individueller Vorgang ist, arbeitet bei dieser Aktivität zunächst jedes Kind alleine.

Im Anschluss an das Sortieren können die Kinder sich gegenseitig in Partner-arbeit sowohl die „Schatzkästchenaufgaben" (die leichten Aufgaben) als auch die „Briefumschlagaufgaben" (die noch schwierigen Aufgaben) vorstellen und die Zu-ordnung begründen.

Variation

- Statt bereits vorgefertigte Termkarten zu verwenden, kann jedes Kind zunächst auch eigene Additionsaufgaben entwickeln und notieren. Dieses Vorgehen bie-tet sich an, wenn sich die Kinder mit Additionsaufgaben beschäftigen und erst wenige Aufgaben kennen.
- Genauso können Subtraktionsaufgaben sortiert werden.

Mit Trick

Bei dieser Aktivität erhalten die Kinder den Auftrag, die Termkarten unter der Fra-gestellung zu sortieren, welche Aufgaben sie bereits auswendig wissen, zu welchen sie einen Trick kennen oder bei welchen Aufgaben sie noch zählen müssen. An-schließend können Aufgaben, die auswendig gewusst werden, ins Heft notiert und gelöst werden (Rechtsteiner-Merz 2011a, 14).

Aufgaben, zu denen das Kind einen Trick kennt, werden ebenfalls ins Heft ge-schrieben, jedoch mit einer Lösungswegnotation. Diese kann in Form einer Zeich-nung (Darstellung im Punktefeld), durch schriftliches Ausformulieren oder durch Darstellung in Form eines weiteren Zahlensatzes erfolgen. Über die Aufgaben, welche noch gezählt werden müssen, kann anschließend mit einem Partner oder im Plenum nachgedacht werden. Eventuell können bereits bekannte Lösungswege ausprobiert oder neue mithilfe eines Anschauungsmittels entwickelt werden.

Variation
- Diese Aktivität bietet sich auch als Folgeaktivität der „Schatzkästchenaufgabe" an. Dabei kann sowohl bei den Schatzkästchen- als auch bei den Briefumschlag- aufgaben nach Aufgaben mit Trick gesucht werden. Häufig kennen Kinder auch zu sogenannten schwierigen Aufgaben schon Lösungswege und nutzen diese nicht, da beispielsweise die Zahlen sie zunächst abschrecken.
- Je nachdem, welche strategischen Werkzeuge bereits bekannt sind, kann es auch hilfreich sein, diese auszuformulieren und so die Sortierung und die „Tricks" weiter auszudifferenzieren. Damit kann den Kindern deutlich werden, dass es zu vielen Aufgaben mehrere Lösungsmöglichkeiten gibt.
- Diese Aufgabenstellungen bieten sich ebenso bei Subtraktionsaufgaben an.

11.5 Aktivitäten zum Strukturieren mit Stützung

Das Zahlenhaus – Zerlegungen finden und strukturieren

Die Aktivitäten gehen vom freien Experimentieren, was dem „Sehen" zugeordnet werden kann, zum zunehmend strukturierenden Arbeiten über:

- *Werfen von Wendeplättchen*
  Eine vom Kind gewählte Anzahl an Wendeplättchen wird in den Händen ge- schüttelt und hochgeworfen, die erfolgte Zerlegung in rote und blaue Plättchen wird notiert.
  Beispiel: Fünf Plättchen werden hochgeworfen, auf dem Tisch liegen anschlie- ßend drei rote und zwei blaue Plättchen.
  Das Ergebnis kann auf verschiedene Arten dokumentiert werden, zum Beispiel malt das Kind die Plättchen auf oder notiert das Ergebnis in „seiner" Zahlen- sprache (3 /2 oder 3 + 2). Fällt dieselbe Zerlegung im Laufe des Spielens noch einmal, so wird hinter die erste Notation ein Strich gemacht. Dadurch entsteht ein Strichdiagramm (Wittmann/Müller 2004a, 18).

- *Schüttelkästen*
  Wie in der vorigen Übung wählt das Kind eine Zahl aus, die es zerlegen möch- te: Die entsprechende Anzahl an Perlen kommt in eine Schüttelbox. Durch das Schütteln der Schachtel entstehen Zerlegungen der gewählten Zahl. Das Kind notiert die Zerlegungen frei, wie oben dargestellt, im Zahlenhaus, ikonisch oder auch symbolisch.

- *Zerlegungen strukturieren und darstellen*
  Die Kinder legen und zeichnen die verschiedenen Möglichkeiten der Zerlegungen, die sie geworfen haben. Anschließend werden diese so strukturiert, dass untersucht werden kann, ob alle Möglichkeiten gefunden wurden. Die entsprechenden Zahlensätze werden notiert und passend sortiert (Abb. 11.15).

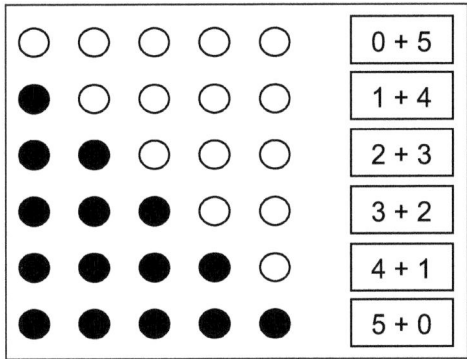

Abb. 11.15:   Strukturiertes Zerlegen

11.6   Aktivitäten zum Strukturieren auf formaler Ebene

Aufgabenfamilien

Um eine Basisaufgabe (im Beispiel 5 + 5 = 10) werden verschiedene vorgegebene, verwandte Aufgaben sinnvoll angeordnet (Kapitel I 6.3).

Im Austausch mit ihren Mitschülern diskutieren die Kinder ihre Überlegungen. Dabei können die Zusammenhänge zwischen den Nachbaraufgaben mithilfe von Punktefeldkarten oder einem anderen Anschauungsmittel (zum Beispiel dem Abaco) dargestellt werden (Rechtsteiner-Merz 2011a, 10).

Variationen
- Zu einer vorgegebenen Aufgabe entwickeln die Kinder selbst verwandte Aufgaben und notieren diese.
- Die Kinder wählen sich eine Basisaufgabe frei aus und versuchen, möglichst viele verwandte Aufgaben zu notieren.

Kombi

Die Kinder legen mit Ziffernkarten und Operationszeichen zahlreiche Gleichungen. Die Terme können alle vier Grundrechenarten beinhalten (Baireuther/Kucharz 2007, 28 f.; Rechtsteiner-Merz 2011a, 11).

Die Kinder experimentieren frei und erfinden zunächst verschiedene Gleichungen mithilfe der Ziffernkarten. Dabei können sie Erfahrungen sammeln, wie sich

Veränderungen auf die gesamte Gleichung auswirken. Folgende Impulse können zu weiterem Handeln und Nachdenken anregen:

- Tausche die Plätze der Ziffernkarten, geht das?
- Probiere, verschiedene Rechenzeichen zu legen.
- Ersetze eine Ziffernkarte durch eine andere, was passiert?

„Schöne Päckchen" fortsetzen und erfinden

Die Kinder setzen begonnene „schöne Päckchen" fort (Rathgeb-Schnierer 2010a, 24 ff.). Dabei werden sie immer wieder angeregt, ihre Überlegungen und Entdeckungen zu notieren (Abb. 11.16).

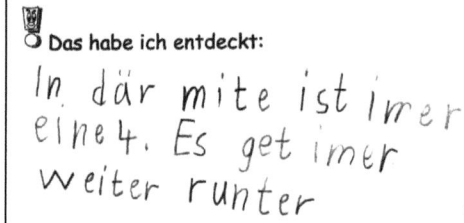

7 + 4 = 11	13 + 5 = 18
8 + 4 = 12	12 + 6 = 18
9 + 4 = 13	11 + 7 = 18
...	...

Das habe ich entdeckt:

In där mite ist imer eine 4. Es get imer weiter runter

Abb. 11.16:   Beispiele für „schöne" Päckchen – Entdeckungen von Sebastian

Als weiterführende Aktivität können die Kinder auch eigene „schöne Päckchen" erfinden und sie ihren Mitschülern zum Fortsetzen geben.

Fehlern auf der Spur

Strukturierte Aufgabenserien mit bereits gelösten Aufgaben werden von den Kindern auf Fehler untersucht (Abb. 11.17).

$$14 - 4 = 10$$
$$13 - 4 = 9$$
$$12 - 4 = \cancel{X}\ 8$$
$$11 - 4 = 7$$
$$10 - 4 = 6$$
$$9 - 4 = 5$$
$$8 - 4 = 4$$
$$7 - 4 = 3$$

Abb. 11.17:   Strukturierte Aufgabenserie mit Fehler

Teil III Flexibles Rechnen und Zahlenblickschulung verstehen – Ergebnisse

> Intuitiv zu verstehen, heißt gewissermaßen, etwas zu „sehen".
> Aber man sieht nur, was man weiß.
> (Köhler 2008, 177)

Im dritten Teil werden zunächst die Ergebnisse der Studie ausgeführt, sowohl im Hinblick auf die Typologie als auch mit Blick auf die Entwicklungsverläufe der Kinder. Abschließend werden die Ergebnisse diskutiert und dargestellt, inwieweit diese Studie weitere Forschungsvorhaben ermöglicht sowie Einfluss auf Unterricht und Lehrerbildung haben sollte.

Ergebnisse und Erkenntnisse

Die Datenlage erlaubt das Erstellen einer Typologie zum flexiblen Rechnen (Kapitel III 1.1). Es zeigt sich, dass sich auf der Grundlage der genutzten Theorie zum flexiblen Rechnen und der darauf basierenden Datenauswertung im Vergleich zur bisherigen Theorielage sowohl bereits beschriebene Typen finden als auch neue Typen bilden ließen (Kapitel III 1.2). Als besonders interessant erweisen sich die Entwicklungsverläufe (Kapitel III 2) der Kinder mit und ohne Zahlenblickschulung. Auch hierfür lassen sich teilweise Erklärungen in der Literatur finden. Gleichzeitig zeigen sich jedoch auch Phänomene, die bisher nicht beschrieben sind. Für diese konnten Deutungshypothesen entwickelt werden. Dieser Teil schließt mit der Beantwortung der Forschungsfragen aus Kapitel I 11 in Form einer Zusammenfassung.

1   Typologie zum flexiblen Rechnen

Die Auswertung der durchgeführten Interviews macht es möglich, die Kinder insgesamt neun Typen von Rechnern zuzuordnen. Bei allen vier Interviewdurchläufen wurden die gleichen Typen sichtbar (wobei die zugeordneten Kinder variieren). Ein Typus weist also in jedem Interviewdurchlauf die gleichen Grundcharakteristika auf. Unterschiede zwischen den Interviewdurchläufen innerhalb eines Typus zeigen sich lediglich in der Anzahl der gestellten und damit auch der Anzahl der gelösten Aufgaben, wobei diese im Verhältnis betrachtet jeweils gleich bleiben. Das bedeutet am Beispiel des flexiblen Rechners, dass die Lösungswerkzeuge und die Art der Argumentationen vom zweiten (in dem dieser Typus zum ersten Mal auftritt) bis vierten Interview in ihren Grundzügen gleich sind, jedoch die Anzahl der gestellten und damit der gelösten Aufgaben variiert.

1.1 Charakterisierung der Typen

Insgesamt konnten neun Typen identifiziert werden, die sich in vier Haupttypen und fünf Zwischentypen einteilen lassen (Abb. 1.1). Die Bezeichnung des jeweiligen Typus impliziert den Grad der Beziehungsorientierung in der Argumentation (Kapitel II 8) und den Grad der Ablösung vom Zählen. Im Hinblick auf die Ablösung vom Zählen kann zwischen *Zählern* und *Rechnern* unterschieden werden.

Die Begriffe „zählen" oder „Zähler" und „rechnen" oder „Rechner" fokussieren in diesem Kontext auf die Art des Lösungsweges. Der Ausdruck des Rechnens in Verbindung mit den Typen ist als Abgrenzung zum Zählen zu verstehen. Während bei zählenden Kindern Strategien zum Zählen überwiegen, finden sich bei rechnenden Kindern Lösungswerkzeuge überwiegend in Form von strategischen Werkzeugen und Faktenabruf. „Rechnen" beinhaltet in diesem Kontext ebenso mechanisches wie flexibles Vorgehen. Auch macht dieser Begriff keine Aussage darüber, ob der Lösungsweg als bewusste Strategie gewählt wurde oder emergierte.

Vier Haupttypen:
- der Zähler,
- der mechanische Rechner,
- der flexible Rechner und
- der Experte.

Fünf Zwischentypen:
- der Zähler mit mechanisch orientierten Abweichungen,
- der Zähler mit beziehungsorientierten Abweichungen,
- der versuchsweise beziehungsorientierte Rechner,
- der verfahrensorientierte Rechner und
- der beziehungsorientierte Rechner.

Als Haupttypen werden die Typen bezeichnet, die entweder einen typischen Ausgangszustand zu Beginn der ersten Klasse (*der Zähler*) oder einen Status am Ende der ersten Klasse (*der mechanische Rechner, der flexible Rechner, der Experte*) beschreiben. Der Typus *der Zähler* spielt dabei eine Sonderrolle, da er am Schulbeginn häufig auftritt, sich aber in extremen Fällen am Ende der ersten Klasse in Form von verhärtetem Zählen manifestiert (Kapitel I 8).

Als Zwischentypen lassen sich die Typen bezeichnen, die – berücksichtigt man das Ziel der Ablösung vom Zählen – im Idealfall Entwicklungsphasen auf dem Weg zum Rechnen darstellen (Kapitel III 3).

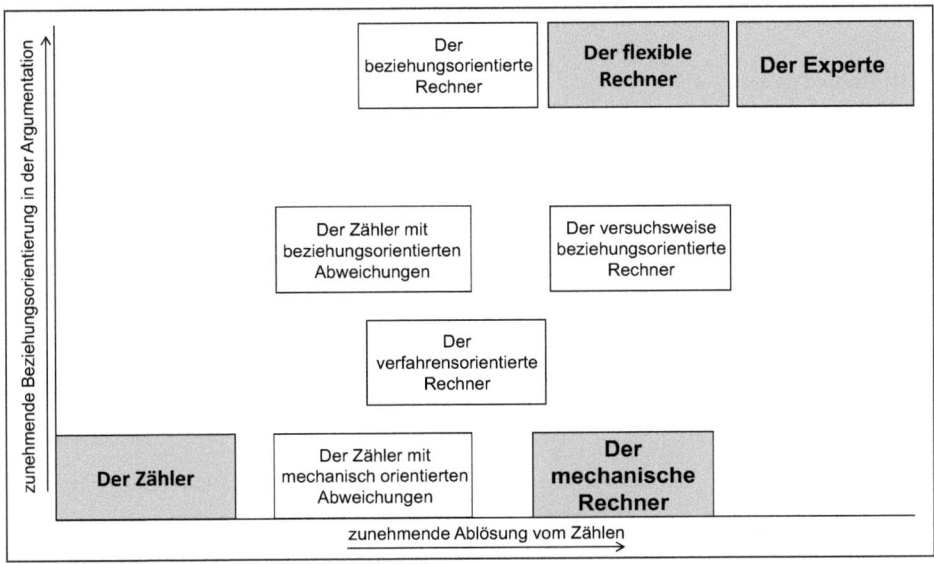

Abb. 1.1: Überblick über die verschiedenen Typen[51]

Im Folgenden werden zunächst die vier Haupttypen beschrieben und charakterisiert, daran anschließend die Zwischentypen. Jeder Typus wird durch einen charakteristischen Fall (einen Prototypus) illustriert, um so die wesentlichen Vergleichsdimensionen und weiteren relevanten Merkmale hervorzuheben. Da nur im vierten Interview nahezu alle Typen vorkommen, sind die beschriebenen Prototypen, bis auf eine Ausnahme, diesem entnommen. Anschließend werden die Gemeinsamkeiten[52] und Abweichungen innerhalb des jeweiligen Typus sowie die Abgrenzungen zu den anderen Typen beschrieben. Eine allgemeine Charakterisierung sowie die Verteilung der Fälle in jedem Interviewdurchlauf schließen die Ausführungen zum jeweiligen Typus ab.

In der Literatur findet sich häufig auch eine Beschreibung von Idealtypen. Das birgt allerdings die Gefahr, dass „der Blick nur noch auf die idealtypische Zuspitzung [...] gelenkt wird" (Kluge 1999, 280; vgl. Kelle/Kluge 2010, 107). Um jedoch die „Vielfalt und Differenz sowie die Widersprüchlichkeit der untersuchten Realität" (Kluge 1999, 280) nicht zu verwischen oder gar zu verlieren, werden in dieser Arbeit keine Idealtypen formuliert (Kapitel II 3.3).

---

51 Der *Experte* ist spezifisch für die erste Klasse und wird in höheren Klassenstufen so nicht angetroffen, da die gesamte Automatisierung der Additionsaufgaben ausschließlich im Zahlenraum bis zwanzig möglich ist. In größeren Zahlenräumen sind die Typen des *flexiblen Rechners* und des *Experten* identisch.

52 Kluge (1999, 260 ff.) und Kelle/Kluge (2010, 90 ff.) sprechen von „Sinnzusammenhängen" und verstehen darunter „*sowohl* empirische Regelmäßigkeiten und Korrelationen" (Kelle/Kluge 2010, 90; Hervorhebung im Original) als auch die bestehenden „*inneren*" (Kelle/Kluge 2010, 90) Zusammenhänge (vgl. Kapitel II 3.3). Zur besseren Lesbarkeit wird im Folgenden das gemeinhin geläufigere Wort der „Gemeinsamkeiten" im oben beschriebenen Sinn benutzt.

1.1.1 Der Zähler – ein Haupttypus

Ein Prototypus

Tim[53] löst etwas mehr als die Hälfte aller Aufgaben des kleinen Einspluseins. Dabei zählt er nahezu ausnahmslos mit den Fingern. Bei der Aufgabe 5 + 6 nutzt er die Finger quasi-simultan und erkennt dadurch, dass das Ergebnis eins mehr als 5 + 5 ist. In einem Fall tauscht er die Summanden beim Zählen, ansonsten ist das Nutzen weiterer strategischer Werkzeuge nicht erkennbar. Sowohl seine Argumentationen zur Sortierung in „leicht" und „schwer" als auch zu seinen Lösungswegen sind durchweg substanziell; in der Regel erläutert er seine Vorgehensweise durch Beispiele beziehungsweise Wiederholungen seiner Handlungen. Beim Sortieren zieht er sich auf personenbezogene Argumente zurück. Strukturen und Zusammenhänge erkennt er nicht.

Inhaltliche Gemeinsamkeiten und Abweichungen

Wie Tim lösen alle Kinder dieser Gruppe die Aufgaben in der Regel zählend. Bei genau einer Aufgabe weichen sie davon ab. Dabei handelt es sich in der Regel um die Aufgabe 5 + 6 (wie bei Tim) oder um 5 + 3. Diese Aufgaben werden entweder quasi-simultan mit Fingern dargestellt oder sind bereits automatisiert. Alle anderen Aufgaben lösen die Kinder durch Weiterzählen mit den Fingern oder mithilfe eines anderen Hilfsmittels zählend.

In Bezug auf die Lösungshäufigkeit ist diese Gruppe sehr heterogen: Es finden sich sowohl Kinder, die sehr wenige, als auch solche, die sehr viele Aufgaben gelöst haben – stets zählend. Aufgaben im Zahlenraum bis hundert (im vierten Interview) wirken abschreckend und werden von den Kindern gar nicht erst als lösbar in Erwägung gezogen.

Im Unterschied zu Tim, der ausschließlich substanziell argumentiert, gibt es innerhalb dieses Typus auch einzelne wenige Kinder, die beziehungshaltige Argumente nutzen. Insgesamt aber überwiegen ganz eindeutig die substanziellen Argumentationen.

Betrachtet man den gesamten Merkmalsraum, so ist dieser Typus in sich ausgesprochen homogen und lässt sich deutlich von den anderen Typen abgrenzen, da hier – mit Ausnahme einer einzigen Aufgabe – keinerlei weitere Lösungswerkzeuge außer dem Zählen hinzugezogen werden und substanzielle Argumentationen eindeutig überwiegen.

---

53 Die Namen der Kinder sind teilweise geändert.

Charakterisierung des Typus

Der Zähler greift beim Lösen von Aufgaben (fast) ausschließlich auf Zählstrategien zurück. Diese werden häufig durch den Einsatz der Finger unterstützt. Im dritten und vierten Interview kann dieses Vorgehen bereits als von den Kindern etabliert und somit als verfestigt bezeichnet werden.

Der Zähler argumentiert ausschließlich substanziell. Er zeigt keinerlei Rückgriff auf Beziehungen.

Verteilung dieses Typus auf die verschiedenen Interviewdurchläufe

Int. 1	Admire	Andrija*	Melissa	Nida*	Seyda	Yannik*		
Int. 2	Admire	Andrija*			Seyda	Yannik*	Leon	
Int. 3							Leon	Tim
Int. 4								Tim	Moritz

Es wird deutlich, dass im Januar noch mehrere Kinder diesem Typus zuzuordnen waren. Alle diese Kinder verlassen jedoch im Laufe des Schuljahres den Typus des *Zählers*. Gegen Ende des ersten Schuljahres verfallen allerdings zwei Kinder, die zunächst als *Zähler mit mechanisch orientierten* oder *mit beziehungsorientierten Abweichungen* eingestuft wurden, wieder zunehmend ins Zählen, das sich schließlich verhärtet.

Die mit Stern (*) gekennzeichneten Kinder erhielten während des Schuljahres Aktivitäten zur Schulung des Zahlenblicks.

1.1.2 Der mechanische Rechner – ein Haupttypus

Ein Prototypus

Amelie löst sehr viele Aufgaben richtig, im vierten Interview sogar alle Aufgaben des kleinen Einspluseins. Dabei geht sie konsequent über das Ergänzen zur Zehn, unabhängig von Zahl- und Aufgabenmerkmalen. Einige wenige Aufgaben hat sie auch automatisiert. In ihren Argumentationen zum Sortieren zeigt sich, dass sie entweder einfache Schlüsse wählt oder mithilfe personenbezogener Garanten, also durch substanzielle Argumente begründet. Geht es um die Argumentationen zum Lösungsweg, so nutzt Amelie durchweg analytische Argumente, die jedoch verfahrensorientiert sind. Dies zeigt sich daran, dass sie Äußerungen wie „mach ich immer so" oder bei der Aufgabe 8 + 8 „wieder zur Zehn und dann noch sechs" nennt. Auf die Frage, warum sie so vorgeht, antwortet Amelie im dritten Interview „meine Mama hat gesagt, dass ich das so machen soll, weil das immer geht." In diesem Argument wird die mechanische Vorgehensweise – ohne Berücksichtigung von Beziehungen – besonders deutlich.

Inhaltliche Gemeinsamkeiten und Abweichungen

Kinder dieser Gruppe lösen in der Regel keine Aufgaben zählend. Vielmehr werden alle Aufgaben, die nicht automatisiert sind, über das Ergänzen zur Zehn gelöst. Dabei tauschen die Kinder stets die Summanden, so dass der größere an erster Stelle steht (MIN-Strategie). Da die Kinder im Lösungsprozess nicht variieren, kann von mechanischem Vorgehen gesprochen werden. Sie setzen diese Vorgehensweise durchgängig und konsequent ein. Die automatisierte Abfolge des Lösungswegs wird auch in der Art der Argumentationen zum Lösungsweg deutlich:
- Nach mehrmaligem ausführlichen Beschreiben wird der Lösungsweg gegen Ende des Interviews nur noch verkürzt begründet (zum Beispiel „Zwei bis Zehn und dann der Rest …“) und
- Signalwörter wie „immer“ oder „wieder“ verdeutlichen, dass auf ein zwischenzeitlich automatisiertes Verfahren zurückgegriffen wird.

Im vierten Interview werden im Zahlenraum bis hundert höchstens zwei Aufgaben gelöst, davon ist eine Aufgabe ohne Zehnerübergang. Bei der anderen Aufgabe handelt es sich um 18 + 7, die nur knapp über den bisher bekannten Zahlenraum bis zwanzig hinaus führt.

Innerhalb dieses Typus gibt es sowohl Kinder, die bereits viele Aufgaben automatisiert haben als auch solche, die ausschließlich über das Ergänzen rechnen.

Charakterisierung des Typus

Der mechanische Rechner löst die Aufgaben entweder über das Ergänzen zur Zehn oder durch Faktenabruf. Das Ergänzen zur Zehn nutzt er als Algorithmus, unabhängig von Zahl- und Aufgabenmerkmalen. Das spiegelt sich auch in seinen Argumentationen zur Vorgehensweise wider. Diese sind zwar analytisch – also auf mathematischer Basis – beziehen sich jedoch weitestgehend auf Routinen.

Verteilung dieses Typus auf die verschiedenen Interviewdurchläufe

Int. 1		
Int. 2		
Int. 3	Amelie*	
Int. 4	Amelie*	Tobias

Dieser Typus tritt erstmals im dritten Interview auf, insgesamt nur bei zwei Kindern. Amelie (*) erhielt während des Schuljahres Aktivitäten zur Schulung des Zahlenblicks.

1.1.3 Der flexible Rechner – ein Haupttypus

Ein Prototypus

Lena löst alle Aufgaben des kleinen Einspluseins richtig. Sie setzt zahlreiche verschiedene strategische Werkzeuge ein. Dabei nutzt sie sowohl solche, bei denen sie aktiv aus Faktenwissen Ableitungen bilden muss, als auch solche, bei denen sie sich auf Beziehungen zu bereits gelösten Aufgaben stützen kann. Lena hat wenige Aufgaben automatisiert; Zählen spielt für sie keine Rolle mehr. Wie geschickt sie Zahl-, Term- und Aufgabenbeziehungen augenblicklich (Schütte 2004a, 143) nutzen kann, wird in ihren Argumentationen deutlich. Lena argumentiert sowohl beim Sortieren als auch beim Rechnen ausschließlich analytisch auf Beziehungen basierend, wobei sie diese Garanten häufig auch auf vertiefende, beziehungshaltige Erklärungen stützt. Als Beispiel kann folgende Aussage beschrieben werden: Nach dem Sortieren wird sie gefragt, warum sie die Aufgaben so eingeteilt habe. Darauf antwortet sie unter anderem „Die sind leicht, weil da kommt das Gleiche raus (*zeigt auf die Aufgaben* 8 + 5 *und* 4 + 9). […] Weil hier eins weniger ist und da eins mehr (*zeigt auf die 4 und 9).*

Im vierten Interview kann Lena ihr Können teilweise auch auf den Zahlenraum bis hundert übertragen. Dabei löst sie zwei Aufgaben ohne Zehnerübergang und eine mit Zehnerübergang richtig.

Inhaltliche Gemeinsamkeiten und Abweichungen

Typisch für diese Gruppe sind folgende Merkmale: Das Lösen der Aufgaben erfolgt überwiegend mittels zahlreicher verschiedener strategischer Werkzeuge und wird detailliert analytisch – auf Beziehungen basierend – begründet. Es wird deutlich, dass diese Kinder Zahl-, Term- und Aufgabenbeziehungen erkennen und nutzen können. Dabei zeigen sich auch unterschiedliche Vorlieben für die einzelnen strategischen Werkzeuge. Es gibt Kinder, die weniger den Lösungskontext beachten und aktiv verschiedene strategische Werkzeuge generieren (zum Beispiel Sophie), aber auch Kinder wie Lena, die zahlreiche Beziehungen zwischen den Aufgaben innerhalb des Lösungskontextes erkennen und nutzen.

Im Unterschied zu Lena finden sich in diesem Typus auch Kinder, die bereits mehr Aufgaben automatisiert haben. Insgesamt überwiegt jedoch bei allen Fällen dieses Typus das Nutzen verschiedener strategischer Werkzeuge. Das Zählen spielt durchweg keine Rolle mehr. Die Lösungshäufigkeit und -richtigkeit ist innerhalb dieses Typus ausnahmslos hoch.

Im vierten Interview werden alle Aufgaben des kleinen Einspluseins entweder mithilfe strategischer Werkzeuge oder über das Abrufen von Fakten gerechnet. Im Zahlenraum bis hundert lösen Kinder dieses Typus in der Regel auch Aufgaben mit Zehnerübergang (zum Beispiel 18 + 7, 47 + 7, 69 + 6) richtig. Dabei nutzen sie Analogien aus dem Zahlenraum bis zwanzig, ebenso wie das Ergänzen zur Zehn. Beispielsweise erklärt Maxi (im vierten Interview) bei der Aufgabe 47 + 7: „Ich habe einfach die (*zeigt auf die Zehner*) weggelassen, dann habe ich 14, dann habe ich die Zehner dazu getan und dann habe ich, dann haben wir noch vier übrig geblieben."

Charakterisierung des Typus

Der flexible Rechner verfügt über zahlreiche verschiedene strategische Werkzeuge, die sowohl beim kleinen Einspluseins als auch teilweise im Zahlenraum bis hundert eingesetzt werden. Dabei zieht er sowohl automatisierte Hilfsaufgaben als auch Beziehungen zu bereits gelösten Aufgaben heran. Als Lösungswerkzeug überwiegt das Nutzen strategischer Werkzeuge gegenüber dem Faktenabruf. Die Argumentationen zeugen stets von analytischen, auf Beziehungen basierten Garanten, die häufig auch mathematisch gestützt werden.

Verteilung dieses Typus auf die verschiedenen Interviewdurchläufe

Int. 1						
Int. 2	Maxi*	Maxim*	Sophie*			
Int. 3	Maxi*		Sophie*	Lars*	Lena*	
Int. 4	Maxi*		Sophie*		Lena*	Manuela*	Viktor*

Dieser Typus tritt das erste Mal während des zweiten Interviews auf.

Auffallend ist, dass sich im Typus des *flexiblen Rechners* während des gesamten Untersuchungszeitraums ausschließlich Kinder finden, die sich im ersten Schuljahr durchgängig mit Aktivitäten zur Schulung des Zahlenblicks (*) beschäftigten.

1.1.4 Der Experte – ein Haupttypus

Ein Prototypus

Lars hat die Aufgaben des kleinen Einspluseins weitestgehend automatisiert. Die restlichen löst er mittels verschiedener strategischer Werkzeuge. Im Zahlenraum bis hundert rechnet er fast alle gestellten Aufgaben richtig und nutzt dabei seine Fähigkeiten im Umgang mit strategischen Werkzeugen aus dem Zahlenraum bis zwanzig.

Seine Argumentationen zum Sortieren und zum Einsatz von Lösungswerkzeugen sind in der Regel analytischer Art, mit Rückgriff auf Beziehungen. Allerdings nutzt Lars hin und wieder auch personenbezogene, substanzielle Argumentationen. Auffallend ist, dass es sich stets um Begründungen – bezogen auf für ihn sehr einfache Aufgaben – des kleinen Einspluseins handelt. An solchen Stellen finden sich Argumentationen zum Sortieren wie „Die sind leicht, weil ich die alle kann." Hingegen argumentiert er analytisch detaillierter bei für ihn herausfordernden Aufgaben im Zahlenraum bis hundert. Auf die Frage, warum die Aufgabe 91 + 4 einfach sei, argumentiert er mit der Analogie: „Also ne neunzig ist groß ja aber halt wenn das ja jetzt klein ist (*zeigt auf die beiden Einer*), dann kann ich das ausrechnen." (Lars, viertes Interview)

Inhaltliche Gemeinsamkeiten und Abweichungen

Kinder dieses Typus lösen alle Aufgaben des kleinen Einspluseins – überwiegend durch Faktenabruf. Bei den übrigen Aufgaben setzen sie strategische Werkzeuge ein, wobei diese hauptsächlich im Zahlenraum bis hundert benötigt werden und damit meist dem Zerlegen oder dem Bilden von Analogien zuzuordnen sind. Können die Aufgaben des kleinen Einspluseins nicht über den Abruf von Fakten gelöst werden, variieren die genutzten strategischen Werkzeuge. Die Kinder beschreiben ihren Lösungsweg wie Lars in der Regel analytisch, auf Beziehungen basierend, wobei sie sich bei – aus ihrer Sicht – sehr einfachen Aufgaben auch auf personenbezogene substanzielle Äußerungen berufen.

Die beiden Kinder dieses Typus sind, bezogen auf den Merkmalsraum, recht homogen. Sie können als *Experten* beschrieben werden, da sie am Ende der ersten Klasse das Ziel der Automatisierung des kleinen Einspluseins erreicht haben, zu Beginn der zweiten Klasse ihr Können selbstständig und flexibel auf den neuen Zahlenraum bis hundert übertragen und dabei beziehungshaltig, analytisch argumentieren können.

Charakterisierung des Typus

Der Experte hat in der Regel das gesamte Einpluseins automatisiert und kann sein Wissen auf den Zahlenraum bis hundert übertragen. Dabei argumentiert er größtenteils analytisch, basierend auf Beziehungen.

Dieser Typus ist spezifisch für die erste Klasse und wird in höheren Klassenstufen so nicht angetroffen, da die gesamte Automatisierung der Additionsaufgaben ausschließlich im Zahlenraum bis zwanzig möglich ist. In größeren Zahlenräumen sind die Typen des *flexiblen Rechners* und des *Experten* identisch.

Int. 1		
Int. 2		
Int. 3	Maxim*	
Int. 4	Maxim*	Lars*

Dieser Typus taucht zum ersten Mal im dritten Interview auf. Auch hier konnten ausschließlich Kinder zugeordnet werden, die sich während des gesamten ersten Schuljahres kontinuierlich im Zahlenblick (*) schulten.

1.1.5 Der Zähler mit mechanisch orientierten Abweichungen – ein Zwischentypus

Ein Prototypus

Admire löst insgesamt zahlreiche Aufgaben richtig. Dabei nutzt sie überwiegend Zählstrategien oder das Abrufen von Fakten; strategische Werkzeuge spielen bei Admire keine Rolle. Im Zahlenraum bis hundert kann sie keine Aufgabe richtig lösen. Ihre Argumentationen zum Sortieren und zum Lösungsweg sind im Garant und in der Stützung durchweg substanziell und häufig auf die eigene Person bezogen. Auf die Frage, warum die Aufgaben leicht oder schwer sind, antwortet sie zu Beginn der zweiten Klasse: „Weil ich sie schon in der ersten Klasse schon gelernt hab (*zeigt auf die Aufgaben, die sie zu leicht sortiert hat*). […] Und die hab ich noch nicht so gut gelernt (*zeigt auf die Aufgaben, die sie zu schwer sortiert hat*)."

Inhaltliche Gemeinsamkeiten und Abweichungen

Insgesamt ist dieser Typus sehr heterogen. Gemeinsam ist allen Fällen dieses Typs, dass mehrheitlich Zählstrategien zum Lösen genutzt werden und die Argumentationen überwiegend, teilweise auch ausschließlich, substanziell sind.

Die Heterogenität zeigt sich im Mix der Lösungswerkzeuge, mit denen die dominierenden Zählstrategien verknüpft sind: Im Unterschied zu Admire gibt es Kinder, die durchaus auch strategische Werkzeuge nutzen, ebenso gibt es Kinder, die keinerlei Aufgaben automatisiert haben.

Die Aufgaben im Zahlenraum bis hundert wurden von den Kindern dieses Typus in der Regel gar nicht angegangen. In einem Fall wurde die Aufgabe 91 + 4 zu lösen versucht, allerdings mit falschem Ergebnis.

Charakterisierung des Typus

Der *Zähler mit mechanisch orientierten Abweichungen* löst die Aufgaben in der Regel zählend. Hin und wieder weicht er davon ab, weil er entweder die Aufgabe automatisiert hat oder ein strategisches Werkzeug kennt. Seine Argumentationen sind fast ausschließlich personenbezogen – auch wenn er strategische Werkzeuge nutzt, argumentiert er nicht mittels Beziehungen.

Der Zahlenraum bis hundert und entsprechende Aufgaben schrecken ihn ab.

Verteilung dieses Typus auf die verschiedenen Interviewdurchläufe

Int. 1	Amelie*	Lena*	Leon	Manuela*	Maxi*	Maxim*	Moritz	Tim	Tobias
Int. 2							Moritz	Tim	
Int. 3									
Int. 4									

Int. 1	Viktor*						
Int. 2		Luisa	Melissa	Noah*			
Int. 3		Luisa	Melissa		Admire	Andrija*	Seyda	Yannik*
Int. 4		Luisa	Melissa		Admire		Seyda	

Dieser Typus taucht in allen vier Interviewdurchläufen auf. Wie die Tabelle zeigt, handelt es sich um einen Typus, dem die meisten Kinder eher für kurze Zeit (in der Regel zum Zeitpunkt eines Interviews) zuzuordnen sind – oft im Zeitraum Januar und Februar zum Zeitpunkt des ersten Interviews. Kinder, die erst später in dieses Stadium kommen, bleiben häufig hier „hängen" und entwickeln sich nicht weiter. Zum Zeitpunkt des vierten Interviews gehören noch vier Kinder diesem Typus an. Interessant dabei ist, dass alle diese Kinder bereits zum Zeitpunkt des dritten Interviews – teilweise sogar schon im zweiten Interview – als *Zähler mit mechanisch orientierten Abweichungen* zu bezeichnen waren.

Die mit Stern (*) gekennzeichneten Kinder erhielten während des Schuljahres Aktivitäten zur Schulung des Zahlenblicks.

1.1.6 Der verfahrensorientierte Rechner – ein Zwischentypus

Ein Prototypus

Leon löst insgesamt viele der gestellten Aufgaben. Dabei nutzt er zum Teil unterschiedliche strategische Werkzeuge, wobei das Ergänzen zur Zehn dominiert. Zählen spielt für ihn in der Regel keine Rolle mehr. Allerdings ruft er auch nur eine Aufgabe (Verdopplung) über Fakten ab. Seine Argumentationen sind durchweg analytisch, sowohl verfahrensorientiert als auch beziehungsorientiert. Dies zeigt sich in folgenden beiden Beispielen:

„Weil, weil immer ne neun ist musst du von (..) ähm ähm (?) immer wenn's irgendwas plus neun ist, musst du nur ne eins von dem wegnehmen *(zeigt mit seinem Stift auf die Zahl 4 der Karte 4+ 9)* (.) und dann hast du's".

„Sechs plus sechs geht einfach. Da muss ich nur zwei von fünf plus fünf dazu machen."

Inhaltliche Gemeinsamkeiten und Abweichungen

Kinder dieses Typus lösen viele der gestellten Aufgaben richtig. Dabei nutzen sie verschiedene strategische Werkzeuge, wobei das Ergänzen zur Zehn deutlich dominiert. Aufgaben im Zahlenraum bis hundert können sie nicht lösen. Ihre Argumentationen sind ausschließlich analytisch, überwiegend verfahrensorientiert und nur teilweise auf Beziehungen basierend. Im Vergleich zum *mechanischen Rechner* werden teilweise auch weitere strategische Werkzeuge neben dem Ergänzen zur Zehn sowie hin und wieder auch beziehungshaltige Argumentationen genutzt.

Vergleicht man diesen Typus mit dem *beziehungsorientierten Rechner*, so stimmen die Zahl der gelösten Aufgaben und die Art der Lösungswerkzeuge weitgehend überein. Allerdings nutzen Kinder vom Typus des *beziehungsorientierten Rechners* ausschließlich beziehungsorientierte Argumentationen, bei denen deutlich wird, dass Zusammenhänge gesehen, genutzt und verbalisiert werden können.

Der *versuchsweise beziehungsorientierte Rechner* hingegen löst deutlich mehr Aufgaben und stützt sich weitaus häufiger auf Beziehungen.

Charakterisierung des Typus

Der *verfahrensorientierte Rechner* löst viele Aufgaben richtig und nutzt hierfür teilweise verschiedene strategische Werkzeuge, überwiegend jedoch das Ergänzen zur Zehn. Eine Übertragung in den Zahlenraum bis hundert gelingt nicht. Seine Argumentationen sind analytisch, jedoch überwiegend mit Rückgriff auf Verfahren. Damit zeigt er Tendenzen zu mechanischem Vorgehen.

Verteilung dieses Typus auf die verschiedenen Interviewdurchläufe

Int. 1		
Int. 2		
Int. 3	Tobias	
Int. 4		Leon

Dieser Typus wurde nur bei zwei Kindern beobachtet. Interessant ist, dass beide Kinder keine Zahlenblickschulung erhalten hatten.

1.1.7 Der Zähler mit beziehungsorientierten Abweichungen – ein Zwischentypus

Ein Prototypus

Yannik nutzt alle drei Lösungswerkzeuge ungefähr zu gleichen Teilen. Insgesamt löst er die Hälfte aller gestellten Aufgaben. Seine Argumentationen sind zu gleichen Teilen substanzielle wie analytische. In ihnen ist deutlich zu erkennen, dass er sich zunehmend an Beziehungen orientiert, wenngleich er diese zum Lösen nicht immer konsequent nutzt.

Im Zahlenraum bis hundert fühlt er sich von den hohen Zahlen noch abgeschreckt. An die Aufgabe 18 + 7 wagt er sich heran und löst sie über die Analogie zur 8 + 7, was er auch begründen kann.

Inhaltliche Gemeinsamkeiten und Abweichungen

Wie beim Typus des *Zählers mit mechanisch orientierten Abweichungen* sind auch diese Fälle hier sehr heterogen. Während Yannik alle drei Lösungswerkzeuge ungefähr zu gleichen Teilen nutzt, gibt es andere Kinder dieses Typus, die ihre Lösungswege nur auf zwei Werkzeuge verteilen: Zählen und Faktenabruf oder Zählen und strategische Werkzeuge.

Gemeinsam ist allen Fällen, dass ihre Argumentationen sowohl substanziell als auch analytisch-beziehungsorientiert sind.

Es entsteht der Eindruck, dass diese Kinder vorsichtige Versuche mit der Ablösung vom Zählen hin zum Erkennen von Beziehungen machen, wenngleich dem Erkennen teilweise auch keine Anwendung folgt. Dieses erste versuchsweise Sehen, Erkennen und Anwenden von Beziehungen bildet den grundlegenden Unterschied zum Typus des *Zählers mit mechanisch orientierten Abweichungen*.

Der Zahlenraum bis hundert macht eher Angst und flößt Respekt ein.

Charakterisierung des Typus

Der Zähler mit beziehungsorientierten Abweichungen hat große Gemeinsamkeiten mit dem *Zähler mit mechanisch orientierten Abweichungen*: Beide Typen nutzen verschiedene Lösungswerkzeuge, wenngleich das Zählen noch überwiegt. Im Vergleich zum *Zähler mit mechanisch orientierten Abweichungen* argumentiert der *Zähler mit beziehungsorientierten Abweichungen* sowohl substanziell als auch analytisch-beziehungsorientiert und tastet sich damit an die Wahrnehmung und das Nutzen von Zahl-, Term- und Aufgabenbeziehungen heran.

Insgesamt betrachtet, ist dieser Typus als ein „Übergangstyp" auf dem Weg zum *Rechner* und damit zur Ablösung vom Zählen (Kapitel III 3) anzusehen.

Verteilung dieses Typus auf die verschiedenen Interviewdurchläufe

Int. 1	Luisa			
Int. 2		Lena*	Nida*	Manuela*
Int. 3				
Int. 4				Yannik*

Es wird deutlich, dass die Kinder nur kurzzeitig diesem Typus zugeordnet werden können. Drei der Kinder entwickelten sich im Laufe des Schuljahres zu Rechnern. Ein Kind nahm erst zu Beginn des zweiten Schuljahres Beziehungen in den Blick und konnte damit diesem Typus zugeordnet werden.

Alle mit Stern (*) gekennzeichneten Kinder erhielten während des Schuljahres Aktivitäten zur Schulung des Zahlenblicks.

1.1.8 Der versuchsweise beziehungsorientierte Rechner – ein Zwischentypus

Ein Prototypus[54]

Lars löst viele der gestellten Aufgaben richtig. Dafür nutzt er verschiedene strategische Werkzeuge sowie Faktenwissen. Das Zählen spielt für ihn keine Rolle mehr. Der nach außen flexible Umgang mit den strategischen Werkzeugen spiegelt sich jedoch noch nicht durchgehend in seinen Argumentationen. Diese sind zu gleichen Teilen substanziell und analytisch-beziehungshaltig. Obwohl er beim Lösen Beziehungen zu nutzen scheint, kann er sie nicht durchgängig verbalisieren. Es wird deutlich, dass sie nur latent vorhanden sind und noch nicht reflektiert genutzt werden; Lars

---

54 Die Beschreibung des Prototyps stammt aus dem zweiten Interview, da dieser Typus ausschließlich zu diesem Zeitpunkt auftritt.

scheint vielmehr hin und wieder mit beziehungshaltigen analytischen Argumentationen zu experimentieren.

Inhaltliche Gemeinsamkeiten und Abweichungen

Alle Kinder, die diesem Typus zugeordnet werden können, nutzen verschiedene strategische Werkzeuge und lösen in der Regel keine Aufgaben mehr zählend. Die Automatisierung von Fakten ist innerhalb dieser Gruppe sehr heterogen. Während das eine Kind sehr häufig Fakten nutzt, kennt ein anderes noch sehr wenige Ergebnisse auswendig. Grundsätzlich werden jedoch viele der gestellten Aufgaben richtig gelöst.

Bezüglich der Argumentationen zeigt sich dieser Typus sehr homogen. Wie bei Lars werden zwar wechselnde strategische Werkzeuge genutzt, können aber nur teilweise analytisch-beziehungsorientiert begründet werden. Insgesamt ist bei Kindern dieses Typus das Sehen und Nutzen von Zusammenhängen und Strukturen zwar vorhanden, kann jedoch nicht immer bewusst verbalisiert werden.

Im Vergleich zum Typus des *Zählers mit beziehungsorientierten Abweichungen* lösen Kinder dieses Typs die Aufgaben ausschließlich über strategische Werkzeuge und das Abrufen von Fakten. Zählen spielt bei ihnen keine Rolle mehr. Die Art der Argumentationen ist bei beiden Typen ähnlich. Im Vergleich zum *flexiblen Rechner* werden zwar ähnlich viele Aufgaben gelöst und dies auch mit wechselnden strategischen Werkzeugen, jedoch auf einer deutlich weniger beziehungsorientierten Argumentationsebene.

Charakterisierung des Typus

Der *versuchsweise beziehungsorientierte Rechner* nutzt zahlreiche verschiedene strategische Werkzeuge, sowie das Abrufen von Fakten. Insgesamt löst er viele der gestellten Aufgaben sicher. Seine Argumentationen sind sowohl substanziell als auch analytisch-beziehungsorientiert. Er kann sich also nur bedingt bewusst auf Beziehungen berufen.

Verteilung dieses Typus auf die verschiedenen Interviewdurchläufe

Int. 1			
Int. 2	Lars*	Tobias	Viktor*
Int. 3			
Int. 4			

Dieser Typus kommt ausschließlich im zweiten Interview vor und stellt daher einen Übergangstypus dar. Alle drei Kinder finden sich zum Zeitpunkt des dritten Interviews in anderen Typen wieder: dem *beziehungsorientierten Rechner*, dem *flexiblen Rechner* und dem *verfahrensorientierten Rechner*. Dieser Typus kann also sowohl zum mechanischen als auch zum flexiblen Vorgehen führen – vermutlich abhängig von der Art der Förderung im Unterricht.

Die mit Stern (*) gekennzeichneten Kinder erhielten während des Schuljahres Aktivitäten zur Schulung des Zahlenblicks.

1.1.9 Der beziehungsorientierte Rechner – ein Zwischentypus

Ein Prototypus

Nida rechnet mehr als die Hälfte aller gestellten Aufgaben richtig. Dabei nutzt sie verschiedene strategische Werkzeuge. Sie kann aber auch Aufgaben über das Abrufen von Fakten lösen. Das Zählen spielt bei Nida keine Rolle mehr. Ihre Argumentationen machen deutlich, dass sie beim Lösen Zahl-, Term- und Aufgabenmerkmale wahrnimmt und diese auch verbalisieren kann.

In zwei Fällen (18 + 7, 91 + 4) wagt sie sich auch an Aufgaben im Zahlenraum bis hundert heran und kann diese richtig lösen.

Inhaltliche Gemeinsamkeiten und Abweichungen

Dieser Typus ist sowohl hinsichtlich der Lösungshäufigkeit als auch der Lösungswerkzeuge heterogen. In der Regel haben alle Kinder dieses Typus ungefähr die Hälfte aller gestellten Aufgaben richtig gelöst. Dabei können überwiegend sowohl strategische Werkzeuge als auch das Abrufen von Fakten eine Rolle spielen; im Vergleich zum Vorgehen von Nida können hin und wieder auch noch zählende Lösungswege vorkommen. In allen Fällen werden jedoch wechselnde strategische Werkzeuge genutzt.

Alle Kinder dieses Typus nutzen überwiegend analytische beziehungsorientierte Argumentationen. Dies macht deutlich, dass der Blick beim Rechnen stark auf Beziehungen und Strukturen gelenkt ist und diese Zusammenhänge auch ausgedrückt werden können.

Die Übertragung in den Zahlenraum bis hundert gelingt – anders als bei Nida – in der Regel eher nicht. Insgesamt scheinen die Zahlen in diesem Bereich noch sehr „bedrohlich" zu wirken, so dass die Kinder erst gar nicht den Versuch machen, diese Aufgaben zu lösen.

Charakterisierung des Typus

Der *beziehungsorientierte Rechner* löst ungefähr die Hälfte aller Aufgaben. Dafür nutzt er überwiegend strategische Werkzeuge oder das Abrufen von Fakten. Das Zählen ist noch nicht vollständig abgelöst, spielt aber eine deutlich untergeordnete Rolle. Die strategischen Werkzeuge setzt er abhängig von Zahl- und Aufgabenmerkmalen ein und kann dies auch analytisch argumentativ darstellen. Im Zahlenraum bis hundert zeigt er sich noch unsicher.

Verteilung dieses Typus auf die verschiedenen Interviewdurchläufe

Int. 1	Lars*	Sophie*	Noah*				
Int. 2				Amelie*			
Int. 3		Noah*			Manuela*	Nida*	Viktor*
Int. 4		Noah*				Nida*	Andrija*

Dieser Typus tritt in allen vier Interviewdurchläufen auf. Bis auf Noah, der dauerhaft in diesem Typus verweilt, ist er für die übrigen Kinder ein Übergangsstadium – in der Regel auf dem Weg zum *flexiblen Rechner* (Kapitel III 1.1.3).

Auffallend ist, dass in diesem Typus ausschließlich Kinder aus den Klassen zu finden sind, in denen während des gesamten ersten Schuljahres kontinuierlich mit Aktivitäten zur Schulung des Zahlenblicks gearbeitet wurde (mit Stern * gekennzeichnet).

1.2 Einordnung der Typen in die Theorie

Die vorgenommene Typenbildung bestätigt einige Befunde der allgemeinen fachdidaktischen Diskussion (Teil I), zeigt aber auch Unterschiede. Die folgende Tabelle (Abb. 1.2) skizziert einen Überblick über die in der Literatur beschriebenen typischen Vorgehensweisen im Vergleich zu den in dieser Studie entwickelten Typen. Im Anschluss werden die Zusammenhänge detaillierter ausgeführt.

Der Zähler*	Zählen als Entwicklungsstufe auf dem Weg zum Rechnen unter anderem bei Baroody 1987b; Fuson 1982, 1992a; Weißhaupt/Peucker 2009; Siegler/Jenkins 1989; Wilson/Dehaene 2007
	Verfestigtes Zählen als Symptom für die Entwicklung von besonderen Schwierigkeiten beim Mathematiklernen (u.a. Gerster 2007, 12; Gray 2008; Kaufmann/Wessolowski 2006; Schipper 2002; 2005a; Wessolowski 2010)
	Gaidoschik (2010) differenziert zwei Typen: „Vorwiegend zählendes Rechnen ohne Ableiten" (490) und „Strategie-Mix mit hohem Anteil von Zählstrategien ohne Ableiten" (508 ff.).
Zähler mit Abweichungen (wird in dieser Studie weiter ausdifferenziert – siehe unten)	Carpenter und Moser (1984); Gray beschreibt diese Vorgehensweise vorwiegend bei Kindern mit Schwierigkeiten beim Rechnenlernen (1991)
	Gaidoschik (2010) beschreibt verschiedene Typen, die mit dem Zähler mit Abweichungen zu vergleichen sind: „Ableiten und persistierendes zählendes Rechnen" (ebd., 497) , „Vorwiegend zählendes Rechnen mit Ableiten" (ebd., 505) und „Hohe Merkleistung ohne Ableiten" (ebd., 482); Mulligan beschreibt Kinder mit oberflächlichem Verständnis (2011)
Zähler mit mechanisch orientierten Abweichungen	Dieser Typus ist in der Literatur bisher nicht zu finden.
Zähler mit beziehungsorientierten Abweichungen	Dieser Typus ist in der Literatur bisher nicht zu finden.
Der Rechner (wird in dieser Studie weiter ausdifferenziert – siehe unten)	„Faktenabruf und fortgesetztes Ableiten" (Gaidoschik 2010, 476 ff.)
Der verfahrensorientierte Rechner	Klein, Beishuizen und Treffers (1998)
Der mechanische Rechner	Klein, Beishuizen und Treffers (1998)
Der versuchsweise beziehungsorientierte Rechner	Dieser Typus ist in der Literatur bisher nicht zu finden.
Der beziehungsorientierte Rechner	Dieser Typus ist in der Literatur bisher nicht zu finden.
Der flexible Rechner	Das Verständnis von diesem Typus ist abhängig von der zugrunde liegenden Definition von Flexibilität: er ist unter anderem beschrieben von Heinze, Markisch und Lipowsky 2009; Torbeyns et al. 2005, 2009a, 2009b; Rathgeb-Schnierer 2006a, 2010d, 2011; Rathgeb-Schnierer/Green 2013; Selter 2000; Verschaffel et al. 2007
Der Experte	Dieser Typus wird als wünschenswertes Ziel zum Ende der ersten Klasse beschrieben, unter anderem von Gaidoschik (2012); Gerster (1994); Gerster/Schultz (1998); Wittmann/Müller (1990).

* Die in vorliegender Untersuchung gefundenen Typen sind kursiv gedruckt.

Abb. 1.2: Vergleich typischer Vorgehensweisen in der Literatur und in vorliegender Untersuchung

Der Zähler

Der Typus *des Zählers* ist in der Literatur wiederholt und ausführlich beschrieben. Durchweg werden verschiedene Zählstrategien als normale Entwicklungsstufe und Ausgangspunkt für die Rechenentwicklung vor und zu Beginn der Grundschulzeit ausgeführt (u.a. Baroody 1987b; Fuson 1982, 1992a; Weißhaupt/Peucker 2009) (Kapitel I 1.1). Demgegenüber stehen Kinder, die noch am Ende des ersten und zu Beginn des zweiten Schuljahres die überwiegende Anzahl aller Aufgaben des kleinen Einspluseins zählen. Sie werden als verfestigte Zähler bezeichnet (u.a. Gerster 2007, 12 ff.; Gray 2008, 88 ff.; Kaufmann/Wessolowski 2006, 47 ff.; Schipper 2002, 250; 2005a, 6; Wessolowski 2010, 20) (Kapitel I 7 und 8). Dies zeigt sich auch in dieser Studie bei den Zuordnungen zum Typus *Zähler*. Im Januar und Februar befinden sich noch einige Kinder im Stadium des *Zählers*, die sich aber bis zum nächsten, spätestens übernächsten Interviewdurchlauf weiter entwickeln können. Allerdings lassen sich auch Kinder (Tim und Moritz) finden, die zum Ende des ersten und zu Beginn des zweiten Schuljahres alle Aufgaben ausschließlich zählend lösen und in ihren Argumenten keinerlei Blick für Beziehungen zeigen. Sie sind als *Zähler* im Sinne des verfestigten Zählens zu bezeichnen.

Auch in Bezug auf die typischen Verhaltensweisen von *Zählern* herrscht weitgehend Einigkeit. Gray und Tall (1994, 117 ff.) sowie Gray (2008, 87 ff.) beschreiben, dass zählende Kinder Aufgaben ausschließlich als Aufforderung zum Zählen wahrnehmen. Dabei nutzen sie verschiedene Zählstrategien, zum Ende des Schuljahres überwiegend das Weiterzählen vom größeren Summanden (u.a. Fuson 1982, 1992a; Siegler/Jenkins 1989; Wilson/Dehaene 2007). Weißhaupt und Peucker (2009) schildern ebenfalls, dass verfestigt zählende Kinder den Sprung von der Betrachtung eines Terms als Aufforderung zum Zählen hin zur Idee der Betrachtung als Ausdruck eines Terms mit Blick auf Beziehungen nicht leisten. Diese Einschätzung wird auch in dieser Studie durch die Äußerungen der Kinder im dritten und vierten Interview gestützt. Tim und Moritz reagieren auf alle Aufgaben ausschließlich zählend. Von diesem Vorgehen weichen sie in der Regel nicht ab, selbst wenn sie die Aufgabe vielleicht anders lösen könnten.

Bei Gaidoschik (2010, 490 ff.) taucht der Typus „vorwiegend zählendes Rechnen ohne Ableiten" (ebd., 490) auf. Er ordnet diesem Typus am Ende des ersten Schuljahres knapp ein Viertel aller untersuchten Kinder zu. Darüber hinaus beschreibt er einen Typus „Strategie-Mix mit hohem Anteil von Zählstrategien ohne Ableiten" (ebd., 508 ff.). Kinder, die hier zugeordnet werden, lösen im Zahlenraum bis zehn die Aufgaben teilweise auch durch das Abrufen von Fakten. Aufgaben mit Zehnerübergang werden aber in der Regel zählend gelöst (Kapitel I 2.2). Diesem Typus werden 17% aller Kinder zugeordnet. Fasst man beide Typen zusammen, so sind etwas mehr als 41% (ebd., 519) aller Kinder dieser Studie in ihrem Vorgehen als überwiegend zählend einzuordnen. Die prozentualen Aussagen lassen sich mit den Ergebnissen in vorliegender Studie nur schwer vergleichen, da hier die Größe der Stichprobe zu klein ist. Hinzu kommt, dass in der Studie von Gaidoschik ein eher traditioneller

Unterricht vorherrschte, während in vorliegender Untersuchung durchweg Klassen ausgewählt wurden, in denen forschend gelernt wurde (Kapitel I 5.4 und Kapitel II 4.1). Auffällig ist aber dennoch, dass kein Kind, das sich während des ersten Schuljahres mit Aktivitäten zur Zahlenblickschulung auseinandergesetzt hat, am Ende der ersten Klasse oder zu Beginn der zweiten noch als *Zähler* zu bezeichnen war.

Evidenzbasiert zeigen die Beschreibungen der Zahlaspekte zum Rechnenlernen, dass sowohl algebraische als auch Größen-Vorstellungen für einen umfassenden Zahlbegriff notwendig sind (Kapitel I 3). Um beziehungshaltig agieren zu können, sind relationale Vorstellungen von größter Bedeutung. Für das Rechnen entwickeln sich diese überwiegend im Rechenzahl- und Maßzahlaspekt. Die Lösungswegbeschreibungen des *Zählers* zeigen, dass er im Bereich der Zählzahl mit Verbindungen zur Kardinalzahl agiert: zählt er auf rein sprachlicher Ebene, entspricht dieses Vorgehen ausschließlich der Zählzahl, zieht er zum Abzählen Objekte heran, entspricht dies einer Verbindung des Zählzahl- und Kardinalzahlaspekts.

Es wird deutlich, dass der Typus *des Zählers*, der in dieser Untersuchung zutage trat, durch bereits vorhandene Theorien gestützt wird. Auch die Veränderung der Einschätzung des Typus im Laufe der ersten Klasse wird theoretisch so beschrieben (siehe oben):

- Zu Beginn und in der Mitte des ersten Schuljahres kann das zählende Lösen eine durchaus gängige Vorgehensweise sein.
- Gegen Ende des ersten Schuljahres und zu Beginn der zweiten Klasse wird *der Zähler*, wenn die Ablösung vom Zählen nicht gelungen ist, zum verfestigten zählenden Rechner mit hohem Risiko der Entwicklung von andauernden Schwierigkeiten.

Der Zähler mit Abweichungen

Auch dieser Typus scheint geläufig zu sein. Er taucht in verschiedenen Studien auf:

Carpenter und Moser (1984, 189 ff.) schildern Kinder, die während ihres Rechenlernprozesses zwischen den Lösungswerkzeugen wechseln und dabei neben einem Hauptweg mit verschiedenen Zählstrategien sowohl Faktenwissen als auch strategische Werkzeuge einsetzen. Entsprechende Beobachtungen zeigen sich auch in vorliegender Untersuchung. Es handelt sich dabei um erste, teilweise sehr zögerliche Abweichungen von einem zählenden Hauptweg.

Gray (1991, 555) berichtet, dass insbesondere schwache Kinder auf zählende Strategien ausweichen anstatt auf Ableitungen zurückzugreifen, wenn sie die Aufgabe nicht abrufen können. Er spricht von einer Lösungshierarchie, der das Kind während des Lösungsprozesses folgt. Das bedeutet, dass zunächst bevorzugte Lösungswege verfolgt werden und nur wenn diese nicht zum Ziel führen, auf einen in der Hierarchie tiefer angesiedelten Lösungsweg zurückgegriffen wird (Kapitel I 2.2). Für Kinder vom Typus des *Zählers mit Abweichungen* bedeutet dies, dass sie in der

Regel, sofern sich nicht unmittelbar ein anderer Weg aufdrängt, auf Zählstrategien zurückgreifen.

Gaidoschik (2010, 497 ff.) beschreibt zwei verschiedene Typen, in denen Kinder zusammengefasst werden, die am Ende des ersten Schuljahres im Zahlenraum bis zehn teilweise auch strategische Werkzeuge nutzen oder Fakten abrufen können und im Zahlenraum bis zwanzig überwiegend zählend vorgehen[55]: „Ableiten und persistierendes zählendes Rechnen" (ebd., 497), sowie „Vorwiegend zählendes Rechnen mit Ableiten" (ebd., 505). Wie bei Gaidoschik (2010, 517 f.) finden sich auch in der vorliegenden Studie Kinder, die „die von ihnen angewandten Ableitungsstrategien *nicht als prinzipiell gültig* verstanden haben" (ebd., 517). Beispielsweise nutzt in der hier vorgestellten Untersuchung Sophie während des ersten Interviews strategische Werkzeuge, die sie nicht zwingend auf andere Aufgaben übertragen und auch nicht detailliert erläutern kann. Dies zeugt davon, dass sie ihre Vorgehensweise nicht vollständig versteht und eindeutig nachvollziehen kann. In dieser Untersuchung wird eine solche Vorgehensweise als verfahrensorientiert bezeichnet, da sie einerseits nicht übertragbar und andererseits unreflektiert ist.

Darüber hinaus findet sich bei Gaidoschik der Typus „Hohe Merkleistung ohne Ableiten" (Gaidoschik 2010, 482). Kinder dieses Typus lösen Aufgaben im Zahlenraum bis zehn überwiegend durch Faktenabruf. Gelingt ihnen das nicht, so zählen sie. Sie nutzen weder im Zahlenraum bis zehn noch bis zwanzig strategische Werkzeuge. Vereinzelt konnten diese Kinder auch in vorliegender Untersuchung gefunden werden und zeigten sich hier als *Zähler mit mechanisch orientierten Abweichungen*.

Mulligan (2011, 35) beschreibt Kinder, die zwar einfache additive Aufgaben über Hilfsmittel oder symbolisches Manipulieren lösen können, jedoch ohne dabei den Blick auf Zusammenhänge und Strukturen zu richten.

Da bei der vorliegenden Studie mit Blick auf die Theorie zum flexiblen Rechnen zusätzlich zur Ablösung vom Zählen auch der Grad des Nutzens von Beziehungen berücksichtigt wurde (Kapitel I 5.4 und Kapitel II 1), konnten beim *Zähler mit Abweichungen* zwei Typen unterschieden werden: der *Zähler mit mechanisch orientierten Abweichungen* und der *Zähler mit beziehungsorientierten Abweichungen* (Kapitel III 3).

Der Rechner

Bei Gaidoschik (2010, 476 ff.) findet sich der Typus „Faktenabruf und fortgesetztes Ableiten". Kinder, die hier zugeordnet werden, lösen am Ende der ersten Klasse die Aufgaben im Zahlenraum bis zehn überwiegend durch Faktenabruf oder mittels strategischer Werkzeuge. Im Zahlenraum bis zwanzig unterscheidet sich der Typus in der Vorgehensweise. Hierbei gibt es sowohl Kinder, die Aufgaben mit Zehner-

---

55 Eine genaue Unterscheidung zwischen diesen beiden Typen findet sich in Kapitel I 2.2

übergang zählend lösen als auch solche, die mithilfe strategischer Werkzeuge vorgehen.

Dieser Typus kommt in der hier vorgestellten Untersuchung explizit nicht vor, da bei der Einteilung der *Rechner* zusätzlich verschiedene Gesichtspunkte berücksichtigt wurden:

- die Lösungshäufigkeit,
- die Zuhilfenahme verschiedener strategischer Werkzeuge,
- die Beziehungsorientierung in den Argumentationen.

Diese Ausdifferenzierung ermöglicht eine Unterscheidung in folgende Typen:
- *der verfahrensorientierte Rechner*
- *der mechanische Rechner*
- *der versuchsweise beziehungsorientierte Rechner*
- *der beziehungsorientierte Rechner*
- *der flexible Rechner*

Der verfahrensorientierte oder mechanische Rechner

Klein, Beishuizen und Treffers (1998) verglichen in ihrer Untersuchung zwei verschiedene Unterrichtssettings zur Addition und Subtraktion im Zahlenraum bis hundert. Dabei zeigte sich, dass Kinder, die zunächst einen Hauptrechenweg und erst später verschiedene weitere Strategien kennenlernen dazu neigen, mechanisch diesen einen Weg zu nutzen und nur in seltenen Fällen davon abweichen (ebd., 460 f.).

Schipper (2005b) verweist auf die Notwendigkeit bei der Förderung bereits zählender Rechner „ein Verfahren auszuwählen, das einerseits *universell* ist, andererseits *fortsetzbar*" (ebd., 43 f.; Hervorhebung im Original) und plädiert damit für die Einführung des Ergänzens zur Zehn.

Der flexible Rechner oder Experte

Die Entwicklung flexibler Rechenkompetenzen wird in der Literatur allgemein als wichtiges Ziel angesehen. Hier existieren allerdings große Unterschiede sowohl in der Charakterisierung des flexiblen Rechnens (Kapitel I 5.2) als auch bei den Vorstellungen, wie flexibles Rechnen entwickelt werden kann (Kapitel I 5.3).

Die Zuordnung zum Typus des *flexiblen Rechners* ist stark abhängig von der zugrunde liegenden Definition. Torbeyns et al. (2005, 2009a, 2009b) sowie Heinze, Markisch und Lipowsky (2009) verbinden mit flexiblem Rechnen im wesentlichen Lösungsrichtigkeit und Lösungsgeschwindigkeit (Kapitel I 5.1.2). Damit richten sie den Blick auf die Lösungswerkzeuge. Würde ausschließlich auf die Lösungswerkzeuge fokussiert, so könnte in dieser Untersuchung auch der Typus *des verfahrensorientierten Rechners* und der des *versuchsweise beziehungsorientierten Rechners* als flexibel bezeichnet werden. Kinder beider Typen weichen durchaus von einem Hauptlösungsweg ab. Allerdings können sie Abweichungen eher nicht (im Fall des *verfahrensorientieren Rechners*) oder nur teilweise (im Fall des *versuchsweise beziehungsorientierten Rechners*) durch Beziehungen stützen, vielmehr argumentieren sie zum Teil entweder mit einem erlernten Verfahren oder sie ziehen sich auf substanzielle Argumente zurück. Würde hingegen mit aufgabenadäquatem Handeln nur die Lösungsgeschwindigkeit verbunden (wie dies partiell bei standardisierten Tests der Fall ist – Kapitel II 4.2), so könnten eventuell nicht alle Kinder des Typus *flexibler Rechner* in vorliegender Untersuchung als solche bezeichnet werden. Lena beispielsweise ist ein Kind, das ausschließlich Zahl-, Term- und Aufgabenbeziehungen wahrnimmt, diese nutzen kann und sie für ihre Argumentationen heranzieht. Hierfür benötigt sie aber eindeutig noch länger Zeit als beispielsweise Tobias, der als *mechanischer Rechner* alle Aufgaben durchweg mit einem Verfahren löst.

Rathgeb-Schnierer (2006a, 267 ff.) zieht eine andere Definition heran, wenn sie eine Variante „im Lösungsverhalten" (ebd.„ 267) beschreibt, in der „verschiedene aufgabenadäquate Rechenwege" genutzt werden. Sie führt aus, dass Kinder in dieser Variante sowohl Zahl-, Term- und Aufgabenbeziehungen nutzen als auch beziehungsorientiert argumentieren (ebd., 270). Diese Variante entspricht im Wesentlichen dem Typus des *flexiblen Rechners* in der vorliegenden Studie (vgl. Rathgeb-Schnierer/Green 2013).

Es wird deutlich, dass jeweils von verschiedenen Definitionen von Flexibilität ausgegangen wird. Daher sind auch die Beschreibungen zum *flexiblen Rechner* nur bedingt miteinander zu vergleichen.

In Verbindung mit flexiblen Rechenkompetenzen wird vermehrt die Entwicklung von konzeptuellem Wissen diskutiert. Siegler (2003) stellt heraus, dass viele Kinder Verfahren lernen, ohne sie wirklich verstanden zu haben, und diese daher in neuen Situationen nicht adäquat anwenden können. Auch Gaidoschik stellt die Forschungshypothese auf, dass „Kinder mit höherem konzeptionellen Wissen" (2010, 524) deutlich mehr Aufgaben mit Zehnerübergang mithilfe von strategischen Werkzeugen lösen können, als Kinder mit weniger konzeptionellem Wissen. Diese Hypothese kann durch die Ergebnisse der vorliegenden Untersuchung gestützt werden: Die Anzahl der insgesamt gelösten Aufgaben der Kinder, die den Typen des *verfahrensorientierten* oder *mechanischen Rechners* zugeordnet werden konnten, ist durchweg geringer als beim *flexiblen Rechner* oder *Experten*. Vor allem zeigen die *flexiblen Rechner* und insbesondere die *Experten* deutlich höhere Fähigkeiten ihr Wissen auf den Zahlenraum bis hundert zu übertragen. Dies spricht dafür, dass diese Kinder über mehr konzeptionelles und damit übertragbares Wissen verfügen.

Ein dritter Aspekt in Verbindung mit flexiblem Rechnen ist die Automatisierung des kleinen Einspluseins als wesentliches Ziel der ersten Klasse (u.a. Gaidoschik 2012, 11; Gerster 1994, 46; 2000, 373; Wittmann/Müller 1990, 46). Die Entwicklung strategischer Werkzeuge unterstützt die zunehmende Automatisierung der Grundaufgaben und stellt damit die Überwindung einer wesentlichen Hürde auf dem Weg zum Rechnen dar (Kapitel I 2.3). In vorgestellter Untersuchung haben die *Experten* dieses Ziel erreicht.

Aus theoretischer Perspektive wird deutlich, dass für die Entwicklung flexiblen Rechnens ein umfassendes Verständnis der Zahlaspekte Voraussetzung ist. Dazu gehört die Entwicklung der Stränge: der algebraischen Vorstellung und der Größen-Vorstellung sowie sprachlicher Ausdrucksformen. Dabei findet sich die Entwicklung von Zahl-, Term- und Aufgabenbeziehungen auf der Ebene des Rechenzahl- und Maßzahlaspekts mit Unterstützung durch den Systemzahlaspekt wieder.

Die Lösungswegbeschreibungen und -begründungen des *flexiblen Rechners* und des *Experten* zeigen deutlich, dass sie auf relationaler Ebene flexibel mit diesen Aspekten umgehen und ihr Vorgehen analytisch-beziehungsorientiert begründen können.

Fazit

Vergleicht man die bisherige mathematikdidaktische Diskussion mit den in dieser Studie entwickelten Typen, so wird offensichtlich, dass der Blick bislang fast ausschließlich auf die Lösungswerkzeuge gerichtet wurde. Der Referenzrahmen – ob auf Verfahren oder Beziehungen zurückgegriffen wird – spielte eine stark untergeordnet Rolle. Gleichzeitig zeigt aber die hier entwickelte Typologie auch, dass die Berücksichtigung der Argumentationen einen differenzierteren Blick auf die Entwicklungen und auf die nötige begleitende Förderungen der Kinder erlaubt (Kapitel III 3). Diese veränderte Sicht hat zugleich großen Einfluss sowohl auf den regulären Unterricht als auch auf die Förderung von Kindern, die Schwierigkeiten beim Mathematiklernen zeigen (Kapitel „*Diskussion und Ausblick*").

2 Deskription und Interpretation der Entwicklungsverläufe

2.1 Unterschiedliche Entwicklungsverläufe beim Rechnenlernen

In der hier vorgestellten Untersuchung zeigt sich, dass die Kinder während des Beobachtungszeitraumes verschiedene Entwicklungsstufen (und damit Typen) durchlaufen. Bis zu Beginn des zweiten Schuljahres ist die Rechenkompetenzentwicklung bei den einzelnen Kindern daher entsprechend unterschiedlich. Für alle Typen, die zu Beginn des zweiten Schuljahres zu beobachten sind, können die zugehörigen Entwicklungsverläufe genauer beschrieben werden. Diese werden in schematisierten Ausschnitten des Schaubilds zur Typologie dargestellt. Zur besseren Lesbarkeit wird an dieser Stelle das Schaubild aus Kapitel III 1.1 (Seite 224, Abb. 2.1) erneut aufgeführt.

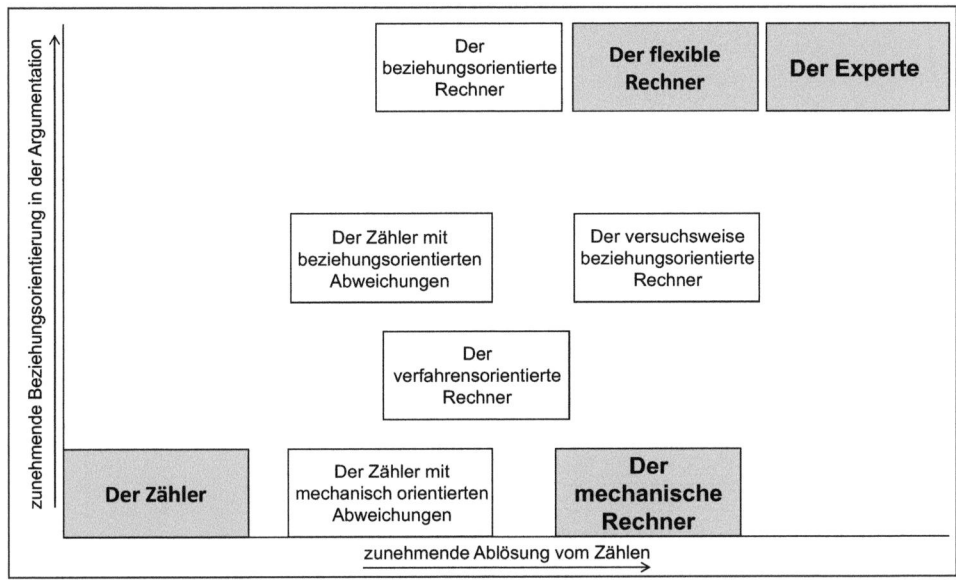

Abb. 2.1: Überblick über die verschiedenen Typen

2.1.1 Entwicklungsverläufe zum Zähler

Zu Beginn der zweiten Klassen (im vierten Interview) sind noch zwei Kinder als *Zähler* zu bezeichnen; es handelt sich folglich um *verfestigte Zähler* (Abb. 2.2). Interessant dabei ist, dass beide Kinder im Januar (erstes Interview) keine reinen *Zähler*, sondern *Zähler mit mechanisch orientierten Abweichungen* sind und damit gelegentlich auch andere Lösungswerkzeuge als das Zählen nutzen. Auch zum Zeitpunkt des zweiten Interviews im April bedienen sich beide gelegentlich eines strategischen Werkzeuges oder automatisierter Aufgaben. Allerdings können beide Kinder zu diesem Zeitpunkt keinerlei Beziehungen beschreiben. Kurz vor den Sommerferien im Juli (drittes Interview) werden sie verschiedenen Typen zugeordnet. Während Tim bereits ins verfestigte Zählen verfällt, kann Moritz als *Zähler mit beziehungsorientierten Abweichungen* identifiziert werden. Dies bedeutet, dass er sich vorsichtig tastend mit Beziehungen auseinandersetzt. Diese Entwicklung kehrt sich allerdings wieder um, so dass Moritz zu Beginn der zweiten Klasse alle Aufgaben im Zahlenraum bis zwanzig mechanisch zählend löst. Für diesen Rückschritt in der Entwicklung mag es verschiedene Gründe gegeben haben: Ein Grund könnte in der Unterbrechung durch die Sommerferien liegen; ein anderer könnte die Überforderung durch das wiederholende Üben zu Beginn der zweiten Klasse und die Erweiterung des Zahlenraums bis hundert sein.

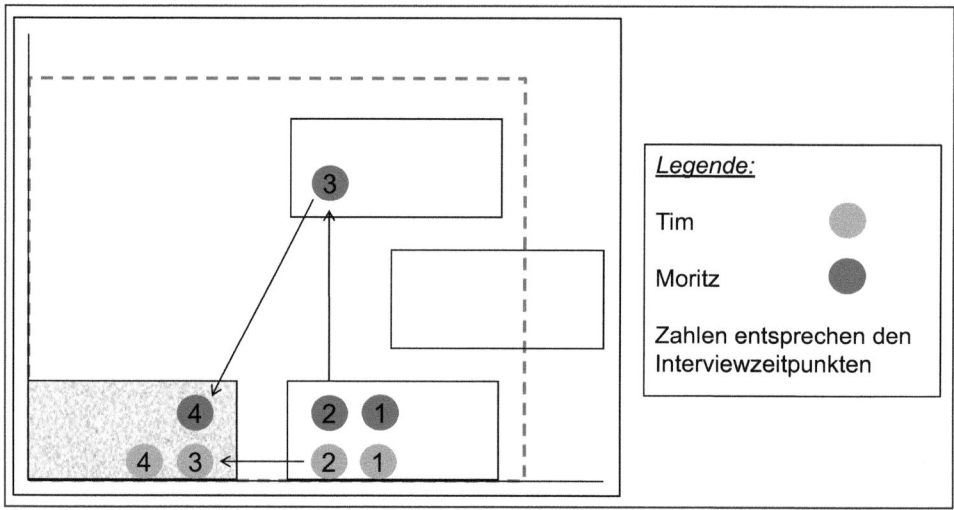

Abb. 2.2: Entwicklungsverläufe zum Zähler[56]

2.1.2 Entwicklungsverläufe zum Zähler mit mechanisch orientierten Abweichungen

Mit Ausnahme von Luisa entwickeln sich alle Kinder, die zum Zeitpunkt des vierten Interviews dem Typus des *Zählers mit mechanisch orientierten Abweichungen* entsprechen, bis April oder bis zum Ende des ersten Schuljahres vom *Zähler* zum *Zähler mit mechanisch orientierten Abweichungen*. Sie nutzen also teilweise strategische Werkzeuge und Faktenwissen. Luisa hingegen beginnt im Januar als *Zählerin mit beziehungsorientierten Abweichungen*, kann aber den Blick auf Beziehungen nicht weiterentwickeln, im Gegenteil: Sie ist zum Zeitpunkt des zweiten Interviews im April bereits dem Typus des *Zählers mit mechanisch orientierten Abweichungen* zuzuordnen.

Während dieser Typus für viele Kinder ein Ausgangs- oder Übergangstypus ist (Kapitel III 1.1), wird er für einige Kinder zur Sackgasse. Sie können sich von hier aus nicht zum *Rechner* entwickeln und stagnieren (Abb. 2.3).

Alle Kinder, die sich im Unterricht nicht explizit mit Aktivitäten zur Zahlenblickschulung beschäftigen und im April noch diesem Typus zuzuordnen sind, stagnieren in ihrer Entwicklung und verbleiben in diesem Typus oder entwickeln sich zum *Zähler*.

---

56 Die Punkte einer Farbe zeigen jeweils die Entwicklungen eines Kindes vom ersten bis vierten Interview. Dabei entsprechen die Zahlen den Interviewterminen von Januar bis zu Beginn der zweiten Klasse.

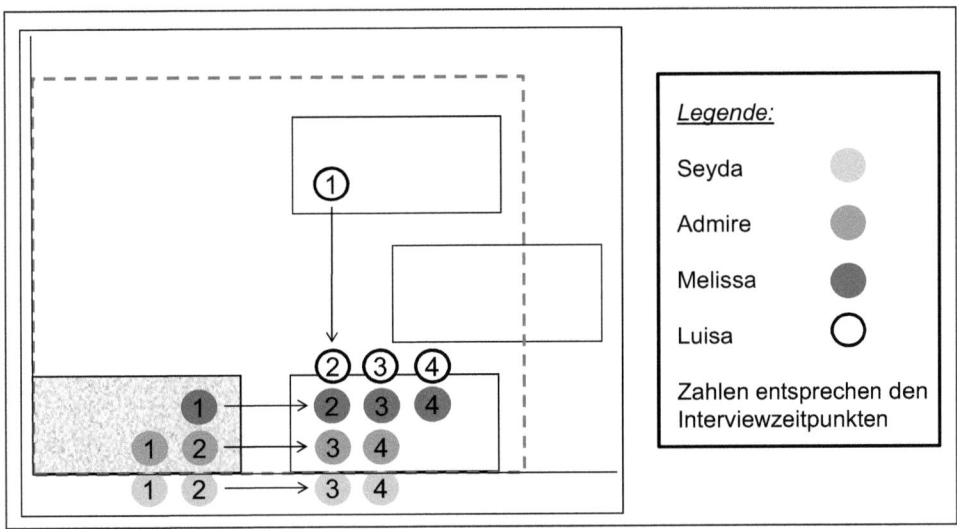

Abb. 2.3: Entwicklungsverläufe zum Zähler mit mechanisch orientierten Abweichungen

Obwohl diese Kinder über strategische Werkzeuge verfügen, diese vereinzelt nutzen sowie einzelne Aufgaben über Fakten abrufen, dominieren weiterhin die Zählstrategien. Es kann daher nicht von einer Ablösung vom Zählen gesprochen werden. Diese Beobachtung lässt vermuten, dass Rechnenlernen offensichtlich weit mehr als das Erlernen des Umgangs mit strategischen Werkzeugen bedeutet und mit dem Blick auf Zahl-, Term- und Aufgabenbeziehungen verbunden sein muss. Dieser ist daher insbesondere bei Kindern mit Schwierigkeiten beim Rechnenlernen gezielt anzuregen und zu fördern (Kapitel III 3).

2.1.3 Entwicklungsverlauf zum Zähler mit beziehungsorientierten Abweichungen

Diese Entwicklung ist nur in einem Fall zu beobachten (Abb. 2.4): Yannik löst noch im April (im zweiten Interview) alle Aufgaben zählend. Bis zum Ende des ersten Schuljahres im Juli (im dritten Interview) hat er einzelne Aufgaben automatisiert, die er auch nutzt. Er kann als *Zähler mit mechanisch orientierten Abweichungen* bezeichnet werden. Im Oktober, zu Beginn der zweiten Klasse, überwiegen zwar noch immer die zählenden Lösungsstrategien, jedoch nutzt Yannik vermehrt auch strategische Werkzeuge und nennt in seinen Argumentationen zunehmend Zahl- und Aufgabenmerkmale. Er entwickelt sich damit zum *Zähler mit beziehungsorientierten Abweichungen*.

Betrachtet man die Rechenentwicklungen anderer Kinder, die innerhalb ihrer Entwicklung diesem Typus zugeordnet sind, so kann er als Übergangstypus oder als erste Stufe auf dem Weg zum (flexiblen) Rechnen bezeichnet werden (Kapitel III 3). Damit kann vermutet werden, dass Yannik sich bei entsprechender schulischer Unterstützung durchaus noch zum Rechner entwickeln kann.

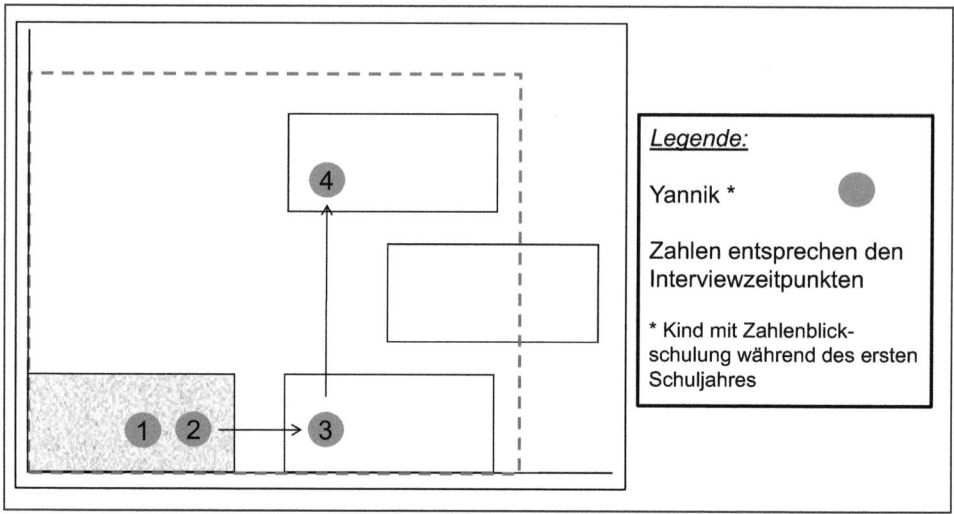

Abb. 2.4: Entwicklungsverlauf zum Zähler mit beziehungsorientierten Abweichungen

2.1.4 Entwicklungsverlauf zum verfahrensorientierten Rechner

Auch dieser Typus ist nur in einem einzigen Fall zu Beginn der zweiten Klasse zu finden (Abb. 2.5). Leon kann im Januar der ersten Klasse als *Zähler mit mechanisch orientierten Abweichungen* eingeordnet werden. Im April und am Ende der ersten Klasse zeigt er sich ausschließlich als *Zähler*. Zu Beginn der zweiten Klasse nach den Sommerferien agiert er als *verfahrensorientierter Rechner*: Er argumentiert ausschließlich mathematisch-analytisch. Wenngleich er als Lösungsweg lediglich das Ergänzen nutzt, bezieht er sich in seinen Argumentationen sowohl auf Verfahren als teilweise auch auf Beziehungen.

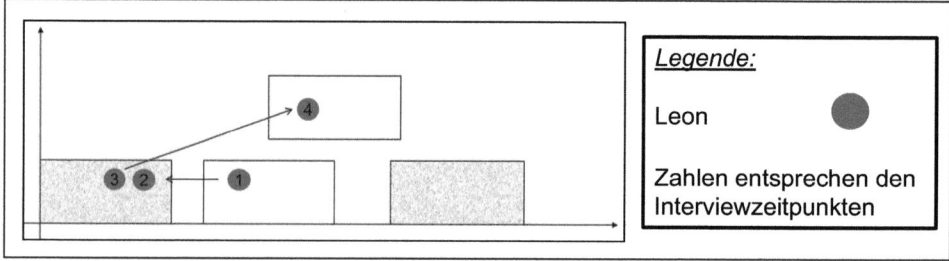

Abb. 2.5: Entwicklungsverlauf zum verfahrensorientierten Rechner

Leon zeigt zwar auf der Ebene der Lösungswerkzeuge keinen Wechsel, macht jedoch durch seine Argumentationen deutlich, dass er auch Beziehungen im Blick hat. Dies lässt vermuten, dass die Fähigkeit Beziehungen wahrzunehmen für die Ablösung vom Zählen grundsätzlich von Bedeutung ist. Allerdings scheint die Fähigkeit Zahl- und Aufgabenmerkmale zu sehen nicht zwingend mit einem Wechsel der strategischen Werkzeuge einher zu gehen (Kapitel III 3).

2.1.5 Entwicklungsverläufe zum mechanischen Rechner

Dieser Typus wird bei zwei Kindern zu Beginn der zweiten Klasse erkennbar, wobei sich die Gründe und Wege, die zu dieser Entwicklung führen, unterscheiden (Abb. 2.6):

Wie bei der Darstellung des Prototyps beschrieben, wird Amelie von ihrer Mutter angehalten, über das Ergänzen zu rechnen, was dazu führt, dass sie zwischen April und Juli ihr Vorgehen ändert und ausschließlich auf eine Lösungsstrategie, das Ergänzen zur Zehn, zurückgreift. Wie ihre Argumentationen zeigen, achtet Amelie zu diesen Zeitpunkten nicht mehr auf Zahl- und Aufgabenbeziehungen; sie argumentiert nun ausschließlich verfahrensorientiert.

Bei Tobias hingegen zeigt sich ein völlig anderes Bild auf dem Weg zum mechanischen Rechnen. Von einem Interview zum nächsten entwickelt er kontinuierlich seine Vorgehensweise und durchläuft verschiedene Typen: vom *Zähler mit mechanisch orientierten Abweichungen* zum *versuchsweise beziehungsorientierten Rechner*, über den *verfahrensorientierten Rechner* schließlich zum *mechanischen Rechner*. Es wird deutlich, dass Tobias die im April erworbene Fähigkeit – Zahl- und Aufgabenbeziehungen gelegentlich zu sehen und zaghaft zu nutzen – nicht ausbaut und sie sogar zunehmend wieder verliert. Entsprechend ändert er zwischen April und Juli auch seine Vorgehensweise beim Rechnen. Während er im April noch verschiedene strategische Werkzeuge nutzt, beschränkt er sich im Juli zunehmend auf das Rechnen durch Ergänzen, verbunden mit einer Entwicklung zu verfahrensorientierten Argumentationen. Zu Beginn von Klasse zwei muss Tobias als *mechanischer Rechner* bezeichnet werden, der im Zahlenraum bis zwanzig alle Aufgaben über das Ergänzen zur Zehn löst.

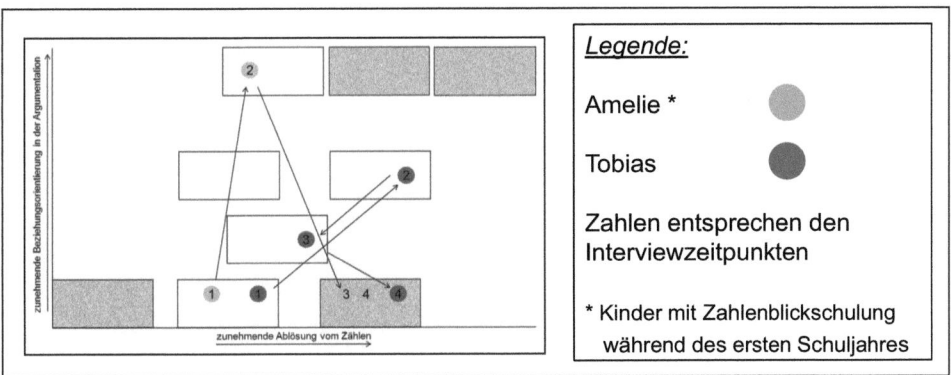

Abb. 2.6: Entwicklungsverläufe zum mechanischen Rechner

2.1.6 Entwicklungsverläufe zum beziehungsorientierten Rechner

Zu Beginn der zweiten Klasse können drei Kinder diesem Typus zugeordnet werden. Allen ist gemeinsam, dass sie überwiegend strategische Werkzeuge nutzen und intensiv auf Zahl-, Term- und Aufgabenbeziehungen achten. Dies drückt sich in ihren Argumentationen aus. Alle drei Kinder haben bereits früh begonnen, Zahl- und Aufgabenmerkmale wahrzunehmen und zu artikulieren (Abb. 2.7).

Noah kann bereits im Januar als *beziehungsorientierter Rechner* bezeichnet werden. Im zweiten Interview geht er überwiegend zählend vor und argumentiert vermehrt substanziell-personenbezogen und durch Beispiele. Im dritten und vierten Interview nutzt er erneut vorwiegend strategische Werkzeuge und argumentiert überwiegend analytisch-beziehungsorientiert.

Andrija entwickelt erst zwischen April und Juli Faktenwissen und beginnt strategische Werkzeuge einzusetzen. Seine Argumentationen sind hingegen weiterhin überwiegend substanziell-personenbezogen und durch einfache Beispiele veranschaulicht. Erst im Oktober zu Beginn des zweiten Schuljahres zeigt Andrija beim Sortieren und Begründen der Lösungswege überwiegend beziehungsorientierte analytische Argumentationen. Damit verbunden nutzt er zunehmend verschiedene strategische Werkzeuge.

Nida ist im Januar, zum Zeitpunkt des ersten Interviews, als zählende Rechnerin zu bezeichnen. Bis April entwickelt sie mehr und mehr Faktenwissen und beginnt zaghaft, neben dem Zählen auch strategische Werkzeuge zu nutzen. Dabei argumentiert sie versuchsweise auch analytisch-beziehungsorientiert, wenngleich sie sich zeitweise auch auf personenbezogene oder beispielhafte Aspekte zurückzieht. Zum Ende des Schuljahres im Juli erweitert Nida ihre strategischen Werkzeuge und richtet ihren Blick schließlich überwiegend auf Zahl-, Term- und Aufgabenbeziehungen. Diese kann sie detailliert verbalisieren und argumentativ belegen.

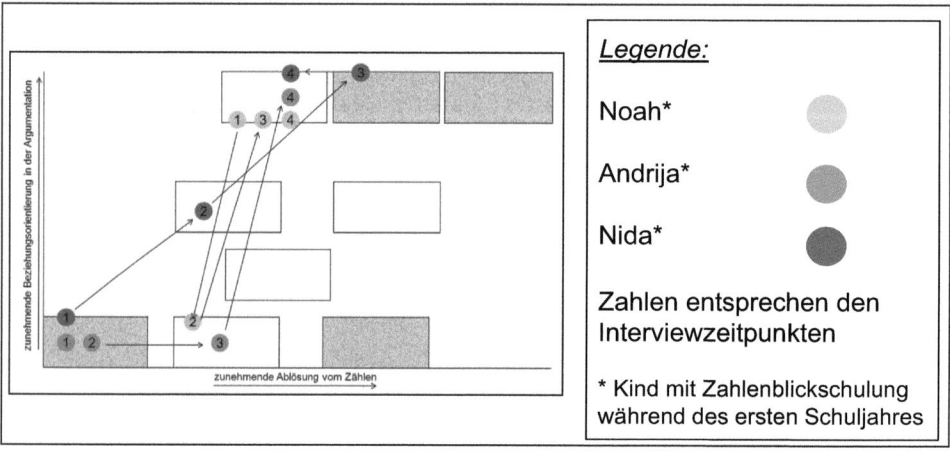

Abb. 2.7:   Entwicklungsverläufe zum beziehungsorientierten Rechner

2.1.7   Entwicklungsverläufe zum flexiblen Rechner

Auch Kinder, die spätestens im vierten Interview als *flexible Rechner* bezeichnet werden können, durchlaufen unterschiedliche Entwicklungen. Allen ist gemeinsam, dass spätestens zwischen April und Juli das Erkennen von Zahl-, Term- und Aufgabenmerkmalen bei den Argumentationen deutlich sichtbar wird. Das heißt, dass sich diese Kinder spätestens ab April zu *Zählern mit beziehungsorientierten Abweichungen* oder *versuchsweise beziehungsorientierten Rechnern* sowie zu *beziehungsorientierten Rechnern* entwickeln. Auch wenn beim *Zähler mit beziehungsorientierten Abweichungen* zählende Lösungsstrategien noch das dominierende Lösungswerkzeug sind und die Lösungshäufigkeit nur etwa bei der Hälfte aller Aufgaben liegt, machen sie mit der Wahrnehmung von Zahl- und Aufgabeneigenschaften den ersten wesentlichen Schritt in Richtung flexiblen Rechnens. Spätestens bis zu Beginn der zweiten Klasse nimmt bei all diesen Kindern neben der beziehungsorientierten Argumentation auch die Lösungshäufigkeit mit wechselnden strategischen Werkzeugen enorm zu, so dass sie als *flexible Rechner* bezeichnet werden können (Abb. 2.8).

Sophie kann bereits im Februar als „beziehungsorientierte Rechnerin" gelten. Das heißt, sie richtet ihren Blick vermehrt auf Beziehungen und Zusammenhänge und kann diese auch formulieren. Bis zum zweiten Interview im April entwickelt sie sich zur *flexiblen Rechnerin*. Sie löst die zu diesem Zeitpunkt gestellten Aufgaben schon flexibel, also beziehungsorientiert mithilfe verschiedener strategischer Werkzeuge. Bis zum vierten Interview bleibt sie innerhalb dieses Typus, wobei sie die Zahl der richtig gelösten Aufgaben kontinuierlich erhöht, bis sie ihre Kompetenzen im vierten Interview auch auf einige Aufgaben im Zahlenraum bis hundert übertragen kann.

Im Vergleich zu Sophie agiert Maxi im Januar noch als *Zähler mit mechanisch orientierten Abweichungen*. Im Verlauf des ersten Schuljahres nimmt er schließlich eine ähnliche Entwicklung wie Sophie. Auch er kann im April (zweites Interview) als *flexibler Rechner* bezeichnet werden, der beziehungsorientiert unter Zuhilfenahme verschiedener strategischer Werkzeuge vorgeht.

Auch Manuela beginnt als *Zählerin mit mechanisch orientierten Abweichungen* (wie Maxi); baut aber auf dem Weg zur *flexiblen Rechnerin* verschiedene „Zwischenstationen" ein: Im zweiten Interview im April zeigt Manuela hin und wieder beziehungsorientierte Argumentationen, wenngleich ihre Lösungswege noch überwiegend zählend sind. Bis zum dritten Interview im Juli hat sich Manuela zur Rechnerin entwickelt, die überwiegend beziehungsorientiert argumentiert und damit deutlich macht, dass sie sich auf Strukturen stützt. Zu Beginn der zweiten Klasse kann Manuela schließlich als *flexible Rechnerin* bezeichnet werden.

Ebenso wie Maxi und Manuela beginnt Lena als *Zählerin mit mechanisch orientierten Abweichungen* und entwickelt sich bis zum zweiten Interview im April ähnlich wie Manuela. Allerdings ist Lena schon im Sommer als *flexible Rechnerin* anzusehen, die auf Zahl-, Term- und Aufgabenbeziehungen zurückgreift und dies detailliert verbalisieren und begründen kann.

Auch Viktor beginnt im Februar als *Zähler mit mechanisch orientierten Abweichungen* und kann im April als *versuchsweise beziehungsorientierter Rechner* bezeichnet werden. Das zeigt sich daran, dass er zwar viele Aufgaben, auch mit verschiedenen strategischen Werkzeugen, löst, dies jedoch nicht argumentativ auf Beziehungen zurückführen kann. Dabei ist interessant, dass Viktor im dritten Interview im Juli vergleichsweise eher weniger Aufgaben löst, jedoch den Blick verstärkt auf Beziehungen richtet und diese auch begründen kann. Zu Beginn der zweiten Klasse entspricht Viktor schließlich dem Typus *flexibler Rechner*.

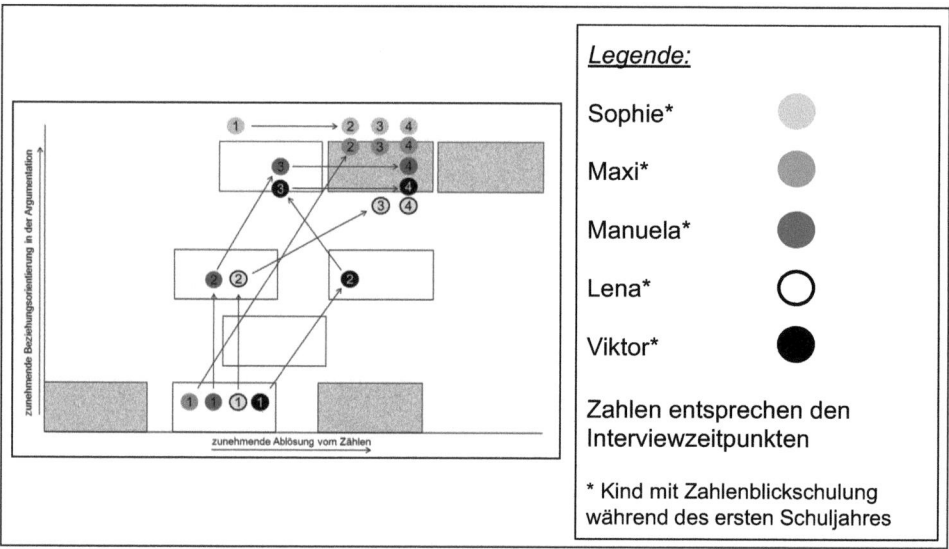

Abb. 2.8: Entwicklungsverläufe zum flexiblen Rechner

Trotz aller Unterschiede in den Entwicklungsverläufen, die zum flexiblen Rechnen führen, wird eine Gemeinsamkeit sichtbar: das Erkennen und Nutzen von Zahl-, Term- und Aufgabenbeziehungen verbunden mit dem Verbalisieren als ein wesentlicher Schritt bei der Entwicklung flexibler Rechenkompetenzen.

2.1.8 Entwicklungsverläufe zum Experten

Beide Kinder, die zu Beginn der zweiten Klasse als *Experten* bezeichnet werden können, sind zuvor in der Gruppe der *flexiblen Rechner* (Abb. 2.9).

Im Januar, zu Beginn der Interviews, argumentiert Lars bereits beziehungsorientiert. Im April beachtet er weniger Zahl-, Term- und Aufgabenbeziehungen zugunsten einer größeren Lösungshäufigkeit. Zum Ende des ersten Schuljahres kann er beide Aspekte – die Lösungshäufigkeit und die Wahrnehmung von Zahl- und Aufgabenmerkmalen – miteinander vereinen und wird damit zum *flexiblen Rechner*. Bis zu Beginn der zweiten Klasse entwickelt sich Lars schließlich zum *Experten*.

Maxim beginnt im Februar als *Zähler mit mechanisch orientierten Abweichungen*. Von dort aus entwickelt er sich schon bis April zum *flexiblen Rechner*. Zum Ende des ersten Schuljahres ist Maxim dem Typus des *Experten* zuzuschreiben.

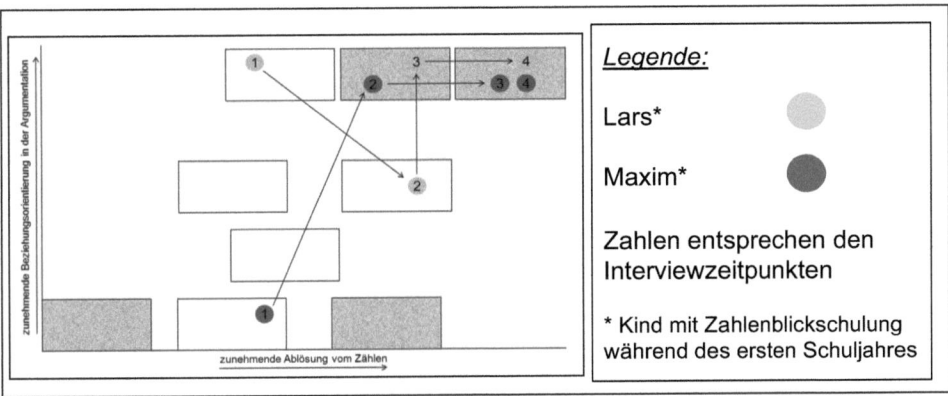

Abb. 2.9:   Entwicklungsverläufe zum Experten

2.2   Einfluss der Zahlenblickschulung auf die Rechenentwicklung

Im Folgenden werden Auffälligkeiten in den Entwicklungswegen der Kinder mit und ohne Zahlenblickschulung analysiert. Bei aller Individualität der Entwicklungsverläufe lassen sich doch auch Gemeinsamkeiten feststellen und mit dem Unterrichtssetting in Verbindung bringen.

Abbildung 2.10 zeigt die Entwicklungsverläufe der Kinder ohne unterstützende Aktivitäten zur Zahlenblickschulung.

Der Großteil der Kinder, die keine spezifischen Aktivitäten zur Zahlenblickschulung erhielten, verbleibt bei überwiegend zählenden Lösungsstrategien, auch wenn diese gelegentlich durch strategische Werkzeuge oder automatisierte Fakten ergänzt werden (s. die beiden oberen Schaubilder in Abb. 2.10). Insgesamt lösen diese Kinder auch zu Beginn der zweiten Klasse in der Regel höchstens die Hälfte aller gestellten Aufgaben im Zahlenraum bis zwanzig. Der Zahlenraum bis hundert wirkt auf sie abschreckend, es wird in der Regel gar nicht erst versucht, Aufgaben in diesem Zahlenraum zu lösen.

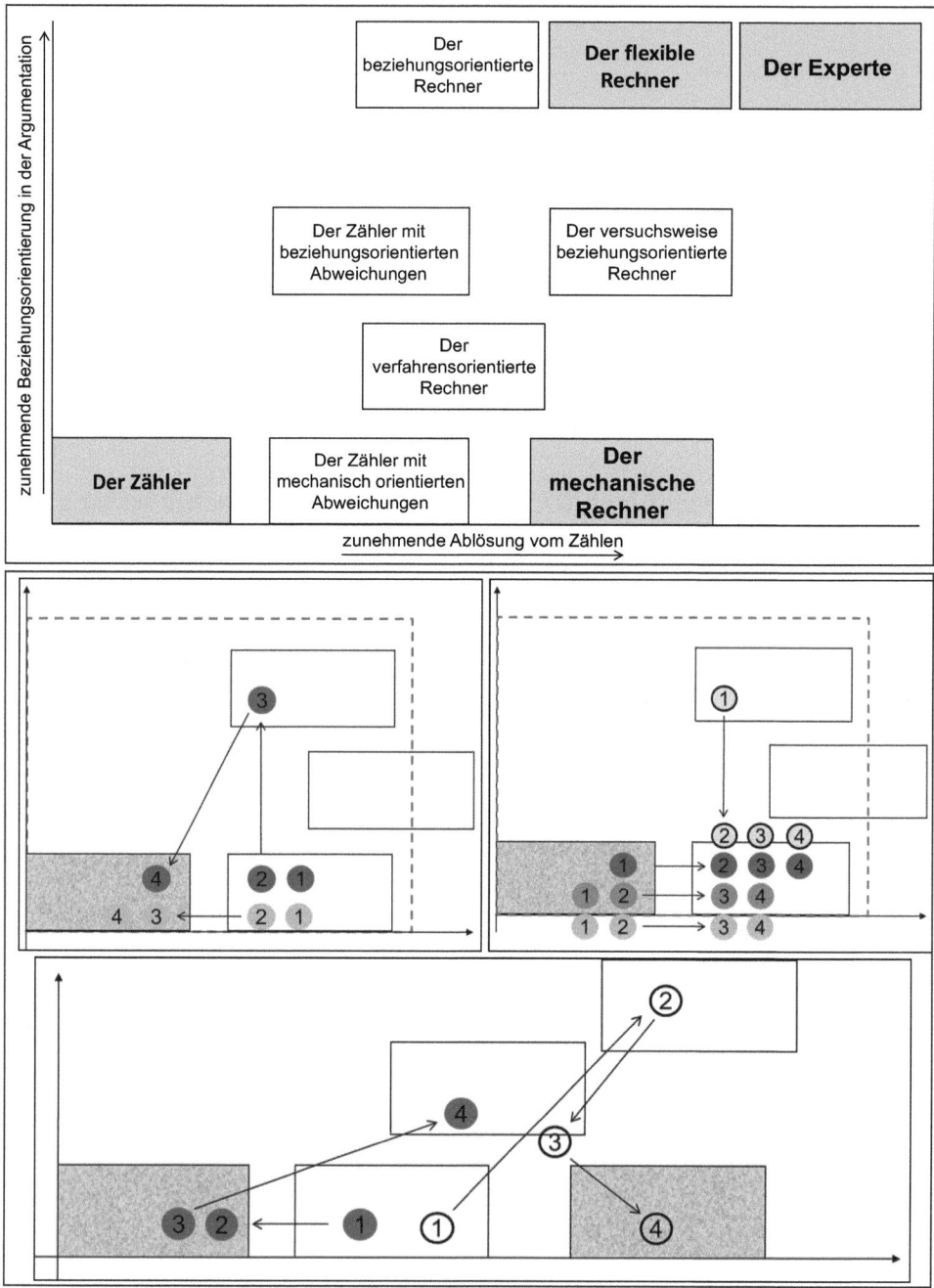

Abb. 2.10:   Entwicklungsverläufe der Kinder ohne Aktivitäten zur Zahlenblickschulung[57]

---

57 Die Punkte einer Farbe zeigen jeweils die Entwicklungen eines Kindes von einem Interview zum nächsten. Dabei entsprechen die Zahlen den Interviewterminen von Januar bis zu Beginn der zweiten Klasse.

Darüber hinaus wird deutlich, dass die Mehrzahl dieser Kinder nahezu durchweg einem *verfahrensorientierten* oder *mechanischen* – zählenden oder rechnenden – Typus zuzuordnen sind, mit vier, allerdings nur vorübergehenden Ausnahmen:

- Moritz (Grafik oben links, dunkelgrau) nimmt am Ende des ersten Schuljahres hin und wieder Zahl- und Aufgabenbeziehungen wahr. Diesen Blick baut er jedoch nicht weiter aus und zeigt sich zu Beginn der zweiten Klasse ausschließlich zählend.

- Luisa (Grafik oben rechts, weiß) argumentiert im ersten Interview im Januar sowohl substanziell als auch analytisch-beziehungsorientiert. Diese Kompetenz kann sie jedoch nicht ausbauen, im Gegenteil: Ab April bezieht sie in ihre Argumentationen keine Zusammenhänge mehr ein. Bis zu Beginn der zweiten Klasse kommt sie über das *Zählen mit mechanisch orientierten Abweichungen* nicht hinaus.

- Leon (Grafik unten, grau) agiert bis Ende der ersten Klasse ausschließlich als *Zähler*. Über die Sommerferien macht er einen großen Schritt in Richtung Rechnen: Er entwickelt sich vom *Zähler* zum *verfahrensorientierten Rechner*. Als *verfahrensorientierter Rechner* zeigt Leon überwiegend analytische Argumentationen, sowohl verfahrens- als auch beziehungsorientiert, was auch mit einer deutlichen Erhöhung der Lösungshäufigkeit verbunden ist. Offensichtlich scheint es für die Ablösung vom Zählen auf dem Weg zum Rechnen – mechanisch oder flexibel – essentiell zu sein, sich vermehrt auf Zahl-, Term- und Aufgabenbeziehungen zu stützen (Kapitel III 3).

- Tobias (Grafik unten weiß) agiert zu Beginn der zweiten Klasse als mechanischer Rechner. Auf dem Weg dorthin nutzt er im April (zweites Interview) sowohl substanzielle als auch analytisch-beziehungsorientierte Argumentationen. Bis zum Ende des ersten Schuljahres geht die Lösungshäufigkeit verbunden mit beziehungsorientierten Argumentationen deutlich zurück. Tobias greift nun immer auf Verfahren zurück, was sich bis zu Beginn des zweiten Schuljahres schließlich stabilisiert. Interessant ist, dass Tobias auf dem Weg zum *Rechner* den Blick auf Beziehungen – wenn auch nur kurzfristig – deutlich intensiviert (Kapitel III 3).

Bei den Kindern, die im Unterricht gezielte Aktivitäten zur Zahlenblickschulung erhielten, agieren alle Kinder (bis auf Yannik (Abb. 2.12)) zu Beginn der zweiten Klasse als *Rechner*. Dies bedeutet, dass strategische Werkzeuge und Faktenwissen bei diesen Kindern im Lösungsprozess dominieren. Alle Kinder (bis auf Amelie) erkennen und nutzen in der Regel spätestens ab Juli, in jedem Fall zu Beginn der zweiten Klasse, überwiegend Zahl-, Term- und Aufgabenbeziehungen und können dies auch verbalisieren (Abb. 2.11).

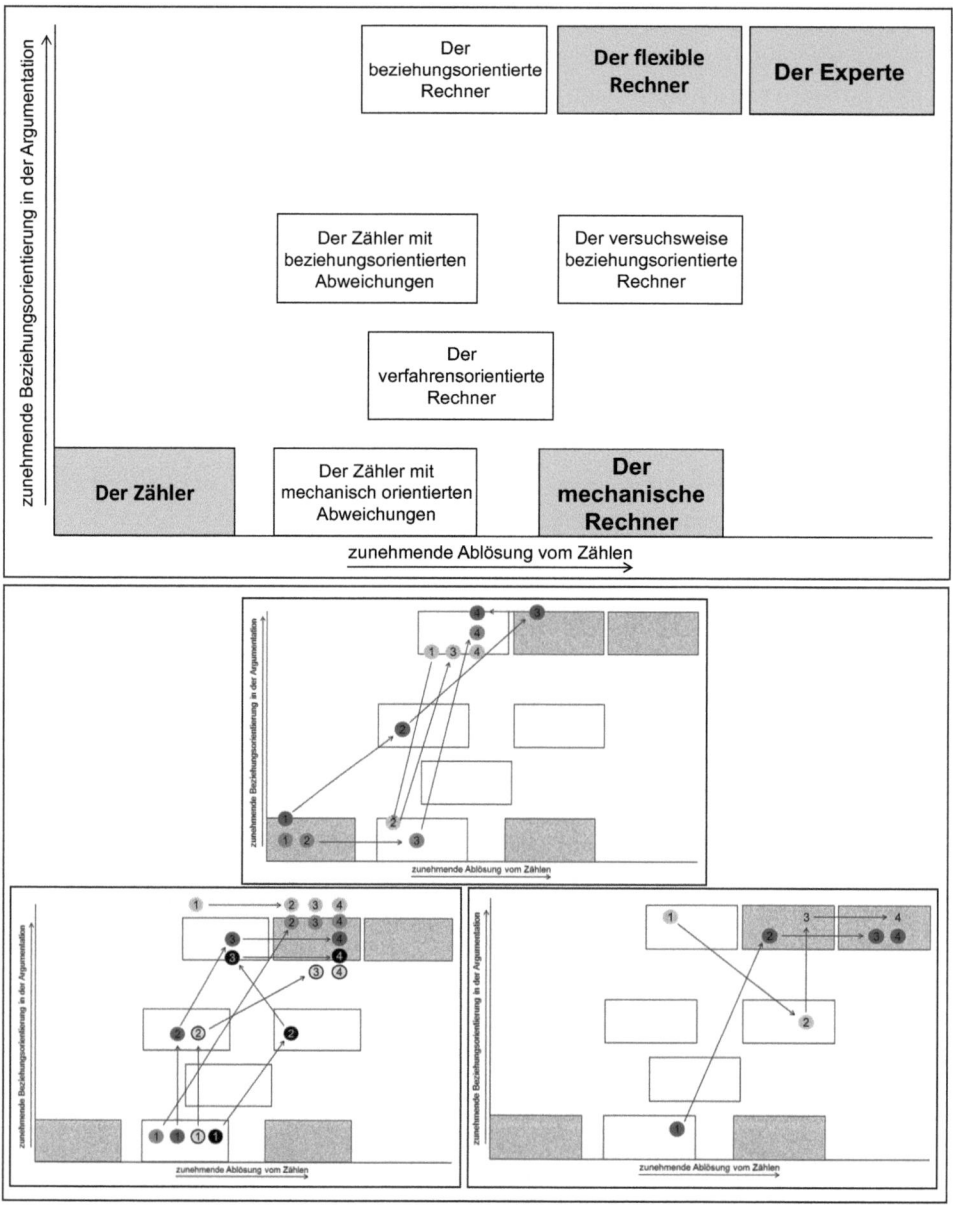

Abb. 2.11:   Entwicklungsverläufe der Kinder mit Aktivitäten zur Zahlenblickschulung

Wie oben beschrieben gibt es in dieser Gruppe zwei Kinder mit abweichenden Entwicklungsverläufen: Amelie und Yannik (Abb. 2.12).

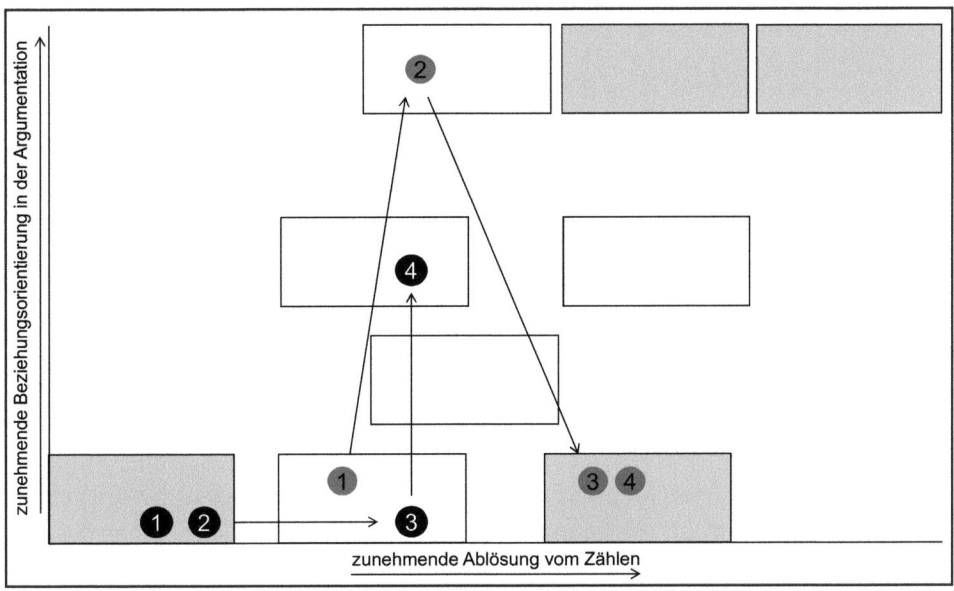

Abb. 2.12: Entwicklungsverläufe von Amelie und Yannik

- Amelie (Abb. 2.12, grau schattiert) zeigt sich bereits im April als *beziehungsorientierte Rechnerin*. Im Juli argumentiert sie jedoch ausschließlich auf der Basis von Verfahren und nutzt als Lösungswerkzeuge entweder das Ergänzen zur Zehn oder das Abrufen von Fakten. Auf Nachfrage erklärt Amelie, dass ihre Mutter ihr das so beigebracht habe. Damit ist Amelie das einzige Kind mit Zahlenblickschulung, das sich zum *mechanischen Rechner* entwickelt.
- Yannik (Abb. 2.12, schwarz) löst auch noch zu Beginn der zweiten Klasse alle Aufgaben überwiegend zählend. Während er im Juli noch ausschließlich substanziell argumentiert, zeigt er im Oktober sowohl substanzielle als auch analytische Argumentationen. Dies ist ein großer Schritt auf dem Weg zum Rechnen (Kapitel III 3).

2.3 Einordnung der Entwicklungsverläufe in die Theorie

In Bezug auf die Entwicklungswege und die Schulung des Zahlenblicks lassen sich insbesondere die folgenden vier wesentlichen Beobachtungen mit den bisherigen Theorien erklären:

- Entwicklungen in Wellen,
- die Funktion strategischer Werkzeuge,
- die Rolle der Zahlenblickschulung,
- der Einfluss von Sprache und Lernangeboten.

277

2.3.1 Entwicklungen in Wellen

Ergebnisse verschiedener Untersuchungen (Shrager/Siegler 1998; Siegler 2002, 2003) deuten darauf hin, dass sich Entwicklungen überlappen und wellenartig verlaufen. Bei der Entwicklung von Rechenwegen zeigt sich dies dahingehend (Siegler 2002, 33 ff.), dass Kinder beim Lösen derselben Aufgabe innerhalb kurzer Zeit sowohl zwischen Lösungswerkzeugen als auch innerhalb eines Lösungswerkzeuges variieren:

- Das Wechseln zwischen den Lösungswerkzeugen bedeutet beispielsweise, dass das Kind die gleiche Aufgabe zunächst zählend und später mithilfe eines strategischen Werkzeugs löst.
- Der Wechsel innerhalb eines Lösungswerkzeuges kann so aussehen, dass die gleiche Aufgabe einmal mithilfe des Fast-Verdoppelns, ein andermal mithilfe des Ergänzens zur Zehn gelöst wird.

Es ist also möglich, dass während eines Interviews sowohl Lösungswege genutzt werden, die bereits in der Ablösung begriffen sind, als auch solche, denen sich das Kind erst neu zuwendet.

Die Entwicklungsverläufe der Kinder lassen beachtenswerte Einblicke in „wellenartige" Entwicklungen zu. Dies soll an zwei Beispielen verdeutlicht werden:

- Noah zeigt sich im ersten Interview im Februar schon als *beziehungsorientierter Rechner*; das heißt, er nutzt überwiegend strategische Werkzeuge, ruft Fakten ab und stützt sich auf Beziehungen. Im April allerdings löst er die Aufgaben mehrheitlich zählend und argumentiert dabei überwiegend substanziell – ohne Rückgriff auf Beziehungen. Bis Juli und auch zu Beginn des zweiten Schuljahres kann Noah wiederum dem Typus des *beziehungsorientierten Rechners* zugeordnet werden.
- Viktor hat als *versuchsweise beziehungsorientierter Rechner* (im zweiten Interview) bereits sehr viele Aufgaben automatisiert, greift dabei aber nur hin und wieder auf Beziehungen zurück. Ende Juli, zum Zeitpunkt des dritten Interviews, argumentiert Viktor hingegen fast ausschließlich auf der Basis von Beziehungen und nutzt diesen neu erworbenen Blick verstärkt beim Sortieren und Lösen der Aufgaben (*beziehungsorientierter Rechner*). Dieser Fortschritt zugunsten der Wahrnehmung von Zahl-, Term- und Aufgabenbeziehungen geht jedoch mit Einbußen bei der Lösungshäufigkeit und damit auch mit der Anzahl der automatisierten Aufgaben einher. Es scheint also zunächst naheliegend, dass die bereits automatisierten Aufgaben wieder in Vergessenheit geraten sind, gleichzeitig kann man aber auch vermuten, dass dies nur ein vorübergehendes Phänomen ist. Zu Beginn des zweiten Schuljahres agiert Viktor schließlich als *flexibler Rechner*, der viele Aufgaben auf der Basis von Beziehungen löst.

Für diese Beobachtungen sind zwei Erklärungsansätze möglich: Zum einen sind Interviews immer nur Momentaufnahmen, zum anderen sind auch bei zunächst erfolgversprechenden Wegen Rückschritte möglich, die bei positiver Unterstützung wieder aufzuholen sind (z.B. Noah). Auch Luisa macht vom ersten Interview zum zweiten einen Rückschritt. Sie entwickelt sich vom *Zähler mit beziehungsorientierten Abweichungen* zum *Zähler mit mechanisch orientierten Abweichungen*. Allerdings verbleibt sie dort bis zum Ende des Beobachtungszeitraums. Damit diese Rückschritte nur von vorübergehender Dauer bleiben, sind kontinuierliche Aktivitäten unerlässlich, die konsequent den Blick auf Zahl-, Term- und Aufgabenbeziehungen richten (Kapitel III 3).

2.3.2 Die Funktion strategischer Werkzeuge

Auch Gray (1991, 569) stellt in seiner Studie fest, dass durch das Nutzen von Zählstrategien kein Faktenwissen entstehen kann, da zwischen der Aufgabenstellung und der Ergebnisfindung zu viel Zeit vergeht (Kapitel I 2.1). Er postuliert die Wichtigkeit der Entwicklung strategischer Werkzeuge. Dies belegen auch die Ergebnisse von Steinberg (1985, 346 ff.). Wie Gray und Steinberg formuliert auch Gaidoschik (2010) die Hypothese, dass „Ableiten auf Grundlage operativer Einsichten [fördert] frühes Automatisieren" (ebd., 516) fördert. Diese Hypothesen stützen zugleich die Aussage von Gerster (1994) und Gaidoschik (2010, 588), dass Automatisieren über Zählen kaum möglich ist. Auch psychologische Studien von Geary und Hoard (2001), Kaufmann (2002) belegen, dass der Übergang vom zählenden Rechnen zum direkten Abrufen arithmetischer Fakten nicht gelingt.

Diese Ergebnisse und Hypothesen lassen sich durch die vorliegende Untersuchung stützen: Beim Typus *Zähler mit mechanisch orientierten Abweichungen* finden sich zwar Kinder, die überwiegend zählen, daneben aber auch hin und wieder Fakten abrufen und strategische Werkzeuge heranziehen. Diese nutzen sie allerdings mechanisch orientiert. Es zeigt sich, dass dies in eine Sackgasse führen kann, in der die Ablösung vom Zählen nicht gelingt (Kapitel III 2.1.2). Diese Beobachtung korrespondiert mit der Hypothese von Gaidoschik: *„weiterzählendes Rechnen tendiert dazu, sich zu verfestigen – auch bei Kindern, die daneben („wenn es sich lohnt") auch ableiten"* (2010, 518; Hervorhebungen im Original). Er kommt in seiner Untersuchung zu dem Schluss, dass die häufige Nutzung strategischer Werkzeuge schließlich zu vermehrter Automatisierung der Aufgaben führt (ebd., 587 f.); er macht aber auch deutlich, dass dieser Aspekt allein nicht als *„hinreichende[n] Bedingung"* (ebd., 517; Hervorhebung im Original) betrachtet werden kann. Auch die Entwicklungsverläufe aus Kapitel III 2.1 zeigen die Bedeutung strategischer Werkzeuge auf dem Weg zum Rechnen; ihre gelegentliche Nutzung allein reicht allerdings nicht aus. Deshalb ist zu fragen wie Kinder angeregt werden können, vermehrt und dauerhaft auf strategische Werkzeuge zurückzugreifen. Die Entwicklungsverläufe lassen hierzu verschiedene Interpretationen zu:

- Es ist ein Unterschied, ob Kinder beim *Zählen mit Abweichungen* mechanisch orientiert oder beziehungsorientiert vorgehen. Im ersten Fall zeigt sich, dass Kinder dieses Typus in ihrer Rechenentwicklung stagnieren, wenn sie nicht angeregt werden, ihren Blick vermehrt auf Zusammenhänge zu richten (Kapitel III 3).

- Die Entwicklung konzeptuellen Wissens – in Form des Nutzens von Beziehungen – muss mit der Entwicklung strategischer Werkzeuge einhergehen (Kapitel III 3).

2.3.3 Die Rolle der Zahlenblickschulung

Die Zahlenblickschulung erfüllt zwei wichtige Aufgaben im Hinblick auf das Rechnenlernen von Kindern, die Schwierigkeiten zeigen: zum einen die Förderung flexiblen Rechnens und zum anderen die präventive Förderung im Lernprozess.

Mulligan (2011, 35) beschreibt im Hinblick auf Punktebilder und das Zählen, dass schwache Kinder von sich aus den Blick nicht auf Muster richten und damit auch keinen Blick für Ordnungen wie beispielsweise die Kraft der Fünf entwickeln.

Heirdsfield und Cooper (2002, 62) kommen zum Schluss, dass ein umfassendes Zahlwissen für die Entwicklung flexibler Rechenkompetenzen eine wesentliche Grundlage bildet.

Als „Vehikel auf dem Weg zum flexiblen Rechnen" beschreibt Schütte (2004a, 142) die kontinuierliche Schulung des Zahlenblicks. Auch Rathgeb-Schnierer (2006a) kommt in ihrer Untersuchung zu der Hypothese, dass „Rechenwege [...] abhängig von der Zahlwahrnehmung im Lösungskontext" (ebd., 296) sind. Daraus folgert sie, dass die „Entwicklung flexibler Rechenkompetenzen einer differenzierten Schulung des Zahlenblicks bedarf" (ebd., 296).

Wie die Entwicklungsverläufe der einzelnen Kinder in der vorliegenden Untersuchung zeigen, erreichen ausschließlich Kinder, deren Zahlenblick mithilfe gezielter Aktivitäten geschult wurde, den Typus des *flexiblen Rechners* oder den des *Experten*.

Damit kann die Forderung von Schütte (2002a, 2002b, 2004a, 2008) nach kontinuierlicher Entwicklung flexibler Rechenkompetenzen von Beginn an, sowie die Hypothese von Rathgeb-Schnierer (2006a, 296), dass Kinder durch Aktivitäten zur Zahlenblickschulung flexible Rechenkompetenzen entwickeln, durch vorliegende Studie gestützt werden.

Wittmann plädiert für eine sogenannte „unauffällige Förderung von Kindern mit Lernschwierigkeiten" (2001, 661). Damit meint er, dass alle Kinder im Unterricht gemeinsam an Lernangeboten arbeiten, durch die sie ihre aktuellen Fähigkeiten weiterentwickeln können. Auch Meyerhöfer (2008, 2010, 2011) spricht sich für Diagnose und Förderung im Lernprozess aus, so dass jedes Kind den eigenen Möglichkeiten entsprechend im Klassenverband lernen und sich seinen Fähigkeiten gemäß entwickeln kann. Damit geht die Idee einher, Kinder ihren Fähigkeiten entsprechend individuell zu begleiten und mögliche Schwierigkeiten von Beginn an zu vermeiden (Kapitel I 9.1).

Das Unterrichtssetting in der vorliegenden Untersuchung verfolgte eben diesen Grundgedanken: Durch Aktivitäten zur Zahlenblickschulung sollen alle Kinder angeregt werden, den individuellen Blick auf Zahl-, Term- und Aufgabenbeziehungen zu entwickeln und damit die Ablösung vom Zählen zu erreichen. Wie deutlich wurde, ermöglichen diese Aktivitäten auch Kindern mit Schwierigkeiten beim Rechnenlernen eine zunehmende Ablösung vom Zählen und teilweise sogar die Entwicklung flexibler Rechenkompetenzen. Damit scheint die Schulung des Zahlenblicks eine gute Möglichkeit zu sein, diese Kinder auf dem Weg zum Rechnen im Klassenverband zu unterstützen und einem Stolpern an den beschriebenen Hürden vorzubeugen (Kapitel III 3).

Genauso wie die Studien von Moser Opitz (2001a), van den Heuvel-Panhuizen (2008) sowie Peltenburg und Kollegen (2011) zeigen, weist auch die vorliegende Untersuchung darauf hin, dass Kinder mit Schwierigkeiten beim Rechnenlernen unter förderlichen Bedingungen flexible Rechenkompetenzen ausbilden können.

2.3.4 Der Einfluss von Sprache und Lernangeboten

Rathgeb-Schnierer (2006a, 94) und Thompson (2008, 108) beschreiben den Einfluss der Lernangebote auf das Rechnenlernen und im Besonderen auf den Erwerb flexibler Rechenkompetenzen. Rathgeb-Schnierer (2010b, 4) betont in ihrem Modell die Balance von den Eigenkonstruktionen und der Artikulation von Rechenwegen im sozialen Austausch (Kapitel I 5.3.2). Lorenz (2006b, 12) und Gaidoschik (2010, 517 f.) stellen ebenfalls die Wichtigkeit der Kommunikation beim Rechnenlernen heraus.

> „Vernachlässigung der Kommunikation über Rechenwege erschwert die Verallgemeinerung operativer Einsichten" (Gaidoschik 2010, 517)

Wie die vorliegenden Ergebnisse zeigen, ist der Austausch über Lösungswege eine notwendige, aber keine hinreichende Voraussetzung zur Entwicklung flexibler Rechenkompetenzen. Dies wird daran deutlich, dass alle Kinder, die an der Studie teilgenommen haben, einen Mathematikunterricht hatten, in dem die Kommunikation über Lösungswege eine wesentliche Rolle spielte. Es stellt sich also darüber hinaus die Frage, wie eine „Lernumgebung" (Rathgeb-Schnierer 2006a, 88), wie eine „geeignete Aufgabe" (ebd., 88) aussehen muss, die die Entwicklung flexiblen Rechnens begünstigt. Schütte (2002a, 200b, 2004a, 2008) und Rathgeb-Schnierer (2006a, 2010d, 2011) befürworten in diesem Zusammenhang den Einsatz von Aktivitäten zur „differenzierten Schulung des Zahlenblicks" (Rathgeb-Schnierer 2006a, 296). Wie die Entwicklungsverläufe der Kinder (Kapitel III 2.1) erkennen lassen, stärken Aktivitäten zum Sehen, Sortieren und Strukturieren den Blick auf Beziehungen und fördern damit sowohl die Ablösung vom Zählen als auch die Entwicklung flexibler Rechenkompetenzen.

3   Deutungshypothesen

Die dargelegte Typologie zu den Rechenentwicklungen von Erstklässlern und die Zuordnung der Fälle können teilweise durch bereits bekannte Theorien erklärt werden. Gleichzeitig finden sich jedoch auch Phänomene, die mit bisherigen Theorien nicht zu verstehen sind oder in dieser Form bisher noch nicht empirisch untersucht wurden. Dies „erfordert eine Umdeutung und Neubewertung empirischer Phänomene" (Kelle/Kluge 2010, 25) in Form der Abduktion (Kelle/Kluge 2010, 21 ff., Maier/Beck 2001, 40 f.). Um das Phänomen klären zu können, wird versucht, „neue Prinzipien zu entwickeln, unter deren Annahme dann das Phänomen plausibel erscheint" (Beck/Jungwirth 1999, 235).

Hypothesen, die durch Abduktion entwickelt wurden, lassen theoretische Schlussfolgerungen auf einer mittleren Ebene der Generalisierung zu (Maier/Beck 2001, 41).

> „Die Darstellung des jeweiligen Geschehens versteht sich zugleich als Darstellung einer Grundform, die sich in diversen konkreten Fällen realisieren kann, und dies eben in den analysierten getan hat. Die Deutungshypothesen passen auf die Daten anhand derer sie analysiert wurden, aber sie weisen durch diesen Umstand auch darüber hinaus." (Beck/Jungwirth 1999, 243)

Aus den empirischen Daten dieser Untersuchung und dem Abgleich mit verschiedenen Theorien lassen sich die folgenden zentralen Deutungshypothesen generieren. Sie beziehen sich alle auf Kinder, die zunächst Schwierigkeiten beim Rechnenlernen zeigen.

* Beziehungsorientierung ist Voraussetzung für die Ablösung vom zählenden Rechnen.
* Die Schulung des Zahlenblicks fördert die Ausbildung von konzeptionellem Wissen.
* Die Schulung des Zahlenblicks ermöglicht die Entwicklung flexibler Rechenkompetenzen.
* Aktivitäten zur Schulung des Zahlenblicks sind eine wesentliche Voraussetzung für das Rechnenlernen und die Entwicklung flexibler Rechenkompetenzen.

Beziehungsorientierung ist Voraussetzung für die Ablösung vom zählenden Rechnen.

In der vorliegenden Studie entwickeln sich manche Kinder *vom Zähler mit mechanisch orientierten Abweichungen* zu *Rechner-Typen*, andere aber bleiben bis zum Ende des Beobachtungszeitraumes im Typus des *Zählers mit mechanisch orientierten Abweichungen* oder werden zum *Zähler* (ohne Abweichungen). Wie lässt sich dieses Phänomen verstehen?

Die Ergebnisse lassen vermuten, dass Faktenwissen und das Wissen über strategische Werkzeuge allein nicht ausreichen. Da in vorliegender Untersuchung neben den Lösungswerkzeugen auch der genutzte Referenzrahmen in die Auswertung einbezogen wird, kann ein Unterschied in der Gruppe der *Zähler mit Abweichungen* beobachtet werden: Je nachdem, ob der Lösende *mechanisch orientiert* oder *beziehungsorientiert* vorgeht, bleibt er ein *Zähler* oder entwickelt er sich zum *Rechner*. Dies wird an zwei Stellen besonders deutlich:

- Für die Entwicklung zum Rechner erweist sich der Blick auf Beziehungen als grundlegend. Alle Kinder, die zu Beginn der zweiten Klasse als *Rechner* bezeichnet werden können, argumentieren mindestens zu einem Zeitpunkt in ihrer Rechenentwicklung – wenn auch teilweise nur vorübergehend – auf der Basis von Beziehungen (Abb. 3.1). Damit lösen sie sich von der mechanisch orientierten Ebene und betrachten wenigstens versuchsweise Beziehungen oder – als *verfahrensorientierte Rechner* – neben den Verfahren teilweise auch Beziehungen.

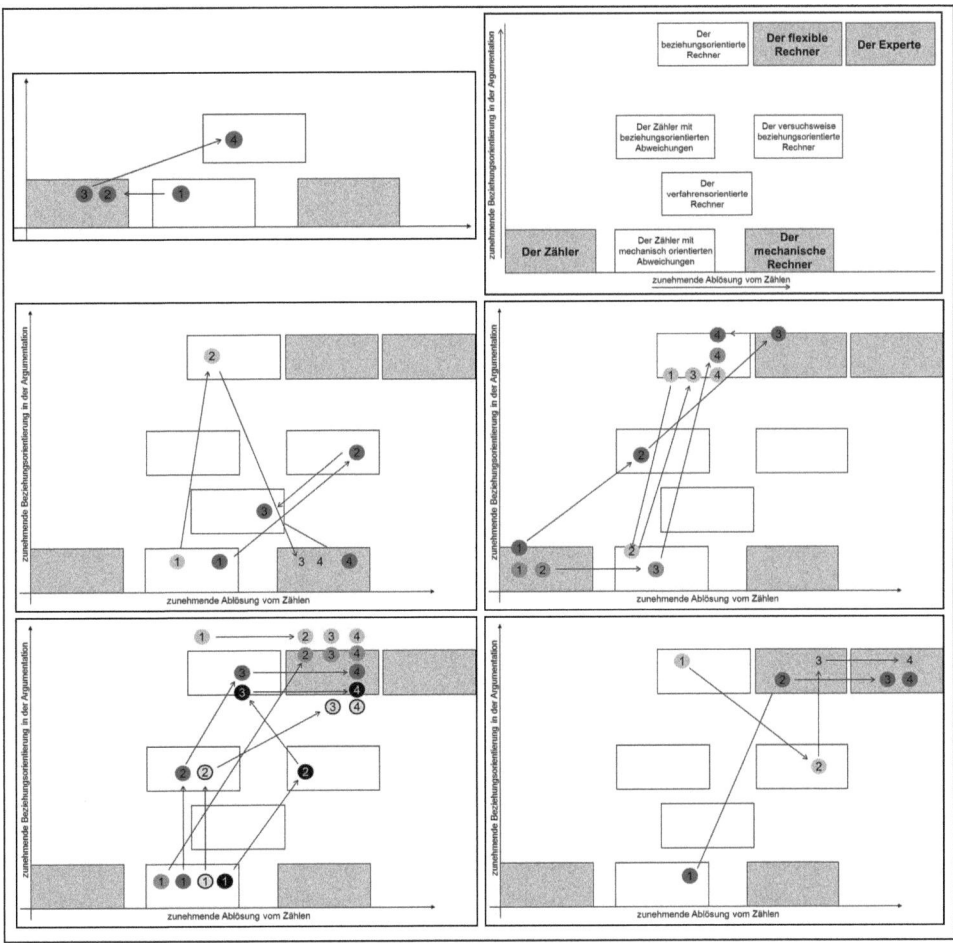

Abb. 3.1: Wege zum Rechnen[58]

---

58 Die Punkte einer Farbe zeigen jeweils die Entwicklungen eines Kindes vom ersten bis vierten Interview. Dabei entsprechen die Zahlen den Interviewterminen von Januar bis zu Beginn der zweiten Klasse.

- Im umgekehrten Fall zeigen die Entwicklungen zum *Zähler mit mechanisch orientierten Abweichungen* (Kapitel III 2.1.2), dass das teilweise Nutzen strategischer Werkzeuge und das Abrufen einiger Fakten nicht für eine Ablösung vom Zählen ausreichen. Wenngleich es sich für viele Kinder auf dem Weg zum Rechnen um eine normale Entwicklungsebene zu handeln scheint, kann sie sich ebenso als Sackgasse erweisen, wenn der Blick für Zahl-, Term- und Aufgabenbeziehungen nicht entwickelt wird.

Nur wenn man davon ausgeht, dass die Wahrnehmung von Zahl-, Term- und Aufgabenbeziehungen auf dem Weg zum Rechnen einen wesentlichen Baustein darstellt oder gar Voraussetzung ist, lässt sich dieses Phänomen erklären. Kindern, die zu keinem Zeitpunkt einen Blick für Zahl-, Term- und Aufgabenbeziehungen entwickeln, gelingt die Ablösung vom Zählen nicht. Sie verbleiben beim überwiegend zählenden Lösen von Aufgaben, wovon sie gelegentlich durch das Abrufen von Fakten oder das Nutzen eines strategischen Werkzeuges abweichen können.

Die Schulung des Zahlenblicks fördert die Ausbildung von konzeptionellem Wissen.

Konzeptionelles Wissen zeigt sich darin, dass die Kinder in ihren Begründungen analytisch argumentieren, und dass sie in der Lage sind, ihr Wissen in noch unbekannte Bereiche (hier: in den Zahlenraum bis hundert) zu übertragen:

- Bei den Argumentationen der Kinder kann zwischen substanziellen und analytischen Argumenten unterschieden werden (Kapitel II 8). Während sich die substanziellen Argumente auf personenbezogene Äußerungen beziehen, sind die analytischen Argumente mathematischer Natur. Bei Kindern, die überwiegend analytisch-mathematisch argumentieren, kann zunächst von einem umfassenden konzeptionellen Verständnis ausgegangen werden.
- Im Hinblick auf die Übertragung bisherigen Wissens auf Neues zeigt sich, dass *verfahrensorientierte* oder *mechanische Rechner* zu Beginn der zweiten Klasse ihre Kenntnisse im Zahlenraum bis zwanzig nicht ohne Weiteres auf den noch weitgehend unbekannten Zahlenraum bis hundert übertragen können. *Flexible Rechner* und *Experten* sind jedoch überwiegend dazu in der Lage.

Offenbar kann man bei den Haupttypen *Flexibler Rechner* und *Experte* davon ausgehen, dass sie über konzeptionelles Wissen verfügen.

Die Zuordnung der Fälle zu den Typen in vorliegender Untersuchung macht deutlich, dass die Schulung des Zahlenblicks im Vergleich zu einem Unterrichtssetting ohne Zahlenblickschulung zu deutlich mehr konzeptuellem Wissen führt.

Die Schulung des Zahlenblicks ermöglicht die Entwicklung flexibler Rechenkompetenzen.

Die Studie von Torbeyns et al. (2005) zeigt, dass Kinder mit Schwierigkeiten beim Rechnenlernen deutlich häufiger als normal begabte Kinder Aufgaben, die ebenso gut durch Fastverdoppeln zu lösen wären, durch Ergänzen zur Zehn lösen.

Die vorliegende Untersuchung ermöglicht ein weit differenzierteres Bild: Bis zu Beginn der zweiten Klasse gibt es

- Kinder, die überwiegend im Zählen verbleiben und dabei eher selten mit dem Abrufen von Fakten oder mit dem Nutzen von strategischen Werkzeugen abwechseln und
- Kinder, die sich zu Rechnern entwickeln. Dabei sind die *Rechner* im Hinblick auf den genutzten Referenzrahmen zu unterscheiden: *Mechanische Rechner* nutzen Verfahren während *flexible Rechner* auf Beziehungen zurückgreifen.

Die Entwicklungsverläufe (Kapitel III 2.1) zeigen, dass die Kinder ohne ergänzende Aktivitäten zur Zahlenblickschulung entweder im Zählen verbleiben oder sich zu *verfahrensorientierten* oder *mechanischen Rechnern* entwickeln. Luisa beispielsweise agiert zu Beginn der Interviewreihe im Januar als *Zählerin mit beziehungsorientierten Abweichungen* und entwickelt sich bis April zu einer *Zählerin mit mechanisch orientierten Abweichungen*, wo sie auch zu Beginn der zweiten Klasse noch einzuordnen ist. Tobias hingegen beginnt als *Zähler mit mechanisch orientierten Abweichungen*, von wo er sich zum *versuchsweise beziehungsorientierten Rechner* entwickelt. Er greift dann jedoch zunehmend auf Verfahren zurück, ist zum Ende der ersten Klasse ein *verfahrensorientierter Rechner* und schließlich zu Beginn der zweiten Klasse ein *mechanischer Rechner*. Die Entwicklungsverläufe dieser Kinder entsprechen den Ergebnissen von Torbeyns et al. (2005).

Wie aber lässt sich erklären, dass ausnahmslos alle Kinder, die während des gesamten ersten Schuljahres durch gezielte Aktivitäten zur Zahlenblickschulung angeregt wurden, zu Beginn der zweiten Klasse überwiegend auf der Basis von Beziehungen agieren? Dieser auffallende Unterschied in der Entwicklung lässt sich nur durch das schulische Setting der Zahlenblickschulung verstehen. Diese Schlussfolgerung führt zu der Hypothese, dass Zahlenblickschulung auch Kindern, die Schwierigkeiten beim Mathematiklernen zeigen, die Entwicklung flexibler Rechenkompetenzen ermöglicht.

Aktivitäten zur Schulung des Zahlenblicks sind eine wesentliche Voraussetzung für das Rechnenlernen und die Entwicklung flexibler Rechenkompetenzen.

Rathgeb-Schnierer (2006a, 296) fordert für alle Kinder gezielte Aktivitäten zur Zahlenblickschulung, um die Wahrnehmung von Beziehungen zur Entwicklung flexibler Rechenkompetenzen auf eine breite Basis zu stellen. Auch Schipper (2011, 82) plädiert für die frühe Entwicklung von Zahl- und Aufgabenbeziehungen.

Betrachtet man die Rechenkompetenzen der durchschnittlich und überdurchschnittlich begabten Kinder in der Studie von Torbeyns et al., so wird deutlich, dass diese über weitaus flexiblere Rechenkompetenzen verfügen als die zuvor beschriebenen schwächeren Kinder. Diese Beobachtung deutet darauf hin, dass höher begabte Kinder teilweise auch implizit – also ohne gezielte Schulung des Zahlenblicks – Zahl-, Term- und Aufgabenbeziehungen entwickeln können. Schwächere Kinder jedoch, die keine gezielten Aktivitäten zur Zahlenblickschulung erhalten, entwickeln von sich aus keinen Blick dafür. Sie brauchen hierfür kontinuierlich Förderung durch gezielte Aktivitäten.

Mit Blick auf die Entwicklungsverläufe der Kinder hinsichtlich der Ablösung vom Zählen wird in vorliegender Untersuchung ersichtlich, dass für Kinder mit Schwierigkeiten beim Rechnenlernen ohne gezielte Aktivitäten zur Schulung des Zahlenblicks die Ablösung vom Zählen eine kaum zu überwindende Hürde darstellt (Kapitel III 2.2). Hingegen lösen sich die Kinder, deren Blick kontinuierlich auf Beziehungen gelenkt wird, vom Zählen ab und entwickeln sich bis auf eine Ausnahme (Yannik) zu Rechnern (Kapitel III 2.2).

Bezüglich der Entwicklung flexibler Rechenkompetenzen zeigen die Verläufe, dass Kinder, die Schwierigkeiten beim Rechnenlernen zeigen, ohne gezielte Aktivitäten zur Zahlenblickschulung ihren Blick kaum auf Beziehungen richten und sich erst recht nicht zu flexiblen Rechnern entwickeln: Während die Kinder ohne Aktivitäten zur Zahlenblickschulung entweder Zähler bleiben oder mechanisch vorgehen, zeigen durchweg alle Kinder mit Aktivitäten zur Zahlenblickschulung, dass sie Zahl- und Aufgabenmerkmale wahrnehmen und beim Lösen nutzen können. All diese Kinder (außer Amelie) entwickeln sich bis zu Beginn der zweiten Klasse zu *beziehungsorientierten* oder *flexiblen Rechnern* (Yannik immerhin zum *Zähler mit beziehungsorientierten Abweichungen*) oder gar zu *Experten*.

4   Zusammenfassung

Im Rahmen der Studie wurde der zentralen Forschungsfrage nachgegangen inwieweit Kinder, die Schwierigkeiten beim Rechnenlernen zeigen, mithilfe kontinuierlicher Aktivitäten zur Schulung des Zahlenblicks flexible Rechenkompetenzen entwickeln können. Die Ziele lagen vor allem darin,

- die Entwicklungsverläufe der beobachteten Kinder zu dokumentieren und zu analysieren sowie
- die Entwicklungsverläufe zwischen Kindern mit und ohne Zahlenblickschulung zu vergleichen.

Für die Konzeption der Untersuchung wurden die Theorien zur Zahlbegriffsentwicklung und zum Rechnenlernen (Kapitel I 3 und I 4), zum flexiblen Rechnen (Kapitel I 5) und zur Zahlenblickschulung (Kapitel I 6) aufgearbeitet und teilweise weiterentwickelt. Bei den methodologischen Entscheidungen galt es zu berücksichtigen, dass sowohl das Datenerhebungsinstrument (Kapitel II 2 und II 5) als auch die Datenauswertung (Kapitel II 3, II 7 und II 9) die spezifischen Aspekte des Konstrukts „Ablösung vom Zählen" und „flexibles Rechnen" berücksichtigten. Um eine möglichst präzise Vorstellung von den Rechenkompetenzen der Kinder zu erhalten, wurden detaillierte Analysen und Interpretationen der Argumentationen durchgeführt. Auf dieser Basis konnte eine Typologie von verschiedenen Formen des Lösens von Aufgaben angefertigt werden, mit der sich die Entwicklungsverläufe der Kinder abbilden ließen.

Diese Typologie verbunden mit den sich daraus ergebenden Deutungshypothesen führte zu aufschlussreichen Erkenntnissen bezüglich der erkenntnisleitenden Forschungsfragen (Kapitel I 11.1):

Wie können Kinder, die Schwierigkeiten beim Rechnenlernen zeigen, ihre Rechenwege artikulieren und wie sind die Äußerungen qualitativ einzuschätzen?
Diese Frage lässt sich nicht pauschal beantworten. In dieser Studie wurde eine Möglichkeit zur qualitativen Einschätzung der Argumentationen zum Lösungsweg und zum Sortieren erarbeitet (Kapitel II 8). Die Antworten wurden dabei mithilfe des argumentationstheoretischen und des beweistheoretischen Ansatzes analysiert. Betrachtet man diese Analysen vor dem Hintergrund der Theorien zum Rechnenlernen und zum flexiblen Rechnen, so wird deutlich, dass die Kinderantworten die gesamte qualitative Bandbreite abbilden: von einfachen Schlüssen über personenbezogen-substanzielle, hin zu beispielhaft-substanziellen, zu analytisch-verfahrensorientierten und bis hin zu analytisch-beziehungsorientierten Argumentationen. Diese qualitative Einschätzung der Kinderantworten spielt für die Entwicklung der Typologie eine wesentliche Rolle. Dabei zeigen sich zwei wesentliche Tendenzen:

- Betrachtet man die Entwicklungen der Kinder (Kapitel III 2.1), so wird deutlich, dass zu Beginn des Beobachtungszeitraumes im Januar die meisten Kinder überwiegend substanziell – häufig personenbezogen – argumentieren. Dies ändert sich im Laufe des Schuljahres bis zu Beginn der zweiten Klasse bei einigen Kindern deutlich. Sie können sich schließlich sehr fundiert mathematisch auf Beziehungen basierend artikulieren. Wenige Kinder zeigen zu Beginn des zweiten Schuljahres analytische, aber verfahrensorientierte Argumentationen.
- Kinder, deren Blick durch die Zahlenblickschulung kontinuierlich auf Beziehungen gelenkt wird, ziehen diese für ihre Begründungen heran und können sich dabei auch mathematisch-analytisch ausdrücken. Kinder ohne spezifisches Setting argumentieren hingegen überwiegend substanziell oder verfahrensorientiert.

Werden Entwicklungsstadien im Laufe des ersten Schuljahres sichtbar? Wie können diese beschrieben werden? Wie verteilen sie sich im Rechenlernprozess?
Die Typologie (Teil III Abb. 1.1, Seite 240) wurde aus allen Interviewverläufen des Beobachtungszeitraums entwickelt. Die einzelnen Typen zeichnen sich durch deutlich voneinander abzugrenzende Charakteristika aus. Zum gleichen „Endtypus" lassen sich verschiedene Entwicklungsverläufe (Kapitel III 2.1) aufzeigen. Dies bedeutet, dass die Kinder unterschiedliche Wege beim Rechnenlernen gehen, wenngleich sie dabei die gleichen Entwicklungsstadien passieren.

Bei der Betrachtung der Entwicklungsverläufe fällt vor allem ein Aspekt auf, der als Deutungshypothese beschrieben werden kann:

Beziehungsorientierung ist Voraussetzung für die Ablösung vom zählenden Rechnen.

Alle Kinder, die sich zu Rechnern entwickeln können, zeigen zwischenzeitlich – wenn auch nicht zwingend dauerhaft – auch analytisch-beziehungsorientierte Argumentationen. Umgekehrt bleiben die Kinder ans Zählen gebunden, die es nicht schaffen ihren Blick auf Beziehungen zu richten. Dieser Umstand macht deutlich, dass der Rückgriff auf Beziehungen einen wesentlichen Aspekt auf dem Weg zum Rechnenlernen darstellt.

Wie entwickeln sich die Rechenwege von Kindern, die Schwierigkeiten beim Rechnenlernen zeigen, auf dem Weg zum flexiblen Rechnen?
Kinder, die sich zum *flexiblen Rechner* oder *Experten* entwickeln, zeigen in ihren Begründungen, dass sie sowohl auf substanzieller als auch auf analytischer Ebene argumentieren können. Damit geht zunächst nicht zwingend eine Veränderung der Lösungswerkzeuge einher. Spätestens ab Ende der ersten Klasse zeigen aber alle diese Kinder überwiegend analytische Argumentationen, verbunden mit einer Vielzahl an strategischen Werkzeugen (Kapitel III 2.1.7 und III 2.1.8).

Bezogen auf die Forschungsfrage wird deutlich, dass sich nicht nur die Rechenwege verändern, sondern vor allem auch die Argumentationen zum Sortieren und zu den Rechenwegen.

Wie die Zuordnung der Fälle auf die Typen zeigt (Kapitel III 2.2), entwickelt sich ein erheblicher Teil der Kinder mit Zahlenblickschulung bis zu Beginn der zweiten Klasse zum *flexiblen Rechner* oder *Experten*. Darüber hinaus agieren weitere Kinder dieser Gruppe auf dem Weg zum flexiblen Rechnen als *beziehungsorientierte Rechner*.

Gibt es Unterschiede beim Rechnenlernen zwischen Kindern mit und ohne Zahlenblickschulung? Wenn ja, welche?
In den Entwicklungsverläufen werden sowohl bei der Ablösung vom Zählen als auch bei den Argumentationen deutliche Unterschiede sichtbar (Kapitel III 2.2):
Die Kinder aus dem Unterrichtssetting mit Zahlenblickschulung entwickeln sich bis zu Beginn der zweiten Klasse zu Rechnern (ausgenommen Yannik), wovon alle bis auf Amelie flexibel agieren. Bei den Kindern ohne Zahlenblickschulung können sich hingegen nur zwei Kinder zu Rechnern entwickeln – beide verfahrensorientiert oder mechanisch. Das heißt, dass diese Kinder größtenteils die Ablösung vom Zählen nicht schaffen und zu Beginn der zweiten Klasse noch als reine *Zähler* oder *Zähler mit mechanisch orientierten Abweichungen* vorgehen.

Diejenigen *Rechner*, die keine Zahlenblickschulung erhielten, zeigen keinerlei Einsichten in Beziehungen. Beide – Tobias und Leon – können ihr Vorgehen analytisch begründen und viele Aufgaben des kleinen Einspluseins lösen. Allerdings agieren beide Kinder überwiegend bis ausschließlich mechanisch, was sich in ihren Argumentationen zeigt. Hingegen zeigen durchweg alle Rechner mit Zahlenblickschulung beziehungsorientierte und flexible Vorgehensweisen.

Aus diesen Beobachtungen lassen sich die zwei folgenden Deutungshypothesen ableiten:

- **Die Schulung des Zahlenblicks ermöglicht die Entwicklung flexibler Rechenkompetenzen.**
- **Aktivitäten zur Schulung des Zahlenblicks sind eine wesentliche Voraussetzung für das Rechnenlernen und die Entwicklung flexibler Rechenkompetenzen.**

Können Kinder, die Schwierigkeiten beim Rechnenlernen zeigen, mithilfe kontinuierlicher Aktivitäten zur Schulung des Zahlenblicks flexible Rechenkompetenzen entwickeln?

Die leitende Forschungsfrage lässt sich wie folgt beantworten:

Wie die Entwicklungsverläufe der Kinder mit dem Unterrichtssetting der Zahlenblickschulung zeigen (Kapitel III 2.2), kann sich die Mehrzahl von ihnen bis zu Beginn der zweiten Klasse vollständig von zählenden Vorgehensweisen lösen und sich zu Rechnern entwickeln. In der Regel gehen diese Kinder *beziehungsorientiert* und *flexibel* vor. Einzelne Kinder werden sogar zum *Experten*.

Insgesamt führt die Untersuchung zu einer sehr positiven Einschätzung: Aktivitäten zur Zahlenblickschulung spielen eine wesentliche Rolle bezogen auf die Förderung flexibler Rechenkompetenzen und damit auf die Ablösung vom zählenden Rechnen, auch und gerade bei Kindern, die zunächst Schwierigkeiten beim Rechnenlernen zeigen.

Diskussion und Ausblick

Im Rahmen dieser Untersuchung konnten verschiedene Ergebnisse entwickelt werden, die sich hinsichtlich ihres Charakters und ihrer Ausrichtung unterscheiden:

- Ansätze zu einer Theorie des Rechnenlernens auf der Basis der Zahlaspekte (Kapitel I 3.3 und Kapitel I 4),
- die Weiterentwicklung der Theorie zur Zahlenblickschulung (Kapitel I 6.2.2 und Kapitel I 6.2.3),
- die Entwicklung eines Kategoriensystems zur Analyse der Lösungswerkzeuge (Kapitel II 7.1),
- die Entwicklung eines Kategoriensystems zur Analyse der Argumentationen der Kinder sowie deren qualitative Einschätzung (Kapitel II 7.2 und Kapitel II 8),
- die Entwicklung einer Typologie zum flexiblen Rechnen (Kapitel III 1.1) und
- die Beschreibung der Entwicklungsverläufe beim Rechnenlernen in unterschiedlichen Unterrichtssettings (mit und ohne Zahlenblickschulung) von Kindern, die zunächst Schwierigkeiten beim Rechnenlernen zeigen (Kapitel III III 2.1).

Die Theorie des Rechnenlernens auf der Basis der Zahlaspekte schafft einen wesentlichen Ausgangspunkt für die Weiterentwicklung der Konzeption zur Zahlenblickschulung. Gemeinsam mit der Theorie zum flexiblen Rechnen bildet sie die theoretische Grundlage der Untersuchung.

Die Auseinandersetzung mit der Theorie zum flexiblen Rechnen (Kapitel I 5) zeigte, dass die Vorstellung, die mit flexiblen Rechenkompetenzen verbunden wird, maßgeblich das Forschungsdesign bestimmt. Um sowohl die Lösungswerkzeuge als auch den Referenzrahmen einzubeziehen, mussten neue Analyseinstrumente entwickelt werden: ein Kategoriensystem zur Analyse der Lösungswerkzeuge sowie eines zur Analyse der Argumentationen. Besonders die Analyse der Argumentationen und deren qualitative Einschätzung, die Aussagen über die Art des genutzten Referenzrahmens ermöglicht, stellen eine Weiterentwicklung dar. Damit leistet diese Studie ebenso einen Beitrag zur Methodenentwicklung.

Auch die Ergebnisse machen deutlich, dass die Berücksichtigung des Referenzrahmens als Indikator für flexibles Rechnen ein weitaus differenzierteres Bild auf die Entwicklungsverläufe ermöglicht.

Die empirischen Ergebnisse lassen die Entwicklung einer Typologie zum Rechnenlernen zu, auf deren Basis sich die Entwicklungsverläufe der Kinder mit und ohne Zahlenblickschulung beschreiben lassen.

Im Folgenden werden vor dem Hintergrund der fachdidaktischen Perspektive zum (flexiblen) Rechnenlernen (auch schwächerer Kinder der ersten Klasse) die Ergebnisse der Untersuchung diskutiert und Konsequenzen für die weitere Forschung, für die Lehrerbildung und für die Unterrichtspraxis aufgezeigt.

Angesichts von Studien wie TIMSS Grundschule 2007, 2011 und der damit verbundenen Schlussfolgerungen für die Unterrichtsentwicklung drängt sich (wie in der Einleitung ausgeführt) die Frage auf, wie Kinder mit Schwierigkeiten beim Rechnenlernen die Ablösung vom Zählen und damit auch die Entwicklung flexibler Rechenkompetenzen erreichen können. Im Rahmen dieser Untersuchung wurde der Fokus auf das Unterrichtssetting der Zahlenblickschulung gelegt. Die Gründe hierfür liegen in der Theorie zum Rechnenlernen und wurden ausführlich beschrieben (Kapitel I 4).

Der Blick auf „Rechnenlernen in der ersten Klasse" lässt zwei unterschiedliche und gleichzeitig miteinander zusammenhängende Perspektiven zu:

- im Hinblick auf die Ablösung vom Zählen und
- im Hinblick auf die Entwicklung flexibler Rechenkompetenzen.

Bezüglich der Ablösung vom Zählen herrscht weitestgehend Einigkeit darüber, dass sowohl Unterrichtsprinzipien wie forschendes Lernen als auch die mathematischen Inhalte bei Kindern mit Schwierigkeiten beim Rechnenlernen die gleichen sind wie für durchschnittlich begabte und hochbegabte Kinder. Dies konnte in verschiedenen Untersuchungen eindrücklich gezeigt werden (u.a. Gerster/Schultz 1998; Moser Opitz 2001a; Scherer 1999). Meyerhöfer (2008, 2010, 2011) formuliert konkret die Forderung, die Kinder bereits innerhalb des Unterrichts so zu fördern, dass sie die stofflichen Hürden erfolgreich überwinden können. An diese Studien und die daraus resultierenden Forderungen knüpft diese Untersuchung unmittelbar an: Die Schulung des Zahlenblicks ist als Grundprinzip für den Arithmetikunterricht zu verstehen. Die Aktivitäten beziehen sich stets auf die arithmetischen Inhalte der jeweiligen Klassestufe, hier auf die der ersten Klasse. Dabei sind die Aktivitäten so konzipiert, dass die Kinder forschend lernen können (Kapitel I 6.2 und I 6.3). Darüber hinaus zeigt sich der spezifische Charakter der Schulung des Zahlenblicks darin, dass alle Aktivitäten durch Tätigkeiten zum Sehen, Sortieren oder Strukturieren geprägt sind, wodurch der Rechendrang aufgeschoben werden soll und der Blick auf Zahl- und Aufgabenmerkmale gerichtet ist. Im Austausch mit anderen und durch Impulse der Lehrperson wird die Reflexion über Zusammenhänge und Strukturen angeregt (Kapitel I 6.2).

Zur Förderung des Rechnenlernens fordert Gaidoschik einen „strategie-zentrierten Erstunterricht" (2008, 401; 2009, 178; vgl. 2010, 515 ff.), in dem die Entwicklung von Rechenstrategien im Austausch mit anderen im Vordergrund steht.

In vorgestellter Untersuchung wurde flexibles Rechnen mit dem beziehungsgestützten Nutzen strategischer Werkzeuge verbunden; es wurden also sowohl die Lösungswerkzeuge als auch der Referenzrahmen in die Analyse einbezogen. Dadurch konnte der Stellenwert der Wahrnehmung von Zahl-, Term- und Aufgabenbeziehungen herausgearbeitet werden und es wurde deutlich, dass das Erkennen von Zahl-, Term- und Aufgabenbeziehungen maßgeblich für den Prozess der Ablösung vom Zählen und für die Entwicklung flexiblen Rechnens ist.

Die „Stärke" der Zahlenblickschulung liegt im Zusammenspiel der *Entwicklung umfassender Vorstellungen auf der Basis der Zahlaspekte* mit der *Fokussierung auf Zahl-, Term- und Aufgabenbeziehungen*. Damit fördert sie deutlich mehr Kompetenzen als die Entwicklung von Strategien im Austausch mit anderen.

Gelingt die Ablösung vom Zählen, stellt sich die Frage, inwieweit Kinder, die zunächst Schwierigkeiten beim Rechnenlernen zeigen, auch flexible Rechenkompetenzen entwickeln können. Bei dieser Frage gehen die Meinungen weit auseinander. In Studien, in denen schwache Kinder, die keine gezielte Intervention erhielten (Torbeyns et al. 2005, 2009), hinsichtlich ihrer flexiblen Rechenkompetenzen untersucht wurden, zeigte sich, dass diese Kinder in 50% der Fälle auf das Ergänzen zur Zehn zurückgreifen. Demgegenüber gehen durchschnittlich begabte und begabte Kinder deutlich seltener so vor und benötigen dabei auch weniger Zeit. Geary (2003a, 2003b) vertritt sogar die Meinung, dass die Entwicklung flexibler Rechenkompetenzen guten und sehr guten Kindern vorbehalten bleibt. Demgegenüber existieren verschiedene Untersuchungen, die zu dem Schluss kommen, dass auch schwächere Kinder flexible Rechenkompetenzen entwickeln können (Peltenburg/van den Heuvel-Panhuizen/Robitzsch 2011, Werner/Klein 2012). Die Ergebnisse der vorliegenden Untersuchung stützen beide Argumentationslinien:

- Kinder, die Schwierigkeiten beim Rechnenlernen zeigten und keine spezifischen Aktivitäten zur Zahlenblickschulung erhielten, blieben überwiegend im Zählen verhaftet oder entwickelten mechanische Rechenkompetenzen.
- Kinder hingegen, die zunächst Schwierigkeiten beim Rechnenlernen zeigten und mit Aktivitäten zur Zahlenblickschulung arbeiteten, lösten sich vom Zählen ab *und* entwickelten mehrheitlich flexible Rechenkompetenzen.

Die vorliegenden Ergebnisse zeigen, dass sowohl für die Ablösung vom Zählen als auch für die Entwicklung flexibler Rechenkompetenzen der Blick auf Zahl-, Term- und Aufgabenbeziehungen elementar ist (Kapitel III 3). Damit Kinder sich vom Zählen lösen und zum *Rechner* entwickeln können, müssen sie wenigstens während einer Phase zumindest teilweise den Blick auf Beziehungen richten. Während für die Ablösung vom Zählen diese *beziehungsorientierte Phase* auch nur kurzzeitig sein kann, stellt der kontinuierliche Blick auf Beziehungen für die Entwicklung flexibler Rechenkompetenzen eine wesentliche Voraussetzung dar.

Unter dieser Voraussetzung müssen Förderprogramme zum Rechnenlernen, die im Wesentlichen die Entwicklung von Fertigkeiten unterstützen, als fragwürdig angesehen werden.

Wie die Studie von Moser Opitz (2001a) zeigt, die die Rechenkompetenzen von Kindern untersuchte, die durch die Konzeption „mathe 2000" unterrichtet wurden, gibt es verschiedene Ansätze, die Rechenentwicklung *aller* Kinder zu unterstützen. Die Schulung des Zahlenblicks ist dabei *ein* Ansatz, der als sehr erfolgversprechend anzusehen ist, da darin zwei wesentliche Aspekte aufgegriffen werden: umfassende Erfahrungen zu den Zahlaspekten und die Fokussierung auf Zahl- und Aufgabenwahrnehmung.

In der Aufarbeitung der Theorie und der Auseinandersetzung mit den Forschungsfragen sowie der geführten Diskussion ergeben sich Konsequenzen für die mathematikdidaktische Forschung, für die Lehrerbildung und die Unterrichtspraxis.

Konsequenzen für die Forschung

Konsequenzen lassen sich sowohl im forschungsmethodischen als auch mathematikdidaktischen Bereich formulieren.

Forschungsmethodisch zeigt sich die Notwendigkeit, die Datenerhebungsinstrumente weiter zu entwickeln. Damit können zwei Ziele verfolgt werden:
- Das Erhebungsinstrument wird so weiterentwickelt, dass künftig die Zahl der untersuchten Kinder erhöht werden kann. Hierfür gilt es zu untersuchen, ob teilweise auf Paper-Pencil-Tests zurückgegriffen werden könnte oder die Interviewaufgaben so abzuändern sind, dass eine größere Stichprobe zu bewältigen ist.
- Wie in dieser Untersuchung deutlich wurde, können insbesondere über die Argumentationen der Kinder Entwicklungsunterschiede und Förderbedürfnisse erkennbar werden. Dies macht die Weiterentwicklung der Datenerhebungsinstrumente mit Fokus auf die Argumentationen der Kinder deutlich.

Die Ergebnisse dieser Untersuchung ermöglichen aus *mathematikdidaktischer Perspektive* vertiefende Einblicke in verschiedene Entwicklungsfelder, auf deren Grundlage sich weitere Fragestellungen formulieren lassen:
- In der Auseinandersetzung mit der Theorie konnte ein Ansatz zum Rechnenlernen auf der Basis der Zahlaspekte beschrieben sowie die Theorie zur Zahlenblickschulung weiterentwickelt werden. Daraus lassen sich zwei wesentliche Desiderate im Bereich der Entwicklungsforschung formulieren:
  - In der Theorie zum Rechnenlernen wurde beschrieben, dass die Berücksichtigung beider Vorstellungsstränge und der sprachlichen Ausdrucksformen gleichermaßen wichtig sind. Daraus ergibt sich für die Schulung des Zahlenblicks die Notwendigkeit, weitere Aktivitäten zu entwickeln, die vermehrt die Ausbildung der Größenvorstellungen implizieren.
  - Für die vorliegende Untersuchung spielte die Zahlbegriffs- und Rechenentwicklung der ersten Klasse eine vorrangige Rolle. Darüber hinaus wäre es aber wünschenswert, die Theorie zum Rechnenlernen auf der Basis des theoretischen Rahmenmodells zu den Zahlaspekten und Grundvorstellungen weiter auszubauen und auf die Klassenstufen zwei und drei auszudehnen.
- Die in der Typologie beschriebenen Entwicklungsstadien zeigen vor allem *ein* für die Ablösung vom Zählen zentrales Stadium: den *Zähler mit beziehungsorientierten Abweichungen* (Kapitel III 3). Kinder, die über einen längeren Zeitraum als *Zähler mit mechanisch orientierten Abweichungen* agieren und nicht gezielt angeregt werden, den Blick auf Beziehungen zu richten, verharren in diesem Stadium. Umgekehrt können sich *Zähler mit beziehungsorientierten Abweichungen*,

die kontinuierlich dazu angeregt werden, den Blick auf Beziehungen zu richten, zu *Rechnern* entwickeln. Damit handelt es sich beim *Zähler mit beziehungsorientierten Abweichungen* um *das* entscheidende Stadium auf dem Weg zum Rechnen. Daraus kann ein weiteres Forschungsdesiderat abgeleitet werden: Ausgehend von der beschriebenen Typologie lässt sich ein Diagnoseinstrument entwickeln, das sowohl auf die Lösungswerkzeuge als auch auf Argumentationen der Kinder fokussiert: Hierfür gilt es Kriterien zu entwickeln, die sensibel den Übergang vom *Zähler mit mechanisch orientierten Abweichungen* zum *Zähler mit beziehungsorientierten Abweichungen* beschreiben.

- In dieser Studie liegt der Fokus auf der Rechenentwicklung von Erstklässlern, die zunächst Schwierigkeiten beim Rechnenlernen zeigen. Durch Änderung der Stichprobe ergeben sich weitere Forschungsbereiche:
  - Es können Kinder beobachtet werden, die sich zum *mechanischen Rechner*, *flexiblen Rechner* oder *Experten* entwickeln, was zunächst vielleicht eher von durchschnittlich begabten und begabten Kindern zu erwarten ist. Es liegt die Vermutung nahe, dass alle Kinder auf dem Weg zum Rechnen ähnliche Wege nehmen und der Unterschied vermutlich im Zeitpunkt liegt, wann die einzelnen Stadien durchlaufen werden. Dies führt zu der Frage einer weiteren Ausdifferenzierung und Adaption der Typologie auf alle Kinder einer Klasse.
  - Gleichzeitig stellt sich aber auch die Frage der längerfristigen Entwicklung. Dies müsste eine Beobachtung der Kinder während der ersten beiden oder gar ersten drei Schuljahre nach sich ziehen.
- Die Argumentationen der Kinder konnten mithilfe der Argumentationsanalyse und der Beweisformen qualitativ eingeordnet werden (Kapitel II 8). Die Literatur zu Formen des Beweisens bezieht sich in der Regel jedoch auf die Sekundarstufe und die Fähigkeit des Beweisens wird zunächst eher fortgeschrittenen Schülern zugesprochen. In der vorliegenden Untersuchung lassen sich auch Argumentationen von Erstklässlern als analytisch einordnen, da diese Ausführungen – am Vorwissen der Kinder orientiert – als erster Schritt gewertet wurden, mathematische Muster für Begründungen heranzuziehen. Die Frage, in welcher Form auch Grundschulkinder ihren Fähigkeiten entsprechend Ansätze analytischer Beweise leisten können, bedarf noch weiterer Untersuchungen sowohl in verschiedenen Klassenstufen als auch in unterschiedlichen mathematischen Themenfeldern (vgl. Fetzer 2011).

Konsequenzen für die Lehrerbildung

Die Ablösung vom Zählen bedeutet für den Weg zum Rechnen die Überwindung einer der wesentlichen Hürden. Darüber hinaus leistet die Förderung flexibler Rechenkompetenzen einen wichtigen Beitrag zur Entwicklung von konzeptuellem Wissen (Threlfall 2009, 543). Untersuchungen wie TIMSS Grundschule 2007 (Bos et al. 2008) machen deutlich, dass es *das* zentrale Ziel von Schule sein muss, mehr

Kinder als bisher zum Lesen und Rechnen zu befähigen. Wie die vorliegende Studie zeigt, kann die Schulung des Zahlenblicks wesentlich dazu beitragen, dass auch Kinder, die zunächst Schwierigkeiten beim Rechnenlernen zeigen, die Ablösung vom Zählen schaffen und darüber hinaus flexible Rechenkompetenzen entwickeln können.

Damit Lehrerinnen diesen Anforderungen gerecht werden können, bedarf es der Berücksichtigung dieser Aspekte in der Aus- und Weiterbildung. Im Wesentlichen können drei Bereiche beschrieben werden:

- auf der übergeordneten Ebene – die Entwicklung eines Bewusstseins für präventives Arbeiten und damit verbunden das Verständnis für die Notwendigkeit prozessbezogener Diagnose und Förderung.
- auf der inhaltlichen Ebene – sind im Wesentlichen zwei Überlegungen einzubeziehen:
  - die Entwicklung umfassender Vorstellungen auf der Grundlage der Zahlaspekte bei der Zahlbegriffsentwicklung und beim Rechnenlernen,
  - die Einbindung der Inhalte in Aktivitäten, die mit den Tätigkeiten „Sehen", „Sortieren" und „Strukturieren" verbunden sind.
- auf der sprachlichen Ebene – bei der Arbeit mit Aktivitäten zur Zahlenblickschulung spielen sowohl der Austausch der Kinder untereinander als auch die Impulse und Fragestellungen der Lehrperson eine wesentliche Rolle. Hierfür muss geklärt werden, welche Aspekte einer Aktivität besonders herauszuheben sind und wie Reflexion angeregt werden kann.

Konsequenzen für die Unterrichtspraxis

Bezogen auf die Unterrichtspraxis ermutigt die vorgestellte Untersuchung ausdrücklich dazu, kontinuierliche Aktivitäten zur Zahlenblickschulung als zentrales Grundprinzip auf dem Weg vom Zählen zum Rechnen und zur Entwicklung flexibler Rechenkompetenzen einzusetzen. Durch Tätigkeiten des Sehens, Sortierens und Strukturierens geraten Lösungswege in den Vordergrund und das schnelle Ermitteln von Ergebnissen verliert an Bedeutung. Dies gilt insbesondere für schwächere Kinder, die ohne gezielte Fokussierung auf Beziehungen durch entsprechende Aktivitäten und Reflexion die übergeordneten Zusammenhänge und Strukturen kaum wahrnehmen und nutzen.

Wie die Ergebnisse dieser Untersuchung gezeigt haben, kann im Prozess der Ablösung vom Zählen ein entscheidendes Stadium identifiziert werden: das Stadium des *Zählers mit Abweichungen*. In diesem Stadium muss die Lehrperson das Kind sensibel begleiten, um wahrzunehmen, ob es eher verfahrensorientiert oder bereits beziehungsorientiert argumentiert und damit schon Einblick in operative Zusammenhänge aufweist. Besonders jetzt ist es entscheidend, den Blick der Kinder kontinuierlich auf Beziehungen zu lenken und dadurch die Ablösung vom Zählen zu unterstützen. Dies gelingt durch Aktivitäten zur Zahlenblickschulung, die zwei wesentliche Aspekte berücksichtigen: das Aufhalten des Rechendrangs und die durch die Lehrperson angeregte Reflexion über das eigene Vorgehen auf metakognitiver Ebene.

Die Untersuchung zeigt, dass auch Kinder, die Schwierigkeiten beim Rechnenlernen zeigen dieses erlernen und darüber hinaus auch flexible Rechenkompetenzen entwickeln können. Als eine Voraussetzung hierfür kann die Schulung des Zahlenblicks beschrieben werden.

„The challenge remains for teachers and school communities to create learning environments and design mathematics instruction that enables vulnerable children's mathematics learning to flourish." (Gervasoni/Sullivan 2007, 41)

Literatur

Allardice, Barbara S. & Ginsburg, Herbert P. (1983). Children's Psychological Difficulties in Mathematics. In Herbert P. Ginsburg (Hrsg.), *The Development of Mathematical Thinking* (S. 319–350). London: Academic Press.

Almeida, Dennis (2001). Pupil's proof potential. *International Journal of Mathematical Education in Science and Technology* 32 (1), 53–60.

Antell, Sue Ellen & Keating, Daniel P. (1983). Perception of Numerical Invariance in Neonates. *Child development <Malden, Mass.>* 54, 695–701.

Askew, Mike (2001): Policies, practices and principles in teaching numeracy: What makes a difference? *Issues in Mathematics Teaching*, 105–119.

Aster, Michael G. von (2000). Developmental cogntivie neuropsychology of number processing and calculation: Varieties of developmental dyscalculia. *European Child & Adolescent Psychiatry* 9 (2), 41–57.

Aster, Michael G. von. (2005). Wie kommen Zahlen in den Kopf? Ein Modell der normalen und abweichenden Entwicklung zahlenverarbeitender Hirnfunktionen. In Michael von Aster & Jens Holger Lorenz (Hrsg.), *Rechenstörungen bei Kindern. Neurowissenschaft, Psychologie, Pädagogik* (S. 13–33). Göttingen: Vandenhoeck & Ruprecht.

Aster, Michael G. von (2009). Neurowissenschaftliche Ergebnisse und Erklärungsansätze zu Rechenstörungen. In Annemarie Fritz, Gabi Ricken & Siegbert Schmidt (Hrsg.), *Handbuch Rechenschwäche. Lernwege, Schwierigkeiten und Hilfen bei Dyskalkulie* (S. 197–213). Weinheim und Basel: Beltz.

Aster, Michael G von.; Schweiter, M. & Weinhold Zulauf, M. (2007). Rechenstörungen bei Kindern. Vorläufer, Prävalenz und psychische Symptome. *Zeitschrift für Entwicklungspsychologie und pädagogische Psychologie* 39 (2), 85–96.

Aster, Michael G von.; Weinhold Zulauf, M. & Horn, R. (2006). *ZAREKI-R – Neuropsychologische Testbatterie für Zahlverarbeitung und Rechnen bei Kindern.* Frankfurt am Main: Harcourt.

Baireuther, Peter (1999). *Mathematikunterricht in den Klassen 1 und 2.* Donauwörth: Auer.

Baireuther, Peter (2011). Aufbau von arithmetischen Grundvorstellungen. *Unveröffentlichtes Skript aus dem Sommersemester 2011. PH Weingarten.* Weingarten. http://mathematik.ph-weingarten.de/~baireuther/(04.11.2012).

Baireuther, Peter & Kucharz, Diemut (2007). Mathematik in jahrgangsheterogenen Lerngruppen. *Grundschulunterricht Mathematik* (11), 25–30.

Baireuther, Peter & Rechtsteiner-Merz, Charlotte (2012). Entwicklungsstränge für den Zahlbegriff. In Skript von Baireuther, Peter. zur *Vorlesung „Aufbau von arithmetischen Grundvorstellungen" vom Sommersemester 2012 der PH Weingarten.* http://mathematik.ph-weingarten.de/~baireuther (04.11.2012).

Balacheff, Nicolas (1992). Aspects of proof in pupils' practice of school mathematics. In David Pimm (Hrsg.)[3], *Mathematics, teachers and children. A reader* (S. 216–235). London, Sydney, Auckland: Hodder & Stoughton.

Baroody, Arthur. J. (1987a). *Children's mathematical thinking. Adevelopmental framework for preschool, primary, and special education teachers.* New York: Teachers College Columbia University.

Baroody, Arthur J. (1987b). The development of counting strategies for single-digit addition. *Journal for Research in Mathematics Education* 18 (2), 141–157.

Baroody, Arthur J. (2003). The Development of Adaptive Expertise and Flexibility: The Integration of Conceptual and Procedural Knowledge. In Arthur J. Baroody & Ann Dowker

(Hrsg.), *The Development of Arithmetic Concepts and Skills. Constructing Adaptive Expertise* (S. 1–33). Mahwah: Lawrence Erlbaum Associates, Publishers.

Beck, Christian & Jungwirth, Helga (1999). Deutungshypothesen in der interpretativen Forschung. *Journal für Mathematik-Didaktik* 20 (4), 231–259.

Beck, Christian & Maier, Hermann (1993). Das Interview in der mathematikdidaktischen Forschung. *Journal für Mathematik-Didaktik* 14 (2), 147–179.

Beck, Christian & Maier, Hermann (1994). Mathematikdidaktik als Textwissenschaft. Zum Status von Texten als Grundlage empirischer mathematikdidaktischer Forschung. *Journal für Mathematik-Didaktik* 15 (1/2), 5–78.

Beer, D.W (1989). Guidelines for Interviewing Children. In J. Garbarino, F.M. Stott & the Faculty of the Erikson Institute (Hrsg.)[1], *What children can tell us. Eliciting, Interpreting, and Evaluating Information from Children* (S. 170–202). San Francisco: Jossey-Bass Publishers.

Behnke, Heinrich; Remmert, Reihnhold; Steiner, Hans-Georg & Tietz, Horst (1964). *Mathematik 1*. Frankfurt am Main: Fischer Bücherei.

Beishuizen, Meindert (1997) Development of mathematical strategies and procedures up to 100. In Meindert Beishuizen, Koeno P. E. Gravemeijer & Ernest C. D. M. van Lieshout (Hrsg.), *The Role of Contexts and Models in the Development of Mathematical Strategies and Procedures* (S. 127–162). Utrecht: Freudenthal Institute.

Beishuizen, Meindert (1999). The empty number line as a new model. In Ian Thompson (Hrsg.), *Issues in teaching numeracy in primary schools* (S. 157–168). Buckingham: Open University Press.

Beishuizen, Meindert (2001). Different approaches to mastering mental calculation strategies. In Julia Anghileri (Hrsg.), *Principles and Pracitices in Arithmetic Teaching. Innovative approaches for the primary classroom* (S. 119–130). Maidenhead: Open University Press.

Beishuizen, Meindert & Anghileri, Julia (1998). Which Mental Strategies in the Early Number Curriculum? A Comparison of British Ideas and Durch Views. *British Educational Research Journal* 24 (5), 519–538.

Benz, Christiane (2005). *Erfolgsquoten, Rechenmethoden, Lösungswege und Fehler von Schülerinnen und Schülern bei Aufgaben zur Addition und Substraktion im Zahlenraum bis 100.* Hildesheim: Franzbecker.

Benz, Christiane (2010a): *Minis entdecken Mathematik.* Braunschweig: Bildungshaus Schulbuchverl. Westermann, Schroedel, Diesterweg, Schöningh, Winklers.

Benz, Christiane (2010b). Strukturen auf der Spur. Förderung der strukturierten Mengenwahrnehmung im Kindergarten. In Dagmar Bönig, Bernd Schlag & Julia Streit-Lehmann (Hrsg.)[1], *Mathematik, Naturwissenschaft & Technik* (S. 78–83). Berlin: Cornelson Scriptor.

Berch, Daniel B. (2005). Making Sense of Number Sense: Implications for Children With Mathematical Disabilities. *Journal for Learning Disabilities* 38, 333–339.

Berlin, Tatjana (2007). Metakognition als Schlüssel zur Einführung der algebraischen Formelsprache. In Bärbel Barzel, Tatjana Berlin, Dagmar Bertalan & Astrid Fischer (Hrsg.), *Algebraisches Denken. Festschrift für Lisa Hefendehl-Hebeker* (S. 17–25). Hildesheim, Berlin: Franzbecker.

Berlin, Tatjana (2010). Immer plus 2? – Figurenfolgen strukturieren und ihre Muster mit algebraischen Mitteln beschreiben. *Praxis der Mathematik in der Schule* 33 (6), 21–24.

Berlin, Tatjana; Fischer, Astrid; Hefendehl-Hebeker, Lisa & Melzig, Dagmar (2009). Vom Rechnen zum Rechenschema. Zum Aufbau einer algebraischen Perspektive im Mathematikunterricht. In Annemarie Fritz & Siegbert Schmidt (Hrsg.), *Fördernder Mathematikunterricht in der Sek. I. Rechenschwierigkeiten erkennen und überwinden* (S. 270–291). Weinheim und Basel: Beltz.

Bezold, Angela (2009). *Förderung von Argumentationskompetenzen durch selbstdifferenzierende Lernangebote. Eine Studie im Mathematikunterricht der Grundschule.* Hamburg: Dr. Kovač.

Blöte, Anke W.; Klein, Anton S. & Beishuizen, Meindert (2000). Mental computation and conceptual understanding. *Learning and Instruction* 10, 221–247.

Blöte, Anke W.; van der Burg, Eeke & Klein, Anton S. (2001). Students' Flexibility in Solving Two-Digit Addition and Subtraction Problems: Instruction Effects. *Journal of Educational Psychology* 93 (3), 627–638.

Boaler, Jo (2002). Open and Closed Mathematics: Student Experiences and Understandings. In J. Sowder & B. Schappelle (Hrsg.), *Lessons Learned From Research* (S. 135–142). Reston: The National Council of Teachers of Mathematics.

Bobrowski, Susanne & Forthaus, Reinhardt (2003)[4]. *Lernspiele im Mathematikunterricht. Funktion von Lernspielen, didaktische Anregungen, Spiele für die Klassen 1–4.* Berlin: Cornelsen Scriptor.

Bönig, Dagmar (1993). Empirische Untersuchungen zum Transfer zwischen verschiedenen medialen Repräsentationsformen am Beispiel multiplikativer Operationen. In Jens Holger Lorenz (Hrsg.), *Mathematik und Anschauung* (S. 25–43). Köln: Aulis Verlag Deubner & Co KG (Untersuchungen zum Mathematikunterricht. IDM, 18).

Bönig, Dagmar (1995). *Multiplikation und Division. Empirische Untersuchungen zum Operationsverständnis bei Grundschülern.* Münster/New York: Waxmann.

Bos, Wilfried; Bonsen, Martin; Baumert, Jürgen; Prenzel, Manfred; Selter, Christoph & Walther, Gerd (2008). TIMSS 2007 Grundschule – Wichtige Ergebnisse im Überblick. In Wilfried Bos, Martin Bonsen, Jürgen Baumert, Manfred Prenzel, Christoph Selter & Gerd Walther (Hrsg.), *TIMSS 2007. Mathematische und naturwissenschaftliche Kompetenzen von Grundschulkindern in Deutschland im internationalen Vergleich* (S. 9–17). Münster [u.a.]: Waxmann.

Bruce, R. A. (2004). One, Two, Three and Counting. *Educational Studies in Mathematics* (55) 1/3, 3–26.

Carpenter, Thomas P. & Moser, James M. (1982). The Development of Addition and Subtraction. Problem-Solving Skills. In Thomas P. Carpenter, James M. Moser & Thomas A. Romberg (Hrsg.), *Addition und Subtraction: A Cognitive Perspective.* Hillsdale, New Jersey: Lawrence Erlbaum Associates, Publishers.

Carpenter, Thomas P.& Moser, James M. (1984). The Acquisition of Addition and Subtraction Concepts in Grades one through three. *Journal for Research in Mathematics Education* 15 (3), 179–202.

Claus, Heidrun & Peter, Jochen (2005). *Finger, Bilder, Rechnen. Förderung des Zahlverständnisses im Zahlenraum bis 10.* Göttingen: Vandenhoeck & Ruprecht.

Cobb, Paul; Yackel, Erna & Wood, Terry (1992). Interaction and Learning in Mathematics Classroom Situations. *Educational Studies in Mathematics* 23, 99–122.

De Corte, Erik & Verschaffel, Lieven (1987). The effect of semantic structure on first graders' strategies for solving addition and subtraction word problems. *Journal for Research in Mathematics Education* 18 (5), 363–381.

Cowan, Richard (2003) Does it all add up? Changes in children's knowledge of addition combinations, strategies, and principles. In Arthur J. Baroody & Ann Dowker (Hrsg.), *The Development of Arithmetic Concepts and Skills. Constructing Adaptive Expertise* (S. 35–74). Mahwah: Lawrence Erlbaum Associates, Publishers.

De Smedt, Bert; Verschaffel, Lieven & Ghesquière, Pol (2009). The predictive value of numerical magnitude comparison for individual differences in mathematics achievement. *Journal of Experimental Child Psychology* 103 (4, special issue), 469–479.

Dehaene, Stanislas (1992) Varieties of numerical abilities. *Cognition* 44, 1–42.

Dehaene, Stanislas (1999). *Der Zahlensinn oder Warum wir rechnen können*. Basel: Birkhäuser Verlag.

Delfos, Martine F. (2004). *„Sag mir mal …". Gesprächsführung mit Kindern (4 bis 12 Jahre)*. Weinheim, Basel: Beltz.

DeSmedt, Bert.; Taylor, Jessica; Archibald, Lisa & Ansari, Daniel (2010). How is phonological processing related to individual differences in children's arithmetic skills? *Developmental Science* 13, 508–520.

Deutscher, Theresa (2012). *Arithmetische und geometrische Fähigkeiten von Schulanfängern. Eine empirische Untersuchung unter besonderer Berücksichtigung des Bereichs Muster und Strukturen*. Wiesbaden: Vieweg + Teubner Verlag.

Dilling, Horst; Mombour, Werner & Schmidt, Martin H. (2005)[5]. *Internationale Klassifikation psychischer Störungen. ICD-10 Kapitel V (F). Klinisch-diagnostische Leitlinien*. Unter Mitarbeit von E. Schulte-Markwort. Bern, Göttingen, Toronto, Seattle: Verlag Hans Huber.

Dornheim, Dorothea (2008). *Prädiktion von Rechenleistung und Rechenschwäche: Der Beitrag von Zahlen-Vorwissen und allgemein-kognitiven Fähigkeiten*. Berlin: Logos Berlin.

Dowker, Ann (2003). Interventions in numeracy: individualized approaches. In Ian Thompson (Hrsg.), *Enhancing primary mathematics teaching* (S. 127–135). Maidenhead: Open Univ. Press.

Dowker, Ann (2007). What can intervention tell us about arithmetical difficulties? *Educational and Child Psychology* 24 (2), 64–75.

Eckstein, Berthold (2011). *Mit 10 Fingern zum Zahlverständnis. Optimale Förderung für 4- bis 8-Jährige*. Göttingen [u.a.]: Vandenhoeck & Ruprecht.

Eimeren, Lucia van & Ansari, Daniel (2009). Rechenschwäche – eine neurokognitive Perspektive. In: Annemarie Fritz, Gabi Ricken & Siegbert Schmidt (Hrsg.)[2], *Handbuch Rechenschwäche. Lernwege, Schwierigkeiten und Hilfen bei Dyskalkulie* (S. 25–33). Weinheim und Basel: Beltz.

Feigenson, Lisa; Carey, Susan & Hauser, Marc (2002): The Representations underlying infants' choice of More: Object Files Versus Analog Magnitudes. *American Psychological Society* 13 (2), 150–156.

Fetzer, Marei (2007). *Interaktion am Werk. Eine Interaktionstheorie fachlichen Lernens, entwickelt am Beispiel von Schreibanlässen im Mathematikunterricht der Grundschule*. Bad Heilbrunn: Klinkhardt.

Fetzer, Marei (2011). Wie argumentieren Grundschulkinder im Mathematikunterricht? Eine argumentationstheoretische Perspektive. *Journal für Mathematik-Didaktik* 32 (1), 27–51.

Flick, Uwe (2002)[6]. *Qualitative Sozialforschung. Eine Einführung*. Reinbek: Rowohlt Taschenbuch Verlag.

Floer, Jürgen (1992)[3]. *Arithmetik für Kinder. Materialien – Spiele – Übungsformen*. Frankfurt am Main: Arbeitskreis Grundschule e.V. (Band 63).

Floer, Jürgen (2000). Üben und Entdecken – Beispiele, Erfahrungen, Anmerkungen. In Michael Neubrand (Hrsg.), *Beiträge zum Mathematikunterricht 2000* (S. 197–200). Hildesheim; Berlin: Franzbecker.

Freudenthal, Hans (1973). *Mathematik als pädagogische Aufgabe. Band 1*. Stuttgart: Ernst Klett Verlag.

Friedrich, Gerhard & de Galgóczy, Viola (2004). *Komm mit ins Zahlenland. Eine spielerische Entdeckungsreise in die Welt der Mathematik*. Freiburg i. B.: Christophorus im Verlag Herder.

Fuhs, Burkhard (2000). Qualitative Interviews mit Kindern. Überlegungen zu einer schwierigen Methode. In Heinzel F. (Hrsg.), *Methoden der Kindheitsforschung. Ein Überblick über Forschungszugänge zur kindlichen Perspektive* (S. 87–103). Weinheim: Juventa.

Fuson, Karen C. (1982). An Analysis of the Counting-On Solution Procedure in Addition. In Thomas P. Carpenter, James M. Moser & Thomas A. Romberg (Hrsg.), *Addition and Subtraction: A Cognitive Perspective* (S. 67–82). Hillsdale, New Jersey: Lawrence Erlbaum Associates, Publishers.

Fuson, Karen C. (1988). *Children's Counting and Concepts of Number.* New York: Springer-Verlag.

Fuson, Karen C. (1992a). Research on Whole Number Addition and Subtraction. In D. A. Grouws (Hrsg.), *Handbook of Research on Mathematics Teaching and Learning* (S. 243–275). New York: Macmillan.

Fuson, Karen C. (1992b): Relationship Between Counting and Cardinality From Age 2 to Age 8. In Jacqueline Bideaud, Claire Meljac & Jean-Paul Fischer (Hg.), *Pathways to number. Children's Developing Numerical Abilities.* Hillsdale, New Jersey: Lawrence Erlbaum Associates, Publishers, S. 127–149.

Fuson, Karen C. (2003). Developing Mathematical Power in Whole Number Operations. In Jeremy Kilpatrick, W. Gary Martin & Deborah Schifter (Hrsg.)[2], *A Research Companion to Principles and Standards for School Mathematics* (S. 68–94). United States of America.

Fuson, Karen C. & Hall, James W. (1983). The Acquisition of Early Number Word Meanings: A Conceptual Analysis and Review. In Herbert P. Ginsburg (Hrsg.), *The Development of Mathematical Thinking* (S. 49–107). London: Academic Press.

Fuson, Karen C.; Smith, Steven T. & Lo Cicero, Ana Maria (2002). Supporting Latino First Graders' Ten-Structured Thinking in Urban Classrooms. In Judith Sowder & Bonnie Schappelle (Hrsg.), *Lessons Learned From Research* (S. 155–162). Reston: The National Council of Teachers of Mathematics.

Fuson, Karen C., Wearne, Diana, Hiebert, James C.; Murray, Hanlie G.; Human, Pieter G.; Olivier, Alwyn I.; Carpenter, Thomas P. & Fennema Elizabeth (1997). Children's Conceptual Structures for Multidigit Numbers and Methods of Multidigit Addition and Subtraction. *Journal for Research in Mathematics Education* 28 (2), 130–162.

Gaidoschik, Michael (2006). *Rechenschwäche – Dyskalkulie. Eine unterrichtspraktische Einführung für LehrerInnen und Eltern.* Horneburg: Persen.

Gaidoschik, Michael (2007)[1]. *Rechenschwäche vorbeugen. Das Handbuch für LehrerInnen und Eltern. 1. Schuljahr: Vom Zählen zum Rechnen.* Wien: Öbv & hpt.

Gaidoschik, Michael (2008). Automatisierung arithmetischer Basisfakten: Zur Notwendigkeit eines strategie-zentrierten Erstunterrichts. In É. Vásárhelyi (Hrsg.), *Beiträge zum Mathematikunterricht 2008.* (S. 401–404). Münster: WTM, Verl. für Wiss. Texte und Medien.

Gaidoschik, Michael (2009). Didaktogene Faktoren bei der Verfestigung des „zählenden Rechnens". In A. Fritz, G. Ricken & S. Schmidt (Hrsg.)[2], *Handbuch Rechenschwäche. Lernwege, Schwierigkeiten und Hilfen bei Dyskalkulie* (S. 166–180). Weinheim und Basel: Beltz.

Gaidoschik, Michael (2010). *Die Entwicklung von Lösungsstrategien zu den additiven Grundaufgaben im Laufe des ersten Schuljahres.* Wien. http://othes.univie. ac.at/9155/1/2010–01–18_8302038.pdf (03.03.2013).

Gaidoschik, Michael (2012). Vorwort. In K. Hess (Hrsg.)[1], *Kinder brauchen Strategien. Eine frühe Sicht auf mathematisches Verstehen* (S. 10–12). Seelze: Klett/ Kallmeyer.

Gallistel, C. R. & Gelman, Rochel (1992). Preverbal and verbal counting and computation. *Cognition* 44, 43–74.

Gasteiger, Hedwig (2010). *Elementare mathematische Bildung im Alltag der Kindertagesstätte. Grundlegung und Evaluation eines kompetenzorientierten Förderansatzes*. Münster [u.a.]: Waxmann.

Geary, David C. (2003a). Arithmetical Development: Commentary on Chapters 9 through 15 and Future Directions. In Arthur J. Baroody & Ann Dowker (Hrsg.), *The Development of Arithmetic Concepts* (S. 453–464). Mahwah: Lawrence Erlbaum Associates, Publishers.

Geary, David C. (2003b). Learning Disabilities in Arithmetic: Problem-Solving Differences and Cognitive Deficits. In Harris L. Swanson, Karen R. Harris & Steve Graham (Hrsg.), *Handbook of Learning Disabilities* (S. 199–212). New York: A Divison of Guilford Publications.

Geary, David C. & Hoard, Mary K. (2001). Numerical and arithmetical deficits in learning-disabled children: Relation to dyscalculia and dyslexia. *Aphasiology* 15, 635–647.

Gelman, Rochel & Gallistel, C. R. (1978). *The child's understanding of number*. Cambridge, Massachusetts, and London: Harvard University Press.

Gersten, Russel & Chard, David (1999). Number Sense: Rethinking Arithmetic Instruction for Students with Mathematical Disabilities. *The Journal of Special Education* 33 (1), 18–28.

Gerster, Hans-Dieter (1994). Arithmetik im Anfangsunterricht. In Albrecht Abele & Herbert Kalmbach (Hrsg.), *Handbuch zur Grundschulmathematik. Anregungen Beispiele zum Bildungsplan Baden-Württemberg. 1. und 2. Schuljahr* (S. 35–102). Stuttgart: Ernst Klett Schulbuchverlag GmbH.

Gerster, Hans-Dieter (2005). Anschaulich rechnen – im Kopf, halbschriftlich, schriftlich. In Michael von Aster & Jens Holger Lorenz (Hrsg.), *Rechenstörungen bei Kindern. Neurowissenschaft, Psychologie, Pädagogik* (S. 202–236). Göttingen: Vandenhoeck & Ruprecht.

Gerster, Hans-Dieter (2007). Wissenswertes zum Thema Rechenschwäche/Dyskalkulie. *Arbeitskreis des Zentrums für angewandte Lernforschung (GmbH) Osnabrück*. http://www.zahlbegriff.de/PDF/Gerster.pdf (22.01.2012).

Gerster, Hans-Dieter (2009). Schwierigkeiten bei der Entwicklung arithmetischer Konzepte im Zahlenraum bis 100. In Annemarie Fritz, Gabi Ricken & Siegbert Schmidt (Hrsg.)[2], *Handbuch Rechenschwäche. Lernwege, Schwierigkeiten und Hilfen bei Dyskalkulie* (S. 269–284). Weinheim und Basel: Beltz.

Gerster, Hans-Dieter & Schultz, Rita (1998). *Schwierigkeiten beim Erwerb mathematischer Konzepte im Anfangsunterricht. Bericht zum Forschungsprojekt Rechenschwäche – Erkennen, Beheben, Vorbeugen*. Freiburg i. B.: Pädagogische Hochschule Freiburg.

Gerster, Hans-Dieter (2006). *Wissenswertes zum Thema Rechenschwäche/Dyskalkulie*. http://www.zahlbegriff.de/PDF/Gerster.pdf (07.01.2012).

Gervasoni, Ann & Sullivan, Peter (2007). Assessing and teaching children who have difficulty learning arithmetic. *Educational and Child Psychology* 24 (2), 40–53.

Gierlinger, Wolfgang (2004). *Zahlenzauber 1. Lehrermaterialien*. München: Oldenbourg.

Ginsburg, Herbert P. (1981). The Clinical Interview in Psychological Research on Mathematical Thinking: Aims, Rationales, Techniques. *For the Learning of Mathematics* (3), 4–11.

Glaserfeld, Ernst von (2005). Was heißt „Lernen" aus konstruktivistischer Sicht? In Reinhard Voß (Hrsg.), *Unterricht aus konstruktivistischer Sicht. Die Welten in den Köpfen der Kinder* (S. 214–223). Weinheim und Basel: Beltz.

Graffweg, Christoph, Höhbusch, Elke & Winkler, Dieter (2005). *Mathebox. Diagnostik zum Schulbeginn*. Braunschweig: Schroedel.

Grassmann, Marianne, Eichler, Klaus-Peter, Mirwald, Elke & Nitsch, Bianca (2010)[1]. *Mathematikunterricht*. Baltmannsweiler: Schneider-Verl. Hohengehren.

Gray, E.M. (1991). An analysis of diverging approaches to simple arithmetic: preference and its consequences. *Educational Studies in Mathematics* 22, 551–574.

Gray, E. (2008). Compressing the counting process: strength from the flexible interpretation of symbols. In Ian Thompson (Hrsg.)[2], *Teaching and learning early number* (S. 82–93). Maidenhead: Open University Press, S. 82–93.

Gray, Eddie M. & Tall, David O. (1994). Duality, Ambiguity, and Flexibility: a „Proceptual" View of Simple Arithmetic. *Journal for Research in Mathematics Education* 25 (2), 116–140.

Greeno, James G. (1991). Number Sense as Situated Knowing in a Conceptual Domain. *Journal for Research in Mathematics Education* 22 (3), 170–218.

Großwörterbuch Englisch – Deutsch. Langenscheidt Online-Wörterbücher (2009). http://services.langenscheidt.de/bsb/(30.12.2012).

Grube, Dietmar (2009). Kognitive Bedingungen der Rechenschwäche. In Annemarie Fritz, Gabi Ricken & Siegbert Schmidt (Hrsg.)[2], *Handbuch Rechenschwäche. Lernwege, Schwierigkeiten und Hilfen bei Dyskalkulie* (S. 181–196). Weinheim und Basel: Beltz.

Harel, Guershon & Sowder, Larry (2007). Toward comprehensive perspectives on the learning and teaching of proof. In Frank K. Lester Jr. (Hrsg.), *Second Handbook of Research on Mathematics Teaching and Learning* (S. 805–842). United States of America: NCTM.

Hasemann, Klaus (2007). *Anfangsunterricht Mathematik*. München: Elsevier.

Hatano, Giyoo (2003). Foreword. In Arthur J. Baroody & Ann Dowker (Hrsg.). *The Development of Arithmetic Concepts and Skills. Constructing Adaptive Expertise* (S. xi-xiii). Mahwah: Lawrence Erlbaum Associates, Publishers.

Heinze, Aiso; Marschik, Franziska & Lipowsky, Frank (2009b). Addition and subtraction of three-digit numbers: adaptive strategy use and the influence of instruction in German third grade. *ZDM Mathematics Education* 41, 591–604.

Heinze, Aiso; Star, Jon R. & Verschaffel, Lieven (2009a). Flexible and adaptive use of strategies and representations in mathematics education. *ZDM Mathematics Education* 41, 535–540.

Heinzel, Friederike (2000). Methoden und Zugänge der Kindheitsforschung im Überblick. In Friederike Heinzel (Hrsg.), *Methoden der Kindheitsforschung. Ein Überblick über Forschungszugänge zur kindlichen Perspektive* (S. 21–35). Weinheim: Juventa.

Heirdsfield, Ann M. & Cooper Tom J. (2002). Flexibility and inflexibility in accurate mental addition and subtraction: two case studies. *Journal of Mathematical Behavior* 21, 57–74.

Helmke, Andreas (2009). *Unterrichtsqualität und Lehrerprofessionalität. Diagnose, Evaluation und Verbesserung des Unterrichts*. Seelze-Velber: Kallmeyer.

Hess, Kurt (2012). *Kinder brauchen Strategien. Eine frühe Sicht auf mathematisches Verstehen*. Seelze: Klett/Kallmeyer.

Heuvel-Panhuizen, Marja van den (2008). Introduction. In Marja van den Heuvel-Panhuizen (Hrsg.), *Children learn mathematics: a learning-teaching trajectory with intermediate attainment targets for calculation with whole numbers in primary school* (S. 9–21). Rotterdam: Sense Publ.

Hilbert, Alfred (1987). *Mathematik. Nachschlagebücher für Grundlagenfächer*. Leipzig: VEB Fachbuchverlag.

Hoenisch, Nancy & Niggemeyer, Elisabeth (2007)[2]. *Mathe-Kings. Junge Kinder fassen Mathematik an*. Weimar, Berlin: Verl. Das Netz.

Höhtker, Barbara & Selter, Christoph (1999). Normal verfahren? Viertklässler reflektieren über Rechenmethoden. *Die Grundschulzeitschrift* 13 (125), 19–21.

Holloway, Ian D. & Ansari, Daniel (2009). Mapping numerical magnitude onto symbols: The numerical distance effect and individual differences in children's mathematics achievement. *Journal of Experimental Child Psychology* 103, 17–29.

Hopf, Christel (2007)[5]. Qualitative Interviews – ein Überblick. In Uwe Flick, Ernst von Kardorff & Ines Steinke (Hrsg.), *Qualitative Forschung. Ein Handbuch (S. 349–360)*. Reinbek bei Hamburg: Rowohlt-Taschenbuch-Verlag.

Howden, Hilde (1989) Teaching number sense. *Arithmetic Teacher* 36 (6), 6–11.

Jahnke, Hans Niels (1984). Anschauung und Begründung in der Schulmathematik. In *Beiträge zum Mathematikunterricht 1984*. (S. 32–41). Bad Salzdetfurth: Franzbecker.

Jansen, Peter (2007). Der Aufbau mathematischer Verständnisgrundlagen – die Aktionsforschungsprojekte Basiskurs Mathematik und MATINKO. In *Beiträge zum Mathematikunterricht 2007* (S. 684–687). Hildesheim; Berlin: Franzbecker.

Jansen, Peter (2005). *Basiskurs Mathematik. Aktionsforschung zur Prävention und Überwindung der Rechenschwäche*. Hamburg: Dieck-Verlag.

Jansen, Peter (2010). *Der Aufbau mathematischer Verständnisgrundlagen. Das Aktionsforschungsprojekt Matinko*. Coesfeld.

Kaufmann, Liane (2002). More Evidence for the Role of the Central Executive in Retrieving Arithmetic Facts – A Case Study of Severe Developmental Dyscalculia. *Journal for Clinical and Experimental Neuropsychology* 24 (3), 302–310.

Kaufmann, Sabine (2003). *Früherkennung von Rechenstörungen in der Eingangsklasse der Grundschule und darauf abgestimmte remediale Maßnahmen*. Frankfurt am Main: Lang.

Kaufmann, Sabine (2006). Früherkennung von Rechenstörungen und entsprechende Fördermaßnahmen. In Meike Grüßing & Andrea Peter-Koop (Hrsg.), *Die Entwicklung mathematischen Denkens in Kindergarten und Grundschule: Beobachten – Fördern – Dokumentieren* (S. 160–168). Offenburg: Mildenberger.

Kaufmann, Sabine (2010a). *Handbuch für die frühe mathematische Bildung*. Braunschweig: Schroedel.

Kaufmann, Sabine (2010b). Rechenstörungen. *Mathematik differenziert* (4), 4–6.

Kaufmann, Sabine; Lorenz, Jens Holger (2006)[2]. *Förder-/Diagnose-Box Mathe. Von der zielgerichteten Beobachtung zur individuellen Förderung; Klasse 1–4. Begleitheft*. Braunschweig: Bildungshaus Schulbuchverl. Westermann, Schroedel, Diesterweg, Schöningh, Winklers.

Kaufmann, Sabine & Wessolowski, Silvia (2006). *Rechenstörungen. Diagnose und Förderbausteine*. Seelze: Kallmeyer [u.a.].

Kelle, Udo & Kluge, Susann (2010)[2]. *Vom Einzelfall zum Typus. Fallvergleich und Fallkontrastierung in der qualitativen Sozialforschung*. Opladen: Leske + Budrich; VS Verl. für Sozialwiss.

Keller, Bernhard & Müller, Beatrice Noelle (2008a). *Kinder begegnen Mathematik. Kindergarten. Zählen und Vergleichen. Für den Unterricht mit Kindern ab 4 Jahren*. Zürich: Lehrmittelverlag des Kantons Zürich.

Keller, Bernhard & Müller, Beatrice Noelle (2008b). *Kinder begegnen Mathematik. Kindergarten. Plus und Minus*. Zürich: Lehrmittelverlag des Kantons Zürich.

Kilpatrick, Jeremy, Swafford, Jane & Findell, Bradford (Hrsg.) (2001). *Adding it up: helping children learn mathematics*. National Research Council. Washington: National Academy Press.

Klaudt, Dieter (2007). Kinder strukturieren ihren Zahlenraum. In Andreas Filler & Sabine Kaufmann (Hrsg.), *Kinder fördern – Kinder fordern. Festschrift für Jens Holger Lorenz zum 60. Geburtstag* (S. 69–76). Hildesheim, Berlin: Franzbecker.

Klein, Anton S. & Beishuizen, Meindert (1998). The Empty Number Line in Dutch. Second Grades: Realistic Versus Gradual Program Design. *Journal for Research in Mathematics Education* Vol. 29 (No. 4), 443–464.

Klein, Anton S., Beishuizen, Meindert & Treffers, Adri (2002). The Empty Number Line in Dutch Second Grade. In Judith Sowder & Bonnie Schappelle (Hrsg.), *Lessons Learned From Research* (S. 41–43). Reston: The National Council of Teachers of Mathematics.

Kluge, Susann (1999). *Empirisch begründete Typenbildung. Zur Konstruktion von Typen und Typologien in der qualitativen Sozialforschung*. Opladen: Leske + Budrich.

Knapstein, Kordula & Spiegel, Hartmut (1995). Testaufgaben zur Erhebung arithmetischer Vorkenntnisse zu Beginn des 1. Schuljahres. In Gerhard N. Müller & Erich, Ch. Wittmann (Hrsg.), *Mit Kindern rechnen* (S. 65–73), Bd. 96. Frankfurt am Main: Arbeitskreis Grundschule – Der Grundschulverband – e.V. (96).

Knipping, Christine (2003). *Beweisprozesse in der Unterrichtspraxis. Vergleichende Analysen von Mathematikunterricht in Deutschland und Frankreich*. Hildesheim, Berlin: Franzbecker.

Köhler, Hartmut (2008). Autonome Intuition statt veranstalteter Instruktion. Blicke auf das Unterrichtsgeschehen unter besonderer Berücksichtigung des Mathematikunterrichts. In Andreas Neider (Hrsg.), *Autonom lernen - intuitiv verstehen. Grundlagen kindlicher Entwicklung* (S. 162–197). Stuttgart: Verl. Freies Geistesleben.

Koponen, Tuire, Tuija, Aro, Pekka, Räsänen & Ahonen, Timo (2007). Language-based retrieval difficulties in arithmetic: A single case intervention study comparing two children with SLI. *Educational and Child Psychology* 24 (2), 98–107.

Köppen, Dagmar (1994). *70 Zwiebeln sind ein Beet*. Basel und Weinheim: Beltz.

Kopperschmidt, Josef (2000). *Argumentationstheorie zur Einführung*. Hamburg: Junius.

Kowal, Sabine & O'Connell, Daniel C. (2007). Zur Transkription von Gesprächen. In Uwe Flick, Ernst von Kardorff & Ines Steinke (Hrsg.)[5], *Qualitative Forschung. Ein Handbuch* (S. 437–447). Reinbek bei Hamburg: Rowohlt-Taschenbuch-Verlag.

Krajewski, Kristin (2003). *Vorhersage von Rechenschwäche in der Grundschule*. Hamburg: Kovac.

Krajewski, Kristin (2008). Prävention der Rechenschwäche. The Early Prevention of Math Problems. In Wolfgang Schneider & Marcus Hasselhorn (Hrsg.), *Handbuch der Pädagogischen Psychologie* (S. 360–370). Göttingen: Hogrefe.

Krajewski, Kristin & Schneider, Wolfgang (2006). Mathematische Vorläuferfertigkeiten im Vorschulalter und ihre Vorhersagekraft für die Mathematikleistungen bis zum Ende der Grundschulzeit. *Psychologie in Erziehung und Unterricht* (53), 246–262.

Kramarski, Bracha, Weisse, Izik & Kololshi-Minsker, Inbal (2010). How can self-regulated learning support the problem solving of third-grade students with mathematics anxiety? *ZDM Mathematics Education* 42, 179–193.

Krauthausen, Günter (1995). Die „Kraft der Fünf" und das denkende Rechnen. Zur Bedeutung tragfähiger Vorstellungsbilder im mathematischen Anfangsunterricht. In Gerhard N. Müller & Erich, Ch. Wittmann (Hrsg.), *Mit Kindern rechnen* (S. 87–108). Frankfurt am Main: Arbeitskreis Grundschule – Der Grundschulverband – e.V. (96).

Krauthausen, Günter (1998). *Lernen - Lehren - Lehren lernen. Zur mathematik-didaktischen Lehrerbildung am Beispiel der Primarstufe*. Leipzig: Ernst Klett Grundschulverlag.

Krauthausen, Günter (2009). Entwicklungen arithmetischer Fertigkeiten und Strategien – Kopfrechnen und halbschriftliches Rechnen. In Annemarie Fritz, Gabi Ricken & Siegbert Schmidt (Hrsg.)[2], *Handbuch Rechenschwäche. Lernwege, Schwierigkeiten und Hilfen bei Dyskalkulie* (S. 100–117). Weinheim und Basel: Beltz.

Krauthausen, Günter; Scherer, Petra. (2006)[2]. *Einführung in die Mathematikdidaktik*. Heidelberg: Spektrum Akad. Verl. (Mathematik Primar- und Sekundarstufe).

Kroesbergen, Evelyn H.; Luit, Johannes E. H. van (2003). Mathematics Interventions for Children with Special Educational Needs. A Meta-Analysis. *Remedial and Special Education* 24 (2), 97–114.

Krummheuer, Götz (1992). *Lernen mit „Format". Elemente einer interaktionistischen Lerntheorie. Diskutiert an Beispielen mathematischen Unterrichts.* Weinheim: Deutscher Studien Verlag.

Krummheuer, Götz & Brandt, Birgit (2001). *Paraphrase und Traduktion. Partizipationstheoretische Elemente einer Interaktionstheorie des Mathematiklernens in der Grundschule.* Weinheim und Basel: Beltz.

Krummheuer, Götz & Fetzer, Marei (2005). *Der Alltag im Mathematikunterricht. Beobachten – Verstehen – Gestalten.* München, Heidelberg: Elsevier, Spektrum, Akad. Verl.

Krummheuer, Götz & Naujok, Natalie (1999). *Grundlagen und Beispiele interpretativer Unterrichtsforschung.* Opladen: Leske + Budrich.

Kühnel, Johannes (1922). *Die Vorträge über neuzeitlichen Rechenunterricht.* Leipzig: Klinkhardt.

Kwapis, Jörg (2007). Rechenschwächen als Produkt mathematischen Anfangsunterrichts. In *Beiträge zum Mathematikunterricht* (S. 680–683). Hildesheim, Berlin: Franzbecker.

Lamnek, Siegfried (2010)[5]. *Qualitative Sozialforschung. Lehrbuch.* Weinheim, Basel: Beltz.

Landerl, Karin, Bevan, Anna & Butterworth, Brian (2004). Developmental dyscalculia and basic numerical capacities. A study of 8–9 year old students. *Cognition* 93, 99–125.

Landerl, Karin & Kaufmann, Liane (2008). *Dyskalkulie. Modelle, Diagnostik, Intervention.* München: Reinhardt.

Linchevski, Liora & Livneh, Drora (1999). Structure sense: The relationship between algebraic and numerical contexts. *Educational Studies in Mathematics* 40 (2), 173–196.

Lorenz, Jens Holger (1992). *Anschauung und Veranschaulichungsmittel im Mathematikunterricht.* Göttingen: Hogrefe.

Lorenz, Jens Holger (1993). Veranschaulichungsmittel im arithmetischen Anfangsunterricht. In Jens Holger Lorenz (Hrsg.). *Mathematik und Anschauung* (S. 122–146). Köln: Aulis Verlag Deubner & Co KG (Untersuchungen zum Mathematikunterricht. IDM, 18).

Lorenz, Jens Holger (1997a). Is mental calculation just strolling around in an imaginary number space? In Meindert Beishuizen, Koeno P. E. Gravemeijer & Ernest C. D. M. van Lieshout (Hrsg.). *The Role of Contexts and Models in the Development of Mathematical Strategies and Procedures* (S. 199–213). Utrecht: Freudenthal Institute.

Lorenz, Jens Holger (1997b). *Kinder entdecken die Mathematik.* Braunschweig: westermann.

Lorenz, Jens Holger (2003). *Lernschwache Rechner fördern. Ursachen der Rechenschwäche. Frühhinweise auf Rechenschwäche. Diagnostisches Vorgehen.* Berlin: Cornelsen Scriptor.

Lorenz, Jens Holger (2005a). Grundlagen der Förderung und Therapie. Wege und Irrwege. In Michael von Aster und Jens Holger Lorenz (Hrsg.), *Rechenstörungen bei Kindern. Neurowissenschaft, Psychologie, Pädagogik* (S. 165–177). Göttingen: Vandenhoeck & Ruprecht.

Lorenz, Jens Holger (2005b). Kommunikation über Rechenwege – Nur mittels Sprache? In Joachim Engel, Rose Vogel & Silvia Wessolowski (Hrsg.), *Strukturieren – Modellieren – Kommunizieren. Leitbilder mathematischer und informatischer Aktivitäten. Festschrift für Karl-Dieter Klose, Siegfried Krauter, Herbert Löthe und Heinrich Wölpert* (S. 151–164). Hildesheim [u.a.]: Franzbecker.

Lorenz, Jens Holger (2006a). Grundschulkinder rechnen anders. Die Entwicklung mathematischer Strukturen und des Zahlensinns von „Matheprofis". In Elisabeth Rathgeb-Schnierer & Udo Roos (Hrsg.), *Wie rechnen Matheprofis? Ideen und Erfahrungen zum offenen Mathematikunterricht: Festschrift für Sybille Schütte zum 60. Geburtstag* (S. 113–122). München [u.a.]: Oldenbourg.

Lorenz, Jens Holger (2006b). Die Entwicklung von Zahlensinn. Notwendige Veränderungen im Unterricht. *Die Grundschulzeitschrift* 20 (191), 6–9.

Lorenz, Jens Holger (2007a). *Mathematikus 1. Lehrermaterialien.* Braunschweig: westermann.

Lorenz, Jens Holger (2007b). *Mathematikus 1.* Braunschweig: westermann.

Lorenz, Jens Holger (2007c). *Mathematikus 1. 1. Übungsteil.* Unter Mitarbeit von Herta Jansen Sabine Kaufmann Jens Holger Lorenz Angelika Röttger Klaus-Peter Eichler. Braunschweig: Bildungshaus Schulbuchverl. Westermann, Schroedel, Diesterweg, Schöningh, Winklers.

Lorenz, Jens Holger (2007d). *Hamburger Rechentest. Manual. Test zur Früherkennung von Lernschwierigkeiten im Mathematikunterricht. „Hamburger Rechentest für die Klassen 1–4".* Hamburg: Freie und Hansestadt Hamburg, Behörde für Bildung und Sport.

Lorenz, Jens Holger (2008). Diagnose und Förderung von Kindern in Mathematik – ein Überblick. In Frank Hellmich & Hilde Köster (Hrsg.), *Vorschulische Bildungsprozesse in Mathematik und Naturwissenschaften* (S. 29–44). Bad Heilbrunn: Klinkhardt.

Lorenz, Jens Holger (2009). Zur Relevanz des Repräsentationswechsels für das Zahlenverständnis und erfolgreiche Rechenleistungen. In Annemarie Fritz, Gabi Ricken & Siegbert Schmidt (Hrsg.)[2], *Handbuch Rechenschwäche. Lernwege, Schwierigkeiten und Hilfen bei Dyskalkulie* (S. 230–247). Weinheim und Basel: Beltz.

Lorenz, Jens Holger (2011). Die Macht der Materialien (?). Anschauungsmittel und Zahlenrepräsentation. In Anna Susanne Steinweg (Hrsg.), *Medien und Materialien. Tagungsband des AK Grundschule in der GDM 2011* (S. 39–54). Bamberg: University of Bamberg Press.

Lorenz, Jens Holger & Radatz, Hendrik (1993). *Handbuch des Förderns im Mathematikunterricht.* Hannover: Schroedel Schulbuchverl.

Lüken, Miriam (2010). Ohne „Struktursinn" kein erfolgreiches Mathematiklernen – Ergebnisse einer empirischen Studie zur Bedeutung von Muster und Strukturen am Schulanfang. In Anke Lindmeier & Stefan Ufer (Hrsg.), *Beiträge zum Mathematikunterricht 2010.* (S. 573–576). Münster: WTM, Verl. für Wiss. Texte und Medien.

Lüken, Miriam M. (2012). *Muster und Strukturen im mathematischen Anfangsunterricht. Grundlegung und empirische Forschung zum Struktursinn von Schulanfängern.* Münster [u.a.]: Waxmann.

Luit, J. E Hans van; Rijt, Bernadette A. M. van de & Hasemann, Klaus (2001). *Osnabrücker Test zur Zahlbegriffsentwicklung.* Göttingen: Hogrefe.

Macintyre, Tom & Forrester, Ruth (2003). Strategies for Mental Calculation. *Proceedings of the British Society for Research into Learning Mathematics* 23 (2), 49–54.

Macmillan Publishers Limited (Hrsg.) Macmillan Dictionary (2009). http://www.macmillan-dictionary.com/thesaurus/british/adaptive (30.12.2012.)

Maier, Hermann (1990). *Didaktik des Zahlbegriffs. Ein Arbeitsbuch zur Planung des mathematischen Erstunterrichts.* Hannover: Schroedel Schulbuchverlag.

Maier, Hermann & Beck, Christian (2001). Zur Theoriebildung in der interpretativen mathematikdidaktischen Forschung. *Journal für Mathematik-Didaktik* 22 (1), 29–50.

Malle, Günther (2002). Begründen. Eine vernachlässigte Tätigkeit im Mathematikunterricht. *mathematiklehren* (110), 4–8.

Markovits, Zvia, Hershkowitz, Rina & Bruckheimer, Maxim (2002). Number Sense and Nonsense. In Donald L. Chambers (Hrsg.), *Putting Research into Practice in the Elementary Grades. Readings from Journals of the National Council of Teachers of Mathematics* (S. 87–89). Reston: The National Council of Teachers of Mathematics.

Mayring, Philipp (2002)[5]. *Einführung in die Qualitative Sozialforschung. Eine Anleitung zu qualitativem Denken.* Weinheim: Beltz.

Mayring, Philipp (2008a)[10]. *Qualitative Inhaltsanalyse. Grundlagen und Techniken*. Weinheim: Beltz.

Mayring, Philipp (2008b). Neuere Entwicklungen in der qualitativen Forschung und der Qualitativen Inhaltsanalyse. In Philipp Mayring & Michaela Gläser-Zikuda (Hrsg.), *Die Praxis der Qualitativen Inhaltsanalyse* (S. 7–19). Weinheim und Basel: Beltz.

Menne, Julie (2001). Jumping ahead: an innovative teaching programme. In Julia Anghileri (Hrsg.), *Principles and Pracitices in Arithmetic Teaching. Innovative approaches for the primary classroom* (S. 95–106). Maidenhead: Open University Press.

Menninger, Karl (1940). *Rechenkniffe. Lustiges und vorteilhaftes Rechnen. Ein Lehr- und Handbuch für das tägliche Rechnen*. Stuttgart: Ernst Klett Verlag.

Merkens, Hans (2007). Auswahlverfahren, Sampling, Fallkonstruktion. In Uwe Flick, Ernst von Kardorff & Ines Steinke (Hrsg.)[5], *Qualitative Forschung. Ein Handbuch* (S. 286–299). Reinbek bei Hamburg: Rowohlt-Taschenbuch-Verlag.

Meyerhöfer, Wolfram (2008). Vom Konstrukt der Rechenschwäche zum Konstrukt der nicht bearbeiteten stofflichen Hürden. In Éva Vásárhelyi (Hrsg.), *Beiträge zum Mathematikunterricht 2008* (S. 601–604). Münster: WTM, Verl. für Wiss. Texte und Medien.

Meyerhöfer, Wolfram (2010). Zu einem theoriesprachlichen Alternativkonzept zur „Rechenschwäche". In Anke Lindmeier & Stefan Ufer (Hrsg.), *Beiträge zum Mathematikunterricht 2010* (S. 613–616). Münster: WTM, Verl. für Wiss. Texte und Medien.

Meyerhöfer, Wolfram (2011). Vom Konstrukt der Rechenschwäche zum Konstrukt der nicht bearbeiteten stofflichen Hürden (nbsH). *Pädagogische Rundschau* 65 (4), 401–426.

Ministerium für Kultus, Jugend und Sport Baden-Württemberg (2004). *Bildungsplan 2004. Grundschule*. Ditzingen: Philipp Reclam Jun.

Moeller, Korbinian & Nuerk, Hans-Christoph (2012a). Zählen und Rechnen mit den Fingern: Hilfe, Sackgasse oder bloßer Übergang auf dem Weg zu komplexen arithmetischen Kompetenzen? *Lernen und Lernstoerungen* 1 (1), 33–53.

Moeller, Korbinian & Nuerk, Hans-Christoph (2012b). Fingerbasierte Repräsentationen als verkörperlichte Vorläuferfertigkeit mathematischer Kompetenzen: Ein Plädoyer für mehr Dialog zwischen Fachdidaktik und Neuropsychologie. *Lernen und Lernstoerungen* 1 (1), 63–71.

Möller, Manfred & Floer, Jürgen (1992)[3]. Erste Erfahrungen mit Zahlen: Der Zahlenraum bis 20. In Jürgen Floer (Hrsg.), *Arithmetik für Kinder. Materialien – Spiele – Überungsformen* (S. 33–67). Frankfurt am Main: Arbeitskreis Grundschule e.V. (63).

Moser Opitz, Elisabeth (2001a). Chapter 4: Mathematical Knowledge and Progress in the Mathematical Learning of Children with Special Needs in their First Year of School. Hrsg. v. Erich Ch. Wittmann, *Report of the PME 25 Research Forum „Designing, Researching and Implementing Mathematical Learning Enviroments – the research group Mathe 2000*. http://www.mathematik.uni-dortmund.de/ieem/mathe2000/pubonline.htm (19.01.2012).

Moser Opitz, Elisabeth (2001b). *Zählen, Zahlbegriff, Rechnen. Theoretische Grundlagen und eine empirische Untersuchung zum mathematischen Erstunterricht in Sonderklassen*. Bern: P. Haupt.

Moser Opitz, Elisabeth (2007a). Erstrechnen. In Ulrich Heimlich & Franz B. Wember (Hrsg.), *Didaktik des Unterrichts im Förderschwerpunkt Lernen. Ein Handbuch für Studium und Praxis* (S. 253–265). Stuttgart: Kohlhammer.

Moser Opitz, Elisabeth (2007b). *Rechenschwäche/Dyskalkulie. Theoretische Klärungen und empirische Studien an betroffenen Schülerinnen und Schülern*. Bern: Haupt.

Moser Opitz, Elisabeth & Schmassmann, Margret (2007). Grundoperationen. In Ulrich Heimlich &Franz B. Wember (Hrsg.), *Didaktik des Unterrichts im Förderschwerpunkt Lernen. Ein Handbuch für Studium und Praxis* (S. 266–279). Stuttgart: Kohlhammer.

Müller, Gerhard N. & Wittmann, Erich Ch. (2006). *Blitzrechnen. Basiskurs Zahlen. Teil 1. Rechnen bis 20. Programm Mathe 2000.* Leipzig: Klett.

Müller, Gerhard N. & Wittmann, Erich Ch. (2007). *Das kleine Zahlenbuch. Teil 1: Spielen und Zählen. Begleitheft mit praktischen Hinweisen zur Durchführung der Spiele und Sachinformationen zu den Bildern.* Seelze: Kallmeyer bei Friedrich in Velber.

Mulligan, Joanne (2011). Towards understanding the origins of children's difficulties in mathematics learning. *Australian Journal of Learning Difficulties* 16 (1), 19–39.

National Council of Teachers of Mathematics (1989). *Curriculum and Evaluation Standards for School Mathematics.* Reston: National Council of Teachers of Mathematics.

Nührenbörger, Marcus & Pust, Sylke (2006). *Mit Unterschieden rechnen. Lernumgebungen und Material für einen differenzierten Anfangsunterricht Mathematik.* Seelze: Kallmeyer Verlag in Verbindung mit Klett.

Padberg, Friedhelm & Benz, Christiane (2011)[4]. *Didaktik der Arithmetik. Für Lehrerausbildung und Lehrerfortbildung.* Heidelberg: Spektrum, Akad. Verlag.

Peano, Gioseph (1889). *Arithmetices Principia. Nova Methodo Exposita. Romae,* Florentiae: Augustae Taurinorum, Ediderunt Fratres Bocca.

Peltenburg, Marijolijn, Heuvel-Panhuizen, Marja van den & Robitzsch, Alexander (2011). Special education students' use of indirect addition in solving subtraction problems up to 100 – A proof of the didactical potential of an ignored procedure. *Educational Studies in Mathematics* 79 (3), 351–369.

Peter-Koop, Andrea, Wollring, Bernd, Spindeler, Brigitte & Grüßing, Meike (2007). *ElementarMathematisches BasisInterview.* Offenburg: Mildenberger.

Petermann, Franz & Windmann, Sabine (1993). Sozialwissenschaftliche Erhebungstechniken bei Kindern. In Manfred Markefka und Bernhard Nauck (Hrsg.), *Handbuch der Kindheitsforschung.* Neuwied: Luchterhand, S. 125–139.

Piaget, Jean (1964). *Rechenunterricht und Zahlbegriff. Die Entwicklung des kindlichen Zahlbegriffs und ihre Bedeutung für den Rechenunterricht.* Braunschweig: Georg Westermann Verlag.

Piaget, Jean (1964). Die Genese der Zahl beim Kind. In Jean Piaget (Hrsg.), *Rechenunterricht und Zahlbegriff. Die Entwicklung des kindlichen Zahlbegriffs und ihre Bedeutung für den Rechenunterricht* (S. 50–72). Braunschweig: Georg Westermann Verlag.

Piaget, Jean (1971). *Psychologie der Intelligenz. Das Wesen der Intelligenz. Die Intelligenz und die senso-motorischen Funktionen. Die Entwicklung des Denkens.* Olten: Walter-Verlag.

Piaget, Jean & Szeminska, Alina (1975). *Die Entwicklung des Zahlbegriffs beim Kinde.* Stuttgart: Klett (Gesammelte Werke 3 Studienausgabe).

Pirie, Susan E. B. (1988). Understanding: Instrumental, Relational, Intuitive, Constructed, Formalised …? How Can We Know? *For the Learning of Mathematics* 8 (3), 2–6.

Prediger, Susanne (2010). Über das Verhältnis von Theorien und wissenschaftlichen Praktiken – am Beispiel von Schwierigkeiten mit Textaufgaben. *Journal für Mathematik-Didaktik* Band 31 (Heft 2), 167–195.

Preiß, Gerhard (2004). *Entdeckungen im Zahlenland. Leitfaden Zahlenland 1.* Kirchzarten: Zahlenland Preiß.

Price, Gavin R., Holloway, Ian D., Räsänen, Pekk, Vererinen, Manu & Ansari, Daniel (2007). Impaired parietal magnitude processing in developmental dyscalculia. *Current Biology* 17 (24), 1042–1043.

Radatz, Hendrik; Schipper, Wilhelm (1983). *Handbuch für den Mathematikunterricht an Grundschulen*. Hannover: Schroedel.

Radatz, Hendrik, Schipper, Wilhelm, Ebeling, Astrid & Rotraut, Dröge (1996). *Handbuch für den Mathematikunterricht. 1. Schuljahr*. Hannover: Schroedel.

Rathgeb-Schnierer, Elisabeth (2004). Was passiert eigentlich, wenn…? Lernangebote zum Erforschen von Additions- und Subtraktionsaufgaben. *Die Grundschulzeitschrift* 18 (177), 12–16.

Rathgeb-Schnierer, Elisabeth (2006a). *Kinder auf dem Weg zum flexiblen Rechnen. Eine Untersuchung zur Entwicklung von Rechenwegen bei Grundschulkindern auf der Grundlage offener Lernangebote und eigenständiger Lösungsansätze*. Hildesheim, Berlin: Franzbecker.

Rathgeb-Schnierer, Elisabeth (2006b). Aufgaben sortieren. In *Mathematik Grundschule* (11), 10–15.

Rathgeb-Schnierer, Elisabeth (2007). Rechenschwache Kinder arbeiten mit Zahlbildern im Zehnerfeld. In Andreas Filler & Sabine Kaufmann (Hrsg.), *Kinder fördern – Kinder fordern. Festschrift für Jens Holger Lorenz zum 60. Geburtstag* (S. 103–115). Hildesheim, Berlin: Franzbecker.

Rathgeb-Schnierer, Elisabeth (2008). Zahlenblick als Voraussetzung für flexibles Rechen. Ich schau mir die Zahlen an, dann sehe ich das Ergebnis. *Grundschulmagazin* (4/08), 8–12.

Rathgeb-Schnierer, Elisabeth (2010a). „In der zweiten Reihe geht es immer 100 runter". *Grundschule Mathematik* (25), 24–27.

Rathgeb-Schnierer, Elisabeth (2010b). Lernen auf eigenen Wegen. Eine Herausforderung für den Mathematikunterricht. *Grundschulunterricht Mathematik* (01), 4–7.

Rathgeb-Schnierer, Elisabeth (2010c). Aktivitäten mit Zehnerfeldkarten. Materialteil. *Grundschulunterricht Mathematik* (01), 39–45.

Rathgeb-Schnierer, Elisabeth (2010d). Entwicklung flexibler Rechenkompetenzen bei Grundschulkindern des 2. Schuljahrs. *Journal für Mathematik-Didaktik* 31 (2), 257–283.

Rathgeb-Schnierer, Elisabeth (2011). Warum noch rechnen, wenn ich die Lösung sehen kann? Hintergründe zur Förderung flexibler Rechenkompetenzen bei Grundschulkindern. In Reinhold Haug & Lars Holzäpfel (Hrsg.), *Beiträge zum Mathematikunterricht 2011* (S. 15–22). Münster: WTM, Verl. für Wiss. Texte und Medien.

Rathgeb-Schnierer, Elisabeth (2012). Mathematische Bildung. In Diemut Kucharz (Hrsg.), *Bachelor! Master: Elementarbildung* (S. 50–85). Weinheim und Basel: Beltz.

Rathgeb-Schnierer, Elisabeth & Green Michael (2013). Flexibility in mental calculation in elementary students from different Math Classes (angenommen für CERME 8, Antalya, Februar 2013).

Rechtsteiner-Merz, Charlotte (2008a). Zahlenblickschulung als Möglichkeit zur Förderung flexibler Rechenkompetenzen bei schwachen Kindern. In Éva Vásárhelyi (Hrsg.), *Beiträge zum Mathematikunterricht 2008* (S. 653–656). Münster: WTM, Verl. für Wiss. Texte und Medien.

Rechtsteiner-Merz, Charlotte (2008b). Große Mengen geschickt darstellen. Sind wir eigentlich Kastanienmillionäre? *Grundschulmagazin* (4), 13–18.

Rechtsteiner-Merz, Charlotte (2011a). Den Zahlenblick schulen. Flexibles Rechnen entwickeln. *Die Grundschulzeitschrift* (248.249 – Materialbeilage).

Rechtsteiner-Merz, Charlotte (2011b). „Nimm doch die Rechenmaschine" – das Arbeitsmittel als Allheilmittel? *Die Grundschulzeitschrift* (248.249), 44–47.

Rechtsteiner-Merz, Charlotte (2011c). Datenerhebungs- und Auswertungsinstrumente zur Untersuchung flexibler Rechenkompetenzen bei schwachen Kindern. In Reinhold Haug

& Lars Holzäpfel (Hrsg.), *Beiträge zum Mathematikunterricht 2011* (S. 663–666). Münster: WTM, Verl. für Wiss. Texte und Medien.

Rechtsteiner-Merz, Charlotte (2012). Die Schulung des Zahlenblicks in Klasse 1 – Gut, wenn man einen Blick dafür hat. In Landesinstitut für Schulentwicklung (Hrsg.), *Förderung gestalten. Kinder und Jugendliche mit besonderem Förderbedarf und Behinderungen. Modul B – Besondere Schwierigkeiten in Mathematik* (S. 85–100). Stuttgart: Landesinstitut für Schulentwicklung (LS).

Rechtsteiner-Merz, Charlotte & Rathgeb-Schnierer, Elisabeth (2009). Wir erfinden Zahlenhäuser. Ein offenes Lernangebot im jahrgangsübergreifenden Unterricht. *Praxis Grundschule* (2), 13–17.

Resnick, Lauren B. (1983). A Developmental Theory of Number Understanding. In Herbert P. Ginsburg (Hrsg.), *The Development of Mathematical Thinking* (S. 109–151). London: Academic Press.

Röder, Franz Joseph (1941)[2]. *Der Rechenunterricht in der Unterstufe nach der Fingerzahlbildmethode.* Bochum i. W.: Ferdinand Kamp.

Rottmann, Thomas & Schipper, Wilhelm (2002). Das Hunderter-Feld – Hilfe oder Hindernis beim Rechnen im Zahlenraum bis 100? *Journal für Mathematik-Didaktik* 23, 51–74.

Roux, Susanna (2002). *Wie sehen Kinder ihren Kindergarten? Theoretische und empirische Befunde zur Qualität von Kindertagesstätten.* Weinheim: Juventa.

Royar, Thomas & Streit, Christine (2010). *MATHElino. Kinder begleiten auf mathematischen Entdeckungsreisen.* [Stuttgart], Seelze: Klett; Kallmeyer.

Sarama, Julie & Clements, Douglas H. (2009). *Early Childhood Mathematics Education Research. Learning Trajectories for Young Children.* New York and London: Taylor & Francis.

Scherer, Petra (1995). Ganzheitlicher Einstieg in neue Zahlenräume – auch für lernschwache Schüler?! In Gerhard N. Müller & Erich, Ch. Wittmann (Hrsg.), *Mit Kindern rechnen* (S. 151–164). Frankfurt am Main: Arbeitskreis Grundschule – Der Grundschulverband – e.V. (96).

Scherer, Petra (1999)[2]. *Entdeckendes Lernen im Mathematikunterricht der Schule für Lernbehinderte. Theoretische Grundlegung und evaluierte unterrichtspraktische Erprobung.* Heidelberg: Winter, Ed. S.

Scherer, Petra (2006). *Produktives Lernen für Kinder mit Lernschwächen: Fördern und Fordern. Band 1:Zwanzigerraum.* Horneburg: Persen.

Scherer, Petra & Moser Opitz, Elisabeth (2010). *Fördern im Mathematikunterricht der Primarstufe.* Heidelberg: Spektrum Akad. Verlag.

Schipper, Wilhelm (2002). Thesen und Empfehlungen zum schulischen und außerschulischen Umgang mit Rechenstörungen. *Journal für Mathematik-Didaktik* 23 (3/4), 243–261.

Schipper, Wilhelm (2005a). Schulische Prävention und Intervention bei Rechenstörungen. *Die Grundschulzeitschrift* 182, 6–10.

Schipper, Wilhelm (2005b). *Modul G4: Lernschwierigkeiten erkennen – verständnisvolles Lernen fördern. Mathematik.* Kiel (SINUS-Transfer Grundschule).

Schipper, Wilhelm (2007). Handlung – Vorstellung – Operation. Eine scheinbar einfache Theorie mit schwieriger Praxis. In Andreas Filler & Sabine Kaufmann (Hrsg.). *Kinder fördern – Kinder fordern. Festschrift für Jens Holger Lorenz zum 60. Geburtstag* (S. 117–127). Hildesheim, Berlin: Franzbecker.

Schipper, Wilhelm (2009). *Handbuch für den Mathematikunterricht an Grundschulen.* Braunschweig: Bildungshaus Schulbuchverl. Westermann, Schroedel, Diesterweg, Schöningh, Winklers.

Schipper, Wilhelm (2011). Vom Calculieren zum Kalkulieren – Materialien als Lösungs- und als Lernhilfen. In Anna Susanne Steinweg (Hrsg.), *Medien und Materialien. Tagungsband des AK Grundschule in der GDM 2011* (S. 71–85). Bamberg: University of Bamberg Press.

Schlömerkemper, Jörg (2010). *Konzepte pädagogischer Forschung.* Bad Heilbrunn: Julius Klinkhardt.

Schmassmann, Margret & Moser Opitz, Elisabeth (2007). *Heilpädagogischer Kommentar zum Schweizer Zahlenbuch.* Zug: Klett und Balmer.

Schuler, Stephanie (2008a). Was können Mathematikmaterialien im Kindergarten leisten? – Kriterien für eine gezielte Bewertung. In Éva Vásárhelyi (Hrsg.), *Beiträge zum Mathematikunterricht 2008* (S. 721–724). Münster: WTM, Verl. für Wiss. Texte und Medien.

Schuler, Stephanie (2008b). *Was können Mathematikmaterialien im Kindergarten leisten? – Kriterien für eine gezielte Bewertung.* In Éva Vásárhelyi (Hrsg.), *Beiträge zum Mathematikunterricht 2008.* Ausführliche CD-Version. Münster: WTM-Verl.

Schuler, Stephanie (2009). Was können Spiele zur frühen mathematischen Bildung beitragen? Chancen, Bedingungen und Grenzen. In Michael Neubrand (Hrsg.), *Beiträge zum Mathematikunterricht 2010* (S. 399–402). Münster: WTM, Verl. für Wiss. Texte und Medien.

Schuler, Stephanie (2013). *Mathematische Bildung im Kindergarten in formal offenen Situationen. Eine Untersuchung am Beispiel von Spielen zum Erwerb des Zahlbegriffs.* Empirische Studien zur Didaktik der Mathematik, Band 15. Münster [u.a.]: Waxmann.

Schütte, Sybille (2002a). Aktivitäten zur Schulung des Zahlenblicks. *Praxis Grundschule* (2), 5–12.

Schütte, Sybille (2002b). Die Schulung des „Zahlenblicks" als Grundlage für flexibles Rechnen. In Sybille Schütte (Hrsg.), *Die Matheprofis 3. Lehrerband* (S. 3–7). München: Oldenbourg.

Schütte, Sybille (2004a). Rechenwegnotation und Zahlenblick als Vehikel des Aufbaus flexibler Rechenkompetenzen. *Journal für Mathematik-Didaktik* 25 (2), 130–148.

Schütte, Sybille (2004b). *Die Matheprofis 1.* München: Oldenbourg.

Schütte, Sybille (2004c). *Die Matheprofis 1. Lehrermaterialien.* Ausg. D., Neubearb. München: Oldenbourg.

Schütte, Sybille (2004d). Zur didaktischen Bedeutung eigenstrukturierter Zahlbilder. *Praxis Grundschule* (2), 5–10.

Schütte, Sybille (2008). *Qualität im Mathematikunterricht der Grundschule sichern. Für eine zeitgemässe Unterrichts- und Aufgabenkultur.* München: Oldenbourg.

Schütte, Sybille & Haller, Waltraud (2004). *Die Matheprofis 2. Ein Mathematikbuch für das 2. Schuljahr.* München: Oldenbourg.

Schwank, Inge (2005). Die Schwierigkeit des Dazu-Denkens. In Michael von Aster & Jens Holger Lorenz (Hrsg.), *Rechenstörungen bei Kindern. Neurowissenschaft, Psychologie, Pädagogik* (S. 93–133). Göttingen: Vandenhoeck & Ruprecht.

Schwarzkopf, Ralph (2000). *Argumentationsprozesse im Mathematikunterricht. Theoretische Grundlagen und Fallstudien.* Hildesheim, Berlin: Franzbecker.

Schweiter, Martin & Aster, Michael von (2005). Neuropsychologie kognitiver Zahlenrepräsentationen. In Michael von Aster & Jens Holger Lorenz (Hrsg.), *Rechenstörungen bei Kindern. Neurowissenschaft, Psychologie, Pädagogik* (S. 34–53). Göttingen: Vandenhoeck & Ruprecht.

Sekretariat der Ständigen Konferenz der Kultusminister der Länder in der Bundesrepublik Deutschland (Hrsg.) (2005). *Beschlüsse der Kultusministerkonferenz. Bildungsstandards im Fach Mathematik für den Primarbereich. Beschluss vom 15.10.2004.* München, Neuwied: Luchterhand.

Selter, Christoph (1999). Flexibles Rechnen statt Normierung auf Normalverfahren. Adri Treffers zum 65. Geburtstag. *Die Grundschulzeitschrift* 13 (125), 6–11.

Selter, Christoph (2000). Vorgehensweisen von Grundschüler(inne)n bei Aufgaben zur Addition und Subtraktion im Zahlenraum bis 1000. *Journal für Mathematik-Didaktik* 21 (3/4), 227–258.

Selter, Christoph (2009). Creativity, flexibility, adaptivity, and strategy use in mathematics. *ZDM Mathematics Education* 41, 619–625.

Selter, Christoph; Prediger, Susanne; Nührenbörger, Marcus & Hußmann, Stephan (2012). Taking away and determining the difference – a longitudinal perspective on two models of subtraction and the inverse relation to addition. *Educational Studies in Mathematics* 79 (3), 389–408.

Selter, Christoph & Spiegel, Hartmut (1997). *Wie Kinder rechnen*. Leipzig [etc.]: Klett Grundschulverlag.

Shrager, Jeff & Siegler, Robert S. (1998). SCADS: A Model of Children's Strategy Choices and Strategy Discoveries. *Psychological Science* 9 (5), 405–410.

Siegler, Robert S. (2002). Microgenetic studies of self-explanation. In Nira Granott & Jim Parziale (Hrsg.), *Microdevelopment. Transition processes in development and learning* (S. 31–58). Cambridge: Cambridge University Press.

Siegler, Robert S. (2003). Implications of Cognitive Science Research for Mathematics Education. In Jeremy Kilpatrick, W. Gary Martin & Deborah Schifter (Hrsg.), *A Research Companion to Principles and Standards for School Mathematics* (S. 289 – 303). United States of America.

Siegler, Robert S. & Jenkins, Eric (1989). *How children discover new strategies*. Hillsdale, New Jersey: Lawrence Erlbaum Associates, Publishers.

Sjuts, Johann (1999). *Mathematik als Werkzeug zur Wissensrepräsentation. Theoretische Einordnung, konzeptionelle Abgrenzung und interpretative Auswertung eines kognitions- und konstruktivismustheoriegeleiteten Mathematikunterrichts*. Osnabrück: Forschungsinstitut für Mathematikdidaktik e. V. (35).

Sjuts, Johann (2001). Metakognition beim Mathematiklernen: das Denken über das Denken als Hilfe zur Selbsthilfe. *Der Mathematikunterricht* 47 (1), 61–68.

Sjuts, Johann (2003). Metakognition per didaktisch-sozialem Vertrag. *Journal für Mathematik-Didaktik* 24 (1), 18–40.

Söbbeke, Elke (2005). *Zur visuellen Strukturierungsfähigkeit von Grundschulkindern - Epistemologische Grundlagen und empirische Fallstudien zu kindlichen Strukturierungsprozessen mathematischer Anschauungsmittel*. Hildesheim, Berlin: Franzbecker.

Söbbeke, Elke (2009). Welche Faktoren beeinflussen eine strukturorientiert relationale Deutung von Anschauungsmitteln? Ansätze zur Erhebung möglicher Rahmungen bei der Interpretation von Anschauungsmitteln in der Grundschule. In Michael Neubrand (Hrsg.), *Beiträge zum Mathematikunterricht 2010* (S. 115–118). Münster: WTM, Verl. für Wiss. Texte und Medien.

Söbbeke, Elke & Steenpaß, Anke (2010). Mathematische Deutungsprozesse zu Anschauungsmitteln unterstützen. In Claudia Böttinger, Kerstin Bräuning, Marcus Nührenbörger, Ralph Schwarzkopf & Elke Söbbeke (Hrsg.), *Mathematik im Denken der Kinder. Anregungen zur Mathematischen Reflexion* (S. 216–244). Seelze: Kallmeyer.

Sowder, Larry & Harel, Guershon (1998). Types of Students' Justifications. *The Mathematics Teacher* Vol. 91 (8), 670–675.

Sowder, Judith & Schappelle, Bonnie (2002). Number Sense-Making. In Donald L. Chambers (Hrsg.), *Putting Research into Practice in the Elementary Grades. Readings from Journals of the National Council of Teachers of Mathematics* (S. 82–86). Reston: The National Council of Teachers of Mathematics.

Starkey, Prentice & Copper, Jr., Robert G. (1980). Perception of Numbers of Human Infants. *Science* 210, 1033–1035.

Starkey, Prentice; Spelke, Elizabeth S. & Gelman, Rochel (1983). Detection of Intermodal Numerical Correspondences by Human Infants. *Science* 222, 179–181.

Stavrou, Dimitrios (2004). *Das Zusammenspiel von Zufall und Gesetzmäßigkeiten in der nichtlinearen Dynamik. Didaktische Analyse und Lernprozesse.* Berlin: Logos Verlag.

Steinberg, Ruth M. (1985). Instruction on Derived Facts Strategies in Addition and Subtraction. *Journal for Research in Mathematics Education* 16 (5), 337–355.

Steinke, Ines (2007). Gütekriterien qualitativer Forschung. In Uwe Flick, Ernst von Kardorff & Ines Steinke (Hrsg.)[5], *Qualitative Forschung. Ein Handbuch* (S. 319–331). Reinbek bei Hamburg: Rowohlt-Taschenbuch-Verlag.

Steinweg, Anna Susanne (2008). Zwischen Kindergarten und Schule – Mathematische Basiskompetenzen im Übergang. In Frank Hellmich & Hilde Köster (Hrsg.), *Vorschulische Bildungsprozesse in Mathematik und Naturwissenschaften* (S. 143–159). Bad Heilbrunn: Klinkhardt.

Stern, Elsbeth (1992). Die spontane Strategieentdeckung in der Arithmetik. In Heinz Mandl & Helmut F. Friedrich (Hrsg.), *Lern- und Denkstrategien. Analyse und Intervention* (S. 101–123). Göttingen: Hogrefe.

Stern, Elsbeth (1998). *Die Entwicklung des mathematischen Verständnisses im Kindesalter.* Lengerich: Pabst Science Publishers.

Stern, Elsbeth (2005). Kognitive Entwicklungspsychologie des mathematischen Denkens. In Michael von Aster & Jens Holger Lorenz (Hrsg.), *Rechenstörungen bei Kindern. Neurowissenschaft, Psychologie, Pädagogik* (S. 137–149). Göttingen: Vandenhoeck & Ruprecht.

Stock, Peter; Desoete, Annemie & Roeyers, Herbert (2007). Early markers for arithmetic difficulties. *Educational and Child Psychology* 24 (2), 28–39.

Sundermann, Beate & Selter, Christoph (2004). Erfahrungen mit Aufgaben zur Ermittlung arithmetischer Vorkenntnisse von Schulanfängern in der Lehrerbildung. In Günter Krauthausen & Petra Scherer (Hrsg.), *Mit Kindern auf dem Weg zur Mathematik. Ein Arbeitsbuch zur Lehrerbildung* (S. 144–152). Donauwörth: Auer.

Swanson, H. Lee; Jerman, Olga (2006). Math Disabilities: A Selective Meta-Analysis of the Literature. *Review of Educational Research* 76 (2), 249–274.

Swanson, H. Lee & Sáez, Leilani (2003). Memory Difficulties in Children and Adults with Learning Disabilities. In H. Lee Swanson, Karen R. Harris & Steve Graham (Hrsg.), *Handbook of Learning Disabilities* (S. 182–198). New York: A Divison of Guilford Publications.

The National Council of Teachers of Mathematics (Hrsg.). *Curriculum and Evaluation Standards for school mathematics.* Prepared by the Working Groups of the Commission on Standards for School Mathematics of the National Council of Teachers of Mathematics. Reston.

The National Council of Teachers of Mathematics (2000). *Principles & Standards for School Mathematics.* http://standardstrial.nctm.org/document/index.htm (28.12.2012).

Thompson, Ian (2008) From counting to deriving number facts. In Ian Thompson (Hrsg.)[2], *Teaching and learning early number* (S. 98–109). Maidenhead: Open University Press.

Thompson, Patrick W. (2003). Concrete Materials and Teaching for Mathematical Understanding. In Donald L. Chambers (Hrsg.), *Putting Research into Practice. Readings from Journals of the National Council of Teachers of Mathematics* (S. 246–249). Reston: The National Council of Teachers of Mathematics.

Threlfall, John (2002). Flexible Mental Calculation. In *Educational Studies in Mathematics* 50, 29–47.

Threlfall, John (2008). Development in oral counting, enumeration, and counting for cardinality. In Ian Thompson (Hrsg.)[2], *Teaching and learning early number* (S. 61–71). Maidenhead: Open University Press.

Threlfall, John (2009). Strategies and flexibility in mental calculation. *ZDM Mathematics Education* (41), 541–555.

Torbeyns, Joke; De Smedt, Bert; Ghesquière, Pol & Verschaffel, Lieven (2009a). Acquisition and use of shortcut strategies by traditionally schooled children. *Educational Studies in Mathematics* 71, 1–17.

Torbeyns, Joke; De Smedt, Bert; Ghesquière, Pol & Verschaffel, Lieven (2009b). Jump or compensate? Strategy flexibility in the number domain up to 100. *ZDM Mathematics Education* 41, 581–590.

Torbeyns, Joke; Verschaffel, Lieven & Ghesquière, Pol (2005). Simple Addition Strategies in a First-Grade Class With Multiple Strategy Instruction. *Cognition and Instruction* 23 (1), 1–21.

Toulmin, Stephen (1996). *Der Gebrauch von Argumenten*. Weinheim: Beltz.

Treffers, Adri (2008a). Kindergarten 1 and 2 – Growing number sense. In Marja van den Heuvel-Panhuizen (Hrsg.), *Children learn mathematics: a learning-teaching trajectory with intermediate attainment targets for calculation with whole numbers in primary school* (S. 31–42). Rotterdam: Sense Publ.

Treffers, Adri (2008b). Grade 1 (and 2) – Calculation up to 20. In Marja van den Heuvel-Panhuizen (Hrsg.), *Children learn mathematics: a learning-teaching trajectory with intermediate attainment targets for calculation with whole numbers in primary school* (S. 43–60). Rotterdam: Sense Publ.

Verschaffel, Lieven & De Corte, Erik (1996). Number and Arithmetic. In Alan et al Bishop (Hrsg.), *International Handbook of Mathematics Education. Part One* (S. 99–137). Dordrecht: Kluwer Academic Publisher.

Verschaffel, Lieven; Luwel, Koen; Torbeyns, Joke & Dooren, Wim van (2009). Conceptualising, investigating and enhancing adaptive expertise in elementary mathematics education. *European Journal of Psychology of Education* 24 (3), 335–359.

Verschaffel, Lieven; Torbeyns, Joke; De Smedt, Bert; Luwel, Koen & Dooren, Wim van (2007). Strategy flexibility in children with low achievement in mathematics. *Educational and Child Psychology* 24 (2), 16–27.

Wartha, Sebastian (2010). Aufbau von Grundvorstellungen: Ein Förderkonzept. In Anke Lindmeier & Stefan Ufer (Hrsg.), *Beiträge zum Mathematikunterricht 2010* (S. 911–914). Münster: WTM, Verl. für Wiss. Texte und Medien.

Weißhaupt, Steffi & Peucker, Sabine (2009). Entwicklung arithmetischen Vorwissens. In Annemarie Fritz, Gabi Ricken & Siegbert Schmidt (Hrsg.)[2], *Handbuch Rechenschwäche. Lernwege, Schwierigkeiten und Hilfen bei Dyskalkulie* (S. 52–76). Weinheim und Basel: Beltz.

Weißhaupt, Steffi; Peucker, Sabine & Wirtz, Markus (2006). Diagnose mathematischen Vorwissens im Vorschulalter und Vorhersage von Rechenleistungen und Rechenschwierigkeiten in der Grundschule. *Psychologie in Erziehung und Unterricht* 53, 236–245.

Werner, Birgit & Klein, Teresa (2012). „Ich rechne immer mit den Fingern, aber heute hab' ich das mal im Kopf gemacht". Flexibilität bei der Lösung von Additions- und Subtraktionsaufgaben im Zahlenraum bis 100 bei Förderschülern. *Zeitschrift für Heilpädagogik* 63 (04), 162–170.

Wessolowski, Silvia (2007). Erkennen von Rechenstörungen in der Schule. In Gerd Schulte-Körne (Hrsg.), *Legasthenie und Dyskalkulie* (S. 315–323). Bochum: Verlag Dr. Dieter Winkler.

Wessolowski, Silvia (2010). Vom Zählen zum Rechnen. *Mathematik differenziert* (4), 20–23.

Wessolowski, Silvia (2011). Vom Zählen zum Rechnen. *Die Grundschulzeitschrift* 25 (248.249), 32–33.

Wessolowski, Silvia (2012). Grenzen standardisierter Tests und Stärken informeller Testverfahren im Hinblick auf eine gezielte Förderung. In Landesinstitut für Schulentwicklung (Hrsg.), *Förderung gestalten. Kinder und Jugendliche mit besonderem Förderbedarf und Behinderungen. Modul B – Besondere Schwierigkeiten in Mathematik* (S. 58–66). Stuttgart: Landesinstitut für Schulentwicklung (LS).

Whitebread, David & Coltman, Penny (2010). Aspects of pedagogy supporting metacognition and self-regulation in mathematical learning of young children: evidence from an observational study. *ZDM Mathematics Education* 42, 163–178.

Wilson, Anna J. & Dehaene, Stanislas (2007). Number Sense and Developmental Dyscalculia. In Donna J. Coch, Geraldine Dawson & Kurt W. Fischer (Hrsg.), *Human behavior, learning, and the developing brain: Atypical Development* (S. 212–238). New York, London: The Guildford Press.

Winter, Heinrich (1987). *Mathematik entdecken. Neue Ansätze für den Unterricht in der Grundschule.* Frankfurt am Main: Scriptor Verlag.

Wittmann, Erich Ch.(1982). *Mathematisches Denken bei Vor- und Grundschulkindern. Eine Einführung in psychologisch-didaktische Experimente.* Wiesbaden: Vieweg & Sohn.

Wittmann, Erich Ch. (1992). Üben im Lernprozeß. In Erich Ch. Wittmann & Gerhard N. Müller (Hrsg.), *Handbuch produktiver Rechenübungen. Band 2. Vom halbschriftlichen zum schriftlichen Rechnen* (S. 175–186). Stuttgart Düsseldorf Berlin Leipzig: Ernst Klett Schulbuchverlag GmbH.

Wittmann, Erich Ch (1995). Aktiv-entdeckendes und soziales Lernen im Rechenunterricht – vom Kind und vom Fach aus. In Gerhard N. Müller & Erich, Ch. Wittmann (Hrsg.), *Mit Kindern rechnen* (S. 10–41). Frankfurt am Main: Arbeitskreis Grundschule – Der Grundschulverband – e.V. (96).

Wittmann, Erich Ch. (1998). Standard Number Representations in the Teaching of Arithmetic. *Journal für Mathematik-Didaktik* 19 (2/3), 149–178.

Wittmann, Erich Ch. (2001). Ein alternativer Ansatz zur Förderung „rechenschwacher" Kinder. In Gabriele Kaiser (Hrsg.), *Beiträge zum Mathematikunterricht* (S. 660–663). Hildesheim, Berlin: Franzbecker.

Wittmann, Erich Ch. & Müller, Gerhard N. (1990). *Handbuch produktiver Rechenübungen. Band 1. Vom Einspluseins zum Einmaleins.* Stuttgart und Düsseldorf: Klett; Klett-Schulbuchverlag.

Wittmann, Erich Ch. & Müller, Gerhard N. (1992). *Handbuch produktiver Rechenübungen. Band 2. Vom halbschriftlichen zum schriftlichen Rechnen.* Stuttgart Düsseldorf Berlin Leipzig: Ernst Klett Schulbuchverlag GmbH.

Wittmann, Erich Ch. & Müller, Gerhard N. (2004a). *Das Zahlenbuch 1.* Leipzig: Klett Grundschulverlag.

Wittmann, Erich Ch & Müller, Gerhard N. (2004b). *Das Zahlenbuch 1. Lehrerband.* Leipzig: Ernst Klett Grundschulverlag.

Wittmann, Erich Ch & Müller, Gerhard N. (2009): *Das Zahlenbuch. Handbuch zum Frühförderprogramm.* Stuttgart: Ernst Klett Verlag GmbH.

Wittmann, Erich Ch. & Müller, Gerhard N. (2012a). *Das Zahlenbuch 1. Begleitband.* Stuttgart: Ernst Klett Verlag GmbH.

Wittmann, Erich Ch. & Müller, Gerhard N. (2012b). *Das Zahlenbuch 1.* Stuttgart: Ernst Klett Verlag GmbH.

Wynn, Karen (1992). Addition and subtraction by human infants. *Nature* 358, 749–750.

Xu, Fei & Arriage, Rosa I. (2007). Number discrimination in 10-month-old infants. *British Journal of Developmental Psychology* 25, 103–108.

Xu, Fei; Spelke, Elizabeth S. & Goddard, Sydney (2005). Number sense in human infants. *Developmental Science* 8:1, 88–101.

Yackel, Erna (2001). Perspectives on arithmetic from classroom-based research in the United States of America. In Julia Anghileri (Hrsg.). *Principles and Pracitices in Arithmetic Teaching. Innovative approaches for the primary classroom.* Maidenhead: Open University Press, 15–31.

Yackel, Erna & Hanna, Gila (2003). Reasoning and Proof. In Jeremy Kilpatrick, W. Gary Martin & Deborah Schifter (Hrsg.)[2], *A Research Companion to Principles and Standards for School Mathematics* (S. 227–236). United States of America.

Abbildungsverzeichnis

Teil I

Teil III

Empirische Studien zur Didaktik der Mathematik
herausgegeben von Götz Krummheuer und Aiso Heinze

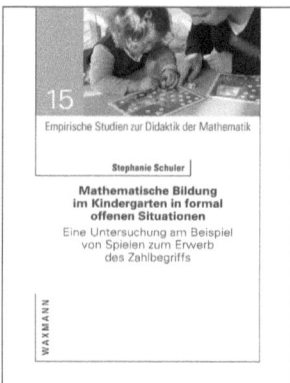

Band 15

Stephanie Schuler

Mathematische Bildung im Kindergarten in formal offenen Situationen

Eine Untersuchung am Beispiel
von Spielen zum Erwerb des Zahlbegriffs

2013, 276 Seiten, br., 34,90 €
ISBN 978-3-8309-2835-5
E-Book-Preis: 30,99 €

Hinter dem Forschungsvorhaben steht die grundlegende Frage, wie mathematische Bildung im Kindergarten gestaltet werden kann, wenn sie den Besonderheiten des Kindergartens – insbesondere seiner größeren formalen Offenheit – Rechnung tragen will. Dieses Buch zielt auf die Prozessqualität vorschulischer mathematischer Bildung: Es wird empirisch untersucht, unter welchen Voraussetzungen und in welcher Form mathematische Bildung in Alltagszusammenhängen in Kindergartengruppen realisiert werden kann. Dies geschieht am Beispiel von Spielen mit mathematischem Potenzial zum Erwerb des Zahlbegriffs. Die qualitativ angelegte Studie fokussiert dabei auf die Frage, wie entsprechende Lerngelegenheiten im Kontext der formalen Offenheit und unter Berücksichtigung frühkindlicher Formen des Lernens entstehen können.

Empirische Studien zur Didaktik der Mathematik
herausgegeben von Götz Krummheuer und Aiso Heinze

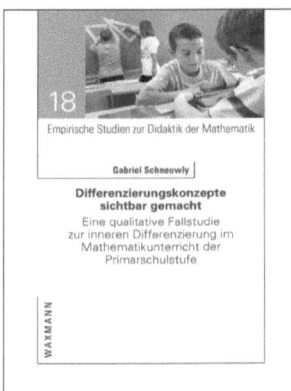

Band 18

Gabriel Schneuwly

Differenzierungskonzepte sichtbar gemacht

Eine qualitative Fallstudie zur inneren
Differenzierung im Mathematikunterricht
der Primarschulstufe

2014, 372 Seiten, br., 34,90 €
ISBN 978-3-8309-3034-1

Die Schule ringt um einen angemessenen Umgang mit der Heterogenität ihrer Schülerinnen und Schüler. Bezogen auf den Unterricht rückt somit ein didaktisches Prinzip wieder vermehrt in den Blickpunkt: innere Differenzierung oder Binnendifferenzierung. Diese Studie diskutiert in einer Verbindung von allgemein- und fachdidaktischer Perspektive dieses Prinzip und seine Umsetzung im Unterricht. Dabei interessiert vor allem die Perspektive von Lehrpersonen der Primarschule. In einer vergleichenden, qualitativen Fallstudie werden deren Differenzierungskonzepte für den Mathematikunterricht untersucht und auf der Grundlage des didaktischen Dreiecks visualisiert. Abschliessend wird mit Bezug auf Überlegungen von Weinert zur aktiven und proaktiven Differenzierung ein hypothetisches Modell der Kompetenzentwicklung von Lehrpersonen bezüglich innerer Differenzierung präsentiert.